현대 프랑스 철학의 성격 논쟁

알렉스 캘리니코스 외 지음 / 이원영 편역

갈무리

1995

● 갈무리 신서 9

현대 프랑스 철학의 성격 논쟁

초판인쇄 · 1995. 9. 22.
초판발행 · 1995. 9. 30.
지 은 이 · 알렉스 캘리니코스 외
편 역 자 · 이원영
펴 낸 이 · 서창현
펴 낸 곳 · 도서출판 **갈무리**
주　　소 · 서울 구로구 구로5동 30-5호
전　　화 · 839 - 6851 / 팩스 : 851 - 0768
등　　록 · 1994. 3. 3. 제17 - 161호

값 9,800원

ISBN 89-86114-07-0 03160

★ 잘못 만들어진 책은 바꾸어 드립니다.

차례 / 현대 프랑스 철학의 성격 논쟁

□ 편역자 서문 ··· 7

제1부 비변증법적·구성적 유물론의 모색

마르크스주의 철학에서 헤겔주의 대 반헤겔주의 / 이원영
1. 머리말 ··· 17
2. 논쟁의 초점과 구도 ·· 18
3. 캘리니코스의 알뛰세 수용 ·· 23
4. 헤겔주의 경향의 캘리니코스 비판 ·· 35
5. 논쟁에 대한 잠정적 평가 ··· 42

근대 극복과 철학에서의 반헤겔주의의 양상 / 이원영
1. 머리말 ··· 47
2. 근대 규정의 방법론 : 정치적 관점 ·· 50
3. 캘리니코스의 탈근대론 비판과 근대성론 ································· 56
4. 푸꼬와 들뢰즈의 반헤겔주의 철학 ··· 64
5. 포스트구조주의의 반헤겔주의에 대한 캘리니코스의 비판 ······· 72
6. 결론 ··· 86

제2부 이데올로기와 상부구조

현대 프랑스 철학의 성격 논쟁 / 차례

토대와 상부구조 / 크리스 하먼
기계적 유물론과 그것의 영향 95
생산과 사회 103
토대, 상부구조 그리고 사회적 변화 117
이데올로기와 상부구조 126
계급투쟁의 핵심적 역할 141
역사에서의 당의 역할 146

제3부 알뛰세 철학의 성격 문제

철학에서 마르크스주의의 임무는 무엇인가? / 피터 빈스
마르크스주의와 언어 '문제' 160
알뛰세의 유령 169
철학에서 마르크스주의의 역할 182
마르크스주의와 과학적 방법 198
노동자계급의 자기해방을 위하여 212

『역사와 행위』에 대하여 / 존 리스
서문 214
알뛰세주의의 등장과 몰락에 관하여 215

차례 / 현대 프랑스 철학의 성격 논쟁

『알뛰세의 마르크스주의』에서 『역사와 행위』로 ………………………… 221
이데올로기에 관하여 ……………………………………………………… 224
소외와 상품 물신성에 관해 ……………………………………………… 230
역사의 주체 ………………………………………………………………… 241
결론 …………………………………………………………………………… 246

루이 알뛰세의 유해(遺骸) / 슈 클레그
알뛰세 사상의 배경 ………………………………………………………… 253
역사적 유물론 ……………………………………………………………… 258
청년 마르크스, 노년 마르크스 …………………………………………… 263
이론적 반(反)인간주의 …………………………………………………… 270
이데올로기적 국가기구들 ………………………………………………… 276
결론 …………………………………………………………………………… 279

존 리스의 『역사와 행위』 서평에 대한 답변 / 알렉스 캘리니코스
구조와 행위의 문제 ………………………………………………………… 281
루카치 계급의식론의 한계 ………………………………………………… 283
집단적 행위자 형성의 가능성 …………………………………………… 286
행위자와 이데올로기, 그리고 상품 물신성론 ………………………… 288
집합적 주체로서의 노동자계급 ………………………………………… 294
마르크스주의의 윤리적 차원 …………………………………………… 295

현대 프랑스 철학의 성격 논쟁 / 차례

알뛰세의 철학에서 산 것과 죽은 것 /알렉스 캘리니코스
  오늘날의 알뛰세 ··· 297
  마르크스와 니체의 동맹? ··· 298
  근대성 논쟁과 알뛰세 ·· 302
  알뛰세 철학의 기여와 한계 ·· 307

제4부 구조주의, 포스트구조주의의 철학

포스트구조주의란 무엇인가? / 리차드 브래드베리
  소쉬르의 언어학 ·· 316
  구조주의 ·· 319
  포스트구조주의 ·· 323
  쟈끄 데리다 ··· 324
  푸꼬 ··· 324
  니체와 차이의 철학 ··· 330
  결론 ··· 335

□ 참고문헌 ··· 341
■ 인명 찾아보기 ·· 348
■ 사항 찾아보기 ·· 352

편역자 서문

　지금은 아무리 완고한 사람도, 우리에게 철학이란 무엇인가, 철학은 무엇을 할 수 있는가, 우리에게는 어떤 철학이 필요한가 등의 질문을 외면할 수 없게 되었다. 이미 19세기에 끝나버린, 왕년의 저 철학의 시대가 다시 돌아온 것인가라고 묻지 않을 수 없을 만큼 철학적 담론들이 열성적으로, 다채롭게 전개되면서 우리에게 너는 누구인가, 너는 어디에 있는가, 너는 어디로 가고 있는가라고 묻고 있기 때문이다. 들뢰즈는 예순 일곱의 나이에 『철학이란 무엇인가』를 출간하면서 '흔히 사람들은 아주 늦게서야, 노년에 접어들 무렵, 그래서 구체적으로 무언가를 말해야 할 시기에 철학이란 무엇인가라는 질문을 비로소 제기할 수 있는 듯하다'라고 말하면서 이러한 질문은 저녁 어스름, 아니 한밤중에 친구에게 꺼낼 속내 이야기처럼, 혹은 적에게 던질 도전장처럼 그렇게 꺼낼 성질의 것이라고 덧붙이고 있다. 이렇게 생각한 사람이 들뢰즈만이 아니라는 점은 놀랍다. 그 자신이 필생의 적으로 대결해 온 헤겔도, 미네르바의 부엉이는, 절대 이성이 세계사를 창조하는 고된 노동을 끝내고 존재의 집으로 돌아오는 붉은 황혼의 때에야 비로소 날개짓을 하기 시작한다고 생각하지 않았던가? 그리고 니체. 그의 고독한 철학의 외침도 우리가 반(反)철학의 시대라고 생각하는 19세기의 황혼, 그 세기말의 공간 속에서 진동(震動)했다. 그렇다면 우리가 철학에 다시 눈을 돌리고 개념적 인물들, 내면성의 구도 위의 친구들과 어울리게 된 것은 지금이 20세기의 고된 노동이 끝나가는 저녁 어스름이기 때문일까?

　어떻게 보면 그럴 법도 하다. 그러나 과연 그런가? 20세기의 고된 노동은 과연 끝났는가? 우리가 살고 있는 시대의 이 부끄러운 현실을 직시할 때, 19세기가 아직도 끝나지 않았다고 결연히 주장하는 캘리니코스의 생각을 과연 간단히 무시할 수 있는가? 만약 우리가 그러한 생각을 허황한 것이라고 무시할 수 있는 것이라면, 철학 그 자체가 문제가 아니라 철학의 지양, 프롤레타리아트의 실천을 통한 그것의 실현(Verwirklichung)이 문제라는 마르크스의 19세기 전반기의 주장이 아직도 우리 노동자들, 학생들, 청년들의 심장을 고동치게 만드는 까닭은 대체 무엇인가? 그리고 또 왜 우리는 아직도 19세기에서와 마찬가지로 공장과 회사와 학교에 마치 도살장으로 가는 소처럼 끌려가야 하고 그곳에서 돌아올 때면 뿌듯한 기쁨보다는 분노와 슬픔, 자살의 충동에 시달리게 되는가? 우리는 왜 아직도, 벌레로 변하는 것이 자신에게 주어진 유일한 탈주의 길이었던 카프카의 그레고르 잠자에게 깊은 공감을 느끼게 되는가? 이 모든 것을 종합할 때 지금을 20세기의 고된 노동이 끝난 저녁 어스름으로 서술하는 것은 공상적인 것으로 보인다. 그런데 왜 지금 철학이 문제로 되고 있는가?

삶의 조건이라는 의미에서의 역사, 그중에서도 특히 자본의 지배라는 사실이 근본적으로 크게 변하지 않았다는 것은 분명한 사실이다. 하지만 우리 산 노동의 힘, 커뮤니케이션의 능력, 커뮤니티의 잠재력은 크게 변했다. 자본은 지구끝이 모자라 이제 우주공간을 먼저 정복하기 위한 사투(死鬪)를 벌이고 있지만 그들의 어깨 위에서 위기의 붉은 그림자가 떠날 날은 없다. 위기의 저변에서 작동하는 것은 이윤율 하락의 경향이다. 이 경향은 단순히 경제의 자동법칙의 산물일 뿐인가? 아니면 그 법칙에 실려가고 있지만 언젠가는 자본의 그 법칙을 허물 벗듯 벗어버릴(분리) 산 노동, 그 커뮤니티의 힘인가? 오늘날 코뮤니즘[1]이 자본의 지배 아래에서

---

1) 마르크스에게서 가장 역동적인 '코뮤니즘' 개념은 '사물들의 현존 상태를 파괴하는 현실적 운동'이다. 변증법적 부정의 개념에 기초하여 이 규정을 해석할 때 코뮤니즘은 현존하는 것에 대한 부정이나 파괴를 중심에 놓으면서도 한편에서는 그것을 보존하게 된다. 그렇지만 부정적 방법은 충분한 것이 아니다. 코뮤니즘은 니체적 의미에서 하나의 총체적 비판으로 이해되어야만 한다. 즉 그것은 현존 가치들의 파괴로서뿐만 아니라 새로운 가치들의 창조로서, 현존하는 것의 부정으로서뿐만 아니라 생성하는 것에 대한 긍정으로서 이해되어야만 한다. 오늘날 가장 강력한 긍정의 힘은 자기가치증식하고 있는 사회적 노동자의 힘, 즉

더없이 강력한 힘으로, 자본의 항상적 위기로 살아 움직이고 있다는 사실만큼 이 당대를 19세기와 구별지어 주는 것은 없다. 그래서 안토니오 네그리는 우리가 이미 21세기에 살고 있다고 말한다. 20세기는 1960년대 말까지 이어진 19세기와 그에 이어 전개되고 있는 21세기의 이행기에 지나지 않았다는 것이다.2) 그렇다면 지금은 세기의 황혼이 아니라 세기의 여명인 셈이다.

그렇다면 오늘날 왜 철학이 문제인가? 니체는 19세기의 어둠을 철학적 고독 속에서 보냈지만 ── 말년에야 그는 겨우 스피노자가 자신의 철학적 친구임을 발견한다 ── 사실상 그것은 20세기의 여명을 밝히기 위한 것이었다. 1887년 3월 24일자로 오펠베크 앞으로 보낸 편지에서 그는, '사상의 연계성 있는 건축을 요 몇 년 안에 마무리해야 한다는 강제는 백 파운드의 무게로 나를 억누른다'고 쓰고 있다. 황혼의 철학만이 있는 것은 아니다. 헤겔과 같은, 혹은 보드리야르와 같은 황혼의 철학자들에게는 저녁 어스름을 즐기도록 내버려 두자. 우리에게 중요한 것은 동트는 새벽녘의 여명이다. 여기서 우리는 적대에 기초하여 이렇게 말할 수 있다 : 너희의 황혼이 우리의 여명이다. 그러므로 우리에게 철학이 필요하다면 그것은 여명의 철학, 21세기의 사상이다. 그러나 다시 우리에게 떠오르는 것은, 프롤레타리아트는 철학의 사변(思辨) 속에 머물러 있어서는 안된다는 마르크스의 경고이다. 19세기의 프롤레타리아트에게는 사변에 머물 시간이 부족했다. 그들은 자본에 반대해야 할 뿐만 아니라 그러면서도 공산주의의 물적 전제가 확보될 때까지 생산력을 확장시켜야 하는 이중의 과제를 떠맡고 있었기 때문이다. 자본주의는 시간의 사회, 속도의 사회이다. 자본주의를 전개시키는 것은 노동력으로부터 짜내어진 시간이다. 그러므로 '빨리빨리'는 축적하라, 축적하라를 떠받치는 자본의 지상명령이 된다. 노동에게 생산력을 확장시켜야 하는 임무가 주어져 있는 한 노동 역시 자

대중의 구성적 힘이다(A. Negri, *Labor of Dionysus*, Minnesota : London, 1994, p. 5 참조).
2) A. Negri, *The Politics of Subversion*, Polity Press, 1989, p. 140[안토니오 네그리, 『전복의 정치학 - 21세기를 위한 선언』, 세계일보사, 1991, 175면].

본의 이 지상명령을 벗어나기 힘들다. 철학은 시간, 양, 수(數) 등과는 조화되기 어렵다. 그래서 사변은 노동에 대립되며 철학은 실천과 대립된다. 그러나 19세기와는 달리 사회가 이미 노동으로 충만하여 시간이 가치의 유일한 원천으로서의 지위를 상실해 가고 있는 지금도 사변은 노동과 대립되며 철학은 실천과 대립되는가? 거대하고 힘있는 커뮤니케이션의 공간, 자유의 새로운 공간을 이미 지하에 구축해 가고 있는 오늘날의 프롤레타리아트에게도 철학은 지양되어야 할 대상인가?

* * *

이 책은 알뛰세의 마르크스주의 철학과 프랑스 포스트구조주의 철학의 성격 문제를 둘러싸고 1980년대 초에서 1990년대 초까지 영국 SWP 내부에서 벌어졌던 논쟁을 엮어 옮긴 것이다. 여기에서는 논쟁에 직접 개입했던 필자들의 해당 논문들을 중심으로 편제했지만 직접 논쟁에 개입하지는 않았으면서도 그 논쟁의 자장(磁場) 속에서 간접적으로 논의의 흐름에 영향을 미친 글들도 필요한 범위 내에서 수록했다. 예컨대 제2부에 실린 크리스 하먼의 장편논문 「토대와 상부구조」는 마르크스의 토대/상부구조론을 비논쟁적 방식으로 설명하는 형식을 취하고 있지만 사실상은 알뛰세를 둘러싼 위 논쟁에서 제기된 주체, 실천, 의식, 과학, 이데올로기 등의 쟁점들에 대한 적극적 의견을 표명한 글이다. 제4부에 실린 리차드 브래드베리의 논문 「포스트구조주의란 무엇인가?」역시 알뛰세주의가 포스트구조주의를 준비하고 그것에 길을 열어주었다고 보는, 논쟁의 헤겔주의 경향을 나름대로 뒷받침해 주는 글이다. 논쟁의 중심을 이루었던 알뛰세 철학에 대한 해석과 평가의 문제는 3부로 따로 묶었다. 이 논쟁의 구도와 초점, 각 논자들의 주장, 논쟁의 전개과정과 그것에 대한 평가 등에 대해서는 별도로 해제적 성격의 논문을 집필하여 제1부의 첫 장(章)에 「마르크스주의 철학에서 헤겔주의 대 반헤겔주의」라는 제목으로 수록하였으므로3) 이곳에서 다시 논쟁 그 자체에 대해 요약할 필요는 없을 것으로 보

---

3) 이 논문은『이론』지(誌) 1995년 가을호에 같은 제목으로 실려 있다. 이 책에 실

인다.
 이 책의 제1부 '비변증법적·구성적 유물론의 모색'에 대해서, 그중에서도 특히 두 번째 장에 수록한 논문「근대 극복과 반헤겔주의의 양상」에 대해서는 약간의 설명이 더 필요할 것 같다. 이 부(部)를 특별히 설정하게 된 것은 본서에 번역, 수록된 논문들이 주체, 과학, 실천, 이데올로기, 프롤레타리아트 등의 중요한 쟁점들을 제기하고 있음에도 불구하고, 그 쟁점들이 평행선을 달리고 있기 때문에 편역자로서는 이 쟁점들을 아무런 논평없이 있는 그대로 옮겨 제시하는 것만으로는 독자들에게 너무나 큰 부담을 떠넘긴다는 느낌을 지울 수 없었기 때문이다. 두 번째 원인은, SWP 내의 논쟁의 범위와 시각에 관련되어 있다. 이 논쟁은 '무엇이 정통의 고전 마르크스주의인가'라는 문제의식에 집중된 나머지 마르크스로의 복귀를 표방한 알뛰세를 주된 논쟁의 주제로 삼을 뿐 그와 더불어, 혹은 그 이후에 중요한 영향력을 행사하고 있고, 오늘날 우리 사회에서 점차 알뛰세보다도 더 중요한 주제로 등장하고 있는 현대의 프랑스 철학가들, 즉 푸꼬, 데리다, 들뢰즈, 가따리 등의 이른바 '포스트구조주의' 철학에 대해서는 지나치게 가볍게 취급하고 있다는 느낌을 받았기 때문이다. 게다가 이 논쟁에서 포스트구조주의는 극단적으로 표현하면 '알뛰세 철학의 타락과정에서 나타난 일종의 부르주아 이데올로기'로, 그리고 '마르크스주의와는 양립할 수 없는 적대적 철학'으로 취급되는데 편역자로서 이러한 관점에 쉽게 동의할 수 없었던 것이 문제였다. 사실상 이미 오래전에 번역이 마무리된 이 책을 이제서야 출간하게 된 이유도 바로 이 문제를 어떻게 풀 것인가 하는 고민과 결부되어 있다. 지난 십수년 동안 헤겔, 마르크스, 엥겔스, 레닌, 뜨로츠키, 루카치, 그람시의 영향권 안에서 생각하고 행동했던 나에게 상당히 생소한 이 철학을 어떻게 볼 것인가?

린 논문과 『이론』지에 게재된 것 사이에는 다소간 차이가 있는데 그렇게 된 이유는 원고매수 제한에 익숙하지 못한 나의 불찰로 애초의 원고에서 일부를 삭제해야만 했기 때문이다. 이 책에서는 삭제부분을 회복시켰는데 그렇다고 해서 이 두 논문이 주제나 주장에서 어떤 차이가 있는 것은 아니다. 차이는 분량, 설명의 친절도, 각주의 구체성 등에 국한된다.

안토니오 네그리의 사상은 이 문제를 풀어 나감에 있어 하나의 중요한 계기가 되었다. 네그리의 저작들은 적지 않은 논리적 비약과 직관적 개념 구성, 마르크스주의적 상식을 뛰어넘는 파격적 상상력 등으로 인해 일면 난해하기도 하지만 마르크스주의적 배경 속에서 성장한 사람들에게는 매우 접근하기 쉬운 역사성을 갖고 있다. 네그리의 저작들 속에는, 저항의 열정과 혁명적 결의 속에 살았던 나의 ('우리의'라고 쓰는 것이 더 나을지 모르겠다) 80년대, 그 열정과 결의에도 불구하고 언제나 당황스러움, 실망, 알 수 없는 슬픔이 떠날 줄 몰랐던 그 시대, 그러나 90년대에 들어 수수께끼처럼 역사 저편으로 꼬리를 감추어 버린 시대, 그럼에도 불구하고 아직까지도 우리 삶의 구석구석까지 파고들어와 마치 학창시절의 숙제처럼 우리의 뇌리를 짓누르고 있는 그 시대에 대한 농축된 개념들이 들어 있었다. 이탈리아의 70년대와 한국의 80년대가, 아우토노미아와 80년대 우리의 운동이 모든 면에서 동일할 수는 없을 것이다. 하지만 용암처럼 뜨거운 노동의 분출이라는 그 핵심에서 이탈리아의 운동과 우리의 운동이 어떻게 다를 수 있겠는가? 네그리의 책은 화산이 격렬한 분출을 멈춘 상태에서── 그러나 엄밀히 말하면 휴화산은 없다── 그때를 돌아보며 미래를 응시하는 긴장을 보여주고 있다는 점에서 우리가 참조해야 할 하나의 모범을 보여주는 것이 아닐까? 이러한 생각으로 수개월간 진행되어 온 네그리의 저작들에 대한 독서는 네그리와 포스트구조주의 철학의 내밀한 연관성으로 인하여 자연스럽게 포스트구조주의에 대한 독서와 연구작업으로 이어져 그간 미루어 왔던 푸꼬와 들뢰즈에 대해서도 차분히 검토할 수 있는 기회를 갖게 되었다. 이러한 과정을 통해 나는 비로소 이들의 철학이 SWP의 논쟁에서 취급되어진 바와는 달리 마르크스의 사상과 깊은 공통점을 갖고 있을 뿐만 아니라 특정한 측면에서는 마르크스가 부딪혔던 한계를 넘어설 수 있는 잠재력을 갖고 있음을 발견하게 되었다. 제1부의 두 번째 장에 실린 나의 논문 「근대 극복과 반헤겔주의의 양상」이 첫번째 장에 실린 논문의 연속편이면서도 이 책에 번역된 여러 논문들과는 매우 상이한 입장을 취하게 된 사정은 이러하다. 이 글에서 포스트구조주의는 이데올로기화되고 스딸린화된 마르크스주의와는 양립불가능할지 모르지만, 정통 마르크스·레닌주의나 헤겔주의적 마르크스주의는 말할 것도 없고 반헤겔주의를 표방하는 캘리니코스의 '역사적 유물론'보다도 마르크스의 사상과 더 쉽게 접속될 수 있는 것으로 제시되고 있다.

*   *   *

끝으로 온갖 악조건, 심지어 터무니없는 무고(誣告)4)까지 이겨가며, 시류를 거슬러 대중의 혁명적 생성의 운동에 충실히 부응하기 위해 애쓰는 갈무리 출판사의 대표 및 편집부의 노고에 깊이 감사드린다. 또 번역의 과정에서 역자에게 도움을 주었던 많은 분들에게 감사드리며 원고를 꼼꼼히 읽고 조언을 아끼지 않았던 동료, 선·후배들께도 고마움을 전한다.

1995년 9월 3일
이 원 영

---

4) 오래된 기억에 의하면, 카프카의 『심판』에서 '무고당한' K는 영문도 모른 채 정체불명의 사나이들에게 끌려나가는데 그들은 칼로 K의 배를 찌른 후 오른 쪽으로 두 번 그런 후에 왼쪽으로 다시 두 번을 돌린다. 대체 그것은 무엇을 위한 무고였는가?

제1부

비변증법적·구성적 유물론의 모색

마르크스주의 철학에서 헤겔주의 대 반헤겔주의 / 이원영
근대 극복과 철학에서의 반헤겔주의의 양상 / 이원영

마르크스주의 철학에서 헤겔주의 대 반헤겔주의
영국 SWP에서의 알뛰세 논쟁을 중심으로

이 원 영

1. 머리말

현대 프랑스 철학, 특히 알뛰세 철학의 성격을 둘러싸고 영국 사회주의노동자당[SWP] 내부에서 전개된 논쟁에 대해 검토해 보는 것이 우리에게 어떤 의미를 가질 수 있을까?[1] 그것은 혹시 '시대착오적' '뜨로츠키주의' 집단의 사담(私談)에 우리의 정열을 낭비하는 것은 아닌가? 지난 수십 년간에 걸친 남한의 스딸린주의적 운동사에 의해 깊이 각인되었고 아직도 끈질기게 유전되고 있는 이러한 파당적 관점에서 우리가 얻을 수 있는 것은 몽매와 상처뿐이다. 그렇다면 이 논쟁은 우리 시대에 마르크스주의 '전통'이 오직 '유일하게' 옳게 토론되는 장소인가? SWP에 대한 '맹목적' 지지자들에게서 찾아볼 수 있을 이러한 관점은 전자의 거울상에 지나지 않는다. 마르크스주의의 '진정한' 전통과 '사이비' 전통의 분할을 사고의 중심에 두는 것은 사상적 '정통'(orthodoxy)의 확립을 통치의 주요 도구로 삼았던 기독교-스딸린주의 전략의 재현이다. 이것은 이단 —— 이른바 수정주의 —— 의 색출과 처벌에는 도움이 될지 모르지만 마르크스가 추구한 인류의 사회적 해방과 자유의 성취에 반드시 도움이 되는 것은 아니다.

마르크스주의에 대한 논의를 부르주아적 통제/처벌의 문화에서 해방시

---

[1] 이 논문은 본래 '현대 프랑스 철학'에 대한 알렉스 캘리니코스, 존 리스, 피터 빈스, 슈 클레그, 리차드 브래드베리, 크리스 하먼 등의 토론을 모은 『현대 프랑스 철학의 성격 논쟁』(갈무리, 1995)의 해제로 씌어진 것이다. 그러나 논의의 집중을 위해 이 논문에서는 주로 '알뛰세 논쟁'만을 다루었다.

켜 그것을 기쁘고 생산적인 것으로 만들기 위해서는 마르크스주의를 하나의 실체적 전통(나아가 하나의 정통, 혹은 상속된 유산)으로 보는 관점에서 벗어날 필요가 있다. 마르크스주의는 실체적 전통이 아니라 하나의 역사적 사건이며 사회적 행동이다. 그러므로 나는 이 글의 대상인 알뛰세 철학의 성격/수용 논쟁 역시 이 사건적 맥락의 일부로서 서술할 것이다.

2. 논쟁의 초점과 구도

이 논쟁에서 핵심적 논란거리가 되는 알뛰세 철학의 주제는 오늘날 남한에서 주목되고 있는 주제들과는 약간의 차이가 있다. 오늘날 남한에서 주목받는 알뛰세는 주로 '마르크스주의의 위기'와 '마르크스주의의 전화'의 알뛰세, 즉 1977년 이후의 알뛰세이다. 이것은 남한에서의 알뛰세 수용이 소련의 해체, '정통 마르크스-레닌주의의 파산', '신식국독자론의 위기'의 효과이자 그 타개책으로 제출된 것과 관련이 있다. 그러나 영국에서의 알뛰세 논쟁은 거의 전적으로 1977년 이전의 알뛰세 사상, 핵심적으로는 변증법에 대한 평가(알뛰세에게서는 '중첩결정')와 인식론에 대한 평가(알뛰세에게서는 '이론적 실천')를 둘러싸고 전개되었다.[2]

남한에서 알뛰세에 대한 관심은 한국 사회구성체의 성격 규정이라는 맥락에서 출발했지만 점차 '마르크스주의의 위기', 그리고 '마르크스주의의 전화'를 사고하는 맥락 속으로 이전했다. 최근의 알뛰세 연구는 '중첩결정'이나 '이론적 실천' 등 초기 알뛰세의 주요 입론이나 이론에서의 계

---

[2] 이것을, 남한에서 알뛰세 사상의 대중화를 선도한 윤소영 교수의 다음과 같은 문제의식과 비교해 보라: "기존의 알뛰세 비판은 바로 이러한 사실을 간과하고 있을 뿐만 아니라 또한 대부분 알뛰세의 문제제기의 정세적 측면(1962/63년 이전의 제저작)과 알뛰세의 자기비판 및 정정의 노력(1967/68년 이후의 제저작)을 무시하고 알뛰세 그 자신이 '이론주의적 경향(또는 편향)'이라고 부르는 그의 최초의 제정식화(예컨대 '지식효과', '사회효과' 그리고 보다 일반적으로 '구조인과율' 등의 제범주 속에 집적되는 것들)만을 특권화하여 집중적으로 검토하고 있다." 윤소영, 『에티엔 발리바르의 '정치경제(학) 비판'』, 한울, 1987, p. 12~13.

급투쟁과 같은 중기 알뛰세의 입론보다는 1980년 11월 16일 사건과 침묵 이후의 알뛰세, 이른바 '불확정적 유물론'을 모색하던 단계의 후기 알뛰세에 집중되는 경향을 보인다.3) 그러면 남한에서 알뛰세의 초중기의 철학은 — 알뛰세 자신이 그렇게 하였듯이 — 정정 혹은 거부되고 있는 것일까? 그렇게 보이지 않는다. 오히려 많은 사람들에게서 그의 초중기 철학의 주요 개념은 하나의 보편적 상식처럼 통용되고 있고 '중첩결정', '이론적 실천', '이론에서의 계급투쟁', '주체 없는 역사적 과정' 등은 이데올로기의 호명에 의한 주체형성이라는 '이데올로기적 실천'의 이론 속에 응결되어 '담론에 의한 사회구성'이라는 포스트마르크스주의/포스트모더니즘의 주제와 접합되어 가고 있다.

1980년대에 전개된 영국 SWP 내부 논쟁에서 알뛰세에 대한 관심이 비록 — 우리의 시류에 맞지 않게도 — 1960~70년대의 알뛰세 철학에 집중되고 있지만 그것이 여전히 우리에게 현실성을 갖는 것은 바로 이 때문이다. 영국 SWP는 제4인터내셔널[FI]로부터 분화되어 나왔지만 그것의 급속한 성장은 유럽의 1968년 혁명을 계기로 이루어졌다. 1968년 혁명을 전후하여 노동자들의 전투성이 고조되면서 혁명적 사회주의 조직들에 대한 지지가 크게 늘어났던 것이다. 이것은 사회당 및 공산당들의 마비를 동반했다. 그러나 이들 개량주의 당들의 마비는 그렇게 오래 지속되지는 않았다. 각국에서 개량주의적 사회당들과 공산당들이 다시 노동자계급에 대한 통제력을 회복하기 시작했던 것이다.4) 이는 이탈리아, 프랑스, 스페인 등지에서 공산당들이 유로코뮤니즘으로 전환한 것과 보조를 같이한다. 프랑스 공산당은 1976년에 열린 제22차 당대회에서 프롤레타리아 독재 강령을 폐기하고 '사회주의로의 민주주의적 길'로 전환하였다.

---

3) 윤소영, 『마르크스주의의 전화와 '인권의 정치'』(문화과학사, 1995), 제1장과 백승욱, 「루이 알뛰세르: 비철학적 철학을 위하여」(이진경 외, 『철학의 탈주』, 새길, 1995, pp. 59~123) 참조. 문제의식이 명확하게 변별되는 것은 아니지만 전자는 주로 '인권의 정치'와의 연관 속에서, 후자는 주로 '반근대 철학'과의 연관 속에서 알뛰세의 후기 철학을 검토하고 있다.

4) Chris Harman, *The Fire Last Time : 1968 and after*, Bookmarks : London, 1988, pp. 341~346.

이 전환을 바라보는 알뛰세의 시각은 대회 직후에 씌어진 「프랑스 공산당 제22차 당 대회의 역사적 의미」에 나타나 있다. 그는 이러한 전환이 제국주의 위기의 심화와 국제 공산주의 운동의 위기의 첨예화라는 두 가지 결정적 조건의 산물이라고 보면서 프롤레타리아 독재의 개념은 정치적 결정의 대상이 될 수 없다고 비판한다. 아울러 그는 프롤레타리아 독재 강령의 폐기가 국가의 민주화라는 달콤한 형태 속에서 국가의 '파괴'와 '사멸'에 대해 생각할 가능성 자체를 박탈해 버린다고 지적한다.5)

유로코뮤니즘의 대두와 그 영향력 확대를 기반으로, 자본주의와 사회주의는 통합된 세계자본주의라는 새로운 차원에서 지배의 안정을 되찾았고 생산적 축적의 과정은 더욱 확대된 규모── 이것은 노동강제의 확대이며 노동의 자본에의 실질적 포섭의 심화이다── 로 재개되었다.6) 알뛰세는 프랑스 공산당이 국가 파괴, 즉 혁명의 전망을 포기한 것에 대해 비판했지만── 당시로서는── 당 외부에서 사회변혁의 가능성을 읽지는 않았다. 푸꼬, 들뢰즈, 가따리와는 구별되는 알뛰세의 이러한 정치적 행로는 '이데올로기를 매개로 주체의 행동을 조직해 내는 이론의 자율성'이라는 그의 이데올로기주의 철학7)의 일관된 관철이었다. 이는, 한때 이탈리아 사회당원이었으면서도 이 당이 기독민주당과의 연정에 참여하자 탈당하여 1968년의 혁명적 시기를 전후해서는 노동자의 행동적 자율성을 주창하며 이론의 자율성을 행동의 자율성과의 등가8) 속에서 사고했던 네그리

---

5) 루이 알뛰세, 『당 내에 더 이상 지속되어선 안될 것』, 새길, 1992, pp. 22~56.
6) 서유럽의 역사에서 사회당 및 공산당이 수행한 자본주의 체제 구출적 역할에 대해서는 이안 버첼, 『서유럽 사회주의의 역사』, 갈무리, 1995를 참조하라.
7) 캘리니코스는 알뛰세의 사고방식을 관념론(idealism)으로 규정하기보다는 이데올로기주의(ideologism)로 규정하는 것이 더 적절할 것이라고 제안한다. 알렉스 캘리니코스, 『마르크시즘의 미래는 있는가』, 열음사, 1987, p. 85.
8) 동일하게 스피노자적 논리에 입각해 있으면서도 알뛰세와 들뢰즈(및 네그리)가 보여주고 있는 이론과 실천의 관계 개념의 차이점에 대해서는 Michael Hardt, *Gilles Deleuze - An Apprenticeship in Philosophy*, Minnesota : London, 1993, 제3장 9절의 보론 'Theoretical Practice and Practical Constitution'을 참조하라. 여기서 하트는 알뛰세의 이론의 자율성론이 이론 우위적 자율성론이라고 설명하고 있다.

의 행로와 뚜렷이 비교된다.

그렇다면 우리는 알뛰세의 철학에 대한 캘리니코스의 우호적 관심을 어떻게 이해할 수 있을까? 그는 자신의 최초의 알뛰세 연구서인 『알뛰세의 마르크스주의』(Althusser's Marxism)를 라카토스에게 바쳤지만 1983년에 출간된 『현대철학의 두 가지 전통과 마르크스주의』(Marxism and Philosophy) 서문에서는 "현재의 마르크스주의 철학의 부흥은 다른 어떤 개인이나 학파보다도 루이 알뛰세 덕분이다"9)라고 쓰면서 이 책을 알뛰세에게 바치고 있다. 서유럽의 공산당들과 영국의 노동당의 정치를 개량주의 정치로 비판하면서 이들 당 외부에서 독자적인 혁명적 사회주의 정치를 전개할 필요성을 일관되게 주장해 온 캘리니코스가 프랑스 공산당 내부에서 이 당의 개조를 주장해 온 알뛰세의 철학에 대해 이토록 우호적인 관심을 표명하는 것은 외관상으로는 쉽게 이해되지 않는 일이다.

그렇다면 캘리니코스의 알뛰세 철학에 대한 연대는 대체 무엇에서 비롯되는 것인가? 뒤에서 밝혀지겠지만, 그것은 헤겔주의에 대한 반대, 역사의 목적론적 주체를 설정하는 것에 대한 반대였다. 캘리니코스는 알뛰세와 더불어, 멀리는 1956년 흐루시쵸프의 스딸린 비판에 때맞춘 헝가리 노동자 봉기라는 정세 속에서, 가까이는 1968년 이후 제국주의의 위기가 도래하여 서유럽에서뿐만 아니라 제3세계에서 제국주의에 반대하는 노동자 주도의 인민투쟁이 고조되는 정세 속에서10) 엥겔스에게서 비롯되어 1910년대와 1920년대를 풍미했으며 루카치에게서 정점에 이른 헤겔주의적 마르크스주의, 즉 주체의 철학이 부흥하는 것을 응시한다. 알뛰세는 『마르크스를 위하여』(Pour Marx)에서 이러한 경향을 경험주의, 주의주의, 역사주의, 인간주의 등으로 지칭하면서 자신의 철학적 개입은 마르크스주의에 대한 이러한 관념론적 해석에 대해 "구획선을 긋는 것"이라고 단언

---

9) 알렉스 캘리니코스, 『현대철학의 두 가지 전통과 마르크스주의』, 갈무리, 1995, p. 12.
10) 엄밀히 표현하면 스딸린주의의 위기와 서유럽 제국주의의 위기가 노동자투쟁을 고조시킨 원인이 아니라 오히려 노동자계급의 독자적 행동능력 즉 자율성의 성장이 자본주의 및 사회주의의 위기를 가져왔다고 해야 할 것이다.

하고 있다.11) 캘리니코스는 헤겔주의적 마르크스주의가 철학적 논의의 중심문제를 의식과 현실간의 관계문제로 대치함으로써 제2인터내셔널의 결정론과 단절하였다고 보면서도 이것은 부르주아 철학의 문제틀인 '주체-객체 동일성'의 관점에 사로잡힘으로써 제2인터내셔널의 '정통'을 대치하는 데에는 성공하지 못했다고 평가한다. 그에게 있어서 『역사와 계급의식』(*Geschichte und Klassenbewusstsein*)에 나타난 루카치 철학은 "부르주아 철학의 문제틀 내에서 부르주아 철학의 모순들을 해결하려는 시도"에 지나지 않는다.12)

영국 SWP 내에서 이루어진 캘리니코스에 대한 비판은 헤겔주의적 마르크스주의, 특히 루카치의 프롤레타리아 주체론에 대한 옹호와 알뛰세의 '주체 없는 과정으로서의 역사론'에 대한 비판이라는 형식을 띄고 있다. 주체문제를 둘러싸고 이러한 대립이 전개될 수 있었던 것은 당시의 철학적 주체논의가 간단히 부정될 수 없는 복잡성을 갖고 있었기 때문이다. 1956년 이후 '사회주의적 인간주의'론은 스딸린주의의 위기를 미봉하기 위한 소련 지배계급의 전략으로서 제기되었던 한편 뉴 레프트나 프랑크푸르트 학파에서의 헤겔 탐구는 스딸린주의의 경제결정론을 비판하면서 비스딸린주의 시각에서 마르크스주의를 재구성하고자 하는 시도였다. 또 이탈리아의 아우토노미아 운동 역시 노동자 주체의 기치 하에서 새롭게 등장했다는 사실 역시 주목되어야 한다. 알뛰세와 캘리니코스는 이 다양한 성격의 주체 논의를 헤겔주의라는 이름으로 묶어 단순화시키고 여기에 '주체 없는 과정' 혹은 '주체=담지자'라는 생각을 대치시킴으로써 논란의 여지를 남겨 두었던 것이다. 캘리니코스의 ― 그리고 알뛰세의 ― 반헤겔주의가 이렇게 단순한 만큼 그에 대한 대타적 반응으로서의 헤겔주의 옹호 역시 그만큼 단순하다. 그것은 프롤레타리아 주체의 객관성 이론, 즉 '주체-객체 동일성'으로 단순 복귀하는 경향을 갖는다. 그러므로 나는 다음에서 **반헤겔주의 대 헤겔주의**라는 구도 속에서 전개되는 영국 SWP 내에서의 알뛰세 논쟁의 쟁점을 분석하는 한편 이와 동시에 이 논

---
11) 루이 알뛰세, 『마르크스를 위하여』, 백의, 1992, p. 17.
12) 알렉스 캘리니코스, 『알뛰세의 맑스주의』, 녹두, 1992, pp. 15~46.

쟁 구도가 감추고 있는 쟁점, 특히 주체론의 다측면성 또는 주체에 대한 새로운 사고의 가능성을 드러내 보려 시도할 것이다.

3. 캘리니코스의 알뛰세 수용

표면화된 논쟁구도를 확정하는 과정에서 우리는 캘리니코스의 알뛰세 수용이 1960~70년대의 헤겔주의적 마르크스주의 비판을 겨냥하고 있다는 것을 알았다. 이 비판은 마르크스주의 역사의 '정통'을 자처하는 카우츠키, 플레하노프, 스탈린의 진화론적이고 결정론적인 마르크스주의를 극복함에 있어 헤겔주의적 마르크스주의가 드러내는 불충분성, 그 한계를 넘어서려는 방식을 취했다. 캘리니코스에게 있어 헤겔주의적 마르크스주의란 멀리는 『안티 뒤링』의 엥겔스와 『철학노트』의 레닌에게 닿아 있고 직접적으로는 루카치의 『역사와 계급의식』에 나타난 철학을 의미한다. 이 철학은 마르크스의 원숙기 저작을 이해하는 데 헤겔의 변증법이 필수적이라는 주장으로 나타났다.13)

캘리니코스는 이러한 주장을 극복함에 있어 마르크스의 변증법과 헤겔의 변증법의 근본적인 차이를 규명한 알뛰세의 '중첩결정'의 이론이 커다란 도움이 된다고 주장한다. '중첩결정' 개념의 출발점은 헤겔의 철학에서 방법이 체계로부터 분리될 수 없다는 인식이다. 왜냐하면 표출적 총체 속에서 모순을 사고하는 헤겔의 변증법(방법)은 그의 관념론(체계)으로부터 분리될 수 있는 외부적 형식이 아니라 '내용의 영혼' 그 자체였기 때문이다.14) 이런 관점에 서서 알뛰세는 헤겔 변증법의 '전복'이라는 마르크스의 은유가 "하나의 동일한 방법론이 적용되는 대상들의 본질의 문제(헤겔에게 있어서의 이데아의 세계/마르크스에게 있어서 실재의 세계)를 제기하

---

13) 알렉스 캘리니코스, 『현대철학의 두 가지 전통과 마르크스주의』, 갈무리, 1995, p. 14.
14) 알렉스 캘리니코스, 『마르크시즘의 미래는 있는가』, 열음사, 1987, p. 67 ; 루이 알뛰세, 『마르크스를 위하여』, 백의, 1992, p. 107.

는 것이 아니라, 바로 그 자체로서 간주된 변증법의 본질의 문제, 즉 그 변증법의 특수한 구조들의 문제를 제기하고 있다"15)고 생각한다. 변증법의 헤겔적 구조가 헤겔의 세계관 즉 그의 사변철학과 맺고 있는 긴밀한 내적 관계를 명확히 인식하게 되면 바로 그 변증법의 구조들을 근본적으로 변형시키지 않고서는 그 세계관을 진정으로 버릴 수 없다는 것이 알뛰세의 생각이었다. 그는 헤겔의 변증법에서 이야기되는 모순들과 그것들의 융합이 보편적 모순의 순수한 현상들에 불과하여 각각의 모순들이 단순하고 소극적인 가상으로 전락한다는 인식 위에서 그 모순들이 강한 의미에서 '적극적으로' 되고 또 단절의 원리가 될 수 있는 방법을 모색한다. 그것은 변증법 속에 차이들이라는 개념—이것은 소쉬르에서 시작되어 포스트구조주의, 포스트모더니즘에 이르기까지 현대 프랑스 철학 전체를 관통하는 중심 주제이다—을 도입함으로써 가능해졌다.

> 이것은 작동중인 각각의 심급들을 구성하는 (그리고 레닌이 말하는 그 "축적"을 통해 드러나는) "차이들"이 만일 하나의 진정한 통일성으로 "용해"되어 있다면, 하나의 순수한 현상으로서 단순한 모순의 내적 통일성 속으로 "사라지지" 않으리라는 것을 의미한다. 차이들은 그것들의 본질로서 그리고 고유한 효력으로서, 그것들의 본질에 입각하여, 그리고 그것들의 활동에 특수한 양태들에 따라, 그 혁명적 단절로의 "용해"에 있어서 통일성을 구축한다. 그 통일성을 구축하면서, 차이들은 물론 차이들에 생기를 불어넣는 근본적 통일성을 재구축하고 완성하지만, 또한 그리하여 그 통일성의 본질을 드러낸다. 즉 "모순"이 그것이 작용하고 있는 사회의 본체의 총체적 구조와 그것의 형식적 존재 조건들 및 그 모순이 지배하는 심급들과도 불가분의 관계에 있다는 것을 드러내준다—따라서 모순은 그것이 핵심으로서 심급들에 의해 영향을 받으며, 결정을 하지만 또한 하나의 동일한 움직임 속에서 결정되고, 모순이 활성화시키는 사회구성체의 다양한 층위들과 심급들에 의해 결정된다. 우리는 그 모순을 원리에 있어서 중층적으로 결정되었다고 부를 것이다.16)

바로 이 중첩결정된 총체가 헤겔의 표출적 총체와 구별되는 구조적 총

---

15) 루이 알뛰세, 앞의 책, p. 108.
16) 같은 책, p. 116(강조는 알뛰세).

체이다. 이 구조적 총체에는 본래적인 본질은 없으며 '항상 사전에 주어진 것'(the ever-pre-givenness)만이 있을 뿐이다. 알뛰세는 이 '항상 사전에 주어진 것'이란 다름 아닌 다양한 형태의 '사회적 실천들'이라고 주장한다.

이 다양한 개별적 실천들은 동일한 역사적 시간에 따라 발전하지 않으며 동일한 형태의 역사적 실존을 갖지도 않는다. 그것들은 오히려 역사발전의 각 단계 속에서 상대적으로 독자적이며 비록 의존적인 경우라 할지라도 다른 단계들의 시간들에 대해 상대적으로 독립되어 있는 고유한 시간을 갖는 것으로 파악된다.17) 여기에서 그는 각각의 '수준'에 개별적으로 조응하는 상이한 역사들의 가능성과 필연성의 근거를 발견하고 정치적 시간, 이데올로기적 시간, 예술의 시간, 이론적 시간 등 상대적으로 독립적인 각각의 시간 계열들을 설정하는 과정에서 경제적 실천, 정치적 실천, 이데올로기적 실천 등과는 구별되는 '이론적 실천'의 개념을 도출하게 된다.

'이론적 실천'은 무엇보다도 방법과 대상의 일치, 즉 이론이 설명하고자 하는 현실과 사고된 대상(과학을 구성하는 이론적 체계)의 동일성을 추구하는 헤겔적인 역사주의와 경제주의적 영원주의—— 알뛰세는 전자가 후자의 역사화된 반대함축일 뿐이라고 본다18)—— 에 대한 비판을 겨냥하고 있다. "개라는 개념은 짖을 수 없다는 것, 역사라는 개념은 일상적 의미에서의 역사적인 것 즉 경험적인 것일 수 없다"19)는 전제 위에서 그는 현실적 대상과 사고된 대상의 분명한 구별을 주장한다. 바슐라르의 문제틀 개념이 도입되는 곳도 바로 이곳이다. 하나의 텍스트는 그 속에서 작용하는 이론의 확인을 요구하는데 그 이론의 정체는 그 이론이 내세우는 특정한 명제나 저자의 의도에 있는 것이 아니라 그것의 구조, 그 문제들이 제기되는 방식수준의 구조, 다시 말해 그 이론의 특수한 명제들의 객

---

17) 알렉스 캘리니코스, 『마르크시즘의 미래는 있는가』, 열음사, 1987, p. 71 ; 루이 알뛰세, 『자본론을 읽는다』, 두레, 1991, pp. 127~128.
18) 루이 알뛰세, 앞의 책, p. 143.
19) 같은 책, p. 134.

관적이고 내적인 지시체계에 놓여 있다는 것이다. 이러한 문제틀은 오직 '징후적 독해'에 의해서만 발견될 수 있는데 이 '징후적 독해'야말로 '이론적 실천'의 방법이며 이 '이론적 실천'의 '이론'이 마르크스주의 철학이다.

캘리니코스는 이상에서 개괄한 것 중에서 '중첩결정'의 개념에 대해서는 우호적이지만 '이론적 실천'의 개념에 대해서는 다소간 비판적이다. 그가 제기하는 '이론적 실천' 개념의 문제는 다음 두 가지로 집약된다. 하나는 그것이 이론의 객관적 기준의 문제, 즉 하나의 이론의 인식론적 정당성 문제라는 부르주아 경험주의의 문제틀로 복귀한다는 것이다. 알뛰세는 실천 일반이 마르크스가 말한 생산적 노동의 구조를 갖는다고 보았다. '이론적 실천'에서 그것은 일반성 II의 노동에 의해, 일반성 I을 대상으로, 일반성 III을 생산하는 것으로 나타난다. 이렇게 '이론적 실천'이 이데올로기적 사실들(일반성 I)로부터 이데올로기의 한계 내에서의 과학적 사실들(일반성 III)의 생산이라면, 알뛰세에게서 이론의 인식론적 정당성 문제는 대체 어떤 맥락에서 제기되는 것일까?

> 철학을 통하여 이론적 실천과 다른 사회적 실천 곧 역사적 유물론과 그것의 실재적 대상이나 사회구성체간의 인식론적 관계뿐 아니라 이러한 실천에 매개된 사유와 실재 자체간의 관계가 표현된다. 어떻게 그것이 가능한가? '변형의 본질을 통하여', 즉 모든 실천의 공통적인 구조에 의하여.[20]

캘리니코스는, 이런 식으로 사고와 실재간의 동형성을 선언적으로 받아들이는 것은 부르주아 경험주의의 인식론적 문제틀 속에 빠지는 것이라고 본다. 그는 사고와 실재 사이에 사전적 관계, 즉 동일한 구조를 소유하는 관계에 기초해서 과학이 실재를 전유할 수 있다고 보는 것은 자연변증법에서 엥겔스가 채택한 해결방법과 그다지 다르지 않다고 생각한다. 이러한 입장은 '이론적 실천'과 사회 전체간의 고유한 관계를 젖혀 두고 '이론적 실천'에 자율성을 선험적으로 선언함으로써 과학을 하나의 예증으로 변형시키고 그것을 사회적 과정으로부터 단절시킨다.[21] 여기에서

---

20) 알렉스 캘리니코스, 『알튀세의 맑스주의』 녹두, 1992, p. 115.

'이론적 실천'론의 두 번째 문제점, 즉 이론과 실천의 통일문제에 대한 회피가 유래한다.

그러나 캘리니코스는 알뛰세가 1967년 이후의 자기비판을 통해 '이론적 실천' 개념이 갖는 이 두 가지 문제점을 해결하였고 이 개념에 대한 자신의 비판도 알뛰세의 이러한 진전에 의거한 것이라고 적고 있다.22) 알뛰세는 1967년에 출간된『마르크스를 위하여』의 영어판 서문에서 '이론적 실천'에 대해 이렇게 평가한다.

> 나는 '이론적 실천' 안에서 이론과 실천의 통일성을 말했지만 '정치적 실천' 안에서 이론과 실천의 통일성 문제에 대한 논의를 시작하지 않았다. 정확하게 하자면 나는 이런 통일성의 역사적 존재의 일반 형식(계급투쟁의 조직 — 노동조합, 당 — 에 의한 계급투쟁 방향의 수단과 방법 등등)을 검토하지 않았다. 나는 이런 존재의 구체적 형식들 속에서 마르크스주의 이론의 기능, 자리, 그리고 역할에 대하여 정확한 지적을 하지 않았다. 즉 마르크스주의 이론이 어디서 그리고 어떻게 정치적 실천의 발전에 개입하는지, 정치적 실천이 어디서 그리고 어떻게 마르크스주의 이론의 발전에 개입하는지 말이다.23)

이러한 문제를 해결하는 알뛰세의 방식은 지금까지 "이론적 실천'의 이론'으로 정식화되어 온 마르크스주의 철학을 과학과 구별짓고 마르크스주의 철학을 '이론에서의 계급투쟁'으로 재규정하는 것이다. 1968년에 씌어진「레닌과 철학」에서 알뛰세는 레닌의『유물론과 경험비판론』을 독특하게 해석하여 '1) 철학은 과학이 아니며 과학들과 구별된다 2) 만일 철학이 과학들과 다르다면 철학과 과학들간에는 특수고리가 존재한다. 이 고리는 객관성이라는 유물론적 명제에 의해 나타난다 3) 철학의 역사는 관념론과 유물론 사이의 투쟁의 역사이다'라는 세 가지의 명제를 도출한다. 이 명제들을 알뛰세는, 철학은 대상을 갖지 않으며 계급투쟁에 참가한 계급의 곁에서 정치의 과학성을 나타내는 것일 뿐이라고 해석한다. 그러므

---

21) 같은 책, p. 117.
22) 같은 책, p. 118.
23) 루이 알뛰세,『마르크스를 위하여』백의, 1992, p. 19.

로 마르크스주의 철학은 프롤레타리아트의 계급 입장에서 프롤레타리아 정치의 과학성을 나타내는 것이다. 알뛰세에 따르면 이것은 마르크스주의가 철학에 기여한 것 중에서 가장 새로운 것으로 다름 아닌 '철학의 새로운 실천'이다. 알뛰세는 '실천의 새로운 철학'이 아닌 이 '철학의 새로운 실천'이 철학을 변형시킬 수 있으며 어느 정도까지는 세계의 변혁에 도움을 줄 수 있다고 말한다.24)

그렇다면 여기에서 캘리니코스가 말한 이론과 실천의 통일은 어떻게 달성된 것인가? 그것은 모든 인식론의 거부 속에서, 즉 지식으로서 과학 이론의 타당성의 결정에 관계된 모든 철학적 이론의 거부 속에서 이루어진다. 이제 우리 앞에 제시되는 것은 이론 내에서의 혁명적 프롤레타리아트의 계급투쟁으로서의 변증법적 유물론과 다른 한편으로는 자신의 자율성 속에서 과학의 발전을 역사적으로 분석하는 것인 역사적 유물론이다. 변증법적 유물론이라는 마르크스주의 철학은 역사적 유물론과의 구별을 통해 계급투쟁 자체를 이론 속에서 반영한다. 프롤레타리아트는 이제 정치적 입장을 채택하는 것만으로는 충분치 않고 철학적 입장을 그것과 결합시켜야 한다. 캘리니코스는 철학에 대한 이 새로운 정의, 즉 과학을 이데올로기의 침투로부터 방어해 주는 '이론에서의 계급투쟁'이라는 철학규정을 통해 알뛰세가 자신의 이론 체계를 그 내적 모순으로부터, 특히 이론을 계급투쟁보다 상위의 순수 이성으로 분리시키는 그것의 이론주의적 편향으로부터 구출할 수 있었다고 평가한다.25)

그렇다면 캘리니코스는 알뛰세와 **철학적으로** 완전히 동일한 입장을 취하고 있는 것일까? 적어도 『알뛰세의 마르크스주의』까지는 대체로 그렇다고 보아야 할 것이다. 캘리니코스가 알뛰세를 비판하는 경우에도 그것은 알뛰세의 정치학에 집중될 뿐 철학에 관한 것은 아니다. 그러나 중국 문화혁명의 실패를 정점으로 알뛰세주의의 위기가 점차 표면화되기 시작하는 1977년에 이르게 되면 캘리니코스의 입장은 미묘한 변화를 겪는다.

---

24) 루이 알뛰세, 『레닌과 철학』, 백의, 1991, pp. 33~77.
25) 알렉스 캘리니코스, 『알뛰세의 맑스주의』, 녹두, 1992, pp. 131~133 그리고 p. 144.

『마르크스주의에 미래는 있는가』에서 캘리니코스는 인식론 논쟁을 종합하면서 자신의 변화된 관점을 요약하고 있다. 그것은 알뛰세보다는 주로 임레 라카토스의 용어에 의존하는 것으로 객관적 지식의 가능성과 인식론의 가능성을 옹호하고자 하는 것이다.26) 라카토스에 따르면 과학의 역사는 과학적 연구 프로그램을 구성하는 일련의 이론들의 존재로 특징지워진다. 이들 각각의 프로그램들은 일정한 방법론적 규칙들로 구성되는데 그들 중 어떤 것은 피해야 할 연구도정이고 또 다른 어떤 것들은 추구해야 할 연구도정이다. 여기에서 전자 즉 피해야 할 연구도정이란 '부정적 발견법'(negative heuristic)을 의미하고 추구해야 할 연구도정이란 '긍정적 발견법'을 의미한다. 각각의 프로그램에서 단단한 핵심(hard core)을 구성하는 것은 긍정적 발견법으로서 그 연구 프로그램의 '반박가능한 변형들'(refutable variants)을 어떻게 바꾸고 발전시킬 것인가에 대한, 부분적으로 접합된 일단의 암시나 시사들로 구성되는 것이다. 이 긍정적 발견법은 틀린 것으로 증명되는 것으로부터 면제되어 있다. 그리고 그 주위에는 틀린 것으로 증명될 가능성이 있는 '보조적 가설들'로 된 '보호대'가 둘러져 있다. 그에 따르면 각 프로그램들은 이들 발견법에 맞추어, 그리고 부분적으로는 관찰에 의하여 이론이 확증되고 반박됨에 따라, 설정된 가설들이 수정 혹은 증가됨으로써 발전되어 나간다.27) 캘리니코스는, 프로그램들의 이러한 발전과정은 곧 진리에의 접근과정이며 이것이 지식의 객관성을 담보한다고 본다. 그리고 그는 각 프로그램들의 진리에의 접근도는 다른 프로그램들과의 관계 속에서만, 다시 말해 둘 이상의 프로그램들이 서로 경쟁하는 경우에만 확증될 수 있다고 주장한다. 그는 루벤의 말을 빌어, 유물론의 명제들 역시 이들 프로그램들 중의 하나이며 유물론적

---

26) 알뛰세에게서 이론과 실천의 통일이 '모든 인식론의 거부 속에서, 즉 지식으로서 과학이론의 타당성의 결정과 관계된 모든 철학적 이론의 거부 속에서' 이루어졌다는 앞서의 캘리니코스의 언급을 상기해 보라.
27) I. 라카토스, 「반증과 과학적 연구 프로그램들의 방법론」,(『현대 과학철학 논쟁』, 민음사, 1990, p. 129~241) ; 알렉스 캘리니코스, 『마르크시즘의 미래는 있는가』, 열음사, 1987, pp. 175~198 ; 알렉스 캘리니코스, 『현대철학의 두 가지 전통과 마르크스주의』, 갈무리, 1995, pp. 191~193 참조.

입장의 선택은 관념론이라는 경쟁적 이데올로기에 맞선 하나의 선택으로서, 그 선택은 그것의 증거가 보다 신빙성이 있다거나 논거가 강력하다는 데 따른 인식론상의 선택이 아니라 계급적 충실성에 입각한 정치적 선택이라고 말한다.28)

캘리니코스는 라카토스의 이러한 연구 프로그램론이 『안티 뒤링』의 엥겔스의 입장 및 『유물론과 경험비판론』의 레닌의 입장과 통하는 것이라고 말하는데, 이에 앞서 그가 엥겔스와 레닌의 입장을 헤겔주의적 경험주의의 입장이라고 비판하였던 것을 상기하면 이상에서 요약한 그의 인식론은 매우 큰 변화를 함축하고 있는 것이다. 그 변화의 핵심은 알뛰세가 경험주의라는 이유로 거부하고자 했던 이론과 실재의 상응론을 '이론의 자율성'론 속의 한 계기로 끌어들이는 것이다. 그럼에도 불구하고 1977년의 캘리니코스는 아직 라카토스적 연구 프로그램론을 알뛰세의 '이론에서의 계급투쟁'론의 등가물로 설명하고 싶어한다. 실제로 라카토스의 '발견법' 개념은 알뛰세의 '문제틀' 개념과 유사하고, '연구 프로그램들간의 경쟁'이라는 개념은 알뛰세가 말한 '이론들간의 이데올로기적 투쟁'이라는 개념과 유사하다. 그렇지만 알뛰세가 인식의 실재에의 접근이라는 캘리니코스의 변화된 문제의식과 일치하는 관점을 피력했다는 증거를 찾기란 쉽지 않다. 아마도 1983년의 캘리니코스가, '알뛰세는 직접적인 지식이 불가능하다는 것을 가장 명확하게 파악하였던 마르크스주의자였지만 그는 이론적 담론을 경험적 확증이나 반박으로부터 면제된 폐쇄된 체계로 봄으로써 그것들을 평가할 어떤 일반적인 기준의 존재를 부정하게 되었다'29)고 평가하게 되는 것은 바로 이러한 사정과 무관하지 않을 것이다.

캘리니코스의 알뛰세로부터의 거리두기는 이데올로기론에서는 일찍 나타나며 또 더욱 분명하다. 알뛰세 이데올로기론의 특징은 '이데올로기들'

---

28) 알렉스 캘리니코스, 『마르크시즘의 미래는 있는가』, 열음사, 1987, pp. 187~188.
29) 알렉스 캘리니코스, 『현대철학의 두 가지 전통과 마르크스주의』, 갈무리, 1995, p. 191(강조는 인용자). 바로 이 구절에 뒤이어 캘리니코스는 "내 생각으로는 임레 라카토스가 과학적 이론들의 상대적 장점을 평가해주는 기준들이 있음을 설득력 있게 보여주었다"고 쓰고 있다.

의 이론과는 구별되는 '이데올로기 일반'에 대한 이론을 설정하는 것이다. 전자는 언제나 특정한 계급입장을 표현하는 것이지만 후자는 그것에서 독립적이다. 알뛰세에게서 후자, 즉 '이데올로기 일반'은 '개인과 개인의 실제 조건과의 가상적인 관계를 표현하는 것'으로 역사를 갖지 않는 영원한 것이다.30) 캘리니코스는 1975년에 출간된 『알뛰세의 마르크스주의』에서 알뛰세의 정치적 입장의 애매함과 그 약점이 그의 이데올로기론—그리고 국가론—에 집중적으로 반영되어 있다고 지적한다.31) 알뛰세의 이데올로기론에 대한 캘리니코스의 비판은—비록 그가 위 양자를 언제나 분명히 구별하는 것은 아니지만—주로 '이데올로기 일반'의 이론을 겨냥하고 있다. 그는, '이데올로기들이 계급투쟁의 장소이며 계급이익의 반영'이라는 알뛰세의 주장과 '이데올로기 일반은 어떤 사회에나 필요하다'는 또 다른 그의 주장의 병렬적 결합은 모순이라고 지적한다. 이어 그는, 후자의 주장은 이데올로기가 계급사회의 특수한 산물임을 부인함으로써 결과적으로 '대중들은 필연적으로 이데올로기 속에 살고 있으며 그들을 인도하기 위해서는 과학에 숙련된 사람들의 집단이 [자본주의 이후에도 - 인용자] 계속 필요하다'는 생각을 낳고 이것은 동유럽의 관료적 국가자본주의를 정당화하는 정치적 효과를 낳는다고 비판한다.32) 1977년의 『마르크스주의에 미래는 있는가』(*Is There a Future for a Marxism?*)에서 알뛰세의 이데올로기론에 대한 캘리니코스의 시선은 좀더 차갑다.

> 사회적 관계가 담론에 대해서 미치는 영향은 알뛰세의 이데올로기 개념, 즉 이데올로기를 오류와 동일시하고 따라서 오류를 초논증적인 것의 개입을 나타내는 지표로 간주하는 개념을 가지고는 설명할 수가 없다. 여기서 알뛰세는 과학을 증명된 지식과 동일시하고 오류를 잘못된 방법들의 사용에서 빚어지는 일종의 발작이라고 보는 독단론적인 '정당화주의'의 전통으로 침몰하고 마는 것으로 보인다.33)

---

30) 루이 알뛰세, 『레닌과 철학』, 백의, 1991, pp. 165~166.
31) 알렉스 캘리니코스, 『알뛰세의 맑스주의』, 녹두, 1992, p. 145.
32) 같은 책, p. 151.
33) 알렉스 캘리니코스, 『마르크시즘의 미래는 있는가』, 열음사, 1987, p. 191[*Is*

이러한 단정은 알뛰세의 입장에서 보면 일정한 오해이다. '개인과 개인의 실제 조건과의 가상적인 관계'라는 자신의 규정이 이데올로기와 오류의 동일시를 직접적으로 의미하는 것은 아니기 때문이다. 오히려 이 규정은, 알뛰세가 '주체 없는 과정으로서의 역사'라는 개념에서 추방해 버렸던 주체 개념을 새로운 차원에서 재도입하는 문제와 연관되어 있다. 알뛰세는 역사에서 작동하는 목적론적 초주체를 거부한 후 이데올로기의 호출력에 의해 구성되는 주체, 일종의 담지자 주체를 설정한다. 즉 주체의 관념은, '구체적 의례가 지배하는 구체적 실행 속에 자리한 구체적 행동이며 구체적 의례 자체는 구체적 이데올로기 기구에 의해 규정되고 그 구체적 이데올로기 기구로부터 그 주체의 관념이 유래한다'는 것이다. 알뛰세는 '이데올로기에 의한 이데올로기 내의 실천 말고 다른 실천이란 없으며, 주체에 의한 주체들을 위한 이데올로기 말고 다른 이데올로기란 없다'는 전제 위에서 '모든 이데올로기는 주체로서의 구체적인 개인들을 구성한다'고 결론짓는다.34)

캘리니코스의 이데올로기에 대한 관심은 알뛰세와는 달리 이데올로기와 주체의 관계보다는 과학과 이데올로기의 관계라는 문제에 집중된다. 그는 마르크스주의 철학과 과학의 구별이라는 이전의 관심의 연장선상에서 이 양자의 구별기준을 설정하고자 애썼다. 그는 우선 지식의 문제를 단순한 상징체계나 의미관계 속에서 고찰하는 것이 아니라 권력관계 속에 놓인 하나의 전략으로서 고찰하고자 한 역동적 모델인 푸꼬의 '권력/지식 체제'의 개념이 과학과 이데올로기를 동일시한다고 비판한다.35) 그

There a Future for Marxism?, Macmillan : London, 1982, p. 188]. 원문에 따라 번역을 일부 수정함.
34) 루이 알뛰세, 『레닌과 철학』, 백의, 1991, pp. 173~175.
35) 그러나 푸꼬의 이데올로기에 대한 실제 생각은 다음과 같은 것이다. "나로서는 이데올로기의 개념은, 다음과 같은 세 가지 이유로 사용하기 곤란하다고 봅니다. 첫째는, 이데올로기는 마치 진실이라는 것이 틀림없이 존재한다는 전제 아래에 그 진실에 반대되는 지식은 모두 이데올로기라고 몰아붙이는 인상을 주기 때문입니다. 여기서 실제로 문제가 되는 것은 과학성과 진실을 어떻게 선을 그어 구분할 것인가가 아니고, 진실도 거짓도 아닌 담화 안에서 진실의 효과가 어

가 보기에 과학은 두 가지의 한정들, 즉 담론의 내부적 구조(발견법 혹은 문제틀)와 초논증적 실존조건을 가지는 것으로서 권력의 리듬으로 환원될 수 없는 자체적인 리듬을 갖고 있는 것이었다. 1983년의 『현대철학의 두 가지 전통과 마르크스주의』에서 그는 과학과 이데올로기의 차이에 관한 자신의 생각을 보다 명확하게 정식화한다.

> 이론적 담론은 과학적 연구 프로그램의 형성으로 특징지어지는데, 이 연구 프로그램은 상대적으로 자율적이며 각 프로그램의 발견법이 설정한 방향을 따라 가설들을 구축하는 것을 통하여 기능한다. 이데올로기는 개념화되지 않은 날것 상태의 경험—이런 것은 없다—을 재현한다는 점에서 과학과 다른 것이 아니라 상대적 자율성의 결여라는 점에서 즉 **권력관계** 내에 있다는 점에서 다르며, 이 권력관계들이 주어진 이데올로기적 담론 내에서 가능한 발화들의 주위를 둘러싸고 있는 것이다. 연구 프로그램들은 비록 그 발견법에 의하여 내적으로 가동되기는 하지만 일반적으로 특정의 역사적 상황에서 이데올로기로부터 출현하며 아주 종종 이데올로기와의 밀접한 관계 속에서 계속 기능한다.36)

상대적 자율성을 결여하고 권력관계 내에서 작동하는 담론으로서의 이데올로기라는 규정은 1987년에 출간된 『역사와 행위』(*Making History*)에서는 그람시의 용어를 빌어 '이해관계들의 명확화'(articulation of interests)로 정식화된다. 주체와 이데올로기의 관계에 관한 캘리니코스의 생각이 보다 구체적으로 표명되는 것도 이 대목에서이다. 그는, 『독일 이데올로기』에 제시된 지배 이데올로기 테제는 피지배 이데올로기의 가능성을 억제하며, 『자본론』에 제시된 상품 물신성론과 그에 기초한 이데올로

떻게 생산되느냐의 문제를 역사적으로 파악해야만 한다는 것입니다. 둘째로, 이데올로기가 갖는 용어상의 난점은 그것이 주체, 또는 주관이라는 차원을 내포하고 있다는 점입니다. 세째는, 이데올로기는 하부구조나 물질성 또는 경제적 결정요인에 비하면 부차적인 위치에 있다고 주장되고 있기 때문입니다. 바로 이와 같은 세 가지 이유 때문에 이데올로기라는 용어를 쓸 때에는 대단히 주의를 해야 합니다."(콜린 고든 편, 『권력과 지식-미셸 푸코와의 대담』, 나남, 1993, p. 151).
36) 알렉스 캘리니코스, 『현대철학의 두 가지 전통과 마르크스주의』, 갈무리, 1995, p. 209(강조는 캘리니코스).

기론은 이데올로기가 자본주의적 생산관계 그 자체에서 자연적으로 생겨나는 듯한 인상을 준다고 본다. 그가 누누히 '마르크스주의에는 만족할 만한 이데올로기론이 없다'고 말하곤 했던 것은 이러한 인식 때문이었다. 이제 그는 이데올로기를 이해관계의 명확화로 봄으로써 이데올로기가 행위자의 객관적인 사회적 위치와 맺는 관계를 해명하고 지배 이데올로기에 완전히 포섭되지 않는 피지배계급 이데올로기의 가능성을 설명한다. 그러므로 행위자들은 알뛰세가 생각하듯이 이데올로기가 정해 주는 역할에 따라 움직이는 재료에 불과한 것이 아니다. 캘리니코스에 따르면 특정한 이데올로기는 행위자들로 하여금 특정한 사회적 정체성을 받아들이도록 이끌 뿐이다. 게다가 이데올로기들은 서로 다르고 서로 경쟁하고 또한 서로 충돌하기 때문에, 개인들은 자신이 어떠한 정체성을 받아들일 것인가에 대하여 어느 정도의 선택을 하게 된다. 벌거벗은 개인은 초주체의 부름(예를 들면 사회질서의 대표자로서의 경찰의 부름과 같은)과 같은 것에 맞닥뜨리는 것이 아니며, 또 부름을 받아들인다고 해서 그것에 반드시 종속되는 것도 아니다. 이리하여 모순적 의식을 발생시키는 이데올로기적 투쟁은 서로 다른 세계관들 사이의 충돌뿐만 아니라 사람들로 하여금 다른 사회적 정체성을 받아들이도록 유도하는 서로 다른 부름들 사이의 충돌까지도 포함하게 된다.[37] 이러한 방식으로 캘리니코스는 이데올로기가 계급투쟁과 맺는 관계를 설명하고 이데올로기들 내부의 모순 가능성을 해명하는 한편 알뛰세가 제기한 이론의 자율성 개념을 보존하고자 했다. 그리고 그러한 시도는 역사에서의 실천적 주체의 구성 문제를 알뛰세와 마찬가지로— 비록 그와는 약간 상이한 맥락에서이긴 하지만— 이데올로기적 실천의 틀 내에 한정하는 것이었다.

4. 헤겔주의 경향의 캘리니코스 비판

페리 앤더슨은 서구 마르크스주의의 역사 속에서 연구 주제가 변질되

---

37) 알렉스 캘리니코스, 『역사와 행위』, 교보문고, 1992, pp. 231~266.

는 과정에 대해 논한 바 있다. 그는 1920년대 이후 이론과 실천의 통일이 어렵게 되어 가면서 서구 마르크스주의에서는 고전적 마르크스주의의 중심주제였던 자본주의의 운동법칙에 대한 연구나 계급투쟁에 대한 연구보다는 상부구조에 관한 연구, 특히 철학에 대한 연구가 부상된다고 쓰고 있다.38) 이론과 실천의 통일에 입각한 마르크스주의 고전 전통의 계승을 자임하는 영국 SWP에서 정치학이나 정치경제학에 대한 연구에 비할 때 철학 그 자체에 대한 연구나 토론은 매우 드물며 실로 예외적이다. 다수의 철학 저작의 출간으로 인해 우리에게 철학자로 알려져 있는 캘리니코스 역시 정치경제학, 정치학, 조직론, 전략전술론 등 철학 이외의 분야에 관해서 다수의 저작이나 논문을 발표하고 있는데39) 이것은 SWP의 이러한 경향의 반영이다. 실제로 본고에서 다루고 있는 알뛰세 철학에 관한 논쟁이 SWP에서 가장 심도있고 어찌보면 유일하다고 할 수 있는 철학 토론이다. 그러므로 우리는 이 논쟁을 통해 지난 수십 년 동안 일관되게 반스딸린주의 입장을 견지해 온 SWP의 철학적 발전 수준을 더듬어 볼 수 있을 것이며 철학에 있어서 비스딸린주의적 마르크스주의의 발전 가능성을 가늠해 볼 수 있을 것이다.

여기서 먼저 지금까지 우리가 살펴본 캘리니코스의 철학적 관점이 SWP에서는 비주류적인 것에 속하는 것임을 미리 밝혀둘 필요가 있다. 이는 SWP의 이론지인 『인터내셔널 소셜리즘』(International Socialism)지의 책임 편집자 존 리스가 캘리니코스 — 그는 이 잡지의 부편집자 중의 한 사람이다 — 의 알뛰세 수용 방식에 대해 극히 비판적이며 이 잡

---

38) 페리 앤더슨, 『서구 마르크스주의 연구』, 이론과 실천, 1992, pp. 115~116
39) 계급문제를 다룬 『오늘날의 노동자계급』(갈무리, 1994), 민족·인종 문제를 다룬 『현대자본주의와 민족문제』(갈무리, 1994) 등이 이미 우리에게 소개되어 있고 이 외에도 남아프리카 공화국의 역사를 다룬 다수의 저작과 논문이 있으며 국가와 정치의 문제를 취급한 논문들도 여러 편이 발표되었다. 'Politics or abstract thought'(International Socialism, vol. 11, 1980년 겨울), 'Wage labour and capitalism'(International Socialism, vol. 12, 1981년 봄), 'The politics of Marxism today'(International Socialism, vol. 29, 1985년 봄), 'Imperialism, capitalism and the state today'(International Socialism, vol. 35, 1987년 여름) 등 참조.

지의 부편집자 중의 또 한 사람인 슈 클레그가 자신의 논문 제목을 「알뛰세의 유해(遺骸)」('The remains of Louis Althusser')라고 달고 있는 것 등에서 미루어 짐작할 수 있는 것이다.

그렇다면 주류 측의 캘리니코스 비판은 어떠했으며 그들의 철학적 입장은 무엇인가? 그러나 이제 우리가 살펴보게 되겠지만 캘리니코스를 비판하는 이들의 입장에서 어떤 일관되고 통일된 철학적 관점을 찾아내기란 아쉽게도 매우 어렵다. 알뛰세의 철학적 입장과 그것에 대한 캘리니코스의 수용 태도에 대해 비판자들이 공통적으로 부정적 태도를 보이고 있음에도 불구하고 비판의 입장과 각각의 철학적 대안에 있어서는 비판자들 상호간에도 상당한 차이가 나타나기 때문이다. 그러므로 우리는 비판자들이 공유하고 있는 최소한의 경향적 일치점을 찾아내는 한편 —— 모두가 그러한 것은 아니지만 이들은 대체로 헤겔주의, 특히 루카치의 철학을 옹호하므로 나는 이하에서 이들을 '헤겔주의 경향'이라고 부르겠다 —— 그들 각각이 보여주는 철학적 관점의 차이에 대해서도 일정한 주의를 기울일 필요가 있다.

'헤겔주의 경향'의 상황인식은 캘리니코스와는 매우 다르다. 캘리니코스는 알뛰세와 '마르크스주의의 위기'에 대한 인식을 공유하고 있다. 두 사람의 위기 인식에 차이가 있다면 알뛰세가 주로 국제 공산주의 운동의 위기 —— 특히 그가 기대했던 마오주의 운동의 위기 —— 를 염두에 두고 있음에 반해 캘리니코스는 국제 공산주의 운동의 위기 속에서 발생한 유럽의 혁명적 좌파의 위기를 고려하고 있다는 것이다. 그러나 '헤겔주의 경향'에게 엄밀한 의미에서의 '마르크스주의의 위기'는 인정되지 않는다. 왜냐하면 이들이 보기에 알뛰세가 염두에 두고 있는 국제 공산주의 운동의 위기는 스딸린주의 운동의 위기로서 본래 마르크스주의와 인연이 없으며 캘리니코스가 염두에 두고 있는 유럽의 혁명적 좌파의 위기는 '마르크스주의의 위기'라는 이론적·이데올로기적 근거에서 기인하는 것이라기보다는 오히려 구체적 정세의 산물이기 때문이다. 그러므로 이론 차원에서 이들의 과제는 위기 극복을 위한 모색보다는 오히려 고전적 이론 전통의 옹호를 위한 투쟁으로 된다. 그러면 철학에서 이 고전적 이론 전통이란 무엇인가? 존 리스와 슈 클레그는 그것이 마르크스의 초기 저작과 룩셈부르크, 뜨로츠키, 레닌, 그리고 무엇보다도 루카치의 철학적 성과들임을 강력히 암시한다.40) 리스는 이 전통을 '헤겔주의적 마르크스주의'라고 지칭하면서 그것은 혁명적 행위와 계급의식을 강조한 이론이자 동시에 노동자들이 단지 역사의 수동적 대상이 아니라 역사의 적극적 창조자임을 주장한 이론이라고 설명한다. 클레그는 이것을 '노동자계급이 역사의 주체가 될 수 있다는 사상'이라고 간결하게 요약한다.41) 여기에서 보이듯이 캘리니코스의 '반헤겔주의 경향'과 이들의 '헤겔주의 경향'의 대립은 주로 혁명적 행위의 주체라는 문제를 둘러싸고 전개되는데 각각의 경향이 대립점을 정식화하는 방식은 약간 다르다. 즉 캘리니코스는 질문을 '어떤 조건 하에서 노동자계급이 주체로 될 수 있는가'라는 방식으로 제기함에 반해 '헤겔주의 경향'은 이 질문을 '노동자계급은 혁명적 행위(자기해방)의 주체가 될 수 있는가 없는가'라는 형태로 확장시킨다. 다시 말해 캘리니코스의 시도는 노동자계급이 주체가 될 수 있는 가능성을 부정한다는 것이다. 이렇게 대립선은 주체의 문제를 중심으로 그어져 있다. 하지만 이 문제에 들어가기 전에 알뛰세의 핵심개념인 '이론적 실천'에 대한 '헤겔주의 경향'의 비판에 대해 먼저 살펴보기로 하자.

알뛰세에게서 '이론적 실천'은 모순들의 복잡성과 중첩이라는 개념, 즉 중첩결정에 입각해 있다. 그러나 슈 클레그는, 중첩결정의 개념은 단순히, '모든 것은 그 밖의 다른 것에 영향을 미친다는 자명한 사실'을 강조하는 기술적(記述的) 사회학의 다결정적 다원주의와 동일한 것이며 변화의 크기, 방향, 원인 등을 이해해야 하는 역사적 설명의 문제를 감당할 수 없는 개념이라고 평가한다.42) 그리고, 중첩결정의 개념에 의거해 '정치적인 것'을 '경제적인 것'으로부터 분리시키고 또 이 양자로부터 '이데올로기적

---

40) John Rees, 'On Making History', *International Socialism* 2:38, 1988년 봄, p. 84 ; Sue Clegg, 'The remains of Louis Althusser', *International Socialism* 2: 53, 1991년 겨울, p. 62 참조.
41) John Rees, 앞의 책 ; Sue Clegg, 앞의 책 참조.
42) Sue Clegg, 앞의 책, p. 64.

인 것'을 분리시키는 것은 사회 내의 하나의 특수한 층인 지식인층을 특권화하여 이들을 '사회의 지식을 납품하는 지정공급자'로 규정하는 스콜라주의의 관점이라고 평하는 피터 빈스의 설명43) 역시 이와 동궤에 속하는 것이다. 사회를 하나의 표출적 총체로 이해함으로써 역사 발전을 어떤 목적론적 주체의 활동이나 혹은 어떤 경제적 법칙의 관철로 해석하는 환원주의에 대한 비판이 알뛰세의 주요 목표였다는 점을 염두에 둘 때, 사회 내에 다양한 차별적 심급을 도입한 알뛰세의 시도를 '자명하고 진부한 것'이라고 평가해 버리는 것은 정곡을 찌르는 것이라고 보기는 어렵다. 그것은 오히려 힘들여 제기된 문제를 다시 덮어버리는 것이다. 그렇지만 알뛰세의 문제제기와 대안이 무엇을 가져오는가라고 물을 때 이들의 비판은 일정한 유효성을 갖는다. 우리는 이 비판의 유효성과 한계를 알뛰세의 '이론적 실천/이론에서의 계급투쟁' 이론 및 캘리니코스의 '총체주의적 리얼리즘론'(즉 객관적 진리론)44)에 대한 이들의 비판을 통해 좀더 구체적으로 살펴볼 수 있다.

클레그는 알뛰세의 과학 개념이 의식에서 독립적으로 존재하는 '실재'와의 연관을 상실한다는 점을 들어 앞서 피터 빈스의 기능적 설명을 보완한다. 알뛰세에게서 이론은 모든 사회적 실천과 유사하게 그 나름의 원료, 변형과정 그리고 특수한 생산물을 갖는다. '과학적인 것'을 여타의 '이론적 실천'들로부터 구별짓는 것은, 전자가 자기의식적으로 지식을 추구한다는 것이다. 과학의 원료는 그 이전의 개념들이며 과학적 작업과정은 자기의식적인 문제틀의 작동이고 그것의 결과물은 개념들의 엄격한 체계이다. 클레그에 따르면 이러한 알뛰세의 변증법적 유물론(DIAMAT)은 지식에 실재적인 것을 공급해 주는 것이 아니라 실재적인 것에 대한 관념만을 공급해 줄 뿐이다. 물론 알뛰세는 세계와 과학의 관계에 대한 이론, 즉 '지식효과'의 이론을 갖고 있다. 즉 '사유 내 구체'의 지식(즉 그의 체

---

43) Peter Binns, 'What are the tasks of Marxism in philosophy?', *International Socialism* 2:17, 1982년 가을, p. 101.
44) 알렉스 캘리니코스, 『현대철학의 두 가지 전통과 마르크스주의』, 갈무리, 1995, p. 194.

계적 이론들)이 우리들에게 '현실적 구체'에 대한 지식을 줄 수 있도록 보장해 준다는 것이다. 클레그는 이것이 이론적인 것을 실재적인 것과 연결지을 수 있는 어떠한 메커니즘도 제공해 주지 못하며, 또 그것이 과학에 내재적인 기준 이외의 다른 기준에 의해 실재적 세계에 대한 지식을 보장해 줄 수 없는 한에서 하나의 책임 회피에 불과하다고 간주한다. 다시 말해 그것은 세계에 대해 내적으로 일관된 하나의 이론과 또 다른 이론 중에서 어느 것을 선택할 것인가 하는 문제에 대해 어떠한 근거도 제시하지 못한다는 것이다. 결국 알뛰세에게서 실재적인 것은 환기되어지지만 그러나 어떠한 능동적 역할도 수행하지 못한다는 것이 클레그의 주장이다.45)

이제 캘리니코스의 과학방법론에 대한 피터 빈스의 비판을 검토함으로써 이 문제를 좀더 구체적으로 살펴보자. 여기에서 우리가 관심을 집중해야 할 것은, 클레그가 강조하고 있는 '실재적인 것'이란 대체 무엇이며 그것이 과학 혹은 이론과 맺는 관계는 무엇인가 하는 것이다. 1977년 이후 캘리니코스가 라카토스의 용어법을 빌어 설명하고 있는 '이론의 실재에 대한 접근'이라는 개념은 어떤 면에서 실재와 이론의 연관성에 대한 클레그의 요구를 일정하게 충족시키는 것으로 보일 수 있다. 그러나 빈스는 이 개념 역시 알뛰세의 '이론적 실천'의 이론과 마찬가지로 이론과 실천의 통일성 문제를 효과적으로 풀지 못하는 것이라고 비판한다. 그의 비판의 초점은 캘리니코스의 객관적 진리 개념, 즉 '진리 개념이 없이는 방법론은 합리성을 상실하며 과학적 연구 프로그램들의 진보성이나 타락성이라는 기준이야말로 각 프로그램들의 진리에의 접근 정도를 확정하는 수단'이라는 그의 진리 개념에 놓여 있다. 그는, 캘리니코스가 알뛰세의 '이론적 실천'론을 벗어나면서 자신의 진리 개념에 다시 도입한 자연과의 상응이라는 개념은 하나의 완전한 혼란이었다고 단정한다. 역설적이게도 빈스는 오히려 다시 '지식 생산'이라는 알뛰세의 주제를 부활시키는 것으로 보이는데 그것은 다음과 같은 구절, 즉 "우리가 소유하는 것은 반영된 혹은 부분적으로 반영된 형식 속에 있는 자연이 아니라 그것의 이론적・실

---

45) Sue Clegg, 앞의 책, p. 68.

천적 구성요소들로 완전히 분리될 수 없는, 되돌릴 수 없는 인간 생산물로서의 과학이었다. 우리는 이론의 적합성이나 부적합성을 — 가장 넓은 의미에서의 — 실천에 의해 주어지는 맥락 밖에서는 다룰 수 없다"46)는 구절에서 읽어볼 수 있다. 그는 여기에 "과학이란 철저히 인간적인 생산물로서 우리들의 세계에 대한 이해는 세계에 대한 우리들 자신의 침투와 변형 활동으로부터 완전히 분리되어질 수 없는 것"47)이며 "과학적 진보는 오직 인간의 잠재적 능력의 증대와 관련이 있다"48)고 덧붙인다. 바로 이것이 그가 생각하는 '이론과 실천의 통일'의 내용이다.

빈스의 관점에서 이론은 인간과 세계를 변형시키는 도구이다. 그는 캘리니코스가 — 그리고 어느 정도는 클레그나 리스까지 — '의식에서 독립된 객관적 실재'라고 불렀던 것을 인간의 세계 변형 활동, 그리고 인간의 잠재적 능력의 증대라는 실천적 성격의 범주로 재해석해 내고 이를 이론과 연관지음으로써 이론과 실재의 상응론을 넘어설 뿐만 아니라 이론을 폐쇄적 '이론적 실천'의 울타리에서 구해낸다. 하지만 그 대가로 이론은 또다시 사회적 실천에 종속된 도구의 위치 — 빈스는 자신의 입론을 실제로 '도구로서의 이론'의 관점이라고 부르고 있다 — 로 떨어진다. 그렇다면 이것은 캘리니코스의 '이론'에 대한 규정(객관적 진리)을 그의 '이데올로기'(권력관계 내에서 움직이는 담론)에 대한 규정으로 비판하는 희화적 비판이 되고 마는 것이 아닌가?

여기서 이제 캘리니코스에 반대하는 '헤겔주의 경향'이 과학과 이데올로기의 관계를 어떻게 파악하는가 하는 의문이 제기된다. 과학과 이데올로기의 구별을 논리적으로 거부하게 되는 빈스에게서 이 양자의 구별에 관한 이론을 찾기란 힘들다. 이데올로기에 관한 논의는 오히려 존 리스로부터 제기된다. 그의 이데올로기론은 마르크스의 상품 물신성 테제를 캘리니코스의 거부로부터 옹호하고자 하는 방식으로 나타난다. 상품 물신성

---

46) Peter Binns, 'What are the tasks of Marxism in philosophy?', *International Socialism* 2:17, 1982년 가을, pp. 116~117.
47) Peter Binns, 앞의 책, p. 118.
48) Peter Binns, 앞의 책, p. 117.

론을 비판하면서 캘리니코스는 상품 물신성 테제가 직접적 지식의 가능성을 전제한다는 점에 비판의 화살을 겨누었다. 즉 이 테제는, '자본주의가 구조적으로 그 자신에 대한 잘못된 이해를 낳는다'는 주장을 함축한다는 것이다. 이렇게 되면 생산자들의 일상적인 의식이 형성되는 데에는 개념화나 경험의 해석이 들어설 여지가 없고 오직 하나의 자동-필연적 해석만이 허용될 뿐인데 이때 허용되는 해석이 있다면 그것은 오직 잘못된 해석(이른바 '환상')일 뿐이라는 것이다. 이렇게 되면 노동자들이 환상의 절망적 포로의 상태에서 벗어나는 것은 불가능하고 노동자의 해방 역시 불가능해진다는 것이 캘리니코스의 논점이다. 과학의 발전을 그 자신의 내적 구조, 즉 문제틀에 입각하여 이루어진다고 보며 또 개인이 이데올로기적 정체성의 형성에서 일정한 선택권을 갖는다고 보는 캘리니코스로서는 상품 물신성에 대한 이러한 비판은 자연스러운 것이다. 이 대목에서 캘리니코스에 대한 비판에 나선 존 리스의 요청은, 만약 그렇다면 "노동자들이, 그 체제를 가동하는 사람들에 의해 유포되고 지지되는 사상을 왜 받아들이게 되는지를 설명할 수 있는 이데올로기 이론을 구축하기 위한 방법"을 제시하라는 것이다.49) 이에 대한 캘리니코스의 답변은 간단하다. 그것은 "노동자들이 비록 지배 이데올로기의 영향을 받고 있음에도 불구하고 전적으로 자본주의 체제를 지지하는 것은 아니며 그들의 의식은 투쟁의 수준에 의해서 규정되는 모순된 상태에 있다"는 것이다. 그렇다면 노동자들로 하여금 혁명적 행동으로 나서지 못하도록 가로막고 있는 요인은 무엇인가? 캘리니코스는 이 질문에 대해 노동자들이 자본주의에 대한 대안적 사회의 개념을 결여한 채 협소하게 경제투쟁에만 집중하고 있기 때문이라고 대답하는데50) 리스는 상품 물신성이 아니라면 대체 무엇이 그러한 의식의 한계를 가져오는가라고 반문한다.51)

리스의 이러한 반문은 캘리니코스의 이데올로기론이 갖는 모순을 드러내주기는 하지만 이데올로기에 대한 설명을 보다 경제주의적인 기반 위

---

49) John Rees, 앞의 책, pp. 89~99.
50) 알렉스 캘리니코스, 『역사와 행위』, 교보문고, 1992, p. 250.
51) John Rees, 앞의 책, p. 92 참조.

로 끌어내린다. 그는, '시장의 작동'이 물신주의를 낳을 뿐만 아니라 또한 그것을 침식하는 조건을 발생시키기도 한다고 주장한다.52) 그러므로 리스에게 있어서는 노동자들이 자본주의 경제구조 그 자체가 필연적으로 강제하는 물신주의 이데올로기로부터 벗어날 다른 방법이 찾아져야 한다. 그것이 만약 이데올로기와 구별되는 과학의 힘에서 찾아져야 한다면 그는, 이전에 알뛰세와 캘리니코스가 전력을 다해 추구해 온 이론의 자율성의 문제를 외면할 수가 없게 된다. 그러나 리스는 그것을 이미 거부하였다. 그 결과 그는 지식을 가능케 할 하나의 사전(事前)에 주어진 주체를 필요로 하게 되는데, 프롤레타리아트가 바로 그것이다. 이 계급은 자신이 놓인 생산관계 속의 위치로 말미암아 필연적으로 보편적 지식을 담지하게 되며, 그것은 프롤레타리아트의 계급의식으로 표출된다. 리스는 "현실에 대한 변증법적 유물론의 지식은 오직 계급의 관점으로부터, 프롤레타리아트의 투쟁의 관점으로부터 발생할 수 있다. 이 관점을 포기하는 것은 역사적 유물론으로부터 이탈하는 것이다"라는 루카치의 명제로 자신의 입장을 요약하면서 이것을 우리가 받아들여야 할 '헤겔주의적 마르크스주의 전통'이라고 부르는데, 그 자리에서 그는, 자신도 바로 이것이 알뛰세와 캘리니코스가 거부하고자 했던 바로 그것임을 알고 있다고 밝히고 있다. 이렇게 해서 우리는 논쟁의 결말에서 다시 역사의 목적론적 주체라는 문제투성이의 관념 앞에 돌아와 있게 되는 것이다.

5. 논쟁에 대한 잠정적 평가

물론 이야기가 여기서 끝나는 것은 아니다. 캘리니코스는 『인터내셔널 소셜리즘』지 2:19호와 2:39호를 통해 빈스와 리스의 비판에 응답하고 있을 뿐만 아니라53) 1993년에 발표한 논문 「알뛰세의 철학에서 산 것과

---

52) John Rees, 앞의 책, p. 95.
53) Alex Callinicos, 'Marxism and Philosophy - a reply', *International Socialism* 2
: 19, 1983년 봄 ; Alex Callinicos, 'Making History : A reply to John Rees',

죽은 것』54)에서는 알뛰세에 대한 자신의 변화된 견해를 집약하면서 이것을 포스트모던/모던 논쟁의 맥락 속으로 세심하게 삽입시키고 있다. 그러나 전자의 응답들은 자신의 종래의 입장을 재확인하고 그것을 구체화시키는 내용이므로 특별히 더 이상 부연할 필요는 없다고 생각된다. 한편 후자는 알뛰세의 성과와 한계에 대한 캘리니코스의 변화된 생각을 살펴볼 수 있는 자료이지만 그것의 실제적 맥락은 본고에서 취급하고자 한 알뛰세 논쟁의 맥락보다는 오히려 근대성 논쟁의 맥락에 더 가깝기 때문에 포스트구조주의/포스트모더니즘에 대한 캘리니코스의 생각을 분석할 계획인 다른 논문55)에서 이 자료를 다루도록 하는 것이 더 나을 것이다. 이제 나는 이상의 알뛰세 논쟁에 대한 간략한 논평으로 결론을 대신하고자 한다.

이 논쟁에서 제시된 알뛰세, 캘리니코스의 철학적 반헤겔주의에 따르면 이미 사전에 주어진 선험적 주체란 없으며 사전에 주어지는 것이라곤 오직 다양한 '사회적 실천들'뿐이다. 그 결과 주체는 과정 속에서 사건적으로 구성될 수밖에 없다. 이때 주체를 구성하는 힘을 갖는 것은 다른 무엇보다도 이데올로기이다.56) 이 과정에서 이론은 자신의 내적 구조(문제틀)에 입각한 '이론적 실천'이라는 방식으로 지식을 생산하고 그것이 갖는 지식효과를 통해 이데올로기에 내재하는 가상화의 위험을 견제함으로써 계급투쟁에 개입한다. 이에 대한 '헤겔주의 경향'의 비판은 일차적으로는 위와 같은 알뛰세의 반헤겔주의적 마르크스주의가 스딸린 사후 내외의

International Socialism 2 : 39, 1988년 여름 참조.
54) Allex Callincicos, 'What is living and what is dead in the philosophy of Althusser', M. Sprinker・E. Ann Kaplan(편), *The Althusserian Legacy*, London, 1993, pp. 39~49.
55) 이원영, 「근대극복과 철학에서의 반헤겔주의의 양상」, 『현대 프랑스 철학의 성격 논쟁』, 갈무리, 1995 참조.
56) 캘리니코스는 주체 구성의 과정이 다수의 개인들에서 출발되는 것으로 봄으로써 이데올로기의 일방적 호출력을 약화시키고 특정한 개인들의 이데올로기적 선택의 여지를 열어 놓았지만 주체 구성을 이데올로기와의 연관 속에 설정해 둔 점에서는 알뛰세와 동일하다.

도전에 직면하여 위기에 빠진 스딸린주의를 구출하려는 시도에 불과하다는 인식에서 시작된다. 이들은, 주체가 이데올로기에 의해 구성된다는 관념은 소련 국가자본주의에서 이데올로기의 작동방식을 일반화한 것에 불과하며 캘리니코스는 라카토스와 그람시의 도움을 빌어 이 테제를 약화(弱化)된 형태로 가공하지만 그것은 노동자계급이 주체가 될 수 있는 가능성을 부정하는 것으로 나아간다고 비판한다.57)

반면 '헤겔주의 경향'은 노동자계급을 주체로 확정하기 위해 이 계급이 놓인 객관적 사회적 위치로부터 필연적으로 도출되는 귀속적 계급의식(루카치)의 개념으로 돌아갔다. 프롤레타리아트의 투쟁은 필연적이고 계급의식은 그 투쟁 속에서 프롤레타리아트에게 필연적으로 귀속된다. 문제가 있다면 자본주의 시장 메커니즘이 낳는 상품물신주의 이데올로기(존 리스)이다. 그렇다면 이 이데올로기를 극복할 힘은 어디서 나오는가? 그것은 프롤레타리아트의 투쟁에 기반하고 있지만 그것에서 자생적으로 나올 수는 없고 계급과 구별되는 그 선진적 부위인 의식적인 혁명정당에서 나온다. 그 혁명정당은 '프롤레타리아트의 계급의식의 하나의 독립적인 형태'58)에 다름 아니다.

그러나 여기에서 우리에게는 다음과 같은 의문이 떠오른다. 알뛰세의 이데올로기론이 만약 소련 국가자본주의에서 이데올로기의 작동방식을 일반화하고 있는 것이라면 이 헤겔주의 관점도 그와 흡사하게 소련 국가자본주의에서 당의 작동방식을 일반화하고 있는 것이 아닌가? 이 대목에서 당이 담보한 계급의식은 이데올로기와는 ─ 그리고 특히 스딸린주의 당의 관료적 이데올로기와는 ─ 다르다라고 응답할 수 있을지 모른다. 그러나 이러한 대답은 이데올로기와 과학의 구별이라는 오랜 문제를 다시 제기하는 것인바 이 문제를 풀기 위해서는 스딸린처럼 당의식은 선험적으로 과학과 동일한 것이라고 선언하거나 아니면 '이데올로기적 실천'과 '이론적 실천'의 차이적 중첩결정이라는 알뛰세의 문제의식으로 되돌아

---

57) 엄밀하게 보면 캘리니코스는 노동자계급이 주체로 구성될 수 있는 것은 특정한 조건 하에서일 뿐이며 그것은 불확정적이라고 보았을 뿐이다.
58) 게오르그 루카치, 『역사와 계급의식』, 거름, 1986, p. 446.

가지 않으면 안될 것이다.
  헤겔주의/반헤겔주의 논쟁에서 드러나는 마르크스주의 철학의 이 악순환의 근거는 도대체 무엇이며 그것에서 벗어날 방법은 과연 무엇인가? 우리가 지금 이 물음에 완전히 만족스러운 대답을 제시할 수 있는가? 나로서는 아직 그렇지 못하다고 대답할 수밖에 없다. 그러나 여기서 몇 가지 측면을 명제적 형태로 제시하는 것까지 불가능하지는 않을 것이다.
  첫째는 우리가 이 논쟁 자체를, 어떤 상호배제적 진위(眞僞)의 틀 속에서 고찰하기보다는 문제에 대처하는 상이한 전략들로 고찰할 필요가 있다는 것이다. 이렇게 보면 위에서의 '반헤겔주의 경향'은 과학을 중핵으로 하는 이데올로기의 힘을 중심으로 사회변혁의 주체를 구성하자는 전략으로, '헤겔주의 경향'은 계급으로부터 구별되는 당을 중심으로 사회의 객관적 주체인 노동자계급의 잠재적 해방력을 현실화시키자는 전략으로 이해할 수 있다.
  둘째 이 두 전략은 이러한 차이에도 불구하고 공통의 기반 위에 서 있는 것으로 볼 수 있는데, 그것은 두 전략이 모두 사회로부터의 계급적 전위 —— 전자는 과학자/지식인 후자는 당 —— 의 분리라는 모델에 기초하고 있다는 것이다. 이 모델은 자본관계가 아직 사회의 일부에 불과하여 사회가 아직 노동외적 공간을 갖고 있었던 시기의 산물이다. 그러나 자본관계의 확대와 노동의 자본에의 실질적 포섭의 심화는 노동을 전 사회적 공간으로 확장하고, 사회 속에 노동외적 공간을 남겨 두지 않음으로써 이 모델의 유효성을 폐지한다. 바로 여기에서 '노동자계급의 **자율적 해방**'이라는 고전적 이념이 실질적으로 실현될 수 있는 공간이 비로소 열린다. 이제 전위와 계급대중의 분리는 필연성을 잃고 자의적인 것으로 되었다. 이른바 '마르크스주의의 위기'는 바로 이러한 역사과정이 이론에 가하는 압력이다.
  셋째 전위와 대중의 분리 모델은 그것이 노동의 미숙성 시대의 산물이기 때문에 이 모델 위에서 —— 전위의 힘에 의해 —— 구성되는 주체는 노동주체, 즉 노동의 성숙과 일반화의 요구에 의해 규정되는 주체[59]일 수밖

---

59) 스타하노프형(型), 천리마형 주체들.

에 없다. 그것은 노동강제를 그 본질로 하는 부르주아적 주체 개념을 벗어나지 않는다. 기존 사회주의적 실험이 모두 자본주의적 사회관계의 확대재생산으로 귀결된 것은 이 때문이다. 그러나 노동의 자본에의 실질적 포섭의 심화에 의해 노동의 성숙·일반화의 요구는 이미 실현되었다. 그러므로 현단계에서 구성되어야 할 주체는 그러한 노동주체일 수 없다. 오늘의 잠재력에 기초하여 구성되어야 할 ― 그리고 실질적으로 그 어느 때보다도 높은 구성의 가능성을 갖고 있는 ― 새로운 주체는 반(反)노동의 자율적 연대에 기초한 코뮤니즘적(communist) 주체[60]이다.

---

[60] 이것은 디오니소스형 주체라고도 불릴 수 있을 것이다. 아울러 코뮤니즘이라는 용어에 대한 필자의 개념규정에 대해서는 안토니오 네그리, 『자유의 새로운 공간』, 갈무리, 1995, pp. 22~24의 역자 용어해설을 참조하라.

근대 극복과 철학에서의 반(反)헤겔주의의 양상
캘리니코스의 '역사적 유물론' 대 포스트구조주의

이 원 영

1. 머리말

　지구상의 모든 개인들, 계급들, 민족들에게 당대는 끝없는 위기로서 체험된다. 내외적 형태의 전쟁은 일상화되었고 지구생태는 급속히 파괴되고 있으며 지구 한편에서의 부르주아적 번영의 저편에서 수많은 노동대중들이 빈곤과 기아로 신음하고 있다. 자본의 최종적 승리를 알리는 축포소리가 채 끝나기도 전에 가일층 심화된 계급적 적대가 지구 곳곳에서 그 적나라한 모습을 드러내고 있다. 1930년대 이래 서구 민주주의의 모반을 이루고 있었고 1968년을 거치면서 격렬한 위기를 경험한 20세기적 계급 타협의 시대는 끝났다. 이제 새로이 대두한 위기에 대처하는 자본의 전략은 복지가 아니라 핵이다. 핵전략 하에서 관리되는 위기는 과거와는 달리 국지적일 수 없으며 전 인류, 나아가 생태계 전체의 위기라는 성격을 갖는다. 이제 마르크스가 부르주아 시대를 그 이전의 다른 모든 시대와 구별지어 주는 특징으로 지적한 '모든 사회상태들의 부단한 동요, 항구적 불안과 격동'1)은 전례 없을 만큼 첨예한 형태로 우리가 사는 당대의 특징을 이루게 되었다.
　오늘날 근대성에 대한 담론의 폭발은 이 위기의 현실에 대한 실감의 표현이며 그것의 연원, 성격 그리고 구조에 대한 질문이자 동시에 새로운 시대의 가능성에 대한 하나의 무의식적 예감의 표현이다. 우리가 알고 있

---
1) 마르크스·엥겔스, 『칼 맑스·프리드리히 엥겔스 저작선집·1』, 박종철출판사, 1993, 403면.

는 것으로 지금까지 근대성에 대한 가장 총체적이고 근본적인 철학적 비판 중의 하나는 역사적 유물론에 의해 수행되어 왔다. 이것은 1848년을 전후하여 유럽 사회가 겪고 있었던 위기, 바꾸어 말해 유럽적인 근대체험에 대한 당대의 전문 노동자(또는 산업 프롤레타리아트)의 이론적 대응으로 출현하였다. 마르크스는 당대의 부르주아적 유럽 사회를 지도하고 있던 고전 정치경제학에 대한 비판을 통해 자신이 살고 있는 당대를 자본주의, 즉 부르주아지의 시대로 성격규정하고 위기는 자본에 — 즉 노동의 이중성과 그 모순을 교환가치를 중심으로 미봉한 상품형태 혹은 가치형태 자체에 — 내재하기 때문에 프롤레타리아트의 힘에 기초한 자본의 폐지를 통해서만 사회적 위기가 근본적으로 해결될 수 있다는 전망을 제시하였다. 이러한 전망은 이후 마르크스주의라는 하나의 이데올로기 체계로 확립되어 오랫동안 — 전문 노동자의 시대를 넘어 20세기 후반에 이르는 대중 노동자의 시대에 이르기까지 — 노동자 운동의 사상적 무기로 자리잡아 왔다. 오늘날의 위기에 대한 대응 — 이 대응의 주체가 누구인가는 아직은 불투명하다 — 으로서의 근대성에 대한 담론은, 19세기의 마르크스가 당대의 위기에 대한 대응으로 아담 스미스와 리카아도의 고전적 정치경제학을 철저히 비판하지 않으면 안되었던 것을 상기하면 다소간 역설적인 것이지만, 어떤 형태로건 마르크스주의라는 사상체계에 대한 비판이라는 방식으로 제기되고 있다. 이 담론들의 주류가 정치경제학적 담론보다는 (마르크스가 종말에 이르렀다고 진단한) 철학적 담론으로 비판의 지형을 전환시키고 있는 것은 철학에서 정치경제학으로 비판의 지형을 이전시켰던 마르크스의 방법에 대한 대타적 대응인 것인가 아니면 근대사회를 지배해 온 과학적 담론의 비판적 잠재력의 약화 때문인가?[2]

　마르크스주의 담론을 독점했던 구소련의 위기와 그것의 궁극적 해체라는 현실 정세에 의해 더욱 가속화된 마르크스주의 비판 혹은 마르크스주의적 자기비판의 초점은 근대에 대한 비판이라는 방식으로 근대성을 총괄적으로 재확립한 헤겔에 대해 마르크스주의가 맺고 있는 관계라는 문

---

[2] 박영도, 『현대 사회이론에서의 비판 패러다임의 구조변동』, 서울대 대학원 사회학과 박사학위 논문, 1994년 2월, 372~3면 참조.

제에 맞추어져 왔다. 이는 20세기 서구 마르크스주의의 흐름 내에서 전개되어 온 하나의 대립, 즉 마르크스주의와 헤겔의 관계는 연속적인가 단절적인가라는 문제를 둘러싼 대립— 전형적으로는 전자를 대표하는 루카치 대 후자를 대표하는 알뛰세— 의 연장이다.3) 마르크스주의 내부에서 헤겔 논쟁의 중심내용이 마르크스 사후 '변증법적 유물론'이라는 이름 하에 마르크스주의의 방법론으로 정식화되어 온 변증법에 대한 해석의 문제 즉 어떤 변증법인가 하는 문제였다면, 오늘날 근대성 논쟁 속에서 헤겔에 대한 질문은 어떤 변증법인가 하는 수준을 넘어 **비변증법적** 철학은 어떻게 가능한가라는 수준으로 수위가 높아져 있다. 오늘날의 근대성 논쟁 속에서는 헤겔주의 대 반헤겔주의라는 대립은 하버마스가 신보수주의적 헤겔 우파라고 분류한 경향의 완강한 잔존에도 불구하고 크게 유의미한 역할을 하지 못한다. 적어도 우리가 접하고 있는 근대성 논쟁의 맥락 속에서 헤겔의 철학은 어떤 형태로건 극복되어야 할 대상이라는 데에 일정한 합의가 이루어지고 있는 것으로 보인다. 이 글에서 헤겔주의 대 반헤겔주의의 구도보다는 동일하게 반헤겔주의를 표방하고 있는 흐름 속에서의 차이를 문제삼으려고 하는 것은 바로 이 때문이다. 이 글에서 나는, 마르크스주의 전통 내부에서 반헤겔주의 경향을 표방하는 캘리니코스가, 마르크스주의 전통 외부에서4) 헤겔적 전통에 대한 강력한 반대전선을 구

---

3) 나는 앞에 실린 논문 「마르크스주의 철학에서 헤겔주의 대 반헤겔주의」에서 고전적 마르크스주의를 표방하는 영국의 SWP 내에서 헤겔주의와 반헤겔주의의 대립이 어떻게 전개되었는가에 대해 살펴본 바가 있다. 이 대립은 사실상 마르크스주의 역사 전체를 관통하는 중심적 대립에 대한 하나의 축도를 보여준다.

4) 포스트구조주의를 '마르크스주의' 전통 외부에 있다고 묘사하는 데에는 일정한 주의가 필요하다. 최근 데리다의 '약한' 형태의 마르크스주의에 대한 승인의 태도나 『앙띠 오이디푸스』에서 들뢰즈/가따리의 마르크스에 대한 광범한 참조 등은 이와 같은 단선적 규정이 위험함을 보여준다. 그러므로 여기에서 마르크스주의 전통 외부라는 말은 오히려 포스트구조주의가 헤겔 철학을 극복함에 있어 제2인터내셔널 이후의 마르크스주의 전통보다는 스피노자, 니체, 하이데거 등에서 그 중심적 동력을 구하고 있다는 의미로만 받아들여져야 할 것이다. 이 흐름 속에서 마르크스주의는 헤겔과 근대 극복의 역사에 있어서의 하나의 불충분하고 실패한 에피소드로 위치지워진다.

축하고 있는 반혜겔주의 철학인 포스트구조주의5)에 대해 가한 비판을 집중적으로 검토함으로써 이들 반혜겔주의 철학전선의 가능성과 그 약점에 대해 타진해 볼 것이다. 이를 통해 근대성과 그 위기를 피억압적 처지에서 겪어 나가고 있는 대중의 철학적 대응전략이 다소라도 철저해지고 명확해질 수 있으리라고 기대해 볼 수도 있을 것이다.

2. 근대 규정의 방법론 : 정치적 관점

오늘날 우리의 근대성에 대한 관심은 역설적이게도 근대 이후, 즉 탈근대성에 대한 담론의 이면에서 형성되었다. 즉 서구에서 80년대에 급성장하여 우리 사회에는 90년대의 새로운 정세 속에 도입된 포스트모더니즘 담론이 그것의 논쟁적 구체화 과정에서 근대성에 대한 논의를 불러일으키고 있는 계기가 되었던 것이다. 90년대 포스트모더니즘의 담론의 또 하나의 기여는 자본/노동관계의 변화와 계급투쟁 지형의 변화를 읽어야 할 필요성을 느끼게 만든 것이다. 특히 조절이론은 그것의 낡은 사회민주주의적 정치적 함의에도 불구하고 자본주의의 새로운 변화에 대한 인식을 촉구하는 데 중요한 기여를 하였다. 그러나 포스트모더니즘의 탈근대 담론은 이 변화를 신비화시켰다. 포스트모던이 마치 자본과 노동, 통치와 대중간의 적대의 소멸을 가져오고 하나의 적대 없는 보편사회를 가져온 것처럼 이야기함으로써 이들 탈근대의 담론들은 현시기 지배계급의 담론과의 차별성을 상실해 갔다. 프레드릭 제임슨이 포스트모더니즘을 '후기자본주의의 문화논리'라고 비판하게 되는 것은 이러한 양상에 대한 경험적 서술에 다름 아니다. 이러한 양상은 '포스트모던' 개념에 대한 상당한 혼란을 가져왔다. 포스트모더니즘이 포스트모던을 하나의 시대 개념 이상

---

5) 마이클 하트는 "포스트구조주의의 뿌리와 그것의 통일적 기반은 대부분, 단순히 철학적 전통 전체에 대한 일반적 대립에 있는 것이 아니라, 특별히 헤겔적 전통에 대한 일반적 대립"에 있다고 요약하고 있다. M. Hardt, *Gilles Deleuze*, Minnesota, 1993, p. x.

으로 확장시켜 하나의 실천적 입장으로까지 확장시켜 이해함으로써 이 개념이 시대 개념인지 아니면 실천적 입장의 표현인지가 모호해져 버린 것이다. 포스트모던이 '후기근대'인가 '탈근대'인가 혹은 근대(성)란 무엇이며 그것과 '포스트모던'은 어떤 관계에 있는가 하는 논쟁의 촉발은 이와 관련되어 있으며 이것은 결국 포스트모더니즘의 체제동화적 경향과 대립하는 입장으로서의 반근대라는 사고를 촉발시키지 않을 수 없었다.6) 포스트모던에서 안티모던으로의 문제틀의 전환은 포스트모더니즘이 모호하게 만들어 버린 입장의 문제를 올바르게 상기시키는 것임에 틀림이 없다. 하지만 과연 이러한 전환이 포스트모더니즘 담론의 등장으로 우리가 비로소 진지하게 돌아보게 된 사회적 적대의 재편과 그 속에서의 주체성의 새로운 재구성이라는 현실적 변화의 내용을 충실히 사고해 나갈 수 있는 성격의 것일까? 변화된 적대의 지형이 현실적으로 포착되지 않은 상태에서의 반근대 입장의 천명은 반근대를 가능케 할 실질적 힘을 제시하기 어렵고 근대에 대한 반대를 추상적이고 낭만적인 수준에 머물도록 만드는 것은 아닌가?

그러나 우리는, 오늘날 입장으로서의 반근대를 표방하는 흐름이 80년대에 '정치경제학 비판'으로서의 사회구성체 개념을 통해 자본주의의 새로운 변화경향에 대해 탐구했던 바가 있음(이른바 '신식민지 국가독점자본주의론')을 기억해 둘 필요가 있다. '독점강화/종속심화'라는 명제로 요약된 한국사회의 성격규정은 이전과는 구별되는 한국 현대 사회의 특징을 제시하고자 하는 시도였다. 신식민지 국가독점자본주의론은 1992년 이후 '마르크스주의의 전화'라는 문제틀에 밀려 잠복되었다. 하지만 이 잠복은 재기를 위한 잠복으로 볼 수 있다. 왜냐하면 이 흐름은 오늘날 반근대의

---

6) 이러한 사고는 「한국 근대사회의 형성과 근대성 문제」라는 제하의 토론에서 윤소영 교수에 의해 제시되었다. "백선생님처럼 모던에 대한 포스트적인 문제제기를 진지하게 받아들이자고 얘기하는 것보다는 오히려 모던에 대해서 발본적으로 반대하는 입장을 세우려고 노력하는 것이 타당할 것입니다. …… 발본적인 안티모던적 입장에서 역사적 맑스주의의 전화를 사고하자는 말입니다."(『창작과 비평』, 1993년 겨울호, 60~61면).

입장에서 마르크스주의의 전화를 사고하는 데 집중하면서도 과거의 정치경제학 비판 관점의 유효성에 대해 부단히 주장하고 있기 때문이다.7) 정치경제학 비판 관점의 유효성을 신식민지 국가독점자본주의론의 유효성과 동일시하지 않는다는 전제 위에서 나는 이 관점의 유효성 주장을 적극적으로 지지한다. 왜냐하면 이 관점은 오늘날 근대성 담론을 지배하고 있는 철학적 분위기를 견제하는 데에서 중요한 기여를 할 수 있을 것이기 때문이다.

그러나 '정치경제학 비판'의 관점이란 과연 무엇인가? 그것은 요즈음 흔히 볼 수 있듯이 철학과 구별되는 정치경제학의 관점을 말하는 것인가? 부르주아지의 정치경제학을 대체하는 프롤레타리아트의 정치경제학을 지칭하는 것인가? 사실상 '정치경제학 비판'의 관점과 '정치경제학의 관점'의 혼돈을 불러일으킨 사람은 『자본론』의 저자 자신이다. 마르크스는 『자본론』 1판 서문에서 경제적 사회구성체의 발전을 자연사적 과정으로 파악하며8) 개인이나 사회적 적대관계를 자본주의적 생산의 자연법칙의 산물로 파악한다.9) 그는 『자본론』 집필의 목적을 '근대사회의 경제적 운동법칙'10)의 발견에 두고서 프롤레타리아 입장에서 부르주아 경제학에 대한 비판을 시도한다.11) 이러한 사정은 마르크스가 부르주아 경제학에

---

7) "92년 이후 오늘에 이르기까지 나의 문제의식은 더욱 발본화되어 마르크스주의의 위기 속에서 정치경제학 비판의 유효성을 확인하는 것에서 '마르크스주의의 전화'로 강조점이 변화되고 있는 중이다. 그러나 그렇다고 하더라도 나는 마르크스주의의 전화라는 문제설정을 한국 사회성격 논쟁의 재출발과 관련시켜 정치경제학 비판의 관점에서의 연구계획의 재구성의 유효성을 여전히 재확인할 수 있다고 생각한다."[윤소영, 『마르크스주의의 전화와 '인권의 정치'』, 문화과학사, 1995, 239면. 강조는 인용자].
8) 마르크스, 『자본론』 1권 상, 비봉출판사, 1989, 6면.
9) 같은 책, 5면과 6면.
10) 같은 책, 6면. 한국어판에는 '근대사회'라고 되어 있지 않고 '현대사회'라고 되어 있으나 이 글의 용어의 일관성을 위해 '근대사회'로 고쳤다.
11) "독일사회의 역사적 발전의 특수성은 이 나라에서 '부르주아' 경제학의 그 어떤 독창적인 발전도 불가능하게 만들었다. 그렇다고 해서 그 비판까지 불가능하게 한 것은 아니다. 그와 같은 비판이 하나의 계급을 대변하고 있는 한, 그것은 자

대한 비판을 통해 프롤레타리아트의 경제학을 정립하려 했다는 독해법을 낳게 한다. 게다가 우리가 읽은 『자본론』 전권이 —— 비록 프롤레타리아트적 관점에서라 할지라도 —— 자본의 운동에 시선을 맞추고 그 운동의 변증법적 총체성을 수미일관하게 (자본의 생산과정 —— 자본의 유통과정 —— 자본주의적 생산의 총과정) 그려내는 데에 총력을 경주하고 있다는 점이 이러한 오해를 더욱 부채질한다. 『자본론』 속에서는 노동도 자본이나 토지와 마찬가지로 자본운동의 하나의 계기(상품으로서의 노동력, 가변자본, 그리고 분배관계 속의 임금 등)에 지나지 않는 것으로 서술된다. 자본가는 자본의 인격화에 불과하지만 자본운동에 등장하는 모든 계기들을 장악하고 이들을 서로 연결짓는 주체이기도 하다. 『자본론』에서의 자본은 총체적이며 자본의 외부는 존재하지 않는다. 그러므로 자본운동의 파국은 순수히 경제적인 과정으로서, 이윤율의 하락 경향에 기초한 경제적 공황에 의지할 수밖에 없다. 프롤레타리아트 역시 공황이라는 틈새를 이용하지 않고는 자본의 외부로 빠져 나갈 수가 없다. 더욱이 운동하는 자본의 변증법은 그러한 유출까지 다시 흡수할 매개력을 갖고 있다. 과연 자본주의에서 자본의 지배는 그렇게 완벽한 것일까? 그리고 과연 이것이 마르크스의 자본주의에 대한 유일한 이해방식일까?

이 문제를 옳게 이해하기 위해서는 우선 『자본론』의 집필이 1848년 유럽혁명의 패배와 마르크스가 '대홍수'가 날 것으로 기대한 1858~9년 공황이 무위(無爲)로 돌아간 직후의 정세 속에서 씌어졌다는 점을 고려할 필요가 있다. 장기화된 혁명 패배의 정세가 마르크스에게 자본주의의 위력을 실제 이상으로 부풀려 이해하도록 했을 가능성을 염두에 둘 필요가 있다는 것이다. 이는 1858년의 '대홍수'를 예감하면서 쓴 『그룬트리세』와 『자본론』의 어조 및 관점의 차이에서 나타난다. 네그리가 상세히 분석했듯이[12] 『그룬트리세』에서의 마르크스는 자본을 하나의 독립된 주체로 분

본주의적 생산양식의 타도와 모든 계급의 최종적 철폐를 자기의 역사적 사명으로 하고 있는 계급, 즉 프롤레타리아트만을 대변할 수 있을 뿐이다."(같은 책, 14면).
12) 안토니오 네그리, 『맑스를 넘어선 맑스』, 새길, 1994. 특히 제7강의를 보라.

석한다는 점에서는 『자본론』에서와 동일하지만 『자본론』에서의 마르크스와는 달리, 노동을 자본과 적대하는 하나의 독립된 주체로 취급하는 경향을 보이고 있기 때문이다. 이 관점 속에서 산 노동의 힘은 임금형태로 환원될 수 없는 자율성을 지니며 교환의 무대에서도 자신의 힘을 투쟁적으로 입증하는 능동적 힘이다. 이 힘은 자본관계에 포섭되어 있으면서도 항상 그 외부에 놓여 있는 분리의 힘이며 자본의 변증법 그 자체를 근저에서 규정하는 힘이다. 극한적으로 '자본이론은 오직 임금론을 통해 발전하고 자신의 기초를 형성할 수밖에 없다'13)고 볼 수 있는 것은 이 때문이다. 그리고 이런 맥락에서는, 『자본론』의 시선이 집중되고 있는 자본의 법칙은 『공산주의자 선언』 서두에서 명확하게 천명된 바 있는 계급투쟁의 법칙에 종속되어 있다고 말하지 않으면 안된다. 바로 이런 이유로 나는 '정치경제학 비판'의 관점을 다름 아닌 계급투쟁의 관점 혹은 클리버가 사용하고 있는 의미에서 간단히 '정치적' 관점이라고 보고 싶다.14) 정치적 관점은 자본의 운동에 매몰되어 있는 관점이 아니라 무엇보다도 산 노동의 힘의 독립성과 자율성에 주목하고자 하는 관점이며 자본의 운동까지도 산 노동의 힘의 운동과의 연관 속에서 파악하고자 하는 전략적 관점이다.

이런 관점에서 보면 지난 날의 신식민지 국가독점자본주의론의 관점을 '정치경제학 비판'의 관점으로 보기는 힘들다. 이 이론은 국내자본들간의 경쟁관계를 서술하는 '독점'이나 세계자본 속에서의 국내자본의 위치를 서술하는 '종속' ─ 엄밀히 말하면 이것 역시도 지구를 무대로 하는 개별 자본들간의 경쟁관계이다 ─ 과 같은 자본들의 배치관계에 시선을 집중

---

13) 같은 책, 246면.
14) 클리버는 '정치적'이라는 개념을 다음과 같이 규정한다. "여기서는 '정치적'이라는 단어를 마르크스 저작을 노동자계급의 관점에서 전략적으로 해석하는 것에 국한시켜 사용하고자 한다. 이것은 의식적으로 그리고 일방적으로 모든 개념의 의미와 관련성을 당면한 노동자계급 투쟁의 발전에 이바지할 수 있도록 결정하는 접근방법이다. 그것은 바로 모든 현실 초월적 해석과 추상적 이론구성을 피하고 구체적인 투쟁의 총체성 속에서 생동하는 개념을 형성해 내는 해석인 것이다."(해리 클리버, 『자본론의 정치적 해석』, 풀빛, 1986, 27면).

하면서 민중의 전략을 반독점이나 반종속과 같은 특정 자본의 필요에 종속시킨다. 이것은 정치적 관점으로서의 정치경제학 '비판'의 관점이라기보다는 오히려 —설령 그것이 대중이나 프롤레타리아트를 자신의 입장으로 관념적으로 전제한다 할지라도— 자본운동에 시선이 매몰되고 산 노동의 힘을 시야에서 배제한 자본편향적 관점, 즉 정치경제학의 관점이다. 산 노동이 시야에서 사라지게 되면, 자본 역시도 노동과의 적대적 관계라는 맥락에서 보아지기보다는 자본내적 관계라는 맥락에서 제한적으로만 보이게 된다. 독점이나 종속이라는 개념이 산 노동과의 직접적 연관성을 상실하는 것은 바로 이 때문이다. 오늘날의 마르크스주의의 전화 입장이 지금도 신식민지 국가독점자본주의론의 유효성을 주장하는 것인지는 아직 분명하지 않다. 그러나 명백히 정치경제학의 관점에 머물고 있는 신식민지 국가독점자본주의론의 관점이 곧 정치경제학 비판의 관점이라는 오해가 계속된다면, 그리고 그러한 관점 위에서 근대가 규정된다면 그러한 규정에 입각한 반근대의 입장표명이 근대에 대한 추상적 대립으로서의 낭만적 성격을 벗어나기란 어려울 것이다.

그러므로 포스트모더니즘 담론의 도입을 뒷받침해 준 90년대의 새로운 정세를 정치적 관점에서 이해하는 것은 중요하다. 왜냐하면 이를 통해 근대의 새로운 변화, 그 변화의 새로운 내용을 이해하는 것이 가능할 것이기 때문이다. 정치적 관점에서 90년대의 정세를 파악한다는 것은 산 노동의 재구성을 자본과의 적대관계 속에서 파악하는 것을 의미한다.

한국에서의 6~70년대의 급속한 공업화가 남한의 산업 프롤레타리아트를 형성시켰다면 80년대의 가속화된 호황 국면은 노동자계급의 대중화, 즉 대중 노동자의 형성을 촉진시켰으며 대중 노동자의 계급적 자기표현을 가져왔다. 1987년을 전후하여 고조된 계급투쟁의 활성화와 전 대중적 확산은 이를 뒷받침하는 증거이다. 그러나 대중 노동자의 등장에 대해 자본은 서구와는 달리 복지와 타협으로 대응한 것이 아니라 산업구조 재조정을 통한 노동의 분할과 대중 노동자의 무력화라는 전략으로 대응하고 있다. 1990년대는 80년대에 산발적으로 궐기한 대중 노동자의 전국적 조직화라는 노동의 전략과 노동의 급속한 재편을 통한 대중 노동자의 무력화라는 자본의 전략의 대결이 불균등한 형태로 진행되고 있는 국면이다. 자본의 이러한 전략은 결국 공장의 울타리를 넘어 사회 전체를 축적을 위한 공간으로 확장하고 프롤레타리아트의 시간뿐만 아니라 사회성원 전체의 시간을 축적의 대상으로 확보하며 생산과정뿐만 아니라 소비과정까지도 축적을 위한 공정으로 포섭하는 전략으로 나아가지 않을 수 없다. 이른바 정보화사회의 실현이라는 기치는 바로 이러한 전략의 개념적 포착으로 이해될 수 있다. 노동의 사회 전체로의 확산 혹은 사회공장화로 표현될 수 있는 이러한 경향이, 공장의 전국적 연대라는 전략만으로는 감당키 어려운 새로운 시공간 구조를 가져오고 있으며 또 필연적으로 그렇게 된다고 볼 때에만, 오늘날 자본과의 투쟁에서 노동이 일상 속에서의 경험적 진전을 거두고 있음에도 불구하고 전체적으로는 전략부재에서 오는 동요와 무력함을 보이고 있는 현실을 비로소 이해할 수 있다. 오늘날 탈근대론의 문제제기를 전적으로 무시하는 완고한 사람들일수록 이러한 현실을 전위적 부대(당)의 결여나 노동운동 지도부의 '개량주의' 탓으로 돌리는 모습을 볼 수 있다. 그러나 이는 자본의 전략변경과 노동의 재편이라는 근대성의 핵심적 변화를 외면하면서 노동과 사회, 경제와 정치의 분리 위에 기초한 낡은 전략을 변화된 현실에 무비판적으로 적용하는 복고적 관점은 아닌가?

3. 캘리니코스의 탈근대론 비판과 근대성론

탈근대론에 대한 캘리니코스의 태도 역시 매우 완고하다고 볼 수 있다. 그는 탈근대라는 관념에 경제이론적 근거를 제공하기 위한 시도의 전형으로 다니엘 벨의 탈산업사회론을 채택하고 그것이 터무니없는 '신화'일 뿐이라고 비판한다.[15] 이 과정에서 그가 집중적으로 비판하는 논점은 '상품생산이 서비스 경제로 전환되고 기술혁신과 정책 형성의 원천으로서 이론적인 지식이 상품생산에서 중심적인 역할을 수행'한다는 벨의 주장이

---

15) 알렉스 캘리니코스, 『포스트모더니즘 비판』, 성림, 1994, 183면.

다. 그의 비판의 요지는 다음과 같다.
 첫째 서비스업에서의 생산과 고용비율의 증가는 제조업보다는 농업의 희생으로 발전했다.
 둘째 1970년대 초 이래 제조업에서 서비스업으로의 두드러진 변화가 나타나지만 이것은 노동인구에서 산업인구가 차지하는 상대적 비율의 감소를 의미할 뿐 절대적인 산업고용인구의 감소를 의미하지 않는다. 제조업에서 서비스업으로의 이동은 제조업의 노동생산성 증가의 효과이다. 또 이러한 이동은 나라마다 다르며 보편적인 것이 아니다. 따라서 서비스업이 제조업을 대체하는 어떤 필연적인 경향이 존재한다는 주장은 의심스럽다.
 셋째 제조업 고용의 하락은 벨이 예상한 사회적 결과들을 낳지 않았다. 서비스 산업의 발전은 벨이 예상한 지식-사회 엘리트를 양산한 것이 아니라 제조업에 비해 소득이 떨어지는 노동집단을 낳았다. 탈산업화는 사회적으로 퇴보적 결과를 가져온 고통스러운 과정이 되었다.
 넷째 오히려 지구상의 가장 부유한 도시들에서 19세기식의 가혹업종이 부활되고 있으며 제3세계에서는 새로 산업화된 국가들이 출현하여 자본축적과 제조업 생산의 새로운 중심으로 부상하고 있다.[16]
 결국 생산 패러다임의 유효성을 재확인하면서 산업 프롤레타리아트의 중심성 테제를 옹호하는 것으로 귀결되어지는 이러한 비판은 비록 벨의 주장을 대상으로 삼고 있지만 실제로는 '생산 패러다임의 폐기'를 주장하는 일체의 근대/탈근대 이론가들의 주장을 겨냥한 것이다. 그 누구보다도 이 비판의 직접적 사정권 안에 있는 사람은 『생산의 거울』의 저자 보드리야르이다. 보드리야르는 마르크스의 정치경제학 비판이 설정한, 추상적 노동과 구체적 노동의 단절은 부르주아 정치경제학의 한계에 가두어져 있다고 비판하면서 진정한 단절은 노동(생산, 경제)과 상징적 교환 사이에 있다고 주장한다.[17] 우리가 '경제적 가치를 넘어선 영역을 발견하고자

---

[16] 이상은 캘리니코스, 앞의 책, 184~189면의 내용을 요약한 것이다. 노동자계급의 현대적 변화에 대한 캘리니코스의 보다 자세한 설명은 크리스 하먼과의 공저인 『오늘날의 노동자계급』(갈무리, 1994)에서 읽어볼 수 있다.

한다면 서구의 모든 형이상학이 반영되어 있는 생산의 거울이 깨어져야 하고 '정치경제학의 결정적인 해결을 가능케 하는 근본적으로 다른 차원', 즉 '상징적 교환과 그 이론의 차원으로 옮아가야 한다'[18])는 그의 인식은 이러한 판단에 기초한 것이다.

하버마스는 보드리야르식의 방향성에 대해서는 비판적인 입장을 취하고 있지만 그 역시도 노동과 생산의 패러다임으로는 근대를 극복할 수 없다고 보는 점에서는 보드리야르와 보조를 같이한다. 그가 보기에 근대성에 대한 개념은 헤겔에 의해 가장 명확하게 파악된다. 헤겔에게 있어서 근대란 하나의 시대개념이다. 즉 그것은 새로운 시대로서 18세기 말과 19세기 초에 시작되며 동시대인들에게는 프랑스대혁명과 계몽주의로 표상된다.[19] 헤겔이 발견한 새로운 시대의 원리는 주체성(Subjektivität)이며 현대 세계의 우월성과 위기성은 이 원리에 의해 설명된다. 그러나 하버마스는 헤겔의 주체성 비판은 주체철학의 틀을 벗어나지 못했다고 진단한다. 헤겔에게서 분리의 힘은 절대이성을 통일의 힘으로 증명하기 위한 수단으로만 존재하기 때문이다. 이성은 운명의 자리를 차지하고 모든 사건은 이미 결정되어 있다. 계몽의 변증법이 그의 철학의 추진력으로 자리잡는다. 결국 헤겔의 철학은 현대의 자기정당화 욕구를 정당화하기 위해 현실성을 평가절하하고 자기비판적 혁신이라는 현재의 소명을 부정한다.[20]

그렇다면 마르크스로 대표되는 청년 헤겔파의 근대성 비판은 어떠한가? 하버마스에 따르면 인식에 특권을 부여하는 반성철학은 정신의 형성과정을 의식화의 과정으로 파악한다(자기관계의 모델). 그러나 마르크스의 실천철학은 유적 존재의 형성과정을 자기생산의 과정으로 파악함으로써 행위주체와 조작가능한 대상들의 세계에 특권을 부여한다(자기외화의 모델). 이렇게 해서 실천철학에서 현대성의 원리는 자기의식이 아니라 노동으로 정립된다.[21] 이같은 노동 패러다임으로의 전환은 물질적 생산활동

---

17) 장 보드리야르, 『생산의 거울』, 백의, 1994, 39면 참조.
18) 같은 책, 40면, 44면.
19) 위르겐 하버마스, 『현대성의 철학적 담론』, 문예출판사, 1994, 23~5면.
20) 같은 책, 64~5면.
21) 같은 책, 88면.

을 주체철학적 해석틀로부터 해방시킬 수 있었다. 그러나 이 패러다임 역시 이론내적 딜레마와 새로운 실천지형의 출현으로 위기를 맞게 된다. 가장 중요한 이론내적 딜레마는 마르크스의 비판적·혁명적 실천범주가 의식의 반성구조에서 벗어나지 못하고 있다는 것이다. 이로 인해 변혁과정은 생산과정에 대한 유물론적 설명과는 반대로 주체철학적 의식개념에 의존해서 설명되는 난점을 낳는다. 여기에 자본주의의 위기가 혁명으로 연결될 것이라는 마르크스의 예측을 빗나가게 만든 국가의 경제개입 현상의 출현, 시장 메커니즘의 정치화로 인한 정치경제학 비판의 이데올로기 비판 기능의 약화, 노동운동의 제도화와 새로운 사회운동의 출현 등의 실천지형의 변화는 사회적 노동 패러다임의 위기를 격화시킨다. 하버마스가 사회적 노동 패러다임을 대신하여 '의사소통적 이성과 의사소통 행동에 기초한 언어 패러다임'을 헤겔이 정립한 '주체중심적 이성의 의식 패러다임'의 대안으로 내세우는 것은 바로 이러한 맥락에서이다.22)

앞서 서술한 캘리니코스의 산업사회론 비판이 이상에서 요약한 보드리야르와 하버마스의 생산 패러다임 폐기론에 대한 반론이라는 점은 이미 언급한 바 있다. 사실상 보드리야르와 하버마스의 비판은 마르크스의 '정치경제학 비판'을 생산 (혹은 사회적 노동) 패러다임으로 환원시키는 것에 기초해 있다. 이 논문 2절에서 언급했다시피 마르크스의 '정치경제학 비판'은 생산 패러다임으로 환원될 수 있는 것이 아니다. 『자본론』에서의 임금 편(編)과는 다른 시각에서 임금노동에 대해 다루고 있는—임금노동에 대한 체계적인 서술은 마르크스의 미완의 계획으로 남아 있었다23)

---

22) 박영도,『현대 사회이론에서의 비판 패러다임의 구조변동 - 칸트, 헤겔, 마르크스, 하버마스를 중심으로』, 서울대학교 대학원 사회학과 박사학위 논문, 1994년 2월, 363~374면 참조.
23) 이 점에 관해 비고츠키와 로만 로스돌스키의 문헌사적 연구는 서로 다른 결론을 내놓는다. 로스돌스키는 6부작 계획 중 3부 '임금노동에 관한 책'이 『자본론』 1권 제6편 '임금'에 흡수되었다고 주장한다(R. Rosdolsky, *The Making of Marx 'Capital'*, Pluto Press, 1977, pp. 10~56). 비고츠키의 견해는 6부작 계획의 변경은 없었으며 나머지 다섯 부와 마찬가지로 3부 역시 미완으로 남아 있다고 주장한다(비고츠키, 「마르크스의 경제학적 유산」, 이론 6호, 1993년 가을 및 비고츠키 외,

──『그룬트리세』가 그것을 증명해 준다. 『그룬트리세』에서 마르크스가 전개하는 정치경제학 비판은 계급투쟁의 패러다임, 다시 말해 사회적 적대의 패러다임으로 읽어 나갈 수 있다. 그것은 결코 생산력 숭배와 노동의 필연성, 그리고 자본의 변증법과 총체성 논리에 사로잡힌 생산 패러다임의 한 변종이 아니다. 실제로 마르크스가 자본의 총체성의 개념적 서술에 집중하고 있는 『자본론』에서도 사회적 적대의 관점이 상실되지는 않는다. 오히려 '정치경제학 비판은 실질적으로 끝났다'[24)는 진단 위에서 상징교환의 지평으로 이동하는 보드리야르의 진단이나 노동 패러다임의 위기 진단에 기초하여 언어 패러다임으로 이동하는 하버마스의 생각이, 마르크스의 정치경제학 비판을 관통하는 사회적 적대의 관점을 진지하게 독해하지 못함으로써 인위적으로, 단순화된 노동 패러다임에 대한 직접적 반대지평 혹은 차이지평으로 미끄러져 들어갔다고 보는 것이 더 타당할 것이다.

그렇다고 할 때 보드리야르나 하버마스의 마르크스 비판에 대해 즉각 생산 패러다임의 옹호를 내세우는 캘리니코스의 반론은 어느 정도 효과적인 것일까?

이러한 반론의 가장 큰 효과는 마르크스의 역사적 유물론을 생산 패러다임으로 격하시키는 위 두 사람의 시도를 강화시키는 것으로 보인다. 실제로 캘리니코스는 전 지구적 규모의 산업 노동자계급의 팽창을 노동에 기초한 사회의 종언이라는 하버마스의 예측에 대한 반대증거로 제시한 후, 다음과 같이 쓰고 있다.

> 자본주의에서 일어난 생산력의 엄청난 발전은 노동일(勞動日)의 파격적인 축소를 가능케 하며 그런 의미에서 "노동에 기반을 둔 사회"의 폐지를 가능케 한다. 그러나 그러한 가능성은 자본주의적 사회관계들의 전복의 결과로서만 현실이 될

『『자본』과 『그룬트리세』』, 이론 7호, 1993년 겨울 참조). 문헌사적 맥락을 떠나서 내가 받아들일 수 있는 것은 '『자본론』은 마르크스의 테마의 총체 속에서 단지 한 부분이며 그것도 근본적이지 않은 한 부분'이라는 네그리의 생각이다(안토니오 네그리, 『맑스를 넘어선 맑스』, 새길, 1994, 68면).
24) 장 보드리야르, 앞의 책, 43~4면.

수 있을 것이다. 그리고 그러한 변혁으로부터 출현한 사회주의 사회도 여전히 마르크스가 "필연의 왕국"이라고 부른 것, 즉 그것 없이는 인간 존재가 끝장나게 되는 물리적 사용가치의 물질적 생산에 기반을 두게 될 것이다. 하버마스 같은 설득력 있는 사상가가 그러한 근본적인 현실을 시야에서 놓쳤다는 것은 현재의 지적인 혼란이 어느 정도인가 가늠케 해주는 척도가 된다.25)

하버마스가 과연 물적 생산에 의지하지 않고도 인류사회가 유지될 수 있다고 믿었을 만큼 지적으로 혼란되어 있었는지는 의문이다. 만약 실제로 그랬다면 '노동에 기초한 사회의 종말'이란 터무니없는 공상 이상일 수 없을 것이다. 하버마스가 어떻게 보았건 상관없이 여기서 분명한 것은 캘리니코스가 부르주아적 생산의 특수형태를 하나의 추상으로서의 물적 생산 일반과 혼동하고 있다는 것이다. 다시 말해 노동의 특수성에 대해 전적으로 몰각하고 있다는 것이다. 위 인용문에서 그가, 노동에 기초한 사회의 폐지에도 불구하고 물적 생산의 필요성이 잔존한다는 것으로 노동에 기초한 사회의 종말론을 반박할 수 있다고 보는 것이 그 단적인 예이다. 그는 노동일의 단축 가능성을 생산력의 팽창에서 찾는다. 그러면서도 그는 노동일 단축을 위한 노동자들의 주체적 투쟁에 대해서는 언급하지 않는다. 그는 노동에 기초한 사회의 폐지는 자본주의 사회관계의 전복의 결과로서만 현실화될 수 있다고 본다. 그러면서도 그는 자본주의적 사회관계의 전복이 노동일의 실질적 단축을 위한 투쟁과 어떤 관계에 있는 것인지를 밝히지 못한다. 오히려 우리는 자본주의적 사회관계의 전복이 노동의 폐지를 위한 투쟁의 결과라고 말하는 편이 더 진실에 가깝다고 말해야 한다.

이러한 사실은 무엇을 말해 주는가? 캘리니코스가 노동을 사회적 적대관계 위에서 보고 있지 않다는 것이다. 생산이란 언제나 특정한 사회적 발전 단계 위에서의 생산이며 마르크스가 문제삼고 있는 것은 언제나 부르주아적 생산으로서의 '노동'이다.26) 노동의 종말은 생산일반의 폐지가

---

25) 알렉스 캘리니코스,『포스트모더니즘 비판』, 성림, 1994, 191면(원문에 따라 일부 고침).
26) 마르크스,「『정치경제학 비판을 위한 기본개요』의 서설」,『칼 맑스・프리드리히

아니라 부르주아적 생산의 폐지이다. 부르주아적 생산은 언제나 부르주아지에 의해 노동자에게 강제되는 '노동'의 형태를 띤다. 그러므로 노동은 자본이 그러하듯이 계급간의 적대적 사회관계 그 자체이다. 노동의 폐지가 자본주의적 사회관계의 전복의 결과로서 오는 것이 아니라 그러한 사회관계를 전복시키는 가장 핵심적인 힘인 이유는 바로 이 때문이다. 그리고 노동일 단축을 위한 투쟁과 파업을 비롯한 여러 형태의 노동거부가 자본주의 하에서 현실적으로 작동하고 있는 노동 폐지의 힘으로 이해되어야 하는 이유도 이 때문이다.

노동에 대한 비역사적이고 추상적인 인식은 캘리니코스의 계급분석에 악영향을 미친다. 캘리니코스는 계급이 실체가 아니라 사회적 관계이며 계급투쟁으로부터 분리될 수 없는 적대 위에 기초해 있다는 사실에 대해서는 익히 알고 있다.27) 그럼에도 불구하고 앞서 다니엘 벨의 탈산업사회론 비판에서 제시된 그의 계급개념은 적대 위에 기초한 사회적 관계의 개념이기보다 사회학적 실체의 개념에 더 가깝다. 그의 계급구성론이 통계학적 방법에 따라 양적으로 서술되고 서비스직인가 생산직인가 하는 업종적 구별이 계급부문의 성격을 나타내는 것으로 서술되며 임금을 수령하는가 하지 않는가 등의 기준이 노동자계급인가 아닌가를 판별하는 중요한 기준으로 작용하는 것은 사회학적 계급개념의 직접적 결과이다.

『엥겔스 저작선집·2』, 박종철출판사, 445면.
27) "마르크스주의적 계급 개념은 일련의 매우 명백한 특징을 갖고 있다. 우선 그것은 계급을 하나의 관계로 간주한다. 한 사람의 계급 위치는, 위에 언급한 세 가지의 상식적 견해 속에 포함되어 있는 계급에 대한 '등급적' 개념이 가정하듯이 사회적 분배질서에서 그가 차지하는 위치에 의존하는 것이 아니라 오히려 사회적 집단의 일부로서 그(혹은 그녀)가 다른 사회적 집단들과 맺는 관계에 달려 있다. 두 번째로 이 관계는 적대적이다. 말하자면 그것은 무엇보다도 생산수단을 통제하는 소수의 지배계급이 직접적 생산자들로부터 잉여가치를 추출하는 것에 달려 있다. 결론적으로 말해서 계급은 착취자와 피착취자가 싸워나가는 과정인 계급투쟁으로부터 분리할 수 없는 것이다. 세 번째로 이 적대적 관계는 생산의 과정에서 형성된다. 다시 말해 착취와 계급투쟁은 생산수단과 직접생산자의 노동 그 자체에 대한 통제권을 확보하기 위한 지배계급의 노력으로부터 생성된다."(알렉스 캘리니코스, 『오늘날의 노동자계급』, 갈무리, 1994, 35~6면).

또 그의 계급개념이 의연히 노동이 공장의 테두리에 묶여 있었던 시대의 계급관념에 묶여 있는 것도 계급에 대한 현실적 접근을 어렵게 만든다. 즉 그는 "자본주의 사회에서 계급관계를 규정하는 중심적 적대는 생산과정에서 노동자로부터 잉여가치를 추출하는 데서 발생하는 자본과 임금노동 사이의 적대"28)라고 보는데, 이는 계급을 자본의 총체성 내부에서 규정하는 것일 뿐만 아니라 이후의 실천지형의 변화를 통해 변화된 적대관계의 실상을 담아내기 어려운 규정이다.

이러한 약점은 현대 자본주의에 대한 그의 분석인 국가자본주의론에도 나타나 있다. 이 이론은 다수자본과 자본일반의 구별을 기초로, 국가자본의 형성, 강화 및 이들간의 경쟁의 격화를 설명하는 데 그 중심적인 목적이 있다. 이러한 시각은 자본의 운동을 설명함에 있어서의 나름대로의 기여에도 불구하고 자본과 노동의 적대의 운동, 특히 노동의 자율적이고 주체적인 동태에 대해서는 전혀 새로운 설명을 덧붙이지 못한다. 노동에 대한 설명이 19세기적인 산업 프롤레타리아트론의 정당성의 재확인에 그치는 것은 이와 무관하지 않다. 게다가 캘리니코스의 국가자본주의론은 자본들간의 경쟁관계에 지나치게 큰 비중을 둔 나머지 이들간의 경쟁관계를 노동 대 자본의 적대 외부의 또 하나의 기본적 적대로 간주하고 이것을 마르크스의 견해라고 주장하는 데까지 나아간다.29)

그러므로 캘리니코스가 근대성의 문제틀보다도 더 우월한 이론적 전망을 제공해 주는 것이라고 주장한 그의 '역사적 유물론'30)은 사실상 마르

---

28) 같은 책, 37면(강조는 인용자). 이러한 규정은 유통소비과정에 대한 자본의 침투를 계급관계의 확장으로 보기 어렵고 비임금형태의 노동자의 존재를 인정할 수 없게 된다.
29) "소련에 대한 국가자본주의 이론의 적용은 자본제적 생산관계가 두 가지 기본적 적대관계 —— 노동과 자본, 자본들간의 적대관계에 기초하고 있다는 마르크스의 증명을 더욱 강화해 주었다."(알렉스 캘리니코스, 『마르크시즘의 미래는 있는가』, 열음사, 1987, 221면).
30) 알렉스 캘리니코스, 『포스트모더니즘 비판』, 성림, 1994, 61면. 역사적 유물론의 우월성으로 그가 드는 세 가지는 1) 상이한 사회구성체 사이의 면밀한 구분을 가능케 해준다는 것, 2) 생산력과 생산관계 사이의 구조적 모순들과 착취적 생

크스의 그것과는 중요한 차이가 있으며 노동과 자본의 사회적 적대의 운동을 충실히 포착하지 못한다. 그가 근대성을 '자본주의 생산양식의 발전과 자본주의 생산양식이 전 세계를 지배하게 됨에 따라 형성된 문명화'31)로 간주해야 한다고 하면서 근대성을 통과하는 올바른 길로 인도해 주는 것은 '계몽주의자가 꿈꾸지도 못했던 힘들을 이해하고 통제하고 변화시키기 위해 이성을 사용하는 급진화된 계몽주의를 지향하는 것뿐'32)이라고 결론지을 때 우리는 그가 마르크스의 역사적 유물론보다는 고전적 의식철학 쪽으로 나아가고 있는 것이 아닌가 하는 의문을 갖게 된다. 사실상 노동을 자본에 적대하는 하나의 능동적인 힘으로 보지 못할 때 자본의 폐지 혹은 노동의 해방은 노동의 외부에서 점화(點火)의 계기를 찾지 않으면 안될 것이고 이것이 캘리니코스로 하여금 급진화된 계몽주의를 받아들일 수밖에 없게 했을 것이라는 점은 자연스럽게 이해할 수 있다. 하지만 이 점은 그의 포스트구조주의에 대한 비판을 검토하면서 좀 더 자세히 살펴보기로 하자.

4. 푸꼬와 들뢰즈의 반헤겔주의 철학

헤겔은 근대의 철학적 원리를 확립한 철학가로서 근대성에 대한 철학적 토론이나 비판은 헤겔과의 대면을 회피할 수 없다. 캘리니코스는 알뛰세의 모범을 따라 자신의 철학을 헤겔주의적 마르크스주의 비판에서 출발시키는데 이에 대해서는 다른 자리에서33) 다룬 바 있으므로 여기서 되풀이할 필요는 없을 것이다. 우리가 여기서 우리의 논의의 필요에 따라

산관계에서 나타나는 계급투쟁에 설명적 우선권을 부여한다는 점, 3) 비목적론적 사회진화론이라는 점 등이다. 그러나 캘리니코스의 '역사적 유물론'이 실제로 이러한 장점들을 두루 갖고 있다고 보기는 힘들다.
31) 같은 책, 62면.
32) 같은 책, 254면.
33) 이원영, 「마르크스주의 철학에서 헤겔주의 대 반헤겔주의」, 『이론』 12호, 1995년 가을.

간략하게라도 살펴보지 않으면 안되는 것은 마르크스주의 외부에서 비변증법적 유물론을 전개시켜 나간 푸꼬, 들뢰즈의 반헤겔주의이다. 사실상 이들만큼 열정적으로 그리고 철저하게 헤겔 철학에 대한 반대의 태도를 밀고 나간 사람들은 찾아보기 힘들다. "우리의 시대는 논리학에 의해서든 인식론에 의해서든 맑스를 통해서든 니체를 통해서든 헤겔로부터 벗어나고자 한다"34)는 푸꼬의 말은 그가 헤겔 철학의 극복을 시대적 소명처럼 받아들이고 있었음을 보여준다. 이와 마찬가지로 들뢰즈는 미셸 크레쏠에게 보낸 편지에서 "내가 무엇보다도 혐오한 것은 헤겔주의와 변증법이었다"35)고 씀으로써 헤겔 철학에 대한 적의를 감추지 않았다.

그러나 이들의 헤겔에 대한 적의의 정도는 한편에서 헤겔의 영향력이 지대했음을 반증하는 것이기도 하다. 사실상 당시 유럽 철학에서 헤겔은 꼬제브, 그람시, 사르뜨르 등의 해석을 거쳐 철학, 사회이론, 정치적 실천에서 중요한 역할을 행사하고 있었다. 그렇다면 근대성과 관련하여 헤겔의 철학에서 문제가 되는 것은 무엇인가? 헤겔은 궁극적 진리를 실체로서뿐만 아니라 이에 못지않게 주체로서 파악하는 것으로 철학사적 전환을 꾀한다. 즉 그는 실체를 주체로서 이해하고 이것을 자기 자신을 정립하는 운동 혹은 자기 자신을 통한 자기의 타자화를 가능케 하는 매개로 이해한다. 헤겔에게서 이러한 주체로서의 실체는 순수하고도 단순한 부정성이며, 단순한 무차별자의 양분상(兩分相)이거나 혹은 무관심한 차이와 그로 인해 빚어진 대립을 또다시 부정하는 대립적인 이중작용을 의미한다. 그리고 참다운 진리는 이와 같은 자기회복을 통한 동등성 혹은 타재성(他在性) 속에서 전개되는 내적인 자기반성이다. 이런 의미에서 진리는 곧 자기 자신의 생성이며 스스로 다다르게 될 종말을 다름 아닌 자신의 목적으로 전제하면서 이를 시원(始原)으로 삼으며, 구체적 전개를 거치고 난 종말에 가서야 비로소 현실적일 수 있는 원(圓)과 같은 것으로 설명된다.36)

---

34) 미셸 푸꼬, 『담론의 질서』, 새길, 1993, 53면.
35) M. Hardt, 앞의 책, p. x에서 인용.
36) 헤겔, 『정신현상학』, 지식산업사, 1992, 75면.

이처럼 헤겔 철학의 실체를 구성하는 주체는 자기반성적 이성의 주체이며 목적론적 주체이고 보편적 매개의 주체이다. 초기의 푸꼬는 이 보편적 매개의 주체로서의 절대적 이성에 대한 고고학적 분석을 통해 이성이 배제, 축출, 격리해 버린 이성의 외부를, 그리고 그것과 이성의 관계를 탐색했다(『광기의 역사』, 『임상의학의 탄생』). 이것은 이성의 권위를 공격하고 위치를 전도시켜 최소한 그것을 보편적 매개자의 자리에서 끌어내리는 것이었다.37) 이전의 실증적 작업에 대한 방법론적 정리이자 문제틀의 변환을 꾀하고 있는 『지식의 고고학』에서 푸꼬는 '이성의 목적론 또는 인간 사유의 진화에 의해 구성된 긴 계열'을 해체시키고 '총체화의 가능성을 의심'하며 '서로 병치되고 서로 계기하며 서로 포개지는 하나의 선형적 도식으로 환원될 수 없도록 서로 교차하는 상이한 계열들의 개별화'의 방법론을 모색한다. 그것은 헤겔적 전체사의 기획 —— 그것은 모든 현상들을 하나의 유일한 중심(원리, 의미작용, 정신, 세계관, 총체적인 형태)의 주위에 배치한다 —— 을 대체하면서 상이한 계열들의 관계를 개방시켜 분산의 공간을 전개시키는 일반사를 서술하는 것이다.38) 이것은 목적론적 연속의 철학에 대비되는 불연속적 사건의 철학이라고도 명명될 수 있다.39) 이 관점에서 보면 도처에서 단일성들을 개념으로까지 상승시키고 직접적인 의식으로 하여금 세계의 모든 합리성을 전개하도록 해주는 헤겔적 로고스의 운동은 담론을 사변의 중심에 놓는 것으로 보이지만 실제로는 담

---

37) "이성적이고 지혜로운 사람일지라도 단지 부분적이고 따라서 그만큼 더 지식이 갖는 무기력함에 젖어 있으나 광인은 지식을 깨어지지 않는 완전한 공처럼 원형 그대로의 형태로 지니고 있다."(푸꼬, 『광기의 역사 인간사랑, 1993, 34면).
38) 푸꼬, 『지식의 고고학』, 민음사, 1992, 28~31면.
39) "언설의 무한한 연속성을 그리고 언제나 갱신되는 부재의 놀이 속에서의 그의 비밀스러운 자기현존을 보장하는 것으로 기능하는 이 논제들을 버려야 한다. 사건들의 파열 속에서 언설의 각 순간들을 모으는 것. 그(언설)를 나타나게 하는 이 시간적 정황 속에서 그로 하여금 반복되고, 인식되고, 변환되고, 그의 최소한의 흔적에 이르기까지 지워지고 모든 시선으로부터 외면된 채 매장될 수 있게 해주는 이 시간적 분산 속에서, 책들의 먼지 속에서, 언설을 시원의 먼 현존에 관련시키지 말자. 그것을 그의 순간의 놀이 속에서 다루자."(푸꼬, 앞의 책, 50~1면).

론의 현실성을 박탈하는 하나의 방식에 지나지 않는다. 왜냐하면 이런 로고스의 운동에서 담론이란 기껏해야 스스로 전개하는 진리의 반짝거림에 지나지 않기 때문이다.[40] 그래서 푸꼬는 이전의 고고학적 탐구방법에서 나아가 계보학적 탐구방법으로 이동하는 자리에서 다음과 같은 세 가지의 과제를 설정한다. 그것은 1) 우리의 진리에의 의지를 문제삼는 것, 2) 담론에 그것의 사건적 특성을 복구시켜 주는 것, 3) 시니피앙의 지고함을 제거하는 것.[41] 이러한 과제는 담론의 현실적인 형성의 계열들을 문제삼는 것으로 담론을 그 대상들의 영역을 구성하는 힘과 관련짓는 것이다.[42] 이러한 전환은 현실적인 것으로부터 그것의 실제적 힘을 앗아가는 이성의 자기전개의 논리(로고스주의)에 대한 중대한 타격이다. 이성과 지식은 이제 힘과의 연관을 떠나서 사고될 수 없으며 그것들은 앞의 제2장에서 서술한 바 있는 '정치적 관점' 아래에 놓이게 된다. 푸꼬가 자신의 권력-지식 체계의 테제를 '과학적 진술의 정치학'[43]이라고 부르는 것은 이런 맥락에서이다. 그러므로 나는, 말년의 푸꼬가 『성의 역사』 제2권부터 전개한 윤리학적 문제설정은 힘의 존재론의 윤리학적 연장일 뿐 자신이 배격했던 주체철학으로의 선회로 보지 않는다. 푸꼬 스스로가 존재의 기술이라고 부르고 있듯이 그가 관심을 두고 있는 것은 이성이라는 초월성에 의해 매개되지 않은 자기실천의 윤리이다.[44] 그리고 이것은, 사법에 기초하여 부와 상품을 찬탈하는 군주적 권력개념이나 끊임없는 감시체계를

---

40) 푸꼬, 『담론의 질서』, 새길, 1993, 40면.
41) 같은 책, 41면.
42) 같은 책, 51면. 푸꼬의 이러한 전환을 무시하게 되면 푸꼬의 철학은 '담론의 공간'에 갇히게 된다. 이에 대해서는 푸꼬에 대한 이정우 씨의 해석(『담론의 공간 - 주체철학에서 담론학으로』, 민음사, 1994)을 겨냥하고 씌어진 이진경 씨의 논문 「미셸 푸꼬와 담론이론 : 표상으로부터의 탈주」(『철학의 탈주』, 새길, 1995)를 참조하라.
43) 콜린 고든 편, 『권력과 지식 - 미셸 푸꼬와의 대담』, 나남, 1993, 145면.
44) "이 말[존재의 기술 - 인용자]은 인간들이 그것을 통해 스스로 행동규칙을 정할 뿐 아니라 그들의 삶을, 어떤 미학적 가치를 지닌, 그리고 어떤 양식의 기준에 부합하는 하나의 작품으로 만들고자 하는 신중하고도 자발적인 실천으로 이해해야만 한다."(미셸 푸꼬, 『성의 역사』 2권, 나남, 1993, 25면).

구축하고 코드화하여 권력의 움직임을 상시화(常時化)함으로써 노동과 시간을 찬탈하는 훈육적 권력모델과는 구별되는 제3의 힘의 모델, 새로운 정치학에 대한 푸꼬 나름의 모색이기도 하다.45)

지금까지 우리는 푸꼬의 헤겔 비판이 거쳐온 경로와 그 도달점을 간략하게 정리해 보았다. 들뢰즈는 푸꼬와 많은 것을 주고받는데 헤겔 철학에 대한, 특히 그의 변증법에 대한 비판에는 푸꼬보다 훨씬 더 큰 노력을 기울인다. 들뢰즈의 철학적 출발점은 베르그송의 존재론을 이용하여 헤겔의 변증법과 존재의 논리학이 차이에 대한 잘못된 개념화임을 밝히는 것이었다(『베르그송에 있어서 차이의 개념』, 1956 ; 『베르그송주의』, 1966).46) 앞서 언급했다시피 헤겔의 실체는 '순수하고도 단순한 부정성'이다. 그리하여 실체는 '자신이 아닌 모든 것과 다른 것'으로서 제시된다. 이렇게 차이는 절대적으로 외부적이다. 바로 그렇기 때문에 논리학의 최초의 계기인 순수한 존재로부터 무로, 그리고 무에서 한정적 존재로 나아가는 변증법의 동력학에 있어 원인은 결과에 절대적으로 외부적이다. 즉 대립물 속에서의 매개과정이 필연적으로 외부적 인과성에 의존하게 되는 것이다. 들뢰즈는 외부적 원인에 근거한 존재의 개념화는 존재의 필연성이나 실체성을 유지할 수 없다고 본다. 왜냐하면 자신의 결과에 대해 외부적인 원인은 필연적일 수 없고 이러한 원인들은 '자기에 의한 원인들'이 아니라 '우연적 원인들'이기 때문이다. 결국 변증법적 한정의 부정적 운동은 실제적 차이의 기초를 확립하고자 하는 도중에 실제로는 일체의 차이를 무시해 버린다.47) 들뢰즈는 차이에 근본적으로 새로운 역할을 부여함으로써 헤겔의 변증법의 이같은 가상성을 벗어나고자 한다. 그것은 차이를 실체의 부정적 한정의 결과로 보는 것이 아니라 존재를 정초(定礎)하고 그것에 필연성과 실체성을 부여하는 것으로 보는 것이다. 존재가 필연적이기

---

45) 콜린 고든 편, 앞의 책, 130~139면.
46) M. Hardt, *Gilles Deleuze*, Minnesota, 1993, p. x. 들뢰즈의 반헤겔주의 철학에 대한 이하의 정리에서 나는 들뢰즈의 철학사상의 발전에 대한 매우 치밀하고 깊이 있는 개괄서인 마이클 하트의 이 책을 주로 참조할 것이다.
47) 같은 책, pp. 8~9.

위해서는 존재론적 원인이 그 결과에 대해 내부적이어야만 한다. 그것은 내부적인 생산적 역동을 통해 존재를 실체로서 유지시키는 것으로서의 유능적 차이(efficient difference)이다.48)

차이 개념에서의 이러한 적대는 단일자와 다수자의 관계의 문제, 즉 사회적 조직화의 문제에서 재연된다. 변증법에 있어서 단일자와 다수자 사이의 운동은 부정적 한정의 운동에 비해 한층 높은 층위의 매개를 나타내며 존재의 질에서 양으로의 논리적 이행을 구성한다. 그러나 들뢰즈가 보기에 이러한 운동은 가상의 운동에 불과하다. 그 이유는 앞서 이미 제시된 바와 마찬가지이다. 단일자의 다수자로의 이행은 완전히 외부적이며 오로지 우연적인 관계만을 함축할 뿐이기 때문이다. 이러한 이행에서 양적인 다수는 생성될 수 있을지 모르나 질적인 다수는 생성될 수 없다. 정치적으로 이것은 국가의 우선성에 종속되는 질서의 복수주의일 뿐이다. 이 가상의 복수주의에 대립하는 조직화의 복수주의는 오직 유능적 차이에 기초해서만 성립될 수 있다. 존재는 직접적으로 그리고 내부적으로 그 자신과 다르다. 그것은 타자 혹은 매개의 힘을 찾기 위해 그 자신의 바깥을 내다보지 않는다. 왜냐하면 유능적 차이는 생명이 그 안에 지니고 있는 폭발적인 내부적 힘으로부터 생겨나기 때문이다. 조직화의 복수주의에서 다수자는 헤겔이 합리적인 것으로 긍정한 국가의 질서를 거부하고 조직화의 다수성이 갖는 독창성과 자유를 주장한다.49)

푸꼬가 니체를 통해, 지식의 고고학적 분석에서 힘에 기초한 계보학적 분석과 존재의 미학, 힘의 윤리학으로 나아갔듯이 들뢰즈 역시 니체를 통해 베르그송의 존재론적 분석에서 유능적 힘에 기초한 긍정의 윤리학으로 나아간다(『니체와 철학』, 1962). 들뢰즈의 긍정의 윤리학은 헤겔의 변증법적 부정의 대체물이다. 들뢰즈는 니체를 따라 변증법을 노예의 사고방식으로 규정한다. 주인의 공식은 "나는 선하다 ; 그렇기 때문에 너는 악

---

48) 같은 책, 5~6면. 여기서 'efficient difference'를 '유능적' 차이로 표현한 이유는 그 차이가 갖는 능력(puissance)을 강조하기 위해서다. '유능한'이 자연스럽지만, 그 뜻이 일상화되어 개념적 의미전달력이 약하다.
49) 같은 책, pp. 13~14 그리고 p. 19.

하다"는 것이다. 이와 달리 노예의 근본적 공식은 "너는 악하다 ; 그렇기 때문에 나는 선하다"는 것이다. 노예는 처음부터 타자를 악으로 세운다.50) 두 가지 공식에서 '그렇기 때문에'는 전혀 다른 역할을 한다. 주인의 논리에서 '그렇기 때문에'는 유능적 인과성에 따른 내부적이고 논리적인 발산(發散)이다. 그것은 내부적 운동의 필연성을 표현한다. 그러나 노예의 논리에 있어서 '그렇기 때문에'는 부정적인 앞절을 역전시켜 적극적 결론에 도달하고자 한다. 이것은 우연적 원인에 의해 작동되는 순전히 외부적인 운동이며 허위의 운동이다. 이 허위의 운동 속에서 노예의 부정은 부분적이다. 그는 의식상의 독립에 사로잡혀 현실적 생산성, 창조적 긍정을 놓친다. 그는 자신이 할 수 있는 것으로부터 분리되어 비굴한 상태에 있다.51) 들뢰즈는 대상을 영속시키게 되는 이 부분적이고 비굴한 부정에 대해 총체적 비판으로서의 긍정을 대치시킨다. 그것은 완전히 파괴적인 부정이며 그 힘을 발휘함에 있어서 조금이라도 남기는 것이 있어서는 안된다. 그 적으로부터 무엇하나 회복시켜서는 안된다. 들뢰즈의 긍정은 사물의 현존상태에 대한 수동적 수용을 의미하는 헤겔적 긍정의 개념과는 적대적이다. 긍정은 부정의 힘을 극한까지 밀어붙이는 철저하고 총체적인 비판이다. 긍정은 적대와 내적으로 결합되어 있다. 이것은 비변증법적인, 매개 없는 총체적 부정이다.52)

변증법에서 완전히 벗어난 지평에서 들뢰즈는 스피노자를 통해 실천의 철학, 기쁨의 철학을 전개한다(『스피노자와 표현의 문제』, 1968). 그것은 우선 스피노자의 속성(attribute)을 양태 속에서의 실체의 표현으로 독해하는 것이다. 이렇게 보면 실체(스스로 표현하는 것)는 속성들(표현들)을 통해 양태들(표현되어지는 것)의 세계 안에 절대적으로 내재한다. 속성은 성질(property)이 아니다. 성질들은 표현적이지 않기 때문이다. 성질들은 우리에게 기호로서, 계시로서 나타난다. 즉 성질은 우리에게 부과되는 개념들이다. 기호들의 체계는 우리에게 존재에 대해 아무 것도 말해주지 않

---

50) 질 들뢰즈, 『니체의 주사위』, 인간사랑, 1993, 206면.
51) M. Hardt, 앞의 책, pp. 35~37.
52) 같은 책, p. 115~6.

는다. 그것은 존재론을 폐장(閉藏)시킨다. 표현만이 존재에 대한 우리의 인식을 열어줄 수 있다. 표현으로서의 속성들은 내재성과 참여라는 특징을 갖는다.53) 표현주의의 유물론적 성격을 확정짓기 위해 들뢰즈는 여타의 속성들에 대한 사고의 우선성이라는 헤겔적 주제에 대항해 집요한 싸움을 전개한다. 들뢰즈는 사고(지성)에 부여된 어떠한 특권도 체계의 존재론적 구조를 전복시킬 것이고 물질뿐만 아니라 존재 자체가 사고에 의존하게 될 것이라고 본다. 여기에서 스피노자의 속성 개념에 대한 객관주의적 해석이 제시되는바 이것은 결코 지성에 대한 존재 속성의 우선성을 주장하기 위한 것이 아니다. 그것은 오히려 지성의 특권화 경향에 대항한 하나의 막대구부리기일 뿐이다. 들뢰즈는 지성의 자율성을 부정하지 않는다. 그러나 지성의 사색이 끝나는 곳에서 실천이 시작될 수 있다. 사색의 역동성이 실천의 기획으로 전환될 수 있다. 우리의 실천적 기획을 추진시킬 동력은 어디에 있는가? 들뢰즈는 이 질문에 대해, 초점을 긍정에서 기쁨으로 이동시키라고 암시한다. 기쁨은 실천적 구성의 계기 속에 있는 존재의 긍정이다. 기쁨의 실천은 존재론적 배열의 구축이며 존재의 능동적 구성이다.54)

마이클 하트가 분석하지 않고 있는 들뢰즈의 후기 작업은 이 초기의 철학적 연구결과에 의거하여 이루어지는 새로운 지평으로의 여행이다. 긴 '도제수업'을 정리하고 가따리와의 협력 하에서 비로소 독창적인 사유를 전개하기 시작한 첫번째 작품인 『앙띠 오이디푸스』는 유능적 차이, 유능적 힘의 개념을 정치경제학과 리비도경제학(정신분석학) 비판의 지평으로 확장한다. 그것은 '욕구하는 생산'의 개념이다. 욕구하는 생산은 역사 속에서 다양한 형태로 코드화되고 영토화된다. 들뢰즈가 모색하는 것은 자본주의 하에서 형성된 거대한 욕구의 흐름들, 탈영토화의 흐름들을 재영토화적 억제에서 해방시켜 그것의 능동적 힘을 극한까지 밀고나갈 분열증적 주체들의 생성과 이들이 나아갈 탈주선의 발견이다.55) 이에 이어지

---

53) 같은 책, pp. 65~6.
54) 같은 책, p. 119.
55) 들뢰즈·가따리,『앙띠 오이디푸스』, 민음사, 1994, 436면 이하.

는 『천 개의 고원』에서 제시되는 뿌리줄기(rhizome)의 개념은 성층적인 수목모델에 의거하고 있는 서구의 근대적 사유양식에 대한 총체적 비판을 겨냥한다. 여기서는 헤겔의 양적 다수성 개념에 대한 비판을 탈중심화된 선들을 따라 나아가는 뿌리줄기의 생성적 운동에 대한 긍정으로 발전시킨다. 이것은 대중의 거대한 분자적 욕구가 몰적으로 집계되지 않게 하면서 분자적 욕구의 흐름들을 접속하는 미시정치학의 구상으로 이는 푸꼬의 '힘에 대한 미시적 개념'과 상통하는 것이기도 하다.56)

5. 포스트구조주의의 반헤겔주의에 대한 캘리니코스의 비판

푸꼬와 들뢰즈의 반헤겔주의는 철학과 윤리학, 미학과 정치학으로 뻗어나가면서 가상의 변증법에 기초한 헤겔의 이성중심주의를 타격하고 나아가 변증법의 지평에서 멀리 떠나 완전히 독립적인 개념의 체계를 구축한다.57) 이제 우리는 마르크스주의 전통 내부에서 헤겔주의에 대한 반대 전선을 구축하고 있는 캘리니코스가 푸꼬/들뢰즈 등의 포스트구조주의 철학을 어떻게 바라보고 있는지를 검토함으로써 근대 극복에 있어서 철학적 반헤겔주의가 어떤 양상으로 전개되고 있는지를 대비적 관점에서 살펴보기로 하자.

푸꼬와 들뢰즈에 대한 캘리니코스의 비판은58) 이들의 니체주의적 개

---

56) 신현준, 「들뢰즈/가타리 : 분열증 분석과 욕망의 미시정치학」(『탈현대 사회사상의 궤적』, 새길, 1995) ; S. Best, 「들뢰즈와 가타리의 노마디즘」(『반철학으로서의 철학』, 지성의 샘, 1994) 참조. 이같은 미시정치학의 구상은 가따리와 네그리의 공저인 『자유의 새로운 공간』(갈무리, 1995)에서 재구성된 사회적 적대에 기초한 새로운 정치학의 모색으로 이어진다. 그러나 여기서는 리좀의 생성적 탈주가 코뮤니즘이라는 보다 고전적인 정치 개념과 접속된다.
57) 들뢰즈는 최근의 저작 『철학이란 무엇인가』(현대미학사, 1995)에서 이러한 철학 실천을 '내재성의 구도의 설정에 입각한 개념의 창조'로 정식화한다.
58) 캘리니코스는 리차드 로티에 의거하여 포스트구조주의 속에서 텍스트주의(데리다)와 권력-지식 체제(푸꼬)/자연주의(들뢰즈)라는 두 가지 흐름을 구별한다(『포스트모더니즘 비판』, 107~8면). 본고에서는 반헤겔주의라는 주제를 보다 분명히

념들인 '권력-지식', '욕구하는 생산' 등이 '전자본주의의 가치들을 빌어 행해지는 자본주의에 대한 반대'로서의 낭만적 반자본주의의 개념들이라는 인식에 기초하고 있다.59) 이러한 생각은 계몽과 신화, 합리성과 낭만성의 양분의 논리 위에 기초해 있는 하버마스의 포스트구조주의 비판과 일치한다.60) 또 이것은 니체-하이데거-베르그송을 잇는 사상적 계열을 비합리주의 철학으로, 즉 '19세기와 20세기의 반동적 철학의 주류'61)로 파악한 루카치의 연구테마와도 통하는 것이다. 물론 캘리니코스는 포스트구조주의를 동일하게 비합리성의 전통으로 파악하면서도 루카치와는 달리 이를 제국주의 철학의 데마고기적 종합으로서의 나치의 세계관으로까지 연결시키지는 않는다. 그는 마르크스를 따라 자본주의에 대한 낭만주의적 비판의 힘을 인정한다. 부르주아 사회가 총체적 소외로 나타나고 인간의 목적 자체를 전적으로 외부의 목적에 희생시키는 것으로 나타나기 때문에 '유치한 고대세계가 한편으로 더욱 고상하게' 보이게 된다는 것이다.62) 그러나 이러한 낭만주의적 비판은 자본주의에 대한 자유주의적 옹호와 상호보완적이다. 또다시 마르크스는 캘리니코스에게 더없이 소중한 논거를 제공한다.

> 이 완전한 공허함과 더불어 역사가 하나의 정지상태에 이르렀다고 믿는 것이 터무니없는 것처럼 그러한 본래적 충만함으로 돌아가기를 열망하는 것 또한 터무니없다. 부르주아지의 견해는 결코 그 자신의 견해와 낭만적 견해 사이의 이러한 대립을 뛰어넘을 정도로 발전하지 못했다. 그러므로 낭만적 견해는 부르주아적 견해가 축복받은 종말에 이르기까지 그것의 정당한 대립테제로서 그것과 동반할 것이다.63)

부각시키기 위해 후자의 흐름에 초점을 맞춘다.
59) 같은 책, 106면.
60) 하버마스의 포스트구조주의 비판은 "니체는 이성의 사다리를 사용하지만 결국 이를 던져버리고 이성의 타자인 신화 속에 정착한다"(『현대성의 철학적 담론』, 문예출판사, 1994, 114면. 강조는 인용자)는 구절 속에 압축되어 있다.
61) 게오르크 루카치, 『이성의 파괴 1권 - 혁명들 사이의 비합리주의』, 열음사, 28면.
62) 알렉스 캘리니코스, 『포스트모더니즘 비판』, 성림, 1994, 64면.
63) Marx, *Grundrisse*, Harmondsworth, 1973, p. 162. 캘리니코스, 『포스트모더니즘

그러나 아직까지 난점은 남아 있다. 마르크스의 이 진술은 니체나 포 스트구조주의에 대한 분석이 아니다. 그것은 주로 프루동의 화폐론을 겨 냥하고 있다. 이 구절이 캘리니코스의 견해를 지지해 주기 위해서는 프루 동과 포스트구조주의(혹은 니체)가 동일한 사고구조와 입장을 갖고 있다 는 증명이 있어야만 한다. 즉 푸꼬나 들뢰즈의 철학이 '낭만적 견해'라는 것을 입증해야 한다. 힘이나 욕구와 같은 푸꼬와 들뢰즈의 존재론적 범주 들이 전자본주의적 범주들, '유치한 고대세계'의 범주들, '본래적 충만함' 의 범주들이라고 주장하는 데서 나아가 그것을 논증할 수 있어야 한다.

그가 포스트구조주의를 처음으로 분석한 것은 『마르크스주의에 미래는 있는가?』의 제4장에서였다. 여기에서 그는 푸꼬/들뢰즈의 이론에 대한 긴 요약을 마치고서 이들이 니체의 힘에의 의지론을 전제하고 있다고 말하 면서 갑작스럽게 "그러므로 전후 프랑스에서 형성된 가장 일관성 있는 차 이의 철학은 결국 객관적 지식과 사회적 해방의 가능성을 모두 부인하는 무정부주의적 니체주의로 이어지게 되었다"64)고 결론지어 버린다. 캘리 니코스에게 니체는 이미 무정부주의자로 전제되어 있다. 『포스트모더니즘 비판』에서 캘리니코스는 네히마스(Nehemas)에 기대어, 사람이 자기통어 (self-mastery)를 통해 스스로를 창조할 수 있다고 본 니체의 생각, 즉 자 기창조를 향한 니체의 열정을 낭만주의로 해석한다. 그리고 니체가 고대 그리스에서 자기창조성의 문화의 모델을 찾은 것을 주목한다.65) 니체의 모델이 유치한 고대세계의 모델이라는 생각은 여기에서 연유하는 것 같 다.

그러나 미래사회를 위해 그리스 사회를 참조한 것이 오직 니체(와 그 계승자들)만일까? 우리는 캘리니코스의 사상적 지주(支柱)인 마르크스 역 시 그리스 사회와 그 문화에서 많은 것을 참조했음을 알고 있다. "난점은 그리스 예술 및 서사시가 모종의 사회적 발전형태와 연결되어 있다는 것

비판』, 64면에 인용된 구절을 다시 번역했다. 번역에서는 낭만적 견해가 동반하 게 될 대상이 '부르주아적 견해'가 아닌 '부르주아지'로 잘못 번역되어 있다.
64) 캘리니코스, 『마르크시즘의 미래는 있는가』, 열음사, 1987, 117면.
65) 캘리니코스, 『포스트모더니즘 비판』, 성림, 1994, 106~7면.

을 이해하는 데 놓여 있는 것이 아니다. 난점은, 이 그리스 예술 및 서사시가 아직도 우리에게 예술적 향유를 가져다 주고 어떤 점에서는 규범으로서 그리고 도달할 수 없는 모범으로서 통용된다는 것이다"66)고 토로하고 있는 마르크스의 생각과 그리스 문화 속에서 긍정의 윤리의 모범을 보는 니체, 푸꼬의 생각 사이에 어떤 대립이 있는 것일까? "영원히 그 자신에 대해 번민하기보다 그 자신의 수단으로 온 세계를 짓고 세계의 창조자가 되려 하지 않는 사람의 영혼은 저주를 받았으며 반대의 의미에서이지만 파문을 당한 것이다"67)는 루크레티우스의 노래에 대한 마르크스의 논평은 과연 치기어린 청년 마르크스의 한때 생각에 지나지 않는 것이었을까? 그렇게는 볼 수 없을 것이다. 왜냐하면 자기창조의 의미를 보충하기 위해 바로 이 구절 다음에 마르크스가 스피노자의 『윤리학』에서 따와 인용하고 있는 다음과 같은 구절, "행복은 덕행에 대한 보상이 아니라 덕행 그 자체인 것이다"68)야말로 「국제 노동자 협회 임시규약」의 첫 마디 ── '노동자계급의 해방은 노동자계급 스스로에 의해 쟁취되어야 한다'69) ── 속에서 다시 울리고 있는 것으로 볼 수 있기 때문이다. 노동자계급의 자기해방의 사상이 낭만주의가 아니라면 '그 자신의 수단으로 온 세계를 짓고 세계의 창조자가 되는 것'도 낭만주의가 아니며, 자기창조를 향한 니체의 열정도 '고대세계에 머무르면서 그것을 단순히 현대 속에 재현하려 한다'는 의미에서의 낭만주의는 아니다.

   그렇다면 캘리니코스는 왜 자기창조의 개념을 낭만주의의 범주 속으로 밀어넣는가? 이를 통해 그가 긍정적으로 정립하고자 하는 것은 무엇인가?

   첫째로 주체의 개념을 제거함으로써70) 그는 저항/혁명의 행위를 객관

---

66) 마르크스, 「『정치경제학의 비판을 위한 기본개요』의 서설」,(『칼 맑스·프리드리히 엥겔스 저작선집·2』, 박종철출판사, 472~3면).
67) 마르크스, 「루크레티우스 카루스」,(『마르크스·엥겔스의 문학예술론』, 논장, 1991, 220면).
68) 같은 책, 같은 곳. 스피노자에게서 덕행은 곧 힘이기도 하다.
69) 『칼 맑스·프리드리히 엥겔스 저작선집·3』, 박종철출판사, 14면.
70) 캘리니코스가 제거하고자 하는 것은 주체 일반이 아니라 거시 주체이다. 그는

적 구조 위에 근거지으려 한다. 그가 근대성의 문제틀보다 역사적 유물론이 우월하다고 말할 때 그가 가장 크게 염두에 두고 있는 것은 역사적 유물론이 역사적 행위를 생산력과 생산관계의 구조적 모순을 통해 설명해 낸다는 것이다. 이 문제에 대한 집중적 연구서인『역사와 행위』에서 그는, "구조와 행위가 너무나 밀접하게 짜여져 있어서 각각을 분리하고 그중 어느 하나에 우월성을 부여하는 것은 오류"라고 하면서 "권력이란 행위자들이 생산관계 속에서 그들이 차지하는 위치로부터 끌어내는 것"이라는 명제를 제시한다.71) 이 명제를 무기로 그는 두 개의 적과 대치한다. 그 하나는 행위자 개념을 빼버리고 행위자를 객관적 담지자로 인식한 알뛰세의 '주체 없는 과정으로서의 역사' 개념이다. 또 하나의 적은 정반대의 경향으로서 구조라는 개념이 빠져버린 '자기창조로서의 역사' 개념이다.

여기에 이르러서 우리는 왜 캘리니코스가 포스트구조주의를 무정부주의나 낭만주의, 혹은 주의주의로 바라보게 되는지를 이해할 수 있게 된다. 푸꼬와 들뢰즈, 특히 들뢰즈는 능동적이고 적극적인 생성적 운동을 적극적으로 개념화한다. '구조와 행위'라는 문제틀에 푸꼬의 자기실천이나 들뢰즈의 욕망하는 생산의 개념이 구조에 대한 인식을 결여한 순수한 행동주의로 보이는 것은 자연스럽다. 하지만 이 문제틀은 역사에 너무 거칠고 헐렁한 옷을 입히는 것은 아닌가? 들뢰즈는 헤겔의 모순이 차이에 대한 잘못된 개념화라고 본다. 모순은 부정적 한정에 기초하고 있기 때문이다. 그러나 차이는 한정이 아니라 생명과의 본질적 연관에 있어서의 차이화(differentiation)이다. 들뢰즈가 헤겔적 모순 개념에 대해 유능적 차이의 개념을 대치시키는 것은 이 때문이다. 유능적 차이는 구조나 구조적 모순과 같은 부정적 한정에 대한 총체적 비판이다. 유능적 차이는 곧 유능적 힘이며 그것이 곧 실천의 동력이기 때문에 들뢰즈에게서는 구조가 먼저인가 행위가 먼저인가 하는 악순환적 질문 —— 이 질문은 마르크스의 것

거시 주체가 아닌 개인 주체에 행위자로서의 역할을 부여한다(『역사와 행위』, 제1장「주체와 행위자」참조).
71) 알렉스 캘리니코스,『역사와 행위』, 교보문고, 1991, 26~8면.

이라기보다는 현대의 사회학 이론이 정식화한 질문이다── 은 생겨나지 않는다. 왜냐하면 그에게서 구조는 차이의 체계를 의미하며 행위나 사건이 바로 그 체계 위에 기록됨으로써 스스로에 대해 내면적인 전체적 역사가 가능해지기 때문이다. 캘리니코스는 차이를 배제한 구조를 선험적으로 전제함으로써 결국 푸꼬/들뢰즈의 반헤겔주의와 길을 달리하면서 헤겔주의의 품 안으로 돌아가고 있다. 그는 최근에 알뛰세가 다원주의로 빠졌고 그것은 '파리의 니체주의자들의 핵심개념인 차이를 마르크스주의 변증법 속에 끌어들인 탓'72)이라고 주장했다. 이로써 그는 마르크스주의 변증법을 헤겔 변증법으로부터 절단시키고자 한 알뛰세의 철학적 노력의 뇌관을 제거해 버린다. 그 자리에 들어서는 것은 실제적 차이들의 운동 외부에서 그 위로 부과되는 구조와 행위의 변증법, 즉 하나의 가상적 운동이다.

이에 이어 그가 옹호하는 두 번째의 주제는 인식론적 유물론, 즉 리얼리즘(realism)이다. 캘리니코스는 자신의 리얼리즘론을 라카토스의 발견법 개념에 의거하여 설명한다. 그것은 진리에의 접근과정으로서의 연구 프로그램들의 발전에 의해 추동된다.73) 이러한 사고의 기본전제가 엥겔스와 레닌 이후74) 특히 스딸린주의의 변증법적 유물론에서 인식론적 유물론의 판별적 기준으로 확고부동하게 정식화된 '의식에서 독립된 객관 실재'의 승인에 두어져 있음은 두말할 필요조차 없다.75) 캘리니코스는 데리다의 텍스트주의적 해체론을 '담론과 독립된 현실을 알 수 있는 가능성을 부정하고 있는 급진적인 반리얼리즘론적 언어철학'76)이라고 공격한다. 이러한

---

72) 알렉스 캘리니코스, 「알뛰세의 철학에서 산 것과 죽은 것」(『현대 프랑스 철학의 성격 논쟁』, 갈무리, 1995, 300면).
73) 이에 대해서는 이원영, 「마르크스주의 철학에서 헤겔주의 대 반헤겔주의」(『이론』 12호, 1995년 가을, 184~5면 참조).
74) 마르크스의 의식 개념이 엥겔스와 레닌의 반영론적 관점으로 환원될 수 있는가 없는가는 하나의 쟁점이 될 수 있다. 이 쟁점은 마르크스가 그의 작업의 전 시기를 통해 어떤 일관된 인식론적 입장을 유지했는가 하는 물음을 포함하는 것이기도 하다.
75) 알렉스 캘리니코스, 『현대철학의 두 가지 전통과 마르크스주의』, 177면.

비판은 푸꼬에게도 그대로 적용된다. 그는 지식의 장을 구성하지 않고는 어떠한 권력관계도 존재하지 않으며 권력관계를 전제하지 않거나 구성하지 않는 지식도 존재하지 않는다는 생각에 기초한 푸꼬의 권력-지식 체제라는 개념에 대해 다음과 같이 논평한다.

> [푸꼬에게서-인용자] 진리를 향한 의지는 권력을 향한 의지의 한 가지 형식에 불과하다. 따라서 이론 담론의 적합한 분석은 …… 지식의 발전에 대한 인식론적 역사가 아닌 지배형식들의 계보학이 되어야 한다. 그 결과는 어느 정도 정확하게 독립적으로 사물의 상태를 특징지을 수 있는 이론의 능력에 기반을 두는 어떠한 이론에 대한 논의도 거부한다는 점에서 데리다만큼이나 급진적인 반리얼리즘론이 되지만 텍스트주의자들처럼 담론의 굴레에서 벗어나기란 불가능하다고 암시하는 반리얼리즘론이기보다는 담론과 권력의 화용론에 겹쳐진 반리얼리즘론이 된다.77)

들뢰즈에 대해 그가 가하는 비판 역시 이와 궤를 같이 하면서 인식론적 반리얼리즘론의 정치적 함의를 지적하는 것으로 나아간다. 들뢰즈가 언어를 놀이(play)로서, 즉 은유적 대체와 환유적 결합의 잠재적으로 무한한 과정을 통하여 기능하는 차이들의 체계로 봄으로써 현실 자체를 차이, 흐름, 파편 들로 보는 견해를 조장하는데 이것은 흐름을 안정화하려는 시도, 차이에 질서를 부여하려는 시도 모두를 반동적인 것으로 파악하는 무정부주의로 귀착된다는 것이다.78)

이러한 예들은 리얼리즘/반리얼리즘 개념이 낭만주의 개념과 더불어 캘리니코스의 포스트구조주의 비판의 또 하나의 축임을 알 수 있게 한다. 그리고 헤겔적 변증법과는 무관한 차원에서 새롭게 유물론을 구축하고자 하는 포스트구조주의의 입장에서도 사유에서 독립한 실재의 부정이라는 비판은 무시할 수 없는 도전임에 틀림이 없다. 이 문제를 풀기 위해 우리는 반리얼리즘이라는 비판을 회피하지 않고 리얼리즘이라는 개념 대신에

---

76) 알렉스 캘리니코스, 『포스트모더니즘 비판』, 성림, 1994, 126면.
77) 같은 책, 127면.
78) 알렉스 캘리니코스, 『현대철학의 두 가지 전통과 마르크스주의』, 214면.

표현주의(expressionism)라는 개념을 도입함으로써 대치의 전선을 분명히 하고 있는 들뢰즈의 생각에 대해 잠시 살펴보기로 하자.79)

들뢰즈가 표현의 개념을 이끌어 내는 것은 스피노자— 그리고 라이프니츠— 에게서이다. 스피노자는 철학사 속에서 오랫동안 은폐되고 또 금지되어 왔던 하나의 생각, 즉 존재(Being) 혹은 신(God)이 스스로를 세계 속에 표현한다는 생각을 불러와 그것을 자연과 그것의 힘에 대한 긍정으로 발전시킴으로써 데카르트주의에 대립하는 새로운 유물론을 정초(定礎)하고자 했다. 스피노자에게서 실제적 지식은 존재, 행동과 더불어 '충만한 이성' 속에 공통의 뿌리를 두고 있는 표현의 세 가지 형태들, 혹은 속성들을 구성하는데 이는 데카르트적 명석-판명의 개념에 대한 직접적 비판을 겨냥하고 있는 것이다.80)

스피노자의 표현 개념은 삼극구도 속에서 움직인다 : 1) 스스로를 표현하는 것 2) 표현 자체 3) 표현된 것. (여기서 역설적인 것은 '표현된 것'이 자신의 '표현' 외부에서 어떠한 실존도 갖지 않으며 그것과의 유사성도 없으나 본질적으로는 스스로를 표현 자체와는 구별되는 것으로서 표현한다는 것이다.)81) 이 항상적인 삼극적 성격은 표현의 개념이 존재(Being) 내부의 인과관계로 귀속될 수도 없고 관념들(ideas)에서의 재현에로 귀속될 수도 없으며 양자를 넘어선다는 것을 의미한다. 그것은 나아가 전자나 후자 모두가 표현의 특수한 경우들로 간주되어야 함을 의미한다. 그 결과 원인과 결과의 양자관계나 관념과 대상의 양자관계에는 언제나, 하나의 양자관계를 또 다른 양자관계로 전위(轉位)시키는 제3의 항목이 끼어든다. 다시 말해 결과가 원인을 표현하는 것은 물론이지만, 좀더 심원한 차

---

79) 이 대치의 전선은 그 양상이 동일하지는 않았지만 오랜 역사를 갖고 있다. 철학사에서의 유명론과 실재론의 대립을 비롯하여 이 양 경향의 대립은 1930년대의 문학논쟁에서도 재연되었다. 후자에 대해서는 루카치를 한편으로 하고 그와 블로흐, 아도르노, 브레히트 사이에 전개되었던 논쟁을 참조할 수 있다(『문제는 리얼리즘이다』, 실천문학사, 1985).
80) Gilles Deleuze, *Expressionism in Philosophy : Spinoza*, Zone Books : New York, 1990, pp. 321~6.
81) 같은 책, p. 333.

원에서 원인과 결과는 스스로 어떤 것을 표현하지 않을 수 없는 하나의 계열을 이룬다는 것이다. 이 계열이 표현하는 그 '어떤 것'은 또 다른 계열이 표현하는 '어떤 것'과 동일하거나 유사하다. 그러므로 실제적 인과관계는 표현적 계열들 속에 위치지워지며 그것들 사이에는 비인과적 상응들이 있게 된다. 이와 흡사한 방식으로 하나의 관념은 하나의 대상을 재현하지만 좀더 깊은 차원에서 관념과 대상은 그것들 모두에게 공통적인 어떤 것을 표현한다. 그것은 사유나 앎, 그리고 존재와 행동이라는 두 가지의 힘들 속에 들어 있는 하나의 힘 혹은 절대적인 것이다. 이리하여 재현은 이제 관념과 대상의 어떤 외적 관계 속에 위치지워진다. 그 공간에서 관념과 대상 각각은 재현의 위에 그것을 넘어서 있는 하나의 표현성(expressivity)을 향유한다. 간단히 말해서 어느 곳에서나 '표현되는 것'은 쌍방성을 변형시키는 제3의 항목으로 개입한다는 것이다. 실제적 인과관계를 넘어서, 관념적(ideal) 재현을 넘어서, '표현되는 것'은 구별들을 무한히 보다 실제적인 것으로 만드는 제3의 항목으로 발견된다. 표현되는 것은 의미(sense)이다. 그것은 인과관계보다 더 깊으며 재현관계보다 더 깊다.82)

스피노자-들뢰즈의 표현 개념에 대한 이상의 검토를 통해 알 수 있듯이 표현의 개념은 재현의 개념을 배척하는 것이 아니다. 표현은 인과관계와 재현관계의 상위에서 작용하는 제3의 항이다. 리얼리즘이 말하는 의식/실재, 관념/대상, 사유/존재의 양극관계는 표현운동의 삼극구조 속에서 재정위(再定位)된다. 들뢰즈가 표현은 재현관계보다 더 깊은 곳에서 작동한다고 서술했을 때 들뢰즈가 염두에 두고 있는 표현하는 것(expresser), 즉 존재(Being)는 리얼리즘이 말하는 실재, 대상, 존재보다 훨씬 더 근본적인 것이다. 스피노자-들뢰즈의 철학에서는, 리얼리즘이 말하는 실재나 대상은 존재(Being) ─ 스피노자에게서는 흔히 실체로 표현된다 ─ 의 속성들에 지나지 않는다. 이것은 의식, 관념, 사유가 존재(Being)의 속성들인 것과 동일하다. 이 두 계열의 속성들은 비인과적 상응관계를 맺지만 그러한 관계는 양자에 공통된 존재(Being), 힘의 자기 표현작용 속에서인

---

82) 같은 책, pp. 334~5.

것이다.

캘리니코스는 포스트구조주의를 관통하는 반리얼리즘론을 "지시의 문제를 괄호쳐 버리는 이론, 다시 말해서 언어적 표현과 언어적 표현들이 지시하는 담론 외적 대상들간의 관계에 대한 문제를 괄호쳐 버리는 이론"83)이라고 정의한다. 들뢰즈의 '포스트구조주의'는 과연 언어적 표현과 대상들간의 관계 문제를 괄호치는가? 들뢰즈가 행하는 것은 이러한 언어적 표현과 대상들간의 양자관계에 표현이라는 제3항을 삽입함으로써 양자관계(dyad)적 문제설정의 저차원성을 들추어 내는 것이다. 리얼리즘은 관념과 대상 사이에, 즉 속성들 사이에 직접적 지시관계를 설정하려 한다.84) 그러나 스피노자-들뢰즈는 속성들을 오로지 그 자체로서 파악할 뿐 하나의 속성으로부터 다른 속성이 산출될 수는 없다고 본다. 서로 다른 두 개의 속성들은 차이의 체계 속에서 실체의 실재성을 표현할 뿐이다.85) 그러므로 들뢰즈의 '포스트구조주의'를 반리얼리즘론이라고 비판하면서 그것이 의식으로부터 독립된 객관 실재를 부정하는 것이라고 한다면 그것은 부적절하다고 해야 할 것이다. 왜냐하면 들뢰즈는 의식과 실재가 각각 실체의 속성들이라고 보면서 그 각각의 실재성을 승인하기 때문이다. 이 양자는 실체의 변용인 양태 속에서 각각 독립적이며 자율적이다.86) 들뢰즈의 '포스트구조주의'가 언어적 표현과 대상 사이의 지시관계

---

83) 알렉스 캘리니코스, 『포스트모더니즘 비판』, 성림, 1994, 115면.
84) 포스트구조주의에 대해 캘리니코스와 거의 비슷한 관점을 지니고 있는 브래드 베리는 관념과 대상 사이의 직접적 지시관계를 설정하는 부류를 소박한 리얼리즘으로 분류함으로써 진정한 리얼리즘을 그로부터 구출해 내려 한다(『현대 프랑스 철학의 성격논쟁』, 갈무리, 1995, 337면). 이를 위해서 관념과 대상 사이에 매개항으로 들어서게 되는 것은 행동(실천)이다. 이것은 단순한 양항관계를 벗어나고자 하는 점에서는 진일보한 것이지만 제3항으로 설정되는 것이 행동이라는 또 하나의 속성이라는 점에서 양항관계가 내포하는 문제를 확대시키는 것으로 귀착된다.
85) "각각의 속성이 그 자체를 통하여 파악된다는 것은 실체의 본성에 속한다. 그 이유는 바로 실체가 소유하는 속성은 언제나 실체 안에 함께 있으며 하나가 다른 것으로부터 산출될 수 없고 각각의 속성이 실체의 실재성 또는 유를 표현하기 때문이다."(스피노자, 『에티카』, 서광사, 1990, 23면).

를 부정한다는 이유로 비판된다고 하더라도 그 역시 부적절하다. 왜냐하면 들뢰즈의 표현개념은 표현의 장 속에 지시관계, 재현관계를 포섭하기 때문이다. 이렇게 해서 캘리니코스의 '포스트구조주의=반실재론'이라는 비판은 자신의 이론적 적에 대한 완전히 파괴적인 부정, 즉 총체적인 비판이 못된다. 그것은 '너의 사상은 나의 생각에 맞지 않는다. 그러므로 너의 생각은 잘못이다'라는 지평 위에서 움직인다. 이 비판은 오히려 하나의 강력한 역습을 불러온다. 그것은 다음과 같이 표현될 수 있다: 캘리니코스가 생각하는 대상, 존재, 나아가 물질은 자기원인[87])으로서의 실체가 아니라 하나의 소산(所産)적 존재이다.

이제 우리는 캘리니코스가 긍정적으로 옹호하고자 하는 세 번째 주제 — 그것은 리얼리즘적 인식론을 혁명정당이 지도하는 사회주의 혁명의 정치학으로 발전시키는 것이다 — 에 대한 검토를 이미 들뢰즈의 철학 속에 내재해 있는 바로 이 반캘리니코스적 함축을 의식하면서 시작할 수 있다. 캘리니코스는 포스트구조주의에 대한 최초의 분석에서부터 그것에 무정부주의라는 딱지를 붙여왔다. 들뢰즈/가따리와의 직간접적 협력관계 속에서 작업해 온 네그리의 정치학에 대해서도 무정부주의라는 딱지를 붙여왔다. 이 문제를 이론적으로 검토하기 전에 우리는 지난 수십 년 동안 지구의 절반에서 '역사적 유물론'이라는 이름 하에 엄청난 정부주의가, 국가주의가, 당(黨)주의가 다수자들을 명령하고 관리해 왔다는 역사적 사실을 미리 상기해 둘 필요가 있다. 주로 문제였던 것은 언제나 무정부주의가 아니라 정부주의였다. 그것은 지구의 또 다른 절반에서도 마찬가지였다. 그러나 정부주의가 문제라고 해서 그것이 바로 무정부주의를 정당화해 주지는 않는다.

캘리니코스가 들뢰즈의 무정부주의가 위험하다고 말하는 이유는 들뢰즈가 '흐름을 안정화하려는 시도, 차이에 질서를 부여하려는 시도 모두를

---

86) "물체는 사유에 의해 한정되지 않으며 사유도 물체에 의해 한정되지 않는다." (스피노자, 『에티카』, 13면).
87) "나는 자기원인이란 그것의 본질이 존재를 포함하는 것, 또는 그것의 본성이 존재한다고 생각할 수밖에 없는 것이라고 이해한다."(스피노자, 『에티카』, 13면).

반동적인 것으로 파악[88]하기 때문이다. 이러한 인식은 대중의 외부에서 작동하는 당이나 국가를 무조건 반동적인 것으로 파악하지 않을 수 없을 것이다. 이것은 당 지도 하에서의 노동자권력의 수립을 전망하는 캘리니코스에게는 위험스럽게 느껴지지 않을 수 없다. 실제로 들뢰즈는 일체의 질서에 대해 적의를 보인다. 그의 반헤겔주의는 바로 헤겔이 말하는 이성의 국가, 질서의 국가, 달리 말해 그의 국가주의적 이성에 대한 총체적 비판이다. 그렇다면 그는 무정부주의자임에 틀림이 없는가? 국가주의적 이성의 바깥에는 비합리성, 낭만주의가 있을 뿐이며 질서의 바깥에는 혼란밖에 없는 것으로 사고하는 사람들에게는 틀림없이 그러하다. 그러나 여기서도 들뢰즈는 제3의 탈주선을 향해 나아간다. 국가주의도 무정부주의도 아닌 길. 그것은 어떤 매개도, 외부성도 부인하는 절대적 내재주의의 길이며 조직화의 복수주의, 구성의 복수주의의 길이다. 그것은 국가의 질서를 거부하고 구성적 다수성이 갖는 독창성과 자유를 주장한다. 이러한 정치학은, 실체는 자기원인적인 것이라는 명제에 기초하고 있다. 들뢰즈의 욕구는 푸꼬의 힘이 그렇듯이 스스로 생산적인 것이다. 그것은 비합리적, 반이성적인 것인가? 물론 들뢰즈는 헤겔의 국가이성이나 칸트의 비판이성에 대해 반대한다. 이것들은 확립된 가치들을 강화하고 우리로 하여금 그러한 가치들에 순종하도록 만드는 기능을 하기 때문이다. 그러나 베르그송적 비한정 개념을 통해 헤겔의 부정적 한정의 개념을 비판하면서 들뢰즈는 이 비한정의 개념을 비합리성(irrationality)과 혼동하지 말 것을 경고한다.

> 베르그송이 한정에 대해 이야기할 때, 그는 우리에게 이성(reason)을 포기할 것을 요구하는 것이 아니라, 스스로를 만드는 과정에 있는 사물의 진정한 이성에, 한정이 아니라 차이인 철학적 이성에 도달할 것을 요구하는 것이다.[89]

이같은 생각이 실체를 그 자체로서 충만한 이성으로 파악했던 스피노

---

88) 알렉스 캘리니코스, 『현대철학의 두가지 전통과 마르크스주의』, 214면.
89) M. Hardt, 앞의 책, p. 9에서 인용.

자의 합리성관과도 통한다는 것을 우리는 쉽게 알아차릴 수 있다. 그러므로 들뢰즈의 철학을 낭만주의적 비합리성의 철학으로 바라보면서 그것을 정치적 무정부주의와 연결지으려 했던 캘리니코스의 시도는, 그 자신이 질서적 이성과 비합리성, 질서와 무정부적 혼란의 양분논리에 가두어져 있음을 드러내는 것 외에 별다른 성과를 거두지 못한 것으로 평가할 수 있다.

캘리니코스는 레닌과 그람시의 당개념의 도움을 빌어 사회민주주의적/스딸린주의적 당 개념과 구별되는 혁명정당의 개념을 정립하려 시도한다. 이 의미있는 시도에서 중시되는 두 가지의 측면 중 하나는 계급대중과 당의 관계이다. 스딸린주의 당개념에서 당은 계급을 대표했고 그것이 관료주의를 낳았다. 그러나 캘리니코스의 혁명정당은 계급을 대표하지 않는 것으로 서술된다. 그에 따르면 당은 계급의 자주적 활동의 세계사적 의의에 대해 가장 명확하게 의식하고 있는 계급의 한 부분일 뿐이다. 그렇기 때문에 캘리니코스에게서 당의 구성은 '정치적 문제들과 이론적 문제들을 자신들의 출발점으로 삼고 자신들의 모든 활동을 이러한 문제들에 종속시킬 만큼 진지하고 규율있는 사람들'로 제한된다.[90] 바꾸어 말하면 캘리니코스의 당은 집중화된 의식성이다. 이러한 당의 역할은 무엇일까? 그것은 직장에서의 경제적 계급투쟁에서 나오는 프롤레타리아트의 힘과 조직이라 할지라도 그것이 정치권력을 위한 투쟁에 동원될 때에만 효과적임을 의식하도록 만드는 것이다.[91] 또다시 의식성은 자생성 위에서 자생성에 방향을 잡아주며 그것의 동요, 불철저, 한계를 뚫어 주는 칸트적 비판이성으로 작용한다. 이같은 양분의 논리 위에서 정립된 그의 당은 이제 스딸린주의적 대표의 당 개념과 과연 어떻게 구별될 수 있는가? 영어에서 represent는 철학적으로는 '재현하다'의 뜻을, 정치적으로는 '대표하다'의 뜻을 갖는다. 대상을 재현하는 것은 결국 그것을 대표하는 것이다. 캘리니코스의 '역사적 유물론'에서 의식은 실재를 재현하는 것이다. 그의 당

---

[90] A. Callinicos, 'Party and class before 1917', *International Socialism* 2:24, 1984년 여름, p. 87.
[91] 같은 책, pp. 97~8.

역시 계급대중의 자주성을 철저히 의식하는 재현의 당이다. 그러므로 재현의 당은 어떠한 우회에도 불구하고 결국은 대표의 당으로 귀착된다. 그것은 결국 노동자들의 국가 아니 노동자들에 대한 국가로 귀착된다. 노동자계급의 해방이 노동자들 자신의 힘으로 쟁취되어야 하는 것이라면 그들에게 재현의 당은 필요치 않다. 우리가 당을 사회적 적대 속에서 생성되어 가는 자율적 힘의 정치적 경향과 그것의 구성적 조직화로 이해한다면 그것은 재현의 당이 자임하는 변증법적 이성의 어떠한 매개도 거부하는 대중 자신의 완전한 자율의 당, 자기표현의 당일 수밖에 없을 것이다. 그것은 분명, 대중 외부에서 대중을 위해 작동하는 전위의 당과는 구별될 것이다. 그러나 그것이 대중들의 평의회들, 소비에뜨들 등과는 구별될 수 있을 것인가?92)

---

92) 윤수종 교수는 네그리의 당 개념의 역사적 변화를 단절과 전환의 과정으로 서술하기보다 오히려 연속적 이행의 평면적 과정으로 서술함으로써(『이론』 12호, 1993년 가을, 89~94면) 오늘날의 계급구성 속에서도 전위당의 개념이 계속 유효하다는 관념을 완전히 불식시키지 못하고 있다. 이러한 서술이, 오늘날 '전위와 계급대중의 분리는 필연성을 잃고 자의적인 것으로 되었다'(같은 책, 197~8면)고 보는 '이원영의 사고'와 '네그리의 사고' 사이에 거리가 있다고 평가하는 서관모 교수의 네그리 독해방식과 무관하지 않은 것으로 보인다(같은 책에 실린 서관모 교수의 권두언). 반면 '사회주의 전위정파로의 정립을 추구하는 혁명적 마르크스주의 그룹'이 발간한 『신질서』지(誌)는 '네그리에게서 전위당 개념은 원천적으로 부정된다'고 비판하고 있다(『신질서』, 1995년 8월, 68~78면). 대안적 관점은 전혀 다르지만, 네그리의 당 개념에 대한 독해라는 측면에 국한해서 볼 때, 나의 생각은 『신질서』의 생각과 더 가깝다. 네그리는 「오늘날의 계급 상황에 대한 해석 : 방법론적 측면」의 제17테제 '노동자당의 이론은 사회적인 것으로부터 정치적인 것의 분리를 전제했다'에서, 제2차 산업혁명의 첫째 국면에서의 전문적 노동자에 상응하는 외적 전위의 모델(이 모델은 레닌의 『무엇을 할 것인가』에서 체계화되었다)과 제2차 산업혁명의 둘째 국면에서의 대중 노동자에 상응하는 대중적 전위의 조직 모델은 대표(representation)의 모델에 기초하는 것이라고 분석했다. 나아가 그는, "이러한 전통적 대표의 이론의 진정한 기초는, 사회적인 것의 '필연적인'(necessary) 매개라기보다는 오히려 사회적인 것으로부터 정치적인 것의 '자의적인'(arbitrary) 분리"라고 쓰고 있다(A. Negri, 'Interpretation of the Class Situation Today : Methodological Aspects', Werner Bonefeld(외), *Open*

6. 결론

캘리니코스와 '포스트구조주의'의 논쟁은 비대칭적이다. 캘리니코스는 1970년대부터 최근까지 '포스트구조주의' 철학에 대한 적대감을 감추지 않고 지속적인 비판을 가하고 있지만 푸꼬나 들뢰즈는 캘리니코스의 '역사적 유물론'을 직접적 비판의 대상으로 삼은 적이 없기 때문이다. 이들은 오히려 근대 철학의 골간 체계로서의 헤겔주의에 대한 반대라는 측면에서 캘리니코스와 보조를 같이한다. 그러나 캘리니코스의 반(反)포스트구조주의가 시사하듯이 이 두 개의 반헤겔주의는 표면상의 일치의 이면에 깊은 차이를 깔고 있다. 이 글이 밝히고자 한 것은, 무엇이 이 두 흐름의 차이를 가져오며 이 차이는 무엇을 시사하는가, 그리고 이들 중 어느 것이 근대 극복에 있어 더 철저한 철학적 힘을 발휘하는가 하는 것이었다.

캘리니코스의 반헤겔주의의 핵심은 헤겔적 거대주체(Subjekt) 개념의 기각과 그것의 개인주체, 즉 행위자(agent) 개념으로의 전환에 있다. 또한 그는 '헤겔의 변증법적 방법은 그의 관념론적 체계로부터 분리될 수 없다'[93]는 인식 위에서 헤겔 변증법과 거리를 두고자 했다. 그러나 그의 헤겔 변증법에 대한 비판은 헤겔의 변증법이 기초하고 있는 부정적 한정의 개념과 모순의 개념에 여전히 의거함으로써 헤겔 관념론의 영향력을 철저히 벗어나지 못했다. 포스트구조주의가 낭만주의, 비합리주의, 무정부주의라는 그의 비판은 실제로는 낭만성/합리성, 질서/무질서라는 근대적 모순의 논리에 기초하고 있다. 포스트구조주의의 자기창조론에 대한 대체물로 그가 내세우는 '구조와 행위의 결합' 개념 역시 변증법적 모순의 가상성을 떨치지 못한다. 헤겔적 모순 개념의 이러한 잔재는 사유와 존재의 관계파악에까지 연장된다. 사유와 존재의 모순, 그리고 존재의 사유 내

Marxism vol. 2, Pluto, 1992, p. 98~9).
93) 이 생각은 그의 초기작인 『알뛰세의 마르크스주의』에서 비롯되어 최근의 「알뛰세의 철학에서 산 것과 죽은 것」까지 계속되고 있다(『현대 프랑스 철학의 성격 논쟁』, 갈무리, 1995, 303~4면).

반영 개념에 기초하여 사유를 존재에의 접근으로 이해하는 그의 객관적 진리론은 알뛰세의 이론우위적 이론의 자율성론, 즉 이론적 실천론과 결합되면서 이론주의로 경사된다. 그의 당 개념과 사회주의 혁명의 전략은 이러한 이론주의의 정치학으로의 확장이다. 그의 당은 정치적 이론적 문제에 대한 의식의 집성체이며 계급대중 내에서 작동하고자 하는 그것의 외부이다. 그의 당은 전위당을 자임하지 않는다. 하지만 그것은 사유와 존재와 분리 위에서의 매개의 당으로 작용한다는 점에서 이미 전위의 당이다. 또한 바로 이 점에서 재현의 당이며 그것이 정치적 권위를 확보한다면 결국 그것은 대표의 당, 즉 대의(代議)의 당으로 귀착될 수밖에 없을 것이다. 이리하여 그가 마르크스주의자로서 추구하는바 '부르주아적 목적합리성보다 발전된 합리성'94)의 철학적·정치적 개념화는 그에게 아직 하나의 이상으로만 남아 있게 된다.

푸꼬는 의식적으로 정치적인 문제에는 일정한 거리를 두고자 했고95) 들뢰즈 역시 자신의 철학을 정치학으로 전환시키는 데에는 조심스러움을 보이지만 이들의 정신적 삶 속에는 정치의 문제가 항상 동반되고 있다. 들뢰즈에게서 역사는 조건들의 집합에 지나지 않으며 **생성은 역사에 속하지 않는다.** 그래서 그는 역사 속에서의 혁명의 미래보다는 인간의 혁명적 생성에 인류의 운명이 달려 있다고 본다. 그가 지상의 권력(푸꼬의 군주제 권력), 징계의 권력(푸꼬의 훈육적 권력)을 넘어 오늘날 소통(communication)에 대한 통제의 권력으로 전환되고 있는 권력 형태들에 대한 저항을 중시하면서도 수치스러움, 비굴함 등의 주제를 기쁨, 사랑 등의 주제와의 연관관계 속에서 중요한 철학적·정치적 주제로 다루고 있는 것은 바로 이 때문이다.96) 이런 점에서 그의 철학은 헤겔의 의식철학이나 캘리니코스의 과학철학적 관심과 구별되는 일종의 정치철학이

---

94) 같은 책, 301면.
95) 앨랭 글로스리샤 등과의 대담인 「육체의 고백」 참조(콜린 고든 편, 앞의 책, 258면).
96) 이에 대해서는 1990년 봄에 이루어진 안토니오 네그리와의 회견 「통제와 생성」 (질 들뢰즈, 『대담 : 1972~1990』, 187~197면)을 참조하라.

다.97)

그의 정치철학은 존재론적 차이의 개념을 모태로 한다. 그는 헤겔의 변증법이 차이에 대한 잘못된 이해로서의 모순 개념에 입각한 가상의 운동임을 폭로하고 유능적 차이의 개념을 유능적 힘의 개념으로, 유능적 힘의 개념을 긍정의 윤리와 기쁨의 실천의 개념으로 발전시킨다. 이것은 푸꼬가 지식의 고고학에서 계보학으로, 그리고 존재의 윤리학으로 나아갔던 것과 대응된다. 푸꼬와 들뢰즈의 헤겔비판은 캘리니코스의 그것보다 훨씬 철저하고 강력하다. 캘리니코스의 그것이 헤겔 철학의 자장(磁場) 속에서 움직인다면 푸꼬와 들뢰즈의 그것은 헤겔을 완전히 잊어버릴 수 있을 정도로 그것으로부터 독립적이다. 그렇기 때문에 이들의 철학을 반(反)헤겔주의로 서술하는 것은 어떤 의미에서는 적합지 않다. 왜냐하면 반(反)헤겔주의라는 표현은 헤겔 철학에 대한 부정이라는 형태 속에서 헤겔 철학을 강력한 적대적 힘으로 승인하게 되기 때문이다. 여기서 또 다시 캘리니코스의 반헤겔주의와 푸꼬/들뢰즈의 반헤겔주의 사이에 또 하나의 비대칭이 발생한다. 전자는 헤겔주의와 비헤겔주의 사이에서 진동하며 후자는 헤겔주의의 지평을 완전히 벗어나 버린다. 마르크스 역시 자신의 철학 비판과 정치경제학 비판 전체를 헤겔 철학과의 대립관계 속에서 전개한다. 그렇다면 그의 사상은 이 비대칭적인 두 개의 흐름들 중에서 어느 것과 더 깊이 접속될 수 있는 것일까? 본문의 분석이 시사하듯이, 근대 극복에 있어서 마르크스의 '정치경제학 비판'은 캘리니코스의 '역사적 유물론'보다는 포스트구조주의의 '정치철학'과 더 빠르고 깊게 접속될 수 있다고 지금 이 자리에서 단정해도 좋을 것인가?

'헤겔 비판'이라는 주제를 가급적 분명하게 부각시키기 위해 나는 푸꼬

---

97) "내 나름으로는 정치로의 이행이라는 것을 68년 5월 사건 때 시도해 보았지요 …… 『앙띠 오이디푸스』는 완전한 하나의 정치철학 책이었습니다."(같은 책, 188면) 혹은 "우리는 인간이라는 부끄러움을 아주 하찮은 경우에도 느낄 때가 있습니다. 사유의 크나큰 천박함 앞에서, 버라이어티 방송을 보면서, 어느 수상의 연설을 들으면서, 또 '태평스런 사람들'의 이야기에서 그런 것을 느낄 수 있습니다. 그것은 철학의 가장 강한 동기 중의 하나입니다. 그래서 어쩔 수 없이 정치철학으로 흘러가는 것이지요."(같은 책, 191면).

와 들뢰즈의 차이에 대해서나 혹은 '포스트구조주의'라고 통칭되는 철학
적 흐름 그 자체의 한계나 문제점에 대해서는 다루지 않았다. 그래서 배
치(assemblage)는 권력의 배치인가 욕구의 배치인가, 배치의 형태적 구조
속에서 문제는 배치 내부에서의 저항의 모색인가 아니면 탈주선 속에서
창조와 탈영토화 지점을 찾아내는 것인가를 둘러싼 푸꼬와 들뢰즈의 생
각의 차이에 대한 검토는 이루어지지 않았다. 그것보다는 푸꼬와 들뢰즈
의 근접성이 훨씬 강력하게 부각되었다. 또 들뢰즈의 생성적 탈주라는 전
망과 네그리의 코뮤니즘이라는 전망은 어떤 차이를 갖는가 하는 문제도
이후의 과제로 남겨 둘 수밖에 없었다.98) 대중의 사회적 삶의 운명과 긴
밀히 결부되어 있는 이러한 문제들이 오늘날 분업구조 속에서 특권화된
소수 지식 집단의 단순한 학구적 탐구의 대상에 머물 수만은 없는 것이
라면 우리에게 지금 절실하게 필요한 것은 이미 무르익어 있는 대중의
힘, 자기지성의 창조적 발현이다. 이것만이 우리의 토론을 참으로 생기
(生氣)있게 만들 것이다.

---

98) 안토니오 네그리는 푸꼬, 들뢰즈, 가따리 등에 의해 대표되는 프랑스 포스트사
르뜨르주의 이론이 권력 비판을 하나의 탈주선으로서, 사건의 광채로서 제시한
점에서, 그리고 전복적 소수의 기관이 될 구성적 힘과의 동일시를 거부한 점에
서 한계를 갖고 있다고 지적한다. 그러나 그는 이 이론이 자신의 현재적 한계를
넘어설 징후를 갖고 있다고 본다(A. Negri, 'Interpretation of the Class Situation
Today : Methodological Aspects', Werner Bonefeld 등, *Open Marxism*, vol. 2,
Pluto, 1992, p. 105).

제2부

이데올로기와 상부구조

토대와 상부구조 / 크리스 하먼

토대와 상부구조*

크리스 하먼

　인간들은 자신들의 생활을 사회적으로 생산하는 가운데, 자신들의 의지로부터 독립되어 있는 일정한 필연적 관계들, 즉 자신들의 물질적 생산력들의 일정한 발전단계에 조응하는 생산관계들에 들어선다.
　이러한 생산관계들의 총체가 사회의 경제적 구조, 즉 그 위에 법률적 및 정치적 상부구조가 서며 일정한 사회적 의식 형태들이 그에 조응하는 그러한 실재적(實在的) 토대를 이룬다.
　물질적 생활의 생산방식이 사회적, 정치적, 정신적 생활과정 일반을 조건짓는다.
　인간들의 의식이 그들의 존재를 규정하는 것이 아니라 거꾸로 그들의 사회적 존재가 그들의 의식을 규정한다.
　사회의 물질적 생산력들은 그 발전의 특정 단계에서, 지금까지 그것들이 그 내부에서 운동해 왔던 기존의 생산관계들 혹은 이 생산관계들의 법률적 표현일 뿐인 소유관계들과 갈등을 일으키게 된다.
　이러한 관계들은 생산력들의 발전들로부터 그것들의 족쇄로 변전(變轉)한다. 그때에 사회혁명의 시기가 도래한다.
　경제적 기초의 변화와 더불어 거대한 상부구조 전체가 서서히 혹은 급속히 변혁된다.
　이러한 변혁들을 고찰함에 있어서 사람들은 자연과학적으로 정확히 확인될 수 있는 경제적 생산조건들에서의 물질적 변혁과, 인간들이 이러한 충돌들을 의식하고 싸워서 해결하는 법률적, 정치적, 종교적, 예술적 혹은 철학적, 간단히 말해 이데올로기적인 형태들을 항상 구별해야만 한다.
　한 개인이 무엇인가 하는 것을 그 개인이 자신을 무엇이라고 여기는가에 따라 판단하지 않듯이, 그러한 변혁의 시기가 그 시기의 의식으로부터 판단될 수는 없

---

* Chris Harman, 'Base and superstructure', *International Socialism* 2:32, 1986년 여름, pp. 3~44에 처음 수록.

으며 오히려 이러한 의식을 물질적 생활의 모순들로부터, 사회적 생산력들과 생산관계들 사이의 현존하는 충돌로부터 설명해야만 한다. 한 사회구성체는 그것이 충분히 포용하고 있는 생산력들 모두가 발전하기 전에는 결코 몰락하지 않으며, 더 발전한 새로운 생산관계들은 자신의 물질적 존재 조건들이 낡은 사회 자체의 태내에서 부화되기 전에는 결코 자리를 차지하지 않는다. 이와 같이, 인류는 언제나 자신이 풀 수 있는 문제들만을 제기한다. 왜냐하면, 더 자세히 고찰해 볼 때 문제 자체는 그 해결의 물질적 조건들이 이미 존재하고 있거나 적어도 형성과정중에 있을 때에만 생겨나기 때문이다.

크게 개괄해 보면 아시아적, 고대적, 봉건적, 그리고 현대 부르주아적 생산양식들을 경제적 사회구성체의 순차적인 시기들이라고 할 수 있다.

— 칼 마르크스, 『정치경제학 비판을 위하여』의 서문에서

마르크스주의의 바로 이 핵심에 하나의 혼란이 존재한다.

마르크스와 엥겔스는 거대한 생산력을 가지고 있는 사회를 분석하는 한 가지 방법을 제공했다. 1846년의 『독일 이데올로기』에서 처음으로 그 방법의 윤곽이 잡힌 이래로 이것은 모든 세대들에서 나타났었다. 부르주아 이데올로그들에 의해 내려진 '마르크스주의의 죽음'이라는 모든 판결은 10년이 채 지나지 않아서, 사회, 경제 그리고 역사에 대한 마르크스주의적 연구에 의해 잘못된 것으로 판명났다.

그러나 마르크스주의적 접근이 도대체 정확히 무엇인지를 설명하려 할 때에는 거대한 혼란이 있어 왔다. 즉 '마르크스주의자들'이 서로 명백하게 모순적인 것들을 말해 왔던 것이다.

그 혼란은 '토대'와 '상부구조'라는 대구(對句)의 주위에 집중된다.

마르크스는 1857년의 그의 『정치경제학 비판을 위하여』 서문에서 '사회의 경제적 구조'가 '법적이고 정치적인 상부구조를 세우는' '진정한 토대'라고 썼다.[1]

그때 이후로 마르크스주의자들은 이 진술을 놓고 논쟁을 벌여 왔다. '토대'란 무엇인가? 경제? 생산력? 기술? 생산관계? 상부구조에는 어떤

---

1) K. Marx, *A Contribution to the Critique of Political Economy*, London, 1971[마르크스, 『정치경제학 비판을 위하여』, 중원문화, 1989].

것들이 포함되는가? 두드러지는 것으로서 국가. 그런데 이데올로기(와 혁명적 이론)는 어떠한가? 가족? 산업을 소유했을 때의 국가는?

 마지막으로, '토대'와 '상부구조'의 관계는 어떠한가? 토대가 상부구조를 **결정**하는가? 만약 그렇다면 정확히 그 결정의 본질은 무엇인가? 그리고 상부구조에 '자율'의 정도가 있는가? 만약 그렇다면, 이것은 어떻게 '결정'이라는 말과 일치할 수 있는가(그것이 단지 '최종심에서의 결정'이라면 더욱더 어떻게 그것과 일치할 수 있는가)?

기계적 유물론과 그것의 영향

 이러한 질문들에 주어진 대답들은 사회가 어떻게 발전하는가에 대한 매우 상이한 견해들을 낳았다.

 한편의 극단에서는, 토대는 생산력들이고 이것들은 필연적으로 진보하며, 이것이 이번에는 사회에서의 변화들을 이끈다는 관점이 있다.

 정치적이고 이데올로기적인 투쟁은 이제 아무런 실제적인 역할을 하지 못하는 것처럼 보인다. 인간 존재는 그들의 환경의 산물이고, 역사는 그들의 의지에서 완전히 독립하여 전개된다. 전쟁들, 혁명들, 철학적 주장들이나 이것저것들은 항상 미리 결정된다. 로베스삐에로가 1788년에 마차 아래에 깔렸거나, 1917년에 [레닌을 실은] 밀봉 열차가 충돌했다 하더라도 그것들은 역사에 어떠한 차이도 낳지 못했을 것이다.

 마르크스주의에 대한 이러한 관점은 마르크스 자신에 대한 어떤 독해(讀解), 특히 『철학의 빈곤』에서의 매우 논쟁적인 일절에 기초하고 있다.

> 새로운 생산력들을 획득하는 과정에서 인간은 그들의 생산양식을 변화시킨다. 그리고 그들의 생산양식을 변화시키거나, 그들의 생존방식을 변화시키면서 인간은 그들의 모든 사회적 관계들을 변화시킨다. 맷돌은 봉건 영주의 사회를 가져다주고, 증기 제분기는 산업자본가의 사회를 가져다준다.[2]

---

2) K. Marx · F. Engels, *Collected Works*, vol. 6, p. 166.

역사에 대한 이러한 기계적이고 결정론적인 관점이 '마르크스주의'의 정설로 간주되기 시작한 것은 마르크스의 죽음 이후의 시대부터이다. 마르크스주의가 독일 노동자들의 운동과 제2인터내셔널에서 주도권을 잡기 시작한 것은 이 시기 동안이었다. 그러나 그것은 '마르크스주의의 대부', 칼 카우츠키의 눈에 비쳐진 마르크스주의였다.

카우츠키가 보기에, 역사적 발전은 각 생산양식 —— 고대, 봉건주의, 자본주의 —— 을 차례대로 필연적으로 생산하고 결국에는 사회주의로 귀결될 것이었다. '전유형태들의 생산형태들에 대한 필연적 …… 조응'이 존재했다.3) 혁명적인 운동들도 이러한 발전 유형을 변경할 수는 없었다. 비록 15세기의 후스주의자들과 16세기의 재세례론자들이 용감하게 싸울 수 있었고, 또 새로운 사회에 대한 비전을 제시할 수 있었지만, 카우츠키가 보기에, 그들은 역사의 필연적인 발전과정을 변경할 수 없었다.

> 사회적 발전의 방향은 평화적 방법이나 폭력적인 투쟁들의 사용에 의존하지 않는다. 그것은 생산방법의 진보와 그것의 필요에 의해 결정된다. 만약 폭력적인 혁명적 투쟁들의 결과가 혁명적인 전투 부대가 목적했던 바와 일치하지 않는다면, 이것은 단지 이러한 목적들이 생산의 필요의 발전과 대립하고 있음을 의미할 뿐이다.
> 폭력적 혁명투쟁들은 결코 사회적 발전의 방향을 결정할 수 없고, 단지 일정한 조건에서 그들의 보조(步調)를 가속화시킬 수 있을 뿐이다. ……4)

카우츠키에 따르면 현대 자본주의 하에서 혁명적 사회주의자들의 임무는 역사적 과정을 단축시키려 노력하는 것이 아니라, 사회주의자 조직을 신중하게 조직해서 자본주의가 사회주의로 전화될 때까지 그 발전을 단

---

3) K. Kautsky, *The Economic Doctrines of Karl Marx*, London, 1925, p. 365.
4) K. Kautsky, *Vorlaufer der neuren Sozialismus, Erster Band : Kommunistische Bewegungen in Mittelalter*, Berlin, 1923, p. 365. 이 저작의 일부에 대한 영역본은 1890년대에 출간되었으나 실제로 오늘날에는 구하기 힘들다. 이것은 불행한 일이다. 왜냐하면 카우츠키의 방법상에 약점이 없는 것은 아니지만, 그것이 그로 하여금 흥미로운 역사적 연구들을 생산하는 것을 방해하지는 못했기 때문이다.

순히 반영하는 것이다. 그러나 동시에 반(反)혁명가들도 생산력 그리고 역사적인 진화의 전진하는 행진을 멈추게 할 수는 없었다. 카우츠키는 좀 더 발전한 생산력으로부터 더 후진적인 생산력으로의 '퇴보'는 결코 발생할 수 없다고 주장했다.5) 그의 가장 영향력 있는 글인 독일 사회민주당의 『에어푸르트 강령』에 부친 서문에서 그는 다음과 같이 썼다. '경제적 발전은 필연적으로 …… (노동자)계급의 이익을 대변하는 정부의 수립으로 귀결된다.'6)

러시아 마르크스주의의 개척자, 플레하노프의 정식화는 카우츠키의 정식화와 매우 유사했다. 그는 생산의 발전은 자동적으로 상부구조에서의 변화들을 낳는다고 주장했다. 인간의 노력이 생산력의 발전을 저지할 수 있는 방법은 전혀 없다. '사회적 발전'은 '법칙들을 표현하는 과정'이다.7) '사회적 관계들의 궁극적인 원인은 생산력들의 상태에 달려 있다.' '생산력들은 …… 사회적 관계들, 즉 경제적 관계들을 …… 결정한다.'8)

그는 역사에서의 인과관계의 위계를 설정하는 하나의 '공식'을 제시한다. '생산력들의 상태'가 사회의 '경제적 관계들'을 결정한다. 그러므로 '사회정치적 체계'는 이 '경제적 토대'에 의존해서 발전한다. '사회 속에서 살아 나가는 사람들의 심성'은 '부분적으로는 그들이 획득한 경제적 조건들에 의해 직접적으로 결정되고, 또 부분적으로는 그러한 기초 위에서 생성된 사회정치적인 전체 체계에 의해서 결정된다.' 마지막으로 '다양한 이데

---

5) K. Kautsky, *Ethics and the Materialistic Conception of History*, London, 1906, p. 81.
6) 다른 기계적인 유물론자들처럼 카우츠키도 자신의 방법을 엄격하게 고집해 나갈 수 없었다. 때때로 그는 인간적 활동이 중요한 역할을 수행한다고 주장하기도 한다. 가령 『에어푸르트 강령』에 부친 서문에서 그가, 만약 사회가 '진화의 법칙'이 명(命)한 방식 속에서 '생산수단에 대한 사적 소유 체계의 부담을 흔들어 놓지' 않는다면, 체제는 '사회를 깊은 나락 속으로 밀쳐' 버릴 것이라고 주장했던 때가 그런 경우이다(*The Class Struggle*, Chicago, 1910, p. 87).
7) G. Plekhanov, *The Role of the Individual in History*, in *Essays in Historical Materialism*, New York, 1940[플레하노프, 「역사에 있어서 개인의 역할」, 『맑스주의의 근본문제』, 거름, 1987에 부록으로 실려 있다], p. 41.
8) 같은 책.

올로기들은 …… 그러한 심성의 특성들을 반영한다.'9)

그는 '역사는 인간에 의해 만들어진다'고 주장하였다. 그러면서도 그는 '인류의 지적인 발전의 평균적인 중심축'은 '경제적 발전의 중심축과 나란히 나아가게' 되고, 그 결과 실제로 중요한 것은 경제적 발전이라고 주장하게 된다.10)

프랑스대혁명과 같은 위대한 역사적 사건의 결과는 미라보(Mirabeau)나 로베스삐에로 같은 개인들의 역할에 의존한 것이 아니다.

> 주어진 개인들의 자질이 무엇이든지간에, 만약 기존의 경제적 관계들이 기존의 생산력들의 상태에 합치한다면 그 개인들의 자질은 기존의 경제적 관계들을 제거할 수 없다.
> 재능 있는 사람들은 사건들의 개별적인 특징들만 바꿀 수 있을 뿐이지, 사건들의 일반적인 경향은 바꿀 수 없다.11)

카우츠키의 마르크스주의에 대한 해석이 제2인터내셔널 소속의 당들에서 지배력을 발휘한 것과 마찬가지로 플레하노프의 해석도 1920년대 말 이래로 스딸린주의 당들에 의해 정통으로 대접받았다.12) 스딸린과 그의 '이론가들'의 수중에서, 그것은 구부릴 수 없는 역사법칙이 되었다. 생산력들의 발전은 필연적으로 사회 속에서 그에 상응하는 변화들을 낳으며, 그래서 러시아에서의 산업의 성장은, 거기에 수반되는 고통과 압제와는 상관없이, 필연적으로 '노동자 국가'에서 '사회주의'로, 그리고 '사회주의'에서 '공산주의'로 이르게 된다는 것이었다. 이와는 대조적으로 서방 자본주의가 자신의 수명을 다했다는 것을 보여주는 가장 분명한 징표는 그곳에서의 생산력의 쇠퇴였다.

---

9) G. Plekhanov, *Fundamental Problems of Marxism*, Moscow, nd[플레하노프, 『맑스주의의 근본문제』, 거름, 1987], p. 83.
10) 같은 책, p. 80.
11) *The Role of the Individual in History*, 앞의 책, p. 44.
12) 플레하노프는 종종 이론적으로 매우 현학적이었지만 스딸린주의자들이 그의 저작들을 조잡하게 활용한 것이 그의 책임인 것은 결코 아니다.

결정론에 대한 반응

스딸린주의적 마르크스주의는 스딸린 자신보다 더 오래 지속되지는 못했다. 1950년대 말의 '신좌파'와 1960년대 중반의 마오주의 좌파는 모두 역사에 대한 조잡하고 기계적이며 결정론적인 설명에 대해 기습을 가했다.

그들은 정당하게도, 마르크스 자신의 역사적 저작들 ─ 『프랑스에서의 계급투쟁』, 『루이 보나빠르뜨의 브뤼메르 18일』, 『프랑스에서의 내전』 ─ 에는, 역사적 변화에 대한 수동적이고 숙명론적인 접근의 어떠한 기미도 발견할 수 없다고 주장한다. 그들은 또한 엥겔스가 자신의 말년인 1890년 대에 역사적 유물론을 너무나 생경하게 사용하는 것을 비판하면서, 일련의 편지들에서 썼던 몇몇 언급들을 대단히 강조하였다. 엥겔스는 스타켄부르크에게 다음과 같이 쓴 적이 있다.

> 정치적, 법적, 철학적, 종교적, 문학적, 예술적인 것 등등의 발전은 경제적 발전에 기초하고 있습니다. 그러나 이 모든 것들은 서로에 대하여, 그리고 경제적 토대에 대하여 반작용합니다. 경제적 상황이 원인이고, 유일하게 활동적인 반면 다른 모든 것들이 단지 수동적인 결과인 것만은 아닙니다. 언제나 궁극적으로 자기 자신을 주장하는 경제적 필연성의 기초 위에서 이루어지는 상호작용이 있을 뿐입니다.13)

그리고 그는 블로흐에게 다음과 같이 썼다.

> 역사에 대한 유물론적인 개념에 따르면, 역사에서 궁극적으로 결정적인 요소는 실제적인 삶의 생산과 재생산입니다. 마르크스도 그리고 나도 그 이상의 것을 주장한 것은 아닙니다. 그러므로 만약 누군가 이것을 왜곡하여 경제적인 요소가 유일하게 결정적인 요소라고 말한다면, 그는 그러한 명제를 무가치하고, 추상적이며 무의미한 빈말로 바꾸는 것입니다.
>
> 경제적 상황이 기초이지만, 상부구조 ─ 계급투쟁의 정치적 형태와 그 결과물들, 즉 전투를 성공적으로 치르고 나서 승리한 계급들에 의해 수립된 제도들 등, 법

---

13) 1894년 1월 25일의 편지.

률적인 형식들, 그리고 이 실질적인 투쟁들이 그것에 참여한 사람들의 두뇌 속에 반영된 결과물들, 정치적이고 법률적이며 철학적인 이론들, 종교적인 견해들, 그리고 교의의 체계들로까지 발전되어진 그것들의 결과물들 — 역시 역사적 투쟁들의 과정에 그들의 영향력을 행사하고 많은 경우에 그들의 형태를 결정하는 데 더 우세한 영향력을 발휘하기도 합니다. ……
거기에서는 이 모든 요소들의 상호작용이 존재합니다. 이 요소들 속에서 경제적 요소는 무한히 계속되는 온갖 사건들의 와중에서 궁극적으로 자기 자신을 필연적인 것으로 주장합니다.14)

1956년 이후 신좌파는, '토대와 상부구조'는 단순한 은유일 뿐이지 너무 진지하게 받아들일 필요는 없다고 주장하게 되었다. 토대에 가하는 상부구조의 '역(逆)'작용은 '결정'이 엄밀한 인과적 관계로서 볼 수 있는 것이 아님을 의미했다.

마오주의 좌파는 과거와의 그러한 명백한 단절과 더불어 시작하지는 않았다. 이 학파의 대표격인 루이 알뛰세는 그의 1960년대의 초기 저작에서 스딸린을 호의적으로 인용하는 데 주저함이 없었다.

그러나 알뛰세주의자들은 '토대', '상부구조' 그리고 '결정' 등의 낡은 개념들의 내용 대부분을 파괴하는 새로운 이론적 구조를 창출했다. 사회는 각각이 그 자신의 속도로 발전하고 서로에게 영향을 끼치는 일련의 다양한 구조들 — 정치적, 경제적, 이데올로기적, 언어적인 구조들 — 로 구성되었다. 역사의 특정한 시점에서는 그 구조들 중의 어느 것일지라도 다른 것을 지배하는 구조가 될 수 있었다. 경제적인 것이 '결정'적인 것은 오직 '최종심에서'일 뿐이었다.

신좌파와 마오주의적 알뛰세주의 학파들은 처음에는 서로간에 매우 적대적이었다.15) 그러나 그들 양자는 주의주의에 문호를 활짝 개방하는 방식으로 역사적 유물론을 재정의했다.

---

14) 1890년 9월 21~22일의 편지. 또한 1890년 10월 27일과 1890년 8월 5일에 슈미트에게 보낸 편지와 1893년 7월 14일에 메링에게 보낸 편지를 참조하라.
15) 예를 들어, 알뛰세주의에 대항한 톰슨의 격렬한 논쟁적 글인 *The Poverty of Theory*, London, 1978을 보라.

1950년대의 신좌파에게 있어서 이것은 계급에 대한 어떠한 엄격한 규정으로부터의 이탈을, 그리고 사회적 존재가 어떻게 사회적 의식에 영향을 끼치는가에 대한 어떠한 실질적 관심으로부터의 이탈을 의미했다. 현재의 사건들에 관하여 다룬 영국 신좌파의 가장 뛰어난 인물인 톰슨의 저작들—— 1960년에 발표된 그의 논문 「혁명」16)으로부터 1980년에 발표된 그의 반전(反戰)적인 저작에 이르기까지—— 에는 승리로 향한 길을 여는 데에는 힘과 선의(善意), 그리고 엄밀한 범주들의 거부만으로도 충분하다는 끈질긴 메시지가 담겨 있다. 한층 더 이론적인 저작에서 그는 '경제적인' 요인들이 역사에서 어떠한 종류의 결정적인 역할을 한다고 보는 관점이나 혹은 그것들이 이데올로기적이거나 법률적인 것과 같은 다른 요인들로부터 분리될 수 있다고 하는 관점조차 거부한다.17)

알뛰세의 논조는 이와는 다르다. 그의 초기 저작들에서, 변화의 핵심은 여전히 본질적으로 스딸린주의적인 종류의 당(黨)이다. 그러나 거기에도 톰슨의 저작들에서와 동일한 주의주의적 요소가 존재한다. 만약 당이 상이한 구조들의 마디를 이해하기만 한다면, '경제적' 요인들과는 상관없이 당은 역사의 보조(步調)를 강제할 수 있을 것이다.

대부분의 그의 후계자들은 '최종 심급'에서조차도 '결정'과 관련한 어떠한 관념도 포기했고, 또 사회가 어떻게 변화하는가를 이해할 수 있는 어떠한 가능성도 거부하는 위치로 이동해 갔다. 그래서, 예컨대, 영국의 포스트알뛰세주의자의 한 사람인 가렛 스테드만 존스는 이제 우리에게, 어떤 이데올로기를 이해할 수 있는 유일한 방법은 그것 자체의 맥락 안에만 존재한다고 말한다. 그의 말에 따르면 우리는 이데올로기에 들러붙어 있는 물질적 조건들이라는 맥락에 따라 그것의 발전을 설명하려고 해서는 안된다.18) 우리는 '모든 것은 있는 그대로의 그 무엇일 뿐 그 밖의 아무 것도 아니다'라는 낡은 경험론자의 격언으로 곧장 되돌아와 있게 된

---

16) *New Left Review*, no. 3, 1960년 5월에 수록.
17) *The Poverty of Theory*, 앞의 책, pp. 251~252를 보라.
18) 예를 들어, G. S. Jones, 'Rethinking Chartism', *Language of Class*, Cambridge, 1983을 보라.

다. 알뛰세주의라는 거대한 코끼리 같은 구조를 낳은 것은 바로 이와 같이 생쥐처럼 작은 것이었다.

낡은 신좌파와 알뛰세주의자들의 수렴은 토대와 상부구조에 대해 들먹이는 것이 실로 한물 간 일이라고 하는 일종의 '상식'을 마르크스주의자들 사이에 창조해 내었다. 이러한 '상식'의 영향이 워낙 광범하게 퍼진 결과 그 상식은 톰슨이나 알뛰세의 정치적 결론들을 완전히 거부하는 사람들에게 영향을 끼치기도 했다.19)

이러한 경향에 대한 유일한 집단적 저항은 교조적인 분석철학자인 코헨의 숭배자들로부터 나왔다.20) 그러나 마르크스에 대한 그의 옹호는 카우츠키와 플레하노프의 기계적인 해석으로의 완전한 후퇴를 의미한다.

혁명적 유물론이라는 대안

그러나 역사적으로 기계적 유물론이나 주의주의에 대한 혁명적 대안은 언제나 존재해 왔다. 그것은 카우츠키주의가 한창일 때조차도 엥겔스의 몇몇 저작과 이탈리아 마르크스주의자 라브리올라의 저작들에서 부분적으로 존재했다.21)

그러나 이론적 대안에 대한 필요는 제1차 세계대전과 러시아혁명이 카우츠키주의의 파산을 입증하고 나서야 비로소 보다 명백한 것으로 되었다. 레닌이 헤겔을 다시 연구하고 다음과 같이 결론을 내린 때는 바로 그때였다. '총명한(변증법적인) 관념론이 어리석은(형이상학적인) 유물론보다

---

19) 예를 들어, '토대와 상부구조 사이의 구별은 그것이 유용한 것보다도 더 자주 잘못된 길로 이끌고 있다'라는 노라 칼린의 언급을 보라. 'Is the family part of the superstructure?', *International Socialism* 2 : 26. 그리고 마르크스주의적 방법은 '생산관계들로부터 출발하면서 또 그것들을 — 생산력들이 아니라 — 독립변수로 취급하는 것'을 의미한다는 알렉스 캘리니코스의 주장을 보라. *Marxism and Philosophy*, London, 1983[캘리니코스, 『현대철학의 두 가지 전통과 마르크스주의』, 갈무리, 1995], p. 112.
20) G. A. Cohen, *Karl Marx's Theory of History : a Defence*, Oxford, 1978.
21) A. Labriola, *Essays on the Materialist Conception of History*와 *Socialism and Philosophy*, Chicago, 1918을 보라.

총명한 유물론에 더 가깝다.'22)

그 이후에 계속되는 시대에서, 게오르그 루카치, 칼 코르쉬 그리고 안토니오 그람시 같은 사상가들 모두는 인간의 활동성을 다른 요인들에 대한 수동적 반영으로 보지 않는 역사적 유물론의 수정판들을 제공하려고 노력했다. 그리고 레온 뜨로츠키는 자신의 걸작 『러시아혁명의 역사』에서 세계사적 사건들을 객관적 요인들뿐만 아니라 주관적 요인들에도 상당한 강조점을 두면서 설명했다. 이것에 대해 그는 플레하노프적 관점을 가진 사람들로부터 비판을 받았다.23)

역사적 유물론에 대한 비기계적이고 비주의주의적인 관점은 오늘날 절대적으로 중요하다. 『정치경제학 비판을 위하여』의 서문에 있는 그의 고전적인 설명과 함께 다양한 관점을 제시하고 있는 『독일 이데올로기』, 『철학의 빈곤』, 『공산주의자 선언』 그리고 그 밖의 저작들을 보충한다면, 그것은 마르크스 자신의 저작들에서 쉽게 찾아볼 수 있는 것이다.

생산과 사회

마르크스는 1846년의 『독일 이데올로기』에서 역사적 유물론에 대한 설명을 처음으로 제시하였다.

그는 인간이 생물학적으로 자연의 일부라고 하는 유물론적 인식에서부터 시작한다.

> 우리가 출발하는 전제들은 교조들이 아니라, 상상력을 통해 그것으로부터의 추상이 이루어질 수 있는 실제적 전제들이다. 그것들은 실제적 개인들, 그들의 활동, 그리고 그들이 살아가는 물질적 조건들, 또 그들이 존재하고 있는 상태로 발견하는 것들과 그들이 자신의 활동에 의해 생산하는 것들 모두이다.
> 확정되어야 하는 최초의 사실은 이러한 개인들의 물리적 조직과 그들이 나머지

---

22) V. I. Lenin, *Collected Works*, vol. 38, p. 276.
23) Isaac Deutscher, *The Prophet Outcast*, pp. 240~247에 실려 있는 뜨로츠키의 입장에 대한 비판을 보라.

자연과 맺는 필연적 관계이다. …… 역사에 대한 서술은 반드시 항상 이러한 자연적인 토대와 역사의 과정에서 이루어지는 것, 즉 인간의 활동을 통한 그들의 변형에서부터 시작하여야 한다.

우리는 인간 실존의, 그리고 따라서 모든 인간 역사의 제일차적인 실질적 전제에 대해 서술하는 것에서부터 시작해야 한다. 그 전제란 인간이 '역사를 만들기' 위해서는 무엇보다도 살아남을 수 있어야만 한다는 것이다. 그러나 삶은 무엇보다도 우선 먹고 마시고 거주하고 옷을 입고 또는 그 밖의 많은 것들을 필요로 한다.

[이것이] 수천 년 전과 마찬가지로 오늘날 인간의 삶을 유지시키기 위해서 매일 매시마다 채워져야만 하는 모든 인간 역사의 기본적인 조건이다.[24]

그래서 역사의 어느 시점에서건, 현실에서 일어나는 그 밖의 모든 것들의 전제조건이 되는 핵심적인 활동이 있기 마련이다. 이것은 다름 아니라 의식주를 해결하기 위해 물질적 세계에 작용을 가하는 활동이다.

이 활동의 특성은 인간이 처한 구체적인 물질적 상황에 의존한다.

이것은 인간 활동의 가장 기본적인 형태들의 내용을 결정한다. 그리고 그렇기 때문에 그것은 또한 개인들 자신이 무엇인지를 결정한다.

이 생산양식이 단순히 개인들의 물리적 존재의 재생산에 불과한 것으로 여겨져서는 안된다. 오히려 그것은 이러한 개인들이 활동하는 특정한 형태, 그들 삶을 표현하는 특정한 형태, 그들의 생활양식의 특정한 형태이다.

개인들은 자신들의 삶을 있는 그대로 표현한다. 그러므로 그들이 무엇인가 하는 것은 그들의 생산과, 즉 그들이 무엇을 생산하고 또 어떻게 생산하는가 하는 것과 부합한다.

(그러므로) 개인의 본성은 그들의 생산을 결정하는 물질적 환경에 의존한다. ……[25]

---

24) K. Marx · F. Engels, *The German Ideology*, in *Collected Works*, vol. 5, pp. 31, 41~42[마르크스 · 엥겔스, 『독일 이데올로기』, 청년사, 1988]. 이 글은 좀더 오래된 번역본을 사용하여 씌어졌는데 이 대목의 번역은 *Collected Works*에 번역되어 있는 것과는 약간 다르다.

25) 같은 책, p. 31.

이러한 문장은 인간 활동성에 대한 마르크스의 중심적 요점 ― 『포이에르바하에 관한 테제』(이것은 『독일 이데올로기』와 동시에 씌어진 것이다)에서 가장 잘 표현된 ― 이 제대로 이해되지 않고서는 옳게 이해될 수 없다. 마르크스에게 인간이란 자연의 일부이다. 인간은 생물학적 진화의 결과로서 생겨났다. 또 인간은 자신을 둘러싼 물질적 세계에 대한 자신의 물리적 의존을 잊어서는 안된다. 그의 제도들, 사상들, 꿈들 그리고 이상들 모두는 이 물질적 실재로부터 생겨난 것으로서만 이해될 수 있다. 설령 그들이 그렇게 발생한 노정(露呈)이 종종 길고 또 에움길이었다 하더라도 말이다. 라브리올라가 말했듯이, '사상은 천상에서 뚝 떨어진 것이 아니고, 그 어느 것도 꿈속에서 우리에게 다가온 것이 아니다.'26)

그러나 이것은, 인간들이 자연의 나머지 부분들과 질적으로 전혀 구분되지 않는다는 뜻이 아니다. 다른 종(種)들처럼 인간에게도 자신만의 특정한 성질들이 있다. 마르크스가 보기에 그러한 특정한 성질들의 핵심은, 인간이 살아남기 위해서는 자신이 처하게 되는 물질적 환경에 반작용을 해야만 한다는 것이다.

> 인간은 의식, 종교나 혹은 그 밖의 것들에 의해서 동물들과 구별될 수 있다. 그들은 생존수단 ― 그들의 물리적 기관에 의해 조건지워진 수단 ― 을 생산하기 시작하면서 스스로를 동물들과 구별한다. 자신들의 생존수단을 생산함으로써 인간은 간접적으로 자신들의 실제적인 물질적 삶을 생산하고 있는 것이다.27)

인간은 자신들의 환경으로부터 독립적으로 행동할 수 없다. 그러나 이것이 그들을 곤경에 빠뜨리는 것을 의미하지는 않는다. 그들은 자신들을 둘러싼 물질적이고 객관적인 세계를 '부정'함으로써, 그리고 자연과 인간 양자를 모두 변화시키는 방식으로 자연에 반작용함으로써 계속해서 서로 영향을 주고받는다.

역사의 각각의 시점에서, 인간은 물질적 생존의 필요에 대처해 나가는

---

26) Labriola, *Essays of the Materialist Conception of History*, p. 155.
27) *The German Ideology*, 앞의 책, p. 31[마르크스·엥겔스, 『독일 이데올로기』, 청년사, 1988].

여러 가지 방법을 찾아낸다. 그들이 그것에 어떻게 대처하는가 하는 것은 객관적인 물리적 세계로부터 독립적인 어떤 것이 아니다. 오히려 그것은 그러한 세계의 생산물이다. 그러나 이것은 단순히, 자연의 물리적 구성이라는 기계적인 과정으로 파악될 수는 결코 없다. 그것은 기계적인 인과관계가 아니라, 인간이 생존을 유지해 나가는 세계와 그들이 살아가는 삶 사이를 중재하는 인간 행동이다.

사회적 생산

생산은 결코 개별적 생산이 아니다. 생산은, 인간들이 자신을 둘러싼 세계로부터 생존수단을 획득해 나가려는 그들 자신의 집단적인 노력일 뿐이다.

그러므로 중심적이고 핵심적인 활동 — 즉, 노동 — 은 사회적으로 조직되어야만 한다. 인간 노동의 발전에 있어서 모든 특정한 단계는 그것을 유지시키는 특정한 종류의 사회적 관계를 요구한다.

『독일 이데올로기』에서 마르크스는 역사의 특정한 시점에서의 인간들 간의 사회적 관계를 '교류형태'라고 언급한다. 그리고 그는 '교류형태는 생산에 의해서 다시 결정된다'[28]고 주장한다.

인간관계들을 구체화하는 다양한 제도들은 이 핵심, 즉 생산적인 상호작용으로부터 발전되어 나오는 것으로 이해될 수 있을 뿐이다.

> 사실상 특정한 방법으로 생산적인 활동을 하고 있는 특정한 개인들은 이들 특정한 사회적, 정치적 관계들로 들어가게 된다. …… 사회구조와 국가는 이 특정한 개인들의 삶 — 즉 그들 자신이나 다른 사람들의 상상 속에서 보여지는 개인들의 삶이 아니라 있는 그대로의 개인들의 삶, 다시 말해 일을 하고, 물질적으로 생산하며 또 그렇기 때문에 특정한 물질적 한계들, 전제조건들 그리고 자신들의 의지에서 독립된 조건들 아래에서 노동하는 개인들의 삶 — 의 과정으로부터 지속적으로 진화해 나온다.[29]

---

[28] 같은 책, p. 32.
[29] 같은 책, p. 35.

그들의 물질적 삶을 유지하기 위해서 인간은 특정한 방식들—물질적 생산에 참여하는—로 세계에 반응하도록 강제받는다. 그러나 그것은 그들 사이의 협동의 특정한 형태들을 필요로 한다.

이들 핵심적인 관계들은 인간이 행하는 그 밖의 모든 것이 적응해야만 하는 하나의 구조를 제공한다. 이러한 의미에서 그 밖의 모든 것은 그것들 위에 기초하고 있다.

예를 들어 채취·수렵 사회는 단 며칠 동안의 식량밖에 저장할 수단이 없기 때문에, 그 구성원들은 계속해서 더 많은 식량을 찾아 돌아다녀야만 생존할 수 있다. 그러므로 그 사회는 다양한 방식으로 제약받는다. 그것은 20여 명 이상의 사람들의 집단들로 구성될 수 없다. 그 사회 안에서 여성은 4~5년에 한 명 이상의 자식을 출산할 수 없다. 왜냐하면 그 집단이 식량을 구할 때도 그 아이들을 데리고 다녀야 하기 때문이다. 그리고 이 사회에서는 사회의 한 부분이 쓰기나 읽기, 그리고 고등수학 등에 종사하기 위해 노동으로부터 자유로워질 수 있는 수단이 전혀 없었다.

이것은 마르크스의 주장을 파악할 수 있는 가장 제한적인 방식이다.

그러나 그는 그것을 이것보다 훨씬 더 광범한 의미를 내포하고 있는 것으로 본다. 물질적 생산의 관계들은 사회의 나머지 관계들을 제한할 뿐만 아니라, 이러한 광범한 관계들의 내용의 원천을 이룬다.

사회의 역사는 생산이 일어나는 방식들에서 일어난 변화들—즉 직접적으로 생산과정을 둘러싼 인간들간의 관계들에서 발생한 변화들—의 역사이다. 그리고 이러한 변화들이 이번에는 다른 모든 사회적 관계들에 압력을 가한다.

예컨대 만약 어느 채취·수렵 집단이, 그들이 이용할 수 있는 식량을 근본적으로 향상시키는 수단들을 채용한다면(말하자면 채소들을 구하러 돌아다니는 대신 채소들을 직접 경작함으로써), 그리고 오랜 기간 동안 그것을 (예를 들면, 흙으로 만든 항아리 따위에) 저장하는 방법들을 채용한다면, 이것은 필연적으로 그들의 사회적 관계들을 변화시킬 것이다. 계속해서 이동하는 대신에, 그들은 곡식을 수확할 수 있을 때까지 한 곳에 머무르게 되었다. 만약 그들이 한 곳에 머무르게 된다면, 더 이상 한 여성이 출산할 수 있는 아이들의 수를 제한할 필요가 없어지게 된다. 곡식은 다른 집단의 사람들이 강탈할 수 있는 그 무엇인가가 되고, 그렇게 해서 처음으로 경쟁하는 집단들간에 전쟁이 벌어질 수 있는 유인(誘因)을 제공한다.

물질적 생산이 이루어지는 방식의 변화는 일반적으로 사회적 관계들의 변화를 이끈다.

그리고 생산으로부터 야기되지 않은 인간들간의 관계들 — 사람들이 서로 노는 놀이들, 성(性)이 구별되는 형태들, 어른들과 아이들의 관계들 — 조차도 그것으로부터 영향을 받을 것이다.

마르크스는 직접적인 생산관계들 이외의 다른 관계들의 실재를 부인하지 않는다. 또 그것들이 생산 자체가 이루어지는 방식에 영향을 미칠 수 있음도 부인하지 않는다. 그가 『잉여가치 학설사』에서 언급했듯이,

> 생산의 주체인 인간에게 영향을 미치는 …… 모든 환경들은 그의 기능들과 활동들 — 물질적 부와 상품의 창조자로서의 그의 기능들과 활동들을 포함해서 — 에 크든 적든 영향을 미친다. 이러한 의미에서 모든 인간적 관계들과 기능들은, 그것들이 어떻게 또 어디에서 나타나든지간에, 물질적 생산에 영향을 미치고 또 그것에 다소간 결정적인 영향을 미친다는 것이 진실이라고 주장될 수 있다.30)

이것은 전(前)계급사회들에서조차도 진실이다. 이런 사회들에서는 노동과 생존의 낡은 유형들이 상대적으로 고정적인 구조들로 결정화되는 경향이 존재한다. 그것들은 종교, 마술, 금기, 예전(禮典) 등등과 같은 체계들의 발전을 통해 '정당화'된다. 처음에 이 체계들은 '사악한 시기', 즉 단기간의 필요나 특정 개인들의 욕망이 사회적 공동체의 장기간의 이해관계를 파멸시킬 행동들로 귀결될 수 있는 시기에조차도 작동된다. 그러나 바로 이러한 사실로 인해 그들은 기술혁신으로, 혹은 장단기적 이익을 동시에 낳을 수 있는 새로운 생산형태들로의 전진을 방해한다.

---

30) K. Marx, *Theories of Surplus Value*, part 1, Moscow, nd, p. 280[마르크스, 『잉여가치 학설사, 아침, 1989].

착취와 상부구조

생산력이 특정한 지점을 넘어서까지 발전하기 위해서는 인간들간의 단순한 협업보다 더 많은 것이 요구된다. 즉 착취가 필요해지는 것이다.

모든 사람의 최소한의 필요를 충족시키고 남은 잉여가 비록 적다 할지라도, 만약 잉여가 작은 규모의 소수 특권층에 의해 통제된다면 자원들은 생산력의 더 큰 발전을 위해 집결될 수 있을 것이다. 그러므로 원예(園藝)로부터 고유한 농업의 발전, 무역의 성장, 홍수 대비와 관개를 위한 댐과 터널의 사용, 도시의 건설이 있는 곳이면 그 어디에나, 착취하는 사람과 착취받는 사람들 사이의 사회 내적 양극화가 시작되게 된다.

새로운 착취집단은 그들이 생산에서 수행하는 역할에 그 기원을 두고 있다. 그들은 농업 생산의 새로운 방법을 도입하는 데 가장 능력이 있었던 사람들, 혹은 한 사회와 그 인접한 사회들 사이에 새로운 종류의 무역을 개척한 사람들, 혹은 홍수의 유형을 예견하거나 상수도를 설계할 수 있는 그들의 능력 덕분에 몹시 고된 육체적 노동을 하지 않아도 된다고 스스로를 정당화할 수 시킬 수 있었던 사람들로 구성되어 있다. 그러나 애초부터 새로운 착취집단은 생산에서의 역할 이외의 다른 수단들에 의해 자신의 통제권을 확보한다. 착취집단은 자신의 새로운 부를 전쟁을 수행하는 데에 사용한다. 그리하여 그들은 거기에서 전리품을 얻고 노예를 강탈함으로써 자신의 부를 더욱 늘려 나간다. 착취집단은 대내적·대외적 적들에 대항해 자신들의 예전의 부와 새로운 부를 보호하기 위해 '무장한 사람들의 특수 부대'를 창설한다. 착취집단은 사회적 생산력의 향상을 자신들의 '초자연적인 능력' 탓으로 돌리면서 종교적인 의식에 대한 통제권을 확보한다. 착취집단은 행위에 관한 낡은 법전들을 재서술해서 자신들의 지위를 신성시하는 일단의 새로운 법률적 규칙들로 만들어 낸다.

요컨대, 새로운 착취집단은 스스로를 위해 획득했던 특권적인 지위를 보호하기 위해 비생산적 관계들의 총체적인 연결망을 창조하는 것이다. 착취집단은 자신들의 지위를 보호하기 위해 이러한 정치적, 법률적, 종교적인 수단들을 찾아 나선다. 착취집단은 경제적 '토대'에서의 자신들의 특권의 원천을 보호하기 위해 비경제적 '상부구조'를 창조한다.

'비경제적' 제도의 바로 이러한 기능들은, 그것들이 막대한 경제적인 영향력을 행사함을 의미한다. 그것들은 토대를 **통제**하고, 현존하는 착취의 관계들을 고정시키며 그렇게 함으로써 생산관계들에서의 변화들에 제한을 가하는 것 ─ 설령 이것이 또한 생산력의 훨씬 더 나은 발전을 저지시키는 것을 뜻한다 하더라도 말이다 ─ 에 관계한다.

예를 들어 고대 중국에서 지배계급은 특정한 종류의 물질적 생산(수리시설들을 사용한 농업)과 착취의 토대 위에서 나타났다. 그리고 나서 그 구성원들은 정치적이고 이데올로기적인 제도들을 창조함으로써 그들의 지위를 보호하기 위해 노력했다. 그리고 그렇게 하는 과정에서 그들은 생산(예컨대 수공예와 무역)에서의 변화들에서 나타났던 새로운 사회적 세력을 분쇄하기 위해 사용될 수 있었던 수단들을 창조했다. 때때로 그것은 새로운 생산수단들을 물리적으로 파괴하는 것을 의미하기도 했다.

토대에 가하는 '상부구조'의 역작용이 워낙 강하기 때문에 우리가 상식적으로 '경제적'이라고 생각하는 대부분의 범주들은 사실상 토대와 상부구조 양자에 의해 구성된다. 그래서, 예컨대, '소유권'은 법률적(상부구조의 일부)이지만, 착취가 전개되는 방식(토대의 일부)을 규제한다.

정치적이고 법률적인 것이 경제적인 것에 역작용하는 방식은 마르크스의 전체적 접근에 있어 단연 핵심적인 것이다. 마르크스가 연속적이면서도 별개인 '생산양식' ─ 즉 생산과 착취의 조직이 특정한 방식으로 고정된 역사의 단계 ─ 에 대해 말할 수 있었던 것은 바로 이것 때문이었다. 이 각각의 생산양식들은 사회 전체를 자신의 필요에 맞게 만들어 내기 위해 애쓰는 각각의 종별적인 지배계급을 갖고 있다.

'토대'에 가하는 '상부구조'의 영향을 무시하기는커녕 ─ 많은 무지한 비판가들이 한 세기 이상이나 이렇게 주장해 왔지만 ─ 마르크스는 인간역사에 대한 그의 총체적 설명을 바로 이 영향관계 둘레에 세워 놓는다.

낡은 생산관계들은 새로운 생산력의 성장을 방해하는 족쇄로 된다. 어떻게 그것이 가능해지는가? 그것은, 낡은 지배계급이 부와 권력에 대한 자신의 독점에 도전하는 생산과 착취의 새로운 형태들을 저지하기 위해 이들 '상부구조'를 활용하기 때문이다. 그들의 법률은 새로운 방식들이 불법이라고 선언하고, 그들의 종교적 제도는 그것들을 비도덕적이라고 비난하며, 그들의 경찰은 그것들에 고문을 사용하고, 그들의 군대는 그것들이 실행되는 도시들을 파괴한다.

마르크스에게는, 그 결과로서 비롯된 대규모의 경제적이고 이데올로기적인 투쟁들이, 새로운 생산력에 토대를 둔 상승하는 계급이 낡은 지배계급을 몰아내느냐 마느냐를 결정한다. 그러므로 마르크스가 정치적 혹은 이데올로기적 요소들을 '무시한다'고 주장하는 것은 정말로 그의 관점들을 우스꽝스럽게 만드는 것이다.

그러나 상부구조적 제도들의 성장이 현존하는 생산관계들을 고정화시키는 것만은 아니다. 그것은 또한 대다수의 지배계급 자신들 사이의 관계들, 그리하여 그들이 사회의 다른 계급들에 반응하는 방식에 심원한 영향을 미치기도 한다.

군대, 경찰 그리고 성직자들에게 명령을 내리는 사람들은 직접적인 착취자가 획득한 것과 똑같은 정도로 착취에 의해 획득된 잉여가치에 의존하여 살아간다. 그러나 그들은 또한 그들 나름대로의 특정한 이해관계를 발전시킨다. 그들은, 그들의 제도들의 특정한 필요에 부응하기 위해 발생한, 특정한 종류의 물질적 생산을 원한다. 그들은, 말하자면, 직접적 생산에 연루된 사람들의 생활양식보다 훨씬 더 높게 가치매겨질 수 있는 그들만의 생활양식을 원한다.

그들 나름의 특정한 목표들을 획득하기 위한 그들의 시도는 훨씬 더 복잡한 제도들로, 사회적 행동들에 대한 정교한 규율로, 그리고 지위와 권세를 놓고 벌이는 끝없는 전투들로 이어질 수 있다. 그것의 마지막 결과는 미로(迷路)와 같은 구조들로 될 수 있다. 그 구조들 속에서 물질적 생산 내부에 들어 있는 부와 특권의 원천은 완전히 잊혀지게 된다.

이러한 일이 발생할 때 상부구조는, 그것이 기초하고 있는 경제적 활동들을 단순히 고정시키는 수준을 넘어서까지 나아갈 수 있다. 그것은 그것들의 재생산을 막거나 그렇게 하면서 상부구조 그 자체까지 포함하는 전체 사회가 의존하고 있는 자원을 파괴하는 일종의 고갈작용을 할 수 있는 것이다. 그후 물질적 현실은 그것을 따라잡으며 사회의 전체 체계는 무너지게 된다.

그러나 이러한 발전의 어느 것도 대대적인 정치적, 이데올로기적 투쟁들 없이는 일어나지 않는다. 일단의 사회적 활동들(상부구조의 활동들)이 일단의 다른 사회적 활동들(물질적 토대를 유지시키고 발전시키는 데에 관련된 활동들)을 속박하는가 그렇지 않는가의 여부를 결정하는 것은 이러한 투쟁들이다. 마르크스가 보기에, 현존하는 지배계급이 사회를 파멸시킬 때까지 그 권력을 유지하는가 아니면 새로운 생산력에 기반을 둔 상승하는 계급이 그것을 몰아내는가의 여부도 이러한 투쟁들이 결정한다.

'지금까지 현존한 모든 사회의 역사는 계급투쟁의 역사이다'라고 마르크스와 엥겔스는 『공산주의자 선언』의 서두에 썼다. 그러나 엄밀하게 말하면 계급투쟁은, 생산적 '토대'에 대한 그들 자신의 권력과 착취를 유지하기 위해 상부구조의 정치적, 이데올로기적 수단들을 이용하는 사람들과 그것들에 대해 저항하는 사람들 사이의 투쟁이다.

상부구조는 착취와 그것의 열매들을 보호하기 위해 존재한다. 현존하는 착취구조들에 대한 어떠한 실제적인 투쟁도 상부구조에 대한 투쟁, 즉 정치적 투쟁으로 된다. 레닌이 말했듯이, '정치는 응축된 경제이다.'

마르크스주의는 정치적 투쟁을 단순히 생산력 발전의 자동적이고, 수동적인 반영으로 보지 않는다. 사회를 통제하기 위해 투쟁하는 계급세력을 창출하는 것은 바로 그 경제적 발전이다. 그러나 그러한 투쟁이 어떻게 진행되는가 하는 것은 각각의 계급 내에서 일어나는 정치적인 동원(mobilisation)에 의존한다.

생산에서의 변화들이 수행하는 핵심적인 역할

우리는 이제 '상부구조의 다양한 요소들은 …… 또한 역사적 투쟁들의 과정에 자신들의 영향력을 행사하고 또 많은 경우에 그것들의 형태들을 결정하는 데에서 매우 중요하다'라는 엥겔스의 진술을 재평가할 지점에 와 있다.[31]

어떠한 계급지배의 형태 아래에서도, 일련의 구조들은 착취를 강화하

---

31) 초기 저작에서 인용.

고 제도화하기 위해 세워진다. 이러한 제도들에서 통제력을 발휘하고 있는 사람들은 그들 나름의 이해관계 ── 물질적 생산 자체를 포함하여 사회에서 일어나는 그 밖의 다른 모든 것들에 영향을 미치는 것 ── 를 가지고 있다.

그러나 엥겔스의 언급들에 대한 '주의주의적' 해석들이 은연중에 보여주듯이, 이것으로 문제가 모두 해결될 수 있는 것이 아니다. 상부구조의 제도들 자체가 어디에서 유래하는가 하는 문제는 여전히 남는다. 그리고 만약 상부구조가 그 자신의 물질적 토대의 재생산을 방해하는 식으로 발전한다면 도대체 무슨 일이 일어날 것인가 하는 가장 중요한 의문도 남는다. 마르크스는 사회에서의 모든 것이 그 밖의 다른 것에 ── 예컨대 상부구조가 토대에, 거꾸로 토대가 상부구조에 ── 영향을 미친다고 단순하게 주장하는 것은 쓸모없는 짓이라고 강조한다. 그는 『독일 이데올로기』를 쓴 직후에 쓴 프루동에 대항한 비판인 『철학의 빈곤』에서 자신의 주장의 요점을 이렇게 제시한다.

> 사회의 생산관계들은 하나의 총체를 구성한다. 프루동은 경제적 관계들을, 서로가 서로를 발생시키는 ── 즉 하나가 다른 것에서 유래하는 ── 수많은 사회적 국면들이라고 간주한다. …… 이 방법의 유일한 약점은, 프루동이 이러한 국면들 중 하나를 고찰하게 될 때, 사회의 다른 관계들 ── 즉 그가 아직 자신의 변증법적 운동으로 하여금 산출하도록 만들지 못한 관계들 ── 전체에 의지하지 않고서는 그것을 설명할 수 없다는 점에 있다. ……32)

마르크스는 자신의 저작에서, 사회를 하나의 미분화된 총체로 간주하는, 즉 모든 것이 서로 다른 것에 영향을 미친다고 보는 견해에 수반되는 세 가지의 서로 다른 결론들을 지적한다.

첫째, 그것은 현존하는 사회형태는 영원불변한 것이라는 관점을 낳는다. 이 관점은 마르크스가 부르주아 경제학자들의 것으로 귀속시켰던 것이다. 마르크스가 보기에 그들은 사회적 관계들을 '언제나 사회를 지배해

---

32) *The Poverty of Philosophy*, 앞의 책, p. 166[마르크스, 『철학의 빈곤』, 아침, 1988].

야만 하는 영원한 법칙들로 파악한다. 그래서 그들의 관점에서 본다면, 사회에는 비록 지금까지는 역사가 있어 왔지만 이제 더 이상은 역사가 없는 것으로 된다.' (이것은 사회에 대한 현대의 사이비 과학인 사회학의 기초가 되는 관점이기도 하다.)

둘째, 그것은 사회의 역동성을 사회 외부에 존재하는 어떤 신비스러운 힘 (헤겔의 '세계정신'이나 베버의 '합리적 사고') 안에 존재하는 것으로 보는 관점으로 나아간다.

셋째, 그것은 오늘날 존재하는 것은 다른 것들에 대한 어떠한 언급 없이도 그 자체 내에서, 그 자신만의 언어와 사고를 통해 파악될 수 있다고 하는 관점(19세기 독일에서 헤겔의 뒤를 이었던 관념론적인 철학가들과 보다 최근의 사상가들로는 콜링우드, 윈치 그리고 탈(ex)알뛰세주의자들이 취하는 입장)으로 나아간다.

이러한 곤경에서 탈출하기 위한 마르크스의 방법은 사회적 전체 속에서 그 자신의 발전을 누적적으로 발전시키는 경향이 있는 하나의 요소를 설정하는 것이다. 이 요소란 자신들의 삶을 꾸려 가기 위해 자신들의 환경에 작용을 가하는 인간의 행동이다. 과거의 노동은 현재의 노동의 성과물을 증대시키는 수단들 — 물질적 수단들(물질적 재료들을 다루기 쉽게 해주는 도구들, 기계들)뿐만 아니라 새로운 지식 — 을 제공해 준다. 한편 새로운 노동방식을 도입하는 과정에서 인간은 또한 그것들을 서로 연관짓는 새로운 방식들도 도입한다.

이러한 변화들(이곳의 두 사람 사이의 관계의 변화들, 그리고 이들과 어딘가 다른 곳에서 특정한 노동과정에 참여하고 있는 또 다른 사람들과의 관계의 변화들)은 종종 너무나 미미해서 거의 인식될 수 없을지도 모른다. 그러나 만약 이러한 변화들이 계속된다면, 그들은 전체 사회구조에서 체계적인 분자 변화를 야기할지도 모른다. 양적인 변화들의 계속적인 축적이 마침내 하나의 질적인 충격을 몰고 오는 것이다.

마르크스는 사회적 삶의 다른 측면에서의 변화 가능성을 부인하지는 않았다. 한 사람의 통치자는 죽어서 전혀 다른 성격을 가진 사람에게 그 자리를 넘겨줄지도 모른다. 사람들은 어떤 게임에 싫증을 내고, 다른 게임을 시작할 수도 있다. 팔자가 좋아 부잣집에서 태어나거나 제대로 교육을 받는다면, 천부적인 음악가나 화가가 될 수도 있을 것이다. 그러나 이러한 모든 변화들은 우연적인 것이다. 왜 그것들이 어떠한 종류의 누적적인 사회적 변화로 나아가게 되는지를 설명할 길이 없는 것이다. 그것들은 이런저런 사회적 변화들을 양산해 낼 수는 있지만, 사회를 어떤 특정한 방향으로 나아가게 하는 동력을 만들어 내지는 못한다.

그와는 반대로 물질적 생산은 다른 것들에 비해서 하나의 방향으로 움직이는 경향이 분명히 존재한다. 그 산출물들은 사람들로 하여금 물질적 궁핍으로부터 벗어나도록 도와주는 부와 자원들이 된다. 그리고 이러한 자원들은 점점 더 많은 양으로 축적될 수 있다.

이것은 카우츠키, 플레하노프 그리고 최근의 코헨이 주장한 것처럼 생산력이 항상 발전한다는 것을 의미하지는 않는다. 우리가 이미 보았듯이, 새로운 생산방법과 낡은 사회적 관계 사이의 충돌이 역사에서의 중심적 특징이다.

마르크스는 『공산주의자 선언』에서 '낡은 생산양식을 변경하지 않고 보존하는 것은 모든 초기의 산업계급들이 살아남기 위한 제일의 조건이었다'33)고 지적했다. 신구(新舊) 계급간의 격돌의 결과가 낡은 계급의 패배로 결판나는 것만은 아니다. 새로운 계급이 진압될 수도 있다. 또 그것은 '투쟁하는 계급들의 공멸'34)로 끝날 수도 있다.

'퇴보' —— 더 진보된 생산형태들로부터 더 낙후한 생산형태들로의 —— 는 역사적으로 예외적인 상황이 결코 아니다. 문명을 뒤이은 문명이 '야만주의'로 거꾸러지기도 했다(예컨대 도회지들이 없이 이루어진 농경적 생산). 라틴 아메리카, 남동 아시아 혹은 중앙 아프리카 등에서 발견되는 이미 죽어 버린 '정글 속의 도시들'을 보라. 수렵·채취민들 가운데에는 과거에 원예농업 시대에 살고 있었음을 보여 주는 사례가 적지 않다(예컨대, 아마존의 여러 부족들).35) 새로운 생산력들이 발전하고 그것과 결부된

---

33) *The Communist Manifesto*, Marx·Engels·Lenin, *The Essential Left*, London, 1960, p. 17[마르크스·엥겔스, 『공산당 선언』, 백산서당, 1989].
34) 같은 책, p. 15.

계급들이 현존 상태를 돌파하느냐의 여부는 어떤 사회의 역사적으로 발전된 특수한 특징들에 의존한다. 한편의 극단에서, 너무나 경직된 나머지 생산에서의 혁신 가능성이 전혀 없는 사회들(예를 들면, 생산에서의 행동 하나하나가 어떻게 수행되어야 하는지를 결정하는 종교적 관습들에 빽빽이 둘러싸인 사회들)을 상상해 볼 수 있다. 다른 한편의 극단에는, 현대 자본주의 사회가 존재하는데 이곳에서는 생산력을 향상시키는 것이 삶의 전부다.

사실상, 대부분의 인간적인 사회들은 이 양극단 사이의 어디엔가 존재해 왔다. 인간의 삶이 가혹했기 때문에 사람들은 자신들이 일정한 양의 노동 — 어떤 활동들은 신성시되고, 또 어떤 것들은 금기시된다 할지라도 — 을 한 대가로 얻을 수 있는 생필품 양을 늘리기를 원했다. 일반적으로 말해서, 새로운 계급이 낡은 계급에 도전하기 시작하는 지점에 다다르기 전에는 생산력의 발전이 매우 더디게 진행되었다. 그후 무엇이 일어났는가 하는 것은, 한편으로는 서로에게 미치는 계급세력의 균형에, 그리고 다른 한편으로는 경쟁하는 계급들을 활용할 수 있는 지도력과 이해력에 의존했다.

설령 생산력의 발전이 일반적인 것이 아니라 예외적인 것이었다 할지라도, 그것이 마르크스의 주장을 무효로 만드는 것은 아니다. 왜냐하면 생산력이 자신에 가해지는 제한들을 뚫고 나오는 사회들은 번창할 것이며 결국에는 그것이 생산력이 지속적으로 억제당한 사회들을 지배할 수 있는 지점에까지 다다르게 될 것이기 때문이다. 매우 극소수의 사회들만이 야만의 단계에서 문명의 단계로 이행해 갔다. 그러나 그렇게 하지 못한 많은 사회들은 그렇게 했던 사회들에 의해 노예화되었다. 이와는 달리 봉건적 귀족들과 동방의 전제적인 귀족들은 흔히 농촌의 상인들과 무역

---

35) 연면(連綿)한 청동기 시대 문명이 어떻게 '암흑 시대' 속으로 무너져 갔는지에 대한 뛰어난 설명으로는, V. Gordon Childe, *What Happened in History*, Harmondsworth, 1948, pp. 134, 135~136, 165를 보라. 아마존의 '퇴보'에 대해서는 C. Levi-Strauss, 'The concept of archaism in anthropology', in *Structural Anthropology*, Harmondsworth, 1968, pp. 107~112를 보라.

상인들의 도전을 격퇴시킬 수 있었다. 그러나 이것이 18~19세기에 유럽의 서쪽 변방으로부터 전개된 자본주의의 물결에 의해 그들 모두가 전복되는 것을 막지는 못했다.

이러한 전복의 마지막 날에는 그 사회의 상부구조가 얼마나 웅장하고 또 공을 많이 들인 것인가 하는 것은 아무런 의미도 갖지 못했다. 그것은 물질적 생산이라는 하나의 '토대'에 의존했다. 만약 상부구조가 이 토대의 발전을 가로막았다면, 그것은 결국 사멸을 면치 못했을 것이다. 이러한 의미에서 엥겔스는 '궁극적으로 경제적 요소가 자신을 지배적인 것으로 선언한다'라고 옳게 지적했던 것이다.

역사적 사실을 통해 볼 때, 생산력은 그들이 그 속에서 성장해 나온 사회적 관계들의 총체를 파괴하고 변형시키는 데 성공한다.

토대, 상부구조 그리고 사회적 변화

『정치경제학 비판을 위하여』에 씌어진 마르크스의 서문에 대한 해석을 둘러싸고 마르크스주의자들 사이에서 제기된 혼란의 대부분은, '법률적이고 정치적인 상부구조'가 옹립되는 바로 그 '토대'를 어떻게 정의할 것인가 하는 데에 놓여 있다.

어떤 사람들에게는 '토대'가 사실상 인간과 자연의 물질적 상호관계 ─ 즉 생산력 ─ 로 인식되어 왔다. 또 다른 사람들에게 그것은 이러한 상호작용이 일어나는 사회적 관계들, 즉 생산의 사회적 관계들로 인식되어 왔다.

만약 우리가 이 책의 나머지 구절들과 또 마르크스의 다른 저작들로부터 분리시켜서 그「서문」의 특정 대목을 인용한다면 우리는 이러한 입장들 중에 어느 것이라도 정당화시킬 수 있을 것이다. 어느 곳에선가 그는 '이러한 생산관계들의 총합'을 '정치적이고 법률적인 상부구조들이 그 위에 옹립되어지는 실질적 토대'라고 말한다. 그러나 그는 이보다 더 일찍이, '생산관계들은 …… 그들의 물질적 생산력 발전의 특정한 형식에 조응한다'고 말한 바 있다. 그리고 그는 계속해서 '자연과학의 엄밀성으로 확증될 수 있는, 물질적 생산조건들의 물질적 변형'을 '법률적, 정치적, 종교적, 미학적 혹은 철학적 형태들'과 대비시킨다. '현존하는 생산관계들'과 갈등에 빠지게 되는 것은 바로 그 '물질적인 생산력들'이다.

사실상, 그는 『비판』에서 '토대'와 '상부구조' 사이에 하나의 단일한 구별을 짓고 있는 것은 아니다. 여기에는 두 가지의 구별들이 포함되어 있다. '생산력들'과 생산관계들 사이의 구별이 있고, 그리고 생산관계들과 여타의 사회적 관계들 사이의 구별이 존재한다.

혼란의 이유는 바로 이것이다. '토대'는 생산력들과 생산관계들의 결합이다. 그러나 이 결합의 구성요소들 중의 하나는 다른 것보다 '더 기본적'이다. 역동적인 것은 다름 아닌 '생산력들'인데, 이것은 정적(靜的)인 '생산관계들'과 '갈등에 빠질' 때까지 계속 발전한다. 생산관계들이 생산력들에 '조응'하는 것이지 그 역은 아니다.

물론, 물질적 생산이 포함하는 사회적 관계들로부터 물질적 생산을 분리시키는 것이 불가능하다고 하는 것에는 일정한 의미가 있다. 만약 새로운 작업방식들이 새로운 사회적 관계들을 수반한다면, 그것들은 분명히, 이러한 새로운 사회적 관계가 성립되기 전에는 성립할 수 없다.

그러나 위에서 보았듯이, 생산력들에 우선권을 부여하는 것에는 그 나름의 이유들이 있다. 생산력을 발전시키기 위해 자신들이 작업하는 방식들을 바꾸는 데 성공한 인간집단들은 그렇게 하지 못한 집단들보다 더 성공적일 것이다. 생산력들에서의 작지만 누적적인 변화들이 일어날 수 있는데 그것들은 사람들 사이의 관계의 변화—— 그것은 그와 마찬가지로 작을 뿐만 아니라 또 동시에 그처럼 누적적이기도 하다—— 를 불러일으킨다. 사람들은 생계수단들을 보다 쉽게 생산하기를 원하기 때문에 서로간의 관계들을 변화시킨다. 즉, 생계수단들을 늘리는 것이 목표이고, 생산의 사회적 관계에서의 변화들은 의도하지 않은 결과인 것이다. 생산력들이 기존의 생산관계들에 대해 반란을 일으키는 것이지, 그 역은 아니다.

그래서 예를 들면, 채집과 수렵을 통해 먹고사는 사람들이 원예(園藝)에 종사하기 위해 서로간의 사회적 관계를 변화시키기로 결정한다면, 그것은 우선 원예적인 사회적 관계가 채집·수렵의 사회적 관계보다 월등하다는 믿음의 결과가 아니다. 그것은 오히려 그들이 수렵·채집을 뛰어넘는 원예(園藝)의 증대된 물질적 생산성에 접근하기를 원하는 것의 결과이다.

이와 마찬가지로, 부르주아지로 하여금, 봉건사회에 도전하기 시작하도록 이끄는 것은, 생산과정을 둘러싼 일단의 특정의 관계들에 대한 선호에 있지 않다. 오히려 그것은 봉건주의 내부의 이 특정한 부류의 사람들에게 있어서, 생계수단에 대한 그들 자신의 통제를 증대시키는 (그들의 통제 하에서 생산력들을 발전시키는) 유일한 길은 새로운 생산관계들을 확립하는 것이라는 데 있다.

한 사회가 조직되는 방식이 그것에 가해지는 다른 사회의 압력 때문에 변할 때에조차도—마치 인도가 19세기에 유럽 식의 토지보유체계를 받아들이도록 강요받은 것처럼, 혹은 채집·수렵인들이 식민 통치자들과 선교사들에 의해 정착된 농경생활을 받아들이도록 설득당했던 것처럼—그러한 압력이 존재하는 이유는 다른 사회가 마음대로 처분할 수 있는 진보된 생산력—이것은 전쟁을 수행하는 더 효과적인 수단으로 전화한다—을 갖고 있기 때문이다. 그리고 '생산의 사회적 관계들'은, 그것들을 수용하도록 압력을 받고 있는 사회 속에서 물질적 생산을 조직하는 데—즉 물질적 생산의 '토대'를 발견하는 데—성공하지 못하면 살아남지 못할 것이다. 그러한 '토대'를 발견하지 못한 곳에서—북부 우간다의 아이크처럼—그 결과는 해당 사회의 파괴로 끝날 수조차 있다.36)

물질적 생산의 확장은 원인이고, 생산의 사회적 조직화는 그 결과이다. 원인 그 자체는 사회조직의 낡은 형식에 의해 방해받을 수도 있다. 물질적 생산의 확장—그리고 그것과 함께 사회적 관계에서의 변화들—이 자동적으로 이루어진다는 의미의 기계적인 원칙은 없다. 그러나 어떠한 사회에서도 어떤 시점 혹은 다른 시점에는 이러한 방향으로 이끄는 압력들이 존재할 것이다. 이러한 압력들이 낡은 사회적 관계들에 의탁하고 있는 사람들에 의해 성공적으로 저지당한다 할지라도, 그것들은 여러 사회

---

36) C. Turnbull, *The Mountain People*, London, 1974를 참조하라.

적 결과물들을 산출할 것이다.

생산력들과 생산관계들 사이의 구별은 두 번째 구별, 즉 '경제적 토대'와 상부구조 사이의 구별보다 더 선차적이다. 생산력들의 발전은 생산관계들에서의 일정한 변화들을 낳는다. 이번에는 이것들이 여타의 사회적 관계들의 변화를 초래한다. 그리하여 전체적인 비경제적인 제도들이 기존의 경제적 관계들의 재생산을 도우며 (이리하여 더 이상의 경제적 변화가 일어나는 것에 저항한다).

이러한 구별의 핵심은 사회가 어떻게 변화하는가에 대한 이해를 제공하는 것이다. 만약 생산력이 고정적이라면, 어떠한 사회도 규칙적인 변화를 겪을 이유가 전혀 없는 것이다. 기존의 사회적 관계들은 단순히 자신들을 재생산하는 경향을 갖게 될 것이며, 그 결과 기껏해야 사람들 서로 간의 관계에서의 임의의, 우연적인 변화들만이 가능할 것이다. 생산의 사회적 관계들이나 또는 더 폭넓은 사회적 관계들은, 실제로 발생하는 혁명적인 사회적 변화들 — 예컨대 작은 무리의 사회들에서 정착촌의 사회들로, 혹은 중세의 봉건적 영지(領地)의 사회들에서 발전된 산업자본주의 도시들의 사회들로 — 에 어떠한 기동력도 제공해 주지 못할 것이다.

생산력들과 생산관계들에 관한 토론들 중의 일부에는 더 심한 혼란이 존재한다. 이것은 '생산관계들'이 무엇인가 하는 문제와 관련되어 있다.

「서문」의 어디에선가 마르크스는 생산관계를 소유관계와 동일시하고 있다. 코헨과 같은 사람들은 역사적 유물론에 대한 자신의 설명에서 이러한 관점에 핵심적인 지위를 부여한다.

나에게는 그것이 '생산의 사회적 관계들'이라는 개념을 너무나 과도하게 제한하는 것처럼 보인다. 역사에 대한 마르크스의 설명이 갖는 대부분의 힘은 어떻게 생산력들에서의 작은 변화들이 — 이것들이 더 넓은 사회적 관계들에 도전할 때까지 — 생산의 어떤 지점에서 직접 발생하는 사회적 관계들에서의 작고, 누적적인 변화를 이끌게 되는가를 제시하는 방법에 존재한다. 이러한 작은 변화들은 새로운 소유관계들을 포함할지 모른다. 그러나 수많은 중요한 경우들은 그렇지 않았다.

예를 들어, 중세 도시에서 평균적인 우두머리(master) 장인을 위해 일하는 장인 노동의 수적 증가는 소유관계에서의 변화가 아니다. 그러나 그것은 마을에서의 사회적 관계를 변화시키는데 이것은 매우 중요한 의미를 가질 수 있다. 그리고 채집·수렵인들에 의한 최초의 파종(播種)으로부터 오늘날의 자본주의 국가들에서의 생산방식의 변화에 이르기까지 다른 많은 중요한 역사적 변화들에도 이와 유사한 고려 사항들이 적용될 수 있는 것이다.

지금까지의 논의들을 총괄해 보자. 마르크스에게는 한 가지가 아니라 두 가지의 구별이 있다. 생산력들이 현존하는 생산관계들에 압력을 가한다. 그리고 그것들이 이번에는 현존하는 상부구조와 갈등관계에 빠지게 되는 것이다.

일단 이 사실이 파악되고 나면, 특정한 제도들이 토대에 속하는지, 아니면 상부구조에 속하는지에 대해 이따금 제기되는 질문들을 취급하는 것이 가능해진다.

우선 이 질문들 자체가 잘못 제기되는 측면이 있다. 토대와 상부구조 사이의 구별은 한편에 경제적 제도들이 있고 다른 한편에 정치적, 법률적, 이데올로기적 제도들 등이 있다는 식의, 일단의 제도들과 또 다른 제도들과의 구별이 아니다. 그것은 생산과 직접 결부된 **관계들**과 그렇지 않은 관계들과의 구별이다. 많은 특정한 제도들은 양자를 모두 포함한다.

예컨대 중세 교회는 현존하는 봉건적 착취의 형태들을 보호하는 상부구조적 제도였다. 그러나 교회는 어마어마한 자신의 토지를 소유하고 있었기 때문에 중세 사회의 경제적 구조는 그것을 하찮은 것으로 무시할 수 없었다. 이와 마찬가지로, 현대의 자본주의 국가는 특정한 자본주의 지배계급을 보호하기 위한 '무장한 사람들의 부대'에 대한 필요로부터 비롯되었다. 그러나 그러한 보호는 생산에 대한 국가의 직접적인 개입 없이는 거의 불가능한 것이었다.

전(前)자본주의 사회들에서는, 소속 계급의 문제들조차 상부구조적 요인들에 의존하게 된다. 현존하는 생산관계와 착취관계를 유지하려는 시도는 모든 개인들을 하나의 혹은 여타의 신분이나 지위에 할당하는 법전들을 정교하게 만들어 내도록 이끈다. 이것이 이번에는 그들 각각에게 어느 정도의 생산적 활동 — 만약 그것이 조금이라도 있다면 — 이 주어질 것인가를 결정한다. 마르크스가 언급하듯이, '……발전의 어느 특정 단계에서 신분의 세습적 성격은 사회법령으로 포고된다.'37) 그리고 '신분상에 있어서 …… 귀족은 언제나 귀족으로 평민은 항상 평민으로 남는다. 이것은 그의 다른 관계들, 즉 그의 개인성에서 분리될 수 없는 자질과는 전혀 별개의 문제이다.'38)

어떤 의미에서는, '순수한' 계급들 — 법률적이거나 종교적인 법령 안에 포함된 특권에 반대하면서, 구성원들이 전적으로 생산과정에서의 착취에 대한 관계에 의존하는 사회적 집단들 — 이 정말로 존재하는 것은 오직 부르주아 사회에서뿐이다라고 말하는 것은 사실이다.39) 물론 이 법령들은 물질적 착취에 그 기원을 갖는다. 하지만 수세기 동안 동결되어 있었던 사회적 발전은 그러한 사실을 은폐해 왔다.

자본주의적 가족이 처한 상황은 중세 교회나 현대 국가의 상황과 다소 유사하다. 그것은 기존의 생산관계를 보호하고 재생산하면서 성장했다. 그러나 그것은 매우 중요한 경제적 역할 — 노동자계급 가정의 경우에는 노동력의 물리적 재생산에 들어가는 엄청난 총량의 가사노동을 조직하며, 자본가계급 가정의 경우에는 한 세대에서 다음 세대로 재산이 상속되는 방식을 한정짓는다 — 을 하지 않고서는 결코 성장할 수 없었다.40)

이것은 가족을, 그 경제적 역할을 이유로 '토대'에 귀속시키려는 시도를 낳는다.41) 그러나 토대와 상부구조 사이의 구별은 생산력에서의 직접

---

37) *Capital 1*, pp. 339~340[마르크스, 『자본론』, 비봉출판사, 1989].
38) *The German Ideology*, 앞의 책, p. 93[마르크스·엥겔스, 『독일 이데올로기』, 청년사, 1988].
39) 이것이 루카치가 *History and Class Consciousness*, London, 1971, pp. 55~59 [게오르그 루카치, 『역사와 계급의식』, 거름, 1986]에서 주장하는 바이다.
40) 이러한 과정에 대한 간결한 설명으로는 린지 저먼의 'Theories of Patriarchy', *International Socialism* 2:12를 보라.
41) 일부 가부장제 이론가들이 이렇게 주장하는데, 노라 칼린도 'Is the family part of the superstructure?', *International Socialism* 2:26에서 이렇게 주장하고 있다.

적이고 연속적인 변화들을 필요로 하는 사회적 관계들과 상대적으로 고정이고 변화를 꺼리는 사회적 관계들 사이의 구별이다. 자본주의적 가족은 노동력을 재생산하는 '경제적' 기능을 할 때에조차도, 전자의 범주보다는 오히려 후자의 범주에 속한다.

재생산이 조직되는 방식에 있어서의 변화들은, 일반적으로, 생산이 이루어지는 방식을 뒤따른다. 단순한 사실은, '재생산력들'은 생산력과는 달리 변화를 누적시키는 경향을 갖지 않는다는 것이다. 산아제한의 가능한 방식들은 3만 년 전의 채집·수렵 사회들로부터 20세기에 이르기까지 — 이러한 수단들이 결코 재생산 영역에 의존한 것이 아니고 생산 영역에 의존한 것일지라도 — 거의 변화지 않았다. (예를 들면, 채집·수렵 사회가 산아제한을 강요받았던 반면, 대부분의 농업 사회는 가능한 한 아이를 많이 낳는 것에 이해관계를 가지고 있었다.) 물론 어린이들이 양육되는 물질적 조건들은 변화한다. 그러나 그것은 사회의 다른 영역들에서 발생하는 물질적 변화들의 부산물로서이다.[42]

결국, 이러한 점을 신중하게 고려할 때에만 우리는, 우리가 때때로 만나게 되는 또 다른 주장, 즉 모든 사회적 관계들은 '생산관계들'이라고 하는 주장에 옳게 대처할 수 있다.[43]

모든 사회구조들의 모든 부분들은 생산의 영역에 자신의 근본적인 기원을 갖고 있다. 그러나 마르크스가 '상부구조'를 언급하면서 — 매우 정당하게 — 강조했던 것은, 사회구조의 어떤 부분들은 일단 생성되고 나면 다른 부분들의 발전을 억압하는 효과를 갖는다는 것이었다. 낡은 것은 새로운 것과 모순된 위치에 놓인다. 예를 들어, 국가조직의 낡은 형태는 역사의 일정한 시점에서 착취의 필요에 의해 생성되었지만 그것은 계속해서 생산에 영향을 미치고 있다. 그러나 그것은 생산의 더 진전된 발전에

---

42) 노라 칼린은 이러한 변화들에 많은 주의를 기울이지만, 그것들이 어디에서 기원하는지에 대해서는 고려하지 않는다. 토대와 상부구조의 범주를 진지하게 받아들이지 못하는 그녀의 거부적 태도가 그녀가 그렇게 하는 것을 가로막고 있다.
43) 이것은 사이먼 클라크의 'Althusser's Marxism', Simon Clarke(외), *One Dimensional Marxism*, London, 1980, p. 20에서 제기된 주장이다. "생산의 사회적 관계들은 특정한 경제적, 이데올로기적, 정치적 형태들 속에서 나타난다."

의해 계속적으로 갱신되는 새로운 관계들과 모순된 위치에 놓이게 된다. 모든 사회적 관계들은 '생산관계들'이다라고 말하는 것은 모순의 이 중요한 요소를 무시하는 사회적 발전의 그림을 그리는 것이다.44)

자본주의 하의 토대와 상부구조

지금까지 이 글은 일반적인 의미에서의 토대와 상부구조에 관해 다루었다. 그러나 자본주의 아래에서 그것들이 맺는 관계는 일정한 특수성을 갖는데 이에 대해서는 간단하게라도 언급할 만한 가치가 있다.

첫째는, 생산력들에 대한 생산관계들의 독특한 영향이다. 마르크스는 전(前)자본주의 사회들에 있어서는 이미 확립된 생산관계들이 생산력들의 발전을 저지하는 경향이 있다고 강조했다. 자본주의 아래에서는, 그와는 반대로, 각각의 개별 자본의 생존은 자신이 임의로 처분할 수 있는 생산력들을 그 경쟁자들보다 더 빨리 확장하는 것에 의존한다.

> 부르주아지는 생산수단과 생산관계들 그리고 사회의 전체 관계들을 끊임없이 혁신하지 않고서는 살아남을 수 없다. …… 끊임없는 생산의 혁신, 모든 사회적 조건들의 중단없는 교란, 끝없는 불확실성과 동요 등이 부르주아 시대를 모든 이전 시대들로부터 구별짓게 한다.45)

마르크스는 생산력들과 생산관계들 사이의 모순이 결국 두드러진 ─ 또 매우 특이한 방식의 ─ 역할을 한다고 주장한다.

인간의 사회적 생산력들의 성장 ─ 즉 생산증대 ─ 은 더욱더 많은 양

---

44) 사이먼 클라크는 '모든 사회적 관계가 자본주의적 관계들 아래에 포함되는 범위'를 언급함으로써 그러한 모순들을 서로 연관시키려는 시도를 중단한다. 그러한 표현은 마르크스 자신의 '토대'와 '상부구조'보다도 훨씬 더 곤란한 것이다. 그것은 자본주의 경제의 모순들과 체제의 구체적인 역사에서 일정한 때에 나타나는 모순들을 쉽게 구별할 수 없도록 만든다. 이에 따르면 체제에 의해 생산된 모든 갈등들이 동등한 중요성을 가진 것으로 보여진다. 정치적으로 이것은 포스트알뛰세르주의의 정치학과 매우 유사한 주의주의로 이끈다.

45) Marx·Engels, *The Communist Menifesto*, in *Selected Works*, vol.1, Moscow, 1962, p.37[마르크스·엥겔스,『공산당 선언』, 백산서당, 1989].

의 과거 노동을 현재 노동의 각 단위에 결합시키는 것을 의미한다. 자본주의 아래에서 이것은 노동력에 비한 투자율의 증가라는 형태를 취한다. 투자는, 가장 강력한 이윤의 원천인 살아 있는 노동보다 더 빨리 늘어난다. 그러나 이 체제에서 생산의 주요 동기(動機)는 이윤율, 즉 투자에 대한 이윤의 비율이다.

마르크스에게 있어서, 투자로 향하는 경향과 투자를 지탱해 줄 이윤의 낮은 수준 사이의 모순은 체제의 침체를 향한 점증하는 경향, 경제의 서로 다른 요인들 사이의 더욱 확대되는 불균형, 더욱 심화된 경제적 위기 등에서 나타난다. 20세기에 살고 있는 우리들에게, 그것은 또한 경제적 경쟁이 군사적 갈등으로 전화하려는 경향이 ― 생산력들을 완숙한 파괴력으로 전화시키고 있는 위협과 함께 ― 항상 존재함을 의미한다.46)

두 번째 차이점은 자본주의 아래에서는 경제적 관계들의 발전과 그것들에 대한 비경제적 강제들 사이에 갈등이 존재할 뿐만 아니라, 경제의 서로 다른 요소들 ― 마르크스는 이들 중의 일부가 다른 것보다도 '더 근본적인 것'이라고 보았다 ― 사이에도 모순이 존재한다는 것에도 놓여 있다. 잉여가치의 원천은 생산의 영역 내부에 존재한다. 그러나 생산의 영역으로부터 성장해 나온 여러 범위의 인간 활동들은 자본가계급의 서로 다른 요소들 사이에 이 잉여를 분배하는 일에 종사한다. 상품의 판매와 구매, 신용제도, 주식시장 등등이 바로 그것이다. 이것들은 정치적·이데올로기적 상부구조 내부의 상이한 요소들과 비슷한 방식으로 그들 나름의 삶을 유지해 나간다. 그리고 그러한 삶은 생산의 영역에서 벌어지는 일들에 영향을 미친다. 그러나 결국 그것들이, 자신들이 처분하는 잉여가 생산의 지점에서의 착취로부터 비롯된다는 근본적인 사실로부터 벗어날 수는 없다. 그리고 이것은 순환적 위기들 중의 어떤 갑작스런 사건을 통해 자신을 표현한다.

이 어떤 것도 자본주의 하에서 토대와 상부구조 사이의 구별이 불필요하다는 것을 의미하지 않는다. 진정 그것이 의미하는 것은, 이 체제에는

---

46) 이러한 생각들을 보다 풍부하게 발전시킨 것으로는 나의 책, *Explaining the Crisis*, London, 1984[크리스 하먼, 『마르크스주의와 공황론』, 풀무질, 1995]를 보라.

이전 시대보다도 훨씬 더 많은 모순의 요소들이 존재한다는 것이다. 이것들을 구체적으로 분석하는 것은, 이 체제가 작동하는 방식을 이해하기 위한 전제이면서 동시에 그것에 대한 결정적이고 혁명적인 반대를 세워일으킬 수 있는 가능성을 이해하기 위한 전제이기도 하다.

이데올로기와 상부구조

관념들과 이데올로기는 토대와 상부구조의 이분법에 대해 무슨 관계를 갖고 있는가?

마르크스는 사상들을 그것이 발생한 사회적 맥락으로부터 분리시킬 수 없다고 주장한다. 그는 이렇게 말한다. '사회적 의식의 특정한 형태는 실질적 기초인, 경제적 구조에 …… 조응한다. …… 물질적 삶의 생산양식은 일반적으로 사회적, 정치적, 지적인 삶의 과정을 조건지운다. …… 사회적 존재가 …… 의식을 규정한다.'(강조는 인용자).

이 강력한 주장들을 이해하기 위해서는 마르크스가 관념들과 언어의 발전을 어떻게 보고 있는지를 이해해야 한다.

마르크스가 보기에, 관념들은 인간과 세계 사이, 그리고 그들 상호간의 물질적 상호작용으로부터 생성된다.

> 관념들, 개념들, 의식들의 생산은 처음에는 물질적인 활동과, 인간들 사이의 물질적 교류와, 실제적인 삶의 언어와 직접적으로 교직(交織)된다. 인간들의 개념화, 사유, 물질적 교류는 그들의 물질적 행동의 직접적인 발산으로서 이 단계에 출현한다. 이와 똑같은 것이 인간의 정치적, 법률적, 도덕적, 종교적, 형이상학적 언어 등으로 표현되는 정신적 생산에 적용된다. 인간들은 그들의 개념들, 관념들 등등의 생산자이다. 그들은, 자신들의 생산력들과 이것들에 조응하는 교류형태들의 최고 수준의 발전에 의해 조건지워지는 실제적이고 활동적인 인간들이다. 의식은 의식적인 존재 이상의 그 어떤 것도 될 수 없다. 그리고 인간 존재는 그들의 현실적인 삶의 과정이다.[47]

---

47) *The German Ideology*, 앞의 책, p. 36[마르크스・엥겔스, 『독일 이데올로기』, 청년

모든 사상은 인간들의 물질적 활동에 그 기원을 갖는 것으로 볼 수 있다.

> 우리는 실제적이고 활동적인 인간으로부터 출발한다. 그리고 이것의 기초 위에서 우리는 이데올로기적인 반영들과 이러한 삶의 과정의 반향(反響)의 발전을 입증할 수 있다. 인간의 두뇌에 비치는 상(像)들은 필연적으로 인간의 물질적 삶의 과정의 승화물이다. 그것들은 경험적으로 확증될 수 있으며 또 물질적 전제조건들에 구속되어 있다.[48]

그는 의식의 발전에는 수많은 단계들이 있다고 암시한다. 동물들은 의식을 지니고 있지 않다. 기껏해야 그들은 그들 주위에 있는 스쳐 지나가는 인상을 일순간 포착하는 정도이다. 인간들은, 자신들의 환경을 통제하기 위해 집단적으로 행동하는 가운데, 그리고 규칙적인 기반 위에서 서로 간에 사회적으로 상호교류하기 시작하면서 비로소 이 직접적 자각의 단계를 뛰어넘어 움직이기 시작한다. 그래서 그는, 인간이 '기본적인 역사적 관계들'의 단계로 발전하고 나서야 '비로소 인간이 "의식"도 지니고 있음을 우리가 알게 된다'고 주장한다.[49]

살아나가기 위해 공동으로 행동하는 과정에서, 인간들은 자신들로 하여금 스쳐 지나가는 인상(印象)들을 영원한 개념들로 고정시킬 수 있도록 할 수 있는 물질적 수단을 처음으로 창조한다.

> 처음부터 '정신'은 물질에 의해 '짐 지워지는' 저주로 시달림을 받는데, 그것은 공기와 소리의 진동에 의한 층(層)이라는 형태, 즉 언어로 출현한다. 언어는 의식만큼 오래되었다. 또 언어는 다른 사람에 대해 존재하는 실천적인 의식이다. 그리고 바로 이 때문에 그것은 실로 나 개인을 위해서도 존재하게 된다. 의식과 마찬가지로 언어는 오직 다른 사람들과의 상호작용의 필요와 필연성에 의해 발생한다.[50]

사, 1988].
48) 같은 책, p. 36.
49) 같은 책, p. 43.
50) 같은 책, pp. 43~44.

혹은 그가 다른 곳에서 말하듯이, '언어는 사상의 직접적인 실재(實在)이다.'51)

그러므로 지식은 일종의 사회적 생산물이다. 그것은 의사소통의 필요로부터 발생하는데, 이번에는 그것이 사회적 생산을 수행하기 위한 필요의 생산물이 된다. 의식은 객관적으로 존재하는 관계들의 주관적인 표현이다. 그것은 그러한 관계들에 참여하는 의식으로서 시작된다. 그것의 구현(具現)인 언어는, 이러한 관계들의 구성요소 중의 하나를 이루는 물질적 과정이다. '그러므로 인간의 사상들과 관념들은 자기 자신에 대한, 그리고 사람 일반에 대한 사상들과 관념들이다. …… 왜냐하면 그것은 단순한 한 개인뿐만 아니라 사회 전체와 상호연결된 개인에 대한 의식이기도 하기 때문이다.'52)

마르크스의 유물론은 다음과 같이 나아간다. 정신은 물질적 기초에 의지해서 발전한다. 정신은 그 기능을 인체의 필요의 충족에 의존한다. 정신은 그 의식의 형태를 개인들 사이의 실제적인 관계들에 의존한다. 개인적 정신의 내용은 각 개인들이 세계 및 다른 사람들과 맺는 물질적 상호작용에 의존한다.

그러나 인간 정신은 단순히 물질적인 것으로 환원될 수 없다. 사고(思考)하는 개별적 인간 존재는 행동할 수 있는 능력을 갖고 있다. 주관적인 것은 객관적인 것으로부터 발전한다. 그러나 그것은 그럼에도 불구하고 현실적인(real) 것이다.

마르크스가 포이에르바하에 관한 제1테제에서 말했듯이, '지금까지 존재한 모든 유물론의 주요한 결점은 사물, 현실, 감각을 관조의 대상이라는 형식 속에서 파악했을 뿐 인간의 감성적인 활동으로, 주체적으로 파악하지 않았다는 것이다. …… 포이에르바하는 인간의 활동성 자체를 객관적인 활동성으로 이해하지 않는다.'

그러나 마르크스가 비록 개인적 사상과 개인적 활동의 현실성을 주장하지만, 그는 또한 그것들의 한계들도 강조한다. 사상은 활동으로부터 비

---

51) 같은 책, p. 446.
52) 같은 책, p. 183.

롯된다. 그리고 활동과의 연계가 깨지자마자, 사상은 그 내용의 일부를 잃는 것처럼 보인다. '인간은 실천 속에서 진리, 즉 자신의 사유의 현세성, 그것의 현실성과 힘을 입증한다.'

그러므로 사고는 그것이 실천적 적용능력을 가진 한에 있어서만, 즉 그것이 세계를 개조하는 한에 있어서만, 오직 '현실적'(real)이다. 객관적 현실은 인간의 의식에서 독립하여 존재한다. 그러나 인간이 이러한 현실과 접촉할 수 있는 것은 오직 자신들의 활동을 통해서이다. '객관적 진리가 인간의 사고 속으로 들어올 수 있는가 없는가의 문제는 이론의 문제가 아니라 실천적 문제이다. …… 실천과 분리된 사고의 현실성과 비현실성에 대한 논쟁은 순전히 스콜라적인 문제이다.'53)

세계의 현실성과 사유의 진리의 결정은, 인간의 활동 속에서 인간성과 세계가 결합되는 과정 속에서 이루어진다.

마르크스의 역사적 유물론은 의지, 의식, 그리고 의도 등이 역사에서 아무런 역할도 하지 못한다고 주장하지 않는다. 인간의 행동은 계속해서 세계를 변화시키고 있으며 그 속에서 인간은 자기 자신을, 그리고 자신들 상호간의 관계를 발견한다.

기계적 유물론자들, 즉 마르크스주의에 대한 카우츠키류의 설명은, 마르크스 자신을 포이에르바하에게로 귀착시키는 바로 그러한 실수를 범한다. 그러한 설명은 역사가 다름 아닌 인간 활동의 역사임을 보지 못한다. 그러나 사회적 활동은 의식을 포함하는 것이다.

새로운 도구들을 발명해 내고, 현존하는 생활방식들에 도전하며, 혁명적인 운동들을 조직하거나 현 상태를 수호하기 위해 싸우는 존재는 특정한 의식을 지닌 인간이다. 생산력들과 생산관계들 사이의 모순, 토대와 상부구조 사이의 모순은, 사람들간의 논쟁들, 조직된 불일치와 격렬한 투쟁들에서 나타난다. 이러한 것들이 사회의 실제적인 발전의 일부이다. 이러한 사실을 거부하는 것은 폭발적인 적대가 더 이상 존재하지 않는 사회의 초상화를 제출하는 것이다.

그러나 의식은 절대로 무(無)에서 생기는 것이 아니다. 그것은 객관적

---

53) Marx·Engels, *Collected Works*, vol. 5, pp. 3~5.

인 과정들 사이를 잇는 주관적인 연결고리(a subjective link between objective processes)이다. 어떠한 개인이나 집단의 사상도 물질적 현실이라는 기초에 의존하고, 다시 그러한 현실 속으로 재투입된다. 그것들은 그러한 현실로 환원될 수 없고, 또한 그것으로부터 분리될 수도 없다.

우리로 하여금 마르크스의 '허위의식'과 '이데올로기'의 개념들을 이해할 수 있게 하는 것은 바로 이 연결고리(link)이다.

허위의식

사람들이 물질적 실천에 참여하고 있을 때 그들은 자신들의 행동에 대한, 그리고 거짓으로 보이지 않는 세계의 일부에 대한 직접적 지각을 갖는다. 그들이 장님이 아니라면 혹은 그들이 미치지 않았다면, 그들은 자신들이 지금 땅을 파고 있거나, 혹은 다른 사람에게 총을 겨누고 있다는 등의 행동을 하고 있다는 것을 안다. 이러한 단계에서 그들의 활동과 의식은 동시에 일어난다. 그러나 이 의식의 내용은 거의 최소한도의 것이다. 사실상 그것은 '의식'이라는 이름에 거의 값하지 못하는 것이다.

그러나 그러한 직접적인 지각과 더불어 언제나 더욱 일반적인 의식이 존재한다. 이 일반적인 의식은 사람들이 직접적으로 지각하고 있는 것을 뛰어넘거나, 자신들이 처해 있는 맥락에 대한 다소간 총체적인 개념을 제공하려고 시도한다. 예를 들어, 이 의식은 그들에게, 그들이 단순히 땅을 파고 있는 게 아니라 미래의 생계를 준비하고 있는 것이며, 단순히 총을 겨누고 있는 게 아니라 그들의 '조국'을 수호하고 있는 것이라고 말한다.

이 일반적 의식이 '진리'이거나 '현실'이라고 할 수 있는 보증은 어디에도 없다. 하나의 경제적 위기는, 당신이 아무리 땅을 열심히 파도, 당신이 재배한 곡식을 팔 수 없으며 그래서 생계수단을 구할 수 없다는 것을 의미할 수 있다. 또 그것은, 당신의 총이 다국적 기업의 이윤을 수호하는 것이지, 이른바 '조국'을 수호하는 것이 아님을 의미할 수 있다.

직접적 지각이 당신의 활동의 일부이고 그래서 그것이 일정한, 매우 제한된 의미에서 '현실적'(real)이라고 한다면, 일반적 의식은 활동의 맹목적 부속물에 지나지 않는다. 이러한 의미에서 그것은 스스로를 세계 속에서 표현하지 못한다. 그것은, 마르크스의 표현을 빌면, '현세성'이나 '현실성'을 가지고 있지 않다. 그 활동이 가져다주는 결과물은 기대된 것과는 다르다. 그것의 객관적인 내용은 그것의 주관적인 내용과는 다르다. 그것은 기껏해야 부분적으로만 '현실적'인 것이다.54)

그러나 마르크스는 '허위적' 일반 의식조차 현실적 활동에 그 기원을 가지고 있다고 주장한다. 그래서 '비현실적' 의식의 하나의 특수한 형태, 즉 '독일' 관념론 철학의 이데올로기를 비판하면서 그는 다음과 같이 쓰고 있다.

> 철학가들은 자신들의 언어를 일상 언어 —— 철학가들의 언어는 이것에서 추상된 것이다 —— 로 용해시켜야만 할 것이다. 그리하여 그들은 그것을 실제 세계의 왜곡된 언어로 인정하며 사상이나 언어가 그 자체로서 그들 자신의 실재를 형성하는 것이 아니라 단지 실제적 삶의 표현에 불과함을 깨닫는다. ……
> 철학가들에게 가장 어려운 임무들 중의 하나는 사상의 세계로부터 현실적 세계로 하강하는 것이다. 언어는 사상의 직접적인 실재이다. 철학가들이 사고에 하나의 독립적 실존을 부여했던 것과 마찬가지로 그들은 언어를 하나의 독립적 영역으로 만들어야 한다. 이것이 철학 언어의 비밀인바 그 속에서 언어의 형식 속에 깃들어 있는 사상들은 그들 자신의 맥락을 갖게 된다. 사상의 세계에서 실제의 세계로 하강하는 것의 문제는 언어에서 삶으로 하강하는 문제로 전화된다.55)

> 우리는 사상에서 현실로, 즉 언어에서 삶으로의 이행의 모든 문제는 철학적 환상 속에서만 존재한다는 것을 보아 왔다.56)

---

54) 의식의 서로 다른 형태들을 구별한 것은 독일 철학의 성과물들 중의 하나였다. 그것은 헤겔의 『정신현상학』의 앞 부분에서 발견할 수 있다. 마르크스는 물론 이 구별에, 헤겔이 부여한 것과는 다른 중요성을 부여했다. '직접적인' 의식에서 참으로 일반적인 혹은 '매개된' 의식으로 이동하는 것이 어떻게 가능한가라는 문제는 『역사와 계급의식』(History and Class Consciousness)에 실려 있는 루카치의 주요한 철학적 논문, 「사물화와 프롤레타리아트의 의식」(Reification and the consciusness of the proletariat)의 관심사이다.
55) *The German Ideology*, 앞의 책, p. 446[마르크스·엥겔스, 『독일 이데올로기』, 청년사, 1988].
56) 같은 책, p. 449.

추상적인 철학적 사상에 대한 그러한 관점은 『포이에르바하에 관한 테제』에서 표현된 것과 같이 곧 그것에 대한 경멸로 나아간다. '사회적 삶은 본질적으로 실천적이다. 이론을 신비주의로 오도(誤導)하는 모든 미스테리들은 인간의 실천 속에서, 그리고 이러한 실천에 대한 명상 속에서 자신의 합리적인 해결책을 발견한다.'

표면적으로 보기에 그가 제시하는 견해는 철학적, 사회적, 혹은 역사적 보편 개념들의 가능성을 일체 거부했던 철학자들의 생각과 매우 유사하다. 예컨대 비트겐슈타인의 언어철학은, 모든 전통적인 철학적 문제들은 철학가들이 일상 생활의 개념들을 채택하여 그것들을 문맥을 일탈하여 사용하기 때문에 발생한다고 주장한다.57)

이와 다소간 유사한 방식으로 '역사주의적' 사상가들은 어떠한 사상이나 사회적 실천도 그것이 발견되는 특수한 역사적·문화적 문맥 외부에서는 이해될 수 없고, 이것을 더 폭넓게 설명하려는 어떠한 시도도 허위가 될 수밖에 없다고 주장해 왔다.58)

그러나 마르크스의 관점은 이러한 것들과 매우 다르다. 그들은 허위의 개념을, 일반화하려는 철학자들의 이상한 욕망, 즉 사람들을 괴롭히는 기묘한 '정신적 속박'의 결과 때문에 발생하는 것으로 본다. 그리고 그들은 모든 일반화는 잘못되었다고 결론짓는다.

그와는 반대로 마르크스는 거짓된 일반화, 즉 이론의 실천으로부터의 분리의 결과는 그것 자체로 물질적인 뿌리를 갖는 것으로 본다. 오로지 계급 없는 사회에서만 일반적인 개념들은 왜곡 없이 사람들의 직접적인

---

57) 마르크스와 비트겐슈타인을 비교한 것으로는, 톰슨(E. P. Thompson)이 편집한 *Out of Apathy*, London, 1960에 있는 A. MacIntyre, 'Breaking the Chains fo Reason', p. 234를 보라.
58) 나는 여기에서 '역사주의'라는 말을, 진위(眞僞)의 어떠한 일반적인 기준도 없으며, 사상의 올바름은 그 사상이 출현한 구체적인 역사적 상황에 의존한다고 주장하는 전통적 의미의 상대주의라는 뜻으로 사용한다. 이것은 ― 예컨대 ― 그람시가 이 용어를 사용할 때의 의미와 동일하다. 이것은 『역사주의의 빈곤』에서 칼 포퍼가 사용하는 용어와 혼동하지 말아야 한다. 그는 이 용어를 역사에 대한 어떤 일반적인 설명을 지칭하는 것으로 남용한다.

경험들로부터 직접 발전할 수 있다. 왜냐하면 그때에는 사회의 모든 사람들이 단일하고, 공유된 협력적인 활동에 참여하기 때문이다.

이데올로기와 계급사회

일단 착취하거나 착취당하는 계급들로의 분할이 있게 되고, 또 그것에 기초하여 정신적 노동과 육체적 노동 사이의 점증하는 분할이 존재하게 되면, 단일한 실천은 붕괴되며 그와 아울러 세계에 대한 단일한 관점의 가능성도 붕괴된다.

계급사회에서 전체 사회는 생산력들의 발전과 현존하는 생산관계들 사이의 충돌에 의해 분열되며 그 충돌은 상이한 사회집단들간의 투쟁을 통해 자신을 표현한다.

상이한 집단들은 상이한 실천적인 목표들을 갖는데, 어떤 집단은 현존하는 사회관계를 보존하려는 목표들을 갖고 또 어떤 집단은 새로운 생산력들에 토대를 둔 새로운 사회관계의 발전을 허용하기 위해 그것들을 전복하려는 목표들을 갖는다. 그 결과 사회의 상이한 부분들은 사회적 현실에 대해 상이한 경험들을 겪는다. 그들 각각은 사회에 대해 그들 나름의 전반적 견해를 발전시키려는 경향을 갖는다. 그 결과 특정 집단에 의해 발전된 견해는 다른 집단들에 의해 발전된 것과는 뚜렷하게 차이가 날 것이다.

그러한 견해들은 사회가 어떻게 생겼는가에 대한 설명들만을 담고 있지는 않다. 그것들은 또한 사회를 보존하거나 변형시키려는 실천적인 임무를 위해 사람들을 함께 묶도록 도움을 준다. 왜냐하면 각각은 상대방에게 손상을 주는 몇몇 종류의 실천적인 사회적 활동을 특권화시키기 때문이다.

기술(description)과 규정(prescription), 사실과 가치가 별개의 것으로 구별되는 것은 특정의 경험주의적 철학가들의 마음 속에서뿐이다. 어떤 사회집단과 그 집단의 활동의 관점에서 '좋다'거나 '가치있다'고 하는 것은 다른 사회집단에게는 '나쁜' 것이 될 수도 있다. 현존하는 생산관계들을 보존하려 하는 사회의 어떤 한 부분이 사회적 삶의 보존에 핵심적인 것이라고 생각하는 것은 사회의 다른 부분에게는 나쁜 것으로 보여질 수도 있다. 왜냐하면, 그것이 새로운 생산력들의 발전을 가로막기 때문이다. 이전에는 아무 문제도 없었던 범주들, 즉 단순히 사회와 인간의 삶을 유지하는 데 필수적인 것으로 서술되었던 것들이 이제 서로 다른 대립하는 집단들의 욕망을 표현하는 규정들로 된다.

사회적 지배권을 둘러싼 상이한 집단들간의 투쟁은 부분적으로 사회에 대한 자신들의 견해, 사회적 활동을 조직하는 자신들의 방식을 상대방에게 강요하는 투쟁인 것이다. 그 투쟁에서 각 사회집단은 자신들의 개념이 '진리'이고 상대방의 개념은 '허위'라고 주장해야만 한다. 또는 적어도 다른 사회집단들에 의해 자신들의 활동에 부과된 의미는 자신들의 전반적인 세계관에 종속될 수 있음을 보여주어야만 한다.

세계에 대한 상호 경쟁적인 개념들을 '진리'라는 단일한 흡인체(loadstone)에 대립시키려 한 철학가들의 시도는 이러한 투쟁의 일부를 이룬다. 그들은 어떤 특수한 계급의 경험을 여타의 계급들의 사고를 지배할 수 있게 할 방식으로 일반화하려 시도한다. 그러나 서로 다른 계급들의 경험과 이해들간의 현실적인 모순 때문에, 이것은 끝이 없는 작업이 된다. 어떠한 철학적 관점도 항상 다른 철학적 관점에 의해 도전을 받는다. 왜냐하면 각각은 물질적 삶의 모순적인 경험들에 뿌리를 두고 있기 때문이다. 그것이 바로 대부분의 주요한 철학이 결국 신비주의로 빠지게 된 이유이다.

그러나 마르크스가 보기에 이것은, 상이한 세계관이 똑같이 정당하다거나 혹은 똑같이 허위적이다라는 것을 의미하지는 않는다. 왜냐하면 어떤 세계관은 다른 세계관에 비해 사회와 사회의 발전에 대한 좀더 포괄적인 관점을 제공해 주기 때문이다.

낡은 생산관계들의 지속과 상부구조의 낡은 제도들의 지속에 일체감을 갖는 사회집단은 필연적으로, 전체로서의 사회에 대해 부분적인 견해(혹은 일련의 부분적인 견해들)만을 가질 수 있을 뿐이다. 그 집단의 실천은 기존에 존재하고 있는 것의 영구화(永久化)와 기정 사실의 '신성화'에 관심을 갖는다. 그들에게 이 이외의 다른 것은 가치있고 조화로운 질서에 대한 혼란과 파괴로 이해될 수 있을 뿐이다. 그러므로 대규모의 사회적 위기의 시기에 있어서조차, 이들이 그려내는 사회에 대한 그림은 이해할 수 없고 비이성적인 세력들로부터의 공격에 직면하고 있지만 그럼에도 불구하고 자연스럽고 또 영원히 반복되는 조화 상태를 유지하는 그런 그림이다.

이데올로기와 과학

생산력들의 진보와 결합되어 있는 성장하는 사회집단은 이와는 매우 다른 접근법을 갖고 있다. 우선, 최소한 그 사회집단은 낡은 생산관계들과 상부구조를 붕괴시키는 데에 아무런 두려움을 갖고 있지 않다. 그 사회집단은 이러한 새로운 활동 형태들과 일체감을 갖고 있으며 또 그것들을 이해한다. 그러나 동시에 그 사회집단은 또한 낡은 질서와 대립하고 있기 때문에 낡은 질서에 대한 실천적인 경험들 역시 갖고 있다. 그 사회집단은 모든 상이한 요소들 —— 생산력들과 생산관계들, 토대와 상부구조, 피억압계급과 억압계급 —— 을 서로 조응시킬 방법을 이해할 수 있게 해주는, 사회에 대한 특정한 견해를 발전시킬 수 있다.

그 사회집단은 사회를 변형시키는 데에 실천적인 이해관계가 있기 때문에, 그 집단의 일반적인 관념들은 사건들에 대한 맹목적인 논평이나 혹은 단순히 현 상태를 유지하는 것에 목표를 두는 신비주의로 될 필요가 없다. 그것들은 사회에 대한 현실적 지식의 원천이 될 수 있다. 그것들은 사람들을 자신의 아래로 집결시키는 기치(旗幟)로서뿐만 아니라 효과적인 행동으로 이끄는 길잡이로서 작용할 수 있다. 비록 한 사회집단의 실천 속에 그 기원을 갖고 있음에도 불구하고 그것들은 과학적이 될 수 있다.

마르크스는 분명히, 고전적 정치경제학이 이런 경우에 해당한다고 생각했다. 여러 차례 반복해서 그는 아담 스미드나 데이비드 리카아도의 저작들, 그리고 그들에 앞서는 중상주의자와 중농주의자의 저작들에서조차도 나타나는 '과학적인' 장점에 대해 언급한다.

그들은 '과학적'이었다. 왜냐하면 그들은 '부르주아 사회의 내적 생리를 통찰하기 위해 ……' '경제적 범주들간의 내부 관계들 —— 혹은 부르주아

경제 체제의 숨겨진 구조'를 파악하기 위해 사회의 표면상의 현상을 헤쳐 나가려고 애썼기 때문이다.59)

사회 현상들의 근저에 놓인 사회적 실재를 고찰하고자 하는 이러한 '내향적' 접근법은 현존하는 외면적인 사회적 형태들을 당연한 것으로 여기는 단순한 '외향적' 접근법과는 현저한 대조를 이룬다. 고전적인 정치경제학자들은 '외향적' 방법과 단절하는 데 결코 완전히 성공하지는 못했다. 하지만 그들은 그러한 방향으로 움직이기 시작했고, 또 그렇게 함으로써 자본주의의 내부 구조에 대한 과학적 이해를 위한 기초를 놓았다.

과학적 이해를 발전시키는 그들의 능력은 그들이 일체감을 느낀 계급, 즉 성장하는 산업자본가들과 관련되어 있다. 마르크스는 ─ 예컨대 ─ 스미드를 '아직 자신에게 전체 사회, 국가 등을 종속시키지는 못했지만, 여전히 혁명적인 부르주아지의 언어'60)로 글을 쓰는 사람, 즉 '솔직한 부르주아적 벼락부자의 해석자'61)라고 썼다.

산업자본가들은 아직 사회를 통제하지 못하기 때문에, 그들은 그 사회의 외적 특징들에 대한 비판적 관점을 채택함으로써 이 특징들이 자본축적의 경향과 조화를 이루는 수준에 대한 객관적 분석을 찾아내야만 한다. 이것은 부의 생산을 노동과정에 위치지으며, 잉여가치를 창출하는 '생산적인' 노동을 낡은 국가, 교회 등등의 기생적인 기능들과 대조시키려는 시도로 나아간다.

이데올로기와 상부구조

성장하는 계급이 그 지배력을 견고하게 굳히면 상황은 급격히 달라진다. 그렇게 되면 그 계급에게는 더 이상 전체로서의 사회를 향한 혁명적

---

59) *Theories of Surplus Value*, London, 1951, p. 202[마르크스, 『잉여가치 학설사』, 아침, 1989].
60) *Theories of Surplus Value*, vol. 1, Moscow, nd, p. 279[마르크스, 『잉여가치 학설사』, 아침, 1989].
61) 같은 책, p. 291.

이고 비판적인 태도는 필요가 없어진다. 그 계급이 관심을 갖는 유일한 실천적 활동은 현존하는 경제적, 사회적 관계들을 재생산하는 것이다. 그리하여 그 계급의 '이론'은 현존하는 사회의 여러 가지 피상적 측면들을 취하여 이들을, 그것들이 마치 모든 사회들이 닮아야만 하는 어떤 일반적인 법칙이라도 제공하는 것처럼 제시하는 것으로 타락하고 만다.

마르크스에게 '이데올로기'는 이러한 상황의 산물이다. 지배적인 사회계급은, 특정한 한 층의 사람들을 지적인 생산에 종사시키기 위해 그들을 육체노동으로부터 벗어날 수 있도록 할 수 있는 수단들을 통제한다. 그러나 생계를 위해 지배계급에 의존하게 된 이들 '지식인들'은 이 계급과 일체감을 이루는 경향이 있다. 그리고 지배계급은 그것을 보증할 온갖 종류의 메커니즘을 창출한다.

지배계급과의 동일시는 현존하는 사회관계들에 대한 어떠한 총체적 비판의 결여를 의미할 뿐만 아니라 그들이 제시한 형식들을 당연한 것으로 여긴다는 것을 의미한다. 그렇게 되면, 현존하는 사회의 특정 측면들은 자립적인 것으로, 사회적 생산 속에 어떤 공통의 뿌리도 갖고 있지 않는 것으로 비쳐진다.

이렇게 해서 우리는 일련의 개별적이고 자기충족적인 학문들 — '정치학', '신고전주의 경제학', '심리학', '사회학' 등등 — 을 만나게 된다. 이들 각각은 단일한 사회적 발전의 측면들을 마치 그것들이 각각에 대하여 독립적으로 발생한 것처럼 다룬다. '역사학'은 사건들과 인물들 상호간을 다소 자의적으로 연결시켜 주는 것으로 된다. 그리고 철학은 물질적 생산과 상호작용의 세계로부터 더욱더 동떨어진 채 사용되는 개념들을 고찰함으로써 이러한 여러 학문들의 분열을 극복하는 시도로 된다.

세계에 대한 그러한 고찰 방법들은 '이데올로기적'이다. 그 이유는, 그것들이 현존하는 지배계급에 대한 필연적으로 의식적인 변호론이기 때문이 아니라, 그것들이 구성된 바로 그 방식이 그들로 하여금 현존하는 사회를 — 그러므로 또 그 지배계급을 — 재생산하는 활동들과 관념들을 넘어서, 그것들이 뿌리박고 있는 물질적 과정을 보지 못하도록 가로막기 때문이다. 그들은 현 상태를 신성시한다. 왜냐하면 그들은 현존하는 사회가 사용하는 개념들을, 사회적 발전의 일시적 산물들로 보는 대신에 그것을 액면 그대로 받아들이기 때문이다.

이러한 의미에서 '이데올로기'는 상부구조와 연결되어 있다. 그것은 상부구조에서 생성되는 개념들을 가지고 논다. 그것은, 상부구조와 그 개념들이 발생하는 사회적 생산의 현실적 과정을 고찰하기 위해 표면적 현상들 속으로 뚫고 들어가지 않고 그 개념들을 서로 연결하거나 혹은 다른 개념들로부터 하나의 개념을 도출하거나 할 뿐이다.

'언어에서 삶으로 하강하는 것에 의해 풀려질' 수 있는 것은 바로 그러한 '이데올로기적인' 주장들의 모순들이다.

그러나 이러한 하강은 성장하는 계급과 스스로를 동일시하는 사상가들에 의해서만 만들어질 수 있을 뿐이다. 왜냐하면 그들만이 오직, 일체의 현존하는 사회관계들에 의문을 제기하는 실천과 일체감을 느끼면서 사회의 표면에서 일어나고 있는 일을 비판하려 하고 또 그것을 그것의 근저에 놓여 있는 물질적 생산관계들과 착취관계들에 연결시키려 하기 때문이다.

기존의 지배계급의 사상가들이 이데올로기적 세계 안에서 계속적인 동화(同化; elaboration)에 갇히는 반면에, 성장하는 계급의 사상가들은 사회적 발전에 관한 과학적 이해를 발전시키는 것을 시작할 수 있다.

우리의 이론과 저들의 이론

성장하는 계급의 사상가들은 그들이 진리를 가졌다고 단순히 주장하기만 해서는 안된다. 그들은 그것을 증명해야만 한다.

첫째, 그들은 이전의 성장하는 계급들의 사상가들이 만들어 놓은 통찰력들을 계승할 수 있고 또 발전시킬 수 있다는 것을 보여주어야 한다. 그래서, 예컨대, 마르크스는 자신의 경제학적 저술들에서 자본주의의 작동에 관한 설명을 제시했을 뿐만 아니라 고전 정치경제학이 제기하고도 스스로 풀지 못한 문제들을 해결함으로써 그가 고전 정치경제학의 작업을 어떻게 완성시킬 수 있는가를 보여주었던 것이다.

둘째, 그것은 이데올로기가 다루는 표면적인 사회적 특징들이 어떻게 해서 그것들의 근저에 놓인 사회적 과정들로부터 도출될 수 있는지를 보여줄 수 있어야만 한다. 마르크스가 언급하듯이, '내면적인 것'에서부터 '외면적인 것'을 도출할 수 있어야 한다. 그래서 어떤 사회에 대한 과학적 마르크스주의의 분석은 그러한 사회의 다양한 이데올로기적인 경향들에 대한 이해를 제공해 줄 수 있어야만 하는데, 그러한 경향들이 실제 세계의 특정한 측면들을 왜곡된 방식으로 표현하면서도 어떻게 실제 세계로부터 생성되는지를 보여주어야만 하는 것이다.

마지막으로, 궁극적 시점에서는 어떤 과학을 시험하는 하나의 실질적 기준이 존재한다. 실천으로 인도하는 그것의 능력이 바로 그것이다. 그러므로 마르크스주의 자체 내의 주장들은 혁명적 노동자계급의 투쟁의 과정 속에서만 최종적으로 해결될 수 있을 뿐이다.

이 모든 논의의 근저에 매우 중요한 점이 하나 놓여 있다. 사회에 관한 모든 관념들이 '이데올로기적인 것'만은 아니라는 것이 그것이다. 성장하는 계급의 사상가들이 발전시킨 과학적인 지식은 이데올로기적이지 않다. 사람들의 활동을 통해 획득된 직접적 지각도 또한 이데올로기적이지 않다. 이것은 오로지 기존의 지배계급에 의해 제공된 일반적인 관념들의 구조를 통해 해석될 때에만 '이데올로기적'이 된다. 반대로, 그것이 성장하는 계급의 이론을 통해 해석된다면, 그것은 진리, 사회에 대한 자기의식에 도달하는 과정 한가운데 있게 된다.

'이데올로기'는 사회적 과정 내부의 수동적인 요소라는 의미에서 상부구조의 일부이다. 그것은 낡은 생산관계들을 생산하는 것을 돕는다. 그러나 혁명적인 자기의식은 그렇지 않다. 그것은 적극적인 요소로서 인간들의 물질적인 조건들로부터 발생하지만, 그것들을 변화시키기 위해 다시 그것들 속으로 투입된다.

실제 세계에는 과학과 이데올로기 사이 그리고 진리와 허위의식 사이의 어딘가에 존재하는 온갖 종류의 잡종적 관념들이 있다. 인간의 경험들은 부분적으로 현존하는 사회에 대한 도전이 될 수 있다. 그것들은 사회의 실제 구조에 대한 부분적인 통찰들을 획득하기도 한다. 하지만 그것들은 그 통찰들을 낡은 이데올로기적인 구조들에 맞도록 조금씩 수정하는 방식으로 그것들을 해석하려고 노력한다.

현존하는 질서를 옹호하는 이데올로그의 산출물조차 간단히 처리될 수는 없다. 그것들 중 최악의 것들은 지배계급의 세계관에 도전하는 대중의 경험들을 완전히 무시하지 못한다. 그것들이 이데올로기적 기능을 갖는다고 하는 것은 다음과 같은 의미를 갖는다. 즉 그것들은 어쨌건 대중의 그러한 경험들이 지배계급의 관점과 양립할 수 있다는 것을 밝히려고 노력해야만 한다는 것이다. 그래서 가장 악질의 전문 저널리스트들이나 텔레비전 논평가들도, 파업들, 시위들 등을 보도하면서 지배계급에 대한 반대 행위가 있음을 인정하지 않을 수 없다는 것이다. 다만 그들은 그러한 투쟁들을 비난하고 또 그러한 투쟁들에 참가하고 있는 사람들을 고립시키기 위해 그것들을 보도할 따름이다. 가장 질이 떨어지는 싸구려 소설가들도 만약 그들이 대중적인 청중을 찾고자 한다면, 비록 왜곡된 형태로이긴 하지만, 평범한 인간들의 삶의 어떤 이미지로부터 시작하지 않으면 안 된다. 가장 반동적인 성직자들도, 신도들이 부딪힌 현실적인 문제들에 대하여 환상적인 구원을 제공해 줄 수 있는 한에 있어서만 유효할 뿐이다.

이것은 지배 이데올로기 내부에 온갖 종류의 모순들을 낳는다. 지배 이데올로기의 가장 뛰어난 변호자들이란 그것을 사람들의 생활 경험들과 연결짓기 위해 가장 열심히 노력하는 사람들이다. 지배 이데올로기 자체는 '사회과학자들', 역사학자들, 문필가들, 예술가들 그리고 심지어 신학자들로 하여금 경험적인 관찰과 경험들을 현실에 대한 그들의 설명들과 조화시키려는 막대한 노력을 하도록 자극한다. 그러나 이것은 필연적으로 모순적인 설명들을 낳으며 그 이데올로그들 중의 일부는 기존 이데올로기의 몇몇 교의들에 의문을 제기하기 시작하게 된다. 마르크스는, 어떤 위대한 문필가나 예술가는 그 사회 속에 살고 있는 모든 사람들을 괴롭히는 여러 모순적 경험들을 반영할 수 있음을 인정했다. 그리고 그는 그 과정에서 그들이 자신이 속한 계급 위치에 의해 설정된 한계를 넘어서기 시작할 수 있음을 인정했다. 소수의 경우에 이것은 그들을 그들 자신의 계급과의 단절로, 그리고 자신의 계급에 대한 혁명적 반대에로 이끌기도 한다.

사회 발전에 관한 과학적 이해는 현존하는 사회 질서를 수호하려는 사람들의 사이비 사회과학들의 모든 방법들과의 완전한 단절을 요구한다. 그러나 그것이, 이러한 학문들을 연마한 사람들이 우연히 발견해 낸 진리의 요소들을 우리가 무시해도 된다는 것을 의미하지는 않는다. 게다가 우리는 몇몇의 비마르크스주의적 역사학자들에게서, 그리고 발자크나 월터 스코트 같은 위대한 소설가들에게서 때때로 발견할 수 있는, 사회 과정에 대한 매우 심원한 통찰을 무시해서도 안된다.

마르크스주의는, 일체의 부르주아 사상가들을 단지 경멸적으로 취급함으로써가 아니라 오히려 부르주아 사상가들에 의해 만들어진 진보를 현실에 대한 그 자신의 총체적인 관점 속에 통합할 수 있다는 것을 보여줌으로써, 부르주아 사상에 비한 자신의 우월성을 보여준다. 그것은 어떠한 부르주아 '사회과학자'도 할 수 없는 것이며 또 헤겔 이래로 어떠한 부르주아 사상가들도 시도해 본 적이 없는 것이다.

계급투쟁의 핵심적 역할

그러므로 마르크스주의적 접근은 생산력들과 생산관계들, 토대와 상부구조, 물질적 현실과 인간의 관념들이 발전해 나가는 모순적인 방식을 지적하는 데에서부터 출발한다. 그러나 이러한 모순들의 어떤 것도—기계적인 유물론자들이 주장하듯이—단순히 스스로 해결되지는 않는다. 그들의 해결은 오직 인간의 투쟁, 계급투쟁의 토대 위에서만 이루어진다.

우리가, 직접적으로 생산하는 사람들과 잉여생산물에 의존하여 살아가는 사람들로 분할된 사회에 살고 있다면, 생산력들의 어떠한 성장도—그것이 아무리 천천히 그리고 조금씩 이루어진다 하더라도—사회의 상이한 계급들이 차지하는 객관적인 비중에 있어 이에 상응하는 변화들을 가져온다. 그리고 생산력들을 발전시키는 몇몇 방식들은 어떤 질적인 변화들, 즉 잉여를 추출하는 새로운 방식들의 변화를 가져오며 새로운 착취·피착취계급들의 태아들을 낳을 뿐만 아니라 그리고 끝내는 누구를 착취하지 않고서도 사회를 운영할 수 있는 계급을 형성시키게 된다.

그러나 새로운 생산방식들은 언제나, 낡은 방식의 보존에 이해관계를 갖는 사람들 중 적어도 일부의 사람들로부터의 저항에 직면한다. 모든 새로운 생산양식의 진보는 항상 격렬한 계급전쟁에 의해 특징지어진다. 16~17세기의 종교전쟁에서처럼 이러한 방식들이 계급들간의 분명한 단절을 의미하는 것이 아니라 성장하는 계급의 가장 역동적인 부분들과 낡은 질서 내부에 일정한 이해관계를 갖고 있는 집단들간의 복잡하고 교직적인 동맹 관계를 의미하는 경우에도 그러한 특징은 동일하게 나타난다. 새로운 생산방식이 낡은 생산방식을 해체하느냐의 여부는 이 투쟁에서 누가 승리하느냐에 달려 있다. 여기에서 경제적 발전들은 매우 중요하다. 그것들은 서로 다른 계급들의 규모, 그들의 지리적인 집중(그리고 그들이 조직될 수 있는 용이성), 그들의 동질성의 정도, 그들이 처분할 수 있는 물질적 자원의 정도 등을 결정짓는다.

이 직접적으로 경제적인 요인들은, 성장하는 계급이 아무리 노력해도 승리를 따낼 수 없는 상황을 창출할 수 있다. 세력들의 객관적 균형이 새로운 방식의 실현을 너무나 무겁게 내리 누를 수 있는 것이다. 그러나 객관적인 요인들이, 경쟁하는 계급들의 힘이 팽팽한 평형을 이루는 상태를 창출할 때에 문제가 되는 것은 다른 요인들, 즉 이데올로기적인 동질성, 경쟁하는 계급들의 조직력과 지도력이다.

기계적인 유물론자들에게 관념들은 단순히 물질의 자동적인 반영에 불과하다. 그러나 사회적 변형의 실제적인 역사적 과정에서는 문제가 결코 그처럼 단순하지 않다.

낡은 지배계급의 제도들은 사회 전역의 사람들이 자기 자신을 바라보는 방식들 및 다른 사람들에 대한 자신들의 관계를 바라보는 방식을 규정하려고 끊임없이 노력한다. 성장하는 계급의 대다수는, 처음에는, 이러한 규정들을 그들에게 허용된 유일한 것들로서 받아들인다. 그래서, 예컨대, 중세 사회에 존재했던 초기의 시민들(burger)은 중세 카톨릭교의 계율을 전면적으로 받아들였다.

그러나 성장하는 계급의 대다수는 낡은 규정들에 의해 쉽게 포괄될 수 없는 실천적인 활동에 연루된다. 사람들은, 낡은 세계관이 해서는 안된다고 말하는 것들을 행하기 시작한다. 이렇게 되면 낡은 세계관을 강화시키는 제도들은 이제 가혹한 행동으로 그들을 위협한다.

이때에 두 가지 선택이 주어진다. 하나는 새로운 활동 형태들에 연루된 사람들이 낡은 질서로부터 그들에게 주어지는 압력들을 용인해서 그 새로운 활동 형태들이 중지되는 경우이다. 또 하나는 그들이 낡은 이데올로기와의 갈등을 일반화하여 그것들로부터 새로운 총체적 세계관을 발전시키는 경우이다. 이럴 경우 그들은 이 새로운 세계관을 지지대로 하여 객관적으로 비슷한 처지에 있는 사람들 모두를 결집시키려 한다.

관념들의 새로운 체계는 단순히 경제적 변화의 수동적인 반영이 아니다. 그것은 오히려 사회적 변형 과정에서의 핵심고리로서, 생산과정 속에서 누적적으로 진행된 소규모의 변화들에 의해 영향을 받은 사람들을, 사회관계들을 완전히 바꾸려는 목적을 가진 하나의 세력으로 집결시킨다.

예를 들어, 프로테스탄트주의와 자본주의의 발흥에 관련된 고전적인 논쟁을 보자. 막스 베버와 같은, 마르크스주의에 대한 반대자들에 따르면, 새로운 자본주의적 생산방식이 뿌리를 내릴 수 있도록 토양을 제공해 준 것은 새로운 종교적 이데올로기의 자율적이고, '비경제적인' 발전이었다. 즉 청교도주의가 자본주의의 원인이 되었던 것이다.

기계적 유물론자들에 의하면, 그것은 정반대로 설명되어야 할 것이다. 프로테스탄트주의는 단순히 자본주의적 관계들의 발전의 기계적인 반영에 지나지 않는다. 즉 자본주의는 원인이고, 프로테스탄트주의는 그 결과였다.

각각은 역사적 발전의 사슬에서 핵심적인 고리를 빠뜨렸다. 프로테스탄트주의는, 봉건 사회의 일부 사람들이 중세 카톨릭의 지배적 이데올로기와 쉽게 조화될 수 없는 방식들로 일하고 살아가기 시작했기 때문에 발전했다. 그들은 그들의 새로운 행동 형태에 의미를 부여하기 위하여 그 교의의 일부를 재해석하기 시작했다. 그러나 이것은 낡은 질서(교회의 교권제도)의 이데올로기적인 수호자들과의 충돌을 가져왔다. 이때에 낡은 이데올로기에의 도전을 일반화시키려고 노력했던 일련의 인물들 — 루터,

캘빈 등등—이 나타났다. 그 도전이 성공적이 못했거나 혹은 도전을 주도했던 사람들이 타협하게 되었던 곳(독일, 프랑스, 이탈리아)에서, 계속 살아남은 봉건 사회에서 노동과 생활의 새로운 방식들은 주변적인 요소들에 지나지 않는 것으로 되었다. 그러나 도전이 성공적이었던 곳(영국과 네덜란드)에서는 노동과 생활의 새로운 방식들이 낡은 속박으로부터 해방되었고 이로써 부르주아적인 생산형태들이 일반화되었다.

이와 동일한 관계가 자본주의 아래에서의 노동자들의 투쟁과 혁명적 사회주의 사상들 사이에도 적용된다.

처음에, 노동자들은 자본주의의 몇몇 측면들에 대항하여 벌인 그들의 투쟁 경험을 과거로부터 물려받은 이데올로기적인 구조들에 꿰맞추려고 한다. 이 이데올로기적 구조들이 그들의 투쟁이 취하는 형태를 주조(鑄造)함으로써 그 투쟁들은 물질적 이해관계의 단순한 반영이 아닌 것처럼 된다. 마르크스는 이를 '과거의 짐들이 하나의 악몽처럼 살아 있는 사람의 머리 위를 짓누른다'62)고 표현했다. 그러나 낡은 구조들을 통해 그들의 새로운 경험들을 해석하려고 노력하는 과정은 낡은 구조들 내부에 긴장을 만들어 낸다. 그것은 오직 사람들이 그 이데올로기적 구조들을 변화시키려 할 때 비로소 해결될 뿐이다.

안토니오 그람시가 말했듯이, "대중들 가운데 능동적인 사람은 실천적으로 작업한다. 그러나 그는 자신의 행동에 관한 명확한 이론적 의식을 갖고 있지는 않다. 또한 그 의식은, 그가 세계를 변화시키는 한에서만 그 세계에 대한 하나의 지식인 것이다." 그리하여 "두 가지 종류의 의식"이 있게 된다. 그 하나는 "그의 활동들에 내재적인 것"이고, 또 하나는 "그가 과거로부터 물려받아 아무런 비판 없이 수용하고 있는 것으로서 피상적으로 명백한 것"이다. "이러한 '언어적' 개념은 반드시 어떤 결과들을 낳

---

62) *The Eighteenth Brumaire of Louis Bonaparte*, in *Collected Works*, vol. 11, p. 103[『프랑스혁명 연구(Ⅲ) : 루이 보나빠르뜨의 브뤼메르 18일』, 태백, 1988]. 스테드만 존스 같은 포스트알뛰세주의자들은 마르크스주의적 접근이 '이해관계의 근본적이고 물질적인 표현을 읽기 위해 정치적 언어를 …… 해독하려는' 시도를 포함한다고 주장하는데, 이것은 난센스이다. *Language for Class*, 앞의 책, p. 21.

는다. 그것은 그를 일정한 사회집단에 통합시키고, 다소간 강력한 방식으로 그의 도덕적 행동과 그의 의지의 방향에 영향을 미친다. 그리고 그것은 의식의 모순이 어떠한 행동도 용인하지 않을 지점으로까지 다다를 수 있다. ……" 그러므로 "이론과 실천의 통일은 어떤 주어진 기계적 사실이 아니라, 역사적 생성의 과정이다."[63]

이처럼 1830년대와 1840년대의 차아티스트들은 더 오래되고, 급진적인 민주적 개념들을 통해 새로운 경험들을 해석하려고 했다. 그러나 이것은 온갖 종류의 모순된 이데올로기적 공식들을 창출했다. 이것이 바로 브론티에르 오브리앙, 줄리앙 하비, 그리고 어네스트 존스와 같은 사람들이 ── 이들은 보다 새롭고 더욱 명확한 사회주의적 방식으로 대중들의 경험을 표현하기 시작했다 ── 가장 대중적인 연설가이자 작가들이었던 이유였다.

마르크스주의 그 자체는 마르크스와 엥겔스의 두뇌로부터 완성된 채로 나타나서, 노동자계급의 운동을 마술적으로 장악한 일단의 관념들이 아니었다. 그 이론의 탄생은, 1848년 이전에 있었던 청년 노동자 운동의 경험을 마르크스와 엥겔스가 증류시킨 결과였다. 그것은 그 이후로 노동자들에 의해 수용되어졌다. 그러나 그것은, 투쟁들이 이미 그들을 가르치기 시작하고 있었던 것에 조응되는 한에서만 그러했다. 그러나 이렇게 수용되고 나서 그것은 다시 투쟁들 속으로 되돌려져 그 투쟁들의 결과에 영향을 미치게 되었다.

그 이론은 자본주의 하에서의 노동자들의 경험을 단순히 반영한 것만은 아니다. 그것은 그러한 경험(자본주의에 대한 투쟁의 경험)의 몇몇 요소들을 체제 전체에 대한 의식으로 일반화한다. 그렇게 하는 과정에서 그것은 투쟁을 수행하는 방법에 새로운 통찰력을 제공하고, 또 투쟁에의 새로운 결의를 제공한다.

이론은 실천을 토대로 발전한다. 그러나 그것은 실천 속으로 재투입되

---

63) A. Gramsci, 'A vriamento allo studio, della filosofia del materialismo storico', in *Materilaismo Storico*, Turin, 1948. 영역판 *The Modern Prince*, London, 1957, pp. 66~67.

어 그것의 결과에 영향을 미친다.

이 점은 중요하다. 왜냐하면 이론이 언제나 옳지만은 않기 때문이다. 역사적으로 보면 노동자들이 수행한 매우 중요한 투쟁들 가운데에는 잘못된 이론의 영향 하에서 수행된 것도 있었다. 19세기 후반기 프랑스에서의 프루동주의와 블랑키주의, 독일에서의 라쌀레주의, 1905년 이전 시기 러시아에서의 나로드니즘과 러시아 정교주의, 아르헨티나에서의 페론주의, 폴란드에서의 천주교와 민족주의, 그리고 말할 것도 없는 것이지만 끔찍한 쌍둥이들인 사회민주주의와 스딸린주의 등이 바로 그러한 예들에 속한다.

이 모든 경우들에 있어서, 노동자들은 '잡종적인' 세계관에 의해 영향을 받은 투쟁 속으로 빠져들었다. 그러한 세계관이란 계급투쟁의 필요들에 대한 어떤 직접적인 이해를 기존 사회의 핵심요소들을 수용하는 일단의 보다 일반적인 관념들과 결합시키는 것이다. 사회에 대한 그러한 잘못된 이해는 전체적으로는 커다란 실책들을 낳는다. 그러한 실책들로 말미암아 수많은 대규모의 패배들이 되풀이되어 왔다.

그러한 혼란과 패배들에 직면하여, 관념들이 현실을 따라잡아야만 한다고, 그렇게 되면 승리는 확실하다고 말하는 것처럼 더 위험한 것은 아무 것도 없다. 왜냐하면 그것은 필연적으로 실천적 투쟁과 이데올로기적 투쟁을 결합시키는 것의 중요성을 경시하게 될 것이기 때문이다.

역사에서의 당의 역할

기계론적 유물론자들이 이데올로기적인 투쟁을 격하시킨 것의 다른 이면은, 이것이 이데올로기적 투쟁을 실천적인 갈등들과는 동떨어진 어떤 것으로 취급하는 특정한 사회주의적 아카데미즘의 경향을 낳았다는 것이다. 이것은 특히 『맑시즘 투데이』와 신노동당 좌파의 개량주의자들에게 해당된다.

그러나 관념들의 투쟁은 항상 물질적 실천의 세계 안에서 벌어지는 투쟁으로부터 성장한다. 관념들은 바로 그 실천의 세계 안에 자신의 뿌리를 두고 있으며, 언제나 그러한 물질적 투쟁들에서 그 절정에 이르게 된다. 이교적인, 신교적인, 종교적인 공식들을 발생시켰던 것은 봉건주의 하에서 장인들과 상인들의 일상적 활동이었다. 그리고 최종적으로 새로운 이데올로기의 승패를 결정지었던 것은 유럽 전역에 걸쳐 싸움을 벌인 군대들의 매우 실질적인 활동이었다.

종종 새로운 관념론자들이 자신들의 이론적 영감을 안토니오 그람시로부터 이끌어 내지만 막상 그람시 자신은 이론적인 것과 실천적인 투쟁들 사이의 연결을 끈질기게 주장했었다.

> 이론과 실천의 관계 문제가 발생한다는 것은 다음과 같은 의미에서이다. 즉 그것은, 동일한 실천의 결정적 요소들과 합치하면서 행동 속에서 역사적 과정을 가속화시키며, 그 실천을 그 각각의 구성요소들 속에서 보다 동질적이고, 일관되고 효율적인 것으로 만드는, 즉 그것에 최대의 힘을 부여하는 하나의 이론을 이미 결정된 실천의 기초 위에서 구성한다는 의미에서이거나, 혹은, 만약 특정한 이론적 문제가 주어져 있다면 그것을 작동시킬 본질적으로 실천적인 요소들을 조직한다는 의미에서인 것이다.[64]

만약 당신이 오늘날 자본주의의 이데올로기적 장악력에 도전하기를 원한다 할지라도 당신이, 매일의 투쟁들을 통해 자본주의의 특정한 이데올로기적 교의에 도전하게 되는 사람들과 관계를 맺지 않는다면 그렇게 할 수 없다. 그리고 만약 당신이 그 도전을 끝까지 이행하고자 한다면, 당신은 이데올로기적 투쟁이 실천적인 투쟁으로 전화된다는 사실을 이해해야만 한다.

실천의 이론으로의, 혹은 이론의 실천으로의 전화는 저절로 일어나지 않는다. '인간 대중은 자신을 조직하지 않고서는 스스로를 "구별하지" 못하며 "저절로" 독립적으로 되지도 못한다. 그리고 지식인들이 없는, 즉 조직가들과 지도자들이 없는 …… 조직이란 있을 수 없다.'[65]

---

64) *Materialismo Storico*, 앞의 책, p. 38.
65) 같은 책. 영역판 *The Modern Prince*, 앞의 책, p. 67.

성장하는 계급은 그 내부에서 양극화가 발생하는 한에 있어서 일단의 명확한 관념들을 발전시킨다. 그리고 맨 처음에 이러한 작업을 수행하는 것은 낡은 이데올로기에의 도전을 그것의 논리적 결론에 이르기까지 밀고 나가는 그 계급의 소수이다.

이데올로기적이고 실천적인 투쟁의 일정한 단계에서 그러한 소수파는 분리된 '당'(그것이 스스로를 그렇게 부르든 부르지 않든)으로서 결정화된다. 생산력들과 생산관계들의 발전이 새로운 관념들 속에서 표현되고, 이 새로운 관념들이 낡은 상부구조를 해체하는 방향으로 대중을 결집시키기 위해 사용되는 것은 바로 이러한 당들의 투쟁을 통해서이다. 『무엇을 할 것인가』의 유명한 일절에서, 레닌은 '정치적 관념들'은 외부로부터 노동자계급에게로 주어진다라고 말했다. 만약 그가, 노동자들은 혁명적인 사회주의적 세계관을 공들여 만드는 데 아무런 역할도 하지 못한다고 말한 것이라면, 그는 틀린 것이다.66) 만약 그가, 실천적인 경험이 노동자들로 하여금 사회주의 사상으로 통하도록 하지 못한다고 말했다면, 그는 틀린 것이다.67) 그러나 그가, 사회주의 사상은 기나긴 과정의 이데올로기적이고 실천적인 투쟁을 통해 건설되는 명확한 사회주의 조직의 분리정립 없이는 계급을 정복하지 못한다는 것을 강조한 것이라면, 그는 절대적으로 옳다.

기계적인 유물론자들의 유명한 토론들은 역사에서의 개인의 역할을 둘러싸고 전개되었다.68) 그러나 1917년 이래의 혁명적 시기에 전개된 비기계적이고, 비주의주의적 유물론에서 핵심적으로 되었던 것은, 개인이 아니라 당이었다.

뜨로츠키는 그의 대작 『러시아혁명의 역사』에서, 혁명은 상부구조가

---

66) 레닌 자신은 나중에 이것을 인정한 바 있다. V. I. Lenin, *Collected Works*, vol. 6, p. 491.
67) 그가 1905년에 '노동자계급은 본능적으로, 그리고 자발적으로 사회민주주의적 …… 이다'라고 말한 것에 주목하라. Chris Harman, 'Party and Class', *International Socialism* 1 : 35에서 인용[존 몰리뉴, 『마르크스주의와 당』, 책갈피, 1993에 부록으로 수록되어 있음].
68) G. Plekhanov, *The Role of the Individual in History*, 앞의 책.

경제적 토대에서의 모든 변화에 따라 기계적으로 변화는 것이 아니라는 바로 그 이유 때문에 발생한다고 설명한다.

> 사회는 제도들을 변화시킬 필요가 제기된다고 해서, 기계적 변화들이 자신의 도구들을 변화시키는 방식처럼 자신의 제도들을 변화시키지는 않는다. 그와는 반대로, 사회는 제도들을, 그것들이 일단 한번 주어지면 영원한 것인 것처럼 자신에 고착되어 있는 것으로 받아들인다. 수십 년 동안 계속된 반대파의 비판도 대중의 불만에 대한 안전판과 사회구조의 안정을 위한 조건 이상이 아니었다.69)

'혁명과정에서 일어나는 급진적인 전환'은 단순히 '삽화적인 경제적 교란들'의 결과가 아니다. "빵 배급이 1과 1/2파운드에서 3/4파운드로 줄었다는 사실 때문에 제1차 혁명의 발발 이후 8개월 만에 [1917년의] 제2차 혁명이, 완수되었다고 가정하는 것은 가장 조잡한 실수가 될 것이다." 사태를 이러한 식으로 설명하려는 시도는 "종종 스스로를 마르크스주의라고 주장하는, 역사에 대한 저 속류경제적 해석의 불모성을 완전히 드러낸다."70)

결정적인 것은 '혁명 이전에 이미 형성되었던 계급들의 심리 상태에서 일어난 신속하고, 강렬하며 열정적인 변화들'인 것이다.71) '혁명들은, 비록 이름없는 사람들이지만, 다름 아닌 바로 그 대중들에 의해 완수된다. 유물론은 느끼고, 생각하며, 행동하는 인간을 무시하지 않으며, 오히려 그를 설명한다.'72)

당들은 혁명적 과정의 하나의 통합적 구성 부분이다.

> 그것들은 그 과정에서 독립적이지는 않지만, 그럼에도 불구하고 매우 중요한 요소를 구성한다.

---

69) L. Trotsky, *The History of the Russian Revolution*, Preface to vol. 1, London, 1965, p. 18.
70) 같은 책, Introduction to vol. 2 and 3, p. 510.
71) 같은 책, Preface, p. 18.
72) 같은 책, Introduction, p. 511.

지도하는 조직 없이는 대중들의 에너지는 피스톤 통에 담기지 않은 증기처럼 흩어져 없어질 것이다. 그러나 그럼에도 불구하고 사물을 움직이는 것은 피스톤이나 통이 아니라, 증기인 것이다.73)

그러나 당들은, 경제적 힘들과 계급들의 형성과정이 포함하지 않는 방식으로 하나의 주체적 요소를 항상 포함한다. 당들은 특정한 이데올로기적인 전제들을 둘러싸고 조직되어야만 한다. 그리고 그것은 개인들의 노력과 활동, 그리고 주장을 요구한다.

1917년의 러시아에서, 물질적 현실의 모순들은 노동자계급이 권력을 쟁취하지 않고서는 해결될 수 없었다. 그러나 노동자계급은 다수의 관념들로부터 스스로를 구분해 내는 계급의 소수 없이는 그러한 필요를 의식할 수 없었다. '쁘띠부르주아 블록에서부터 프롤레타리아 전위가 단절되는 것'이 필요했다.74) 많은 노동자들은, 사건들의 압력 하에서, 이러한 단절을 수행하기 시작했다. 그러나 그들은 처음에는, 그들 자신의 혼란된 관념들 때문에, 단절을 완수하는 것에서 물러서곤 했다. '그들은 혁명의 부르주아적 성격과 프롤레타리아트의 고립의 위험성이라는 이전의 사고를 거부하는 방법을 알지 못했다.'75) '프롤레타리아 독재는 전체 상황으로부터 추론될 수는 있었다. 그러나 그것은 확증되어야만 했다. 그것은 당 없이는 확증될 수 없었다.76)

1917년 이전에 당을 건설하기 위한 인간집단이 존재했다는 사실은 객관적인 역사적 발전의 결과였다. 그러나 이러한 발전들은 개인들의 활동과 관념들 속에서 표현되어야만 했다. 그리고 일단 혁명이 발발하고 나자, 당의 활동은 현실의 맹목적인 반영이 아니었다. 진실로, '당은 자신의 임무를 이해함으로써만 그 임무를 수행할 수 있었다.'77) 그러나 그것은 객관적인 상황에 대한 개념들을 명확히 표현함으로써 당원들을 자신들에

---

73) 같은 책, p. 19.
74) 같은 책, vol. 1, p. 334.
75) 같은 책, p. 302.
76) 같은 책, p. 343.
77) 같은 책, p. 343.

게로 획득할 수 있었던 여러 개인들의 능력에 의존했다.

뜨로츠키가 보기에, 레닌이라는 한 개인이 미증유의 역할을 한 지점은 바로 이곳이었다. 그는 당이 사건들을 이해하고 효과적으로 행동하는 데 '필요'했다. '그가 도착하기 전까지, 볼셰비키 지도자 중 누구도 감히 혁명에 대한 어떤 진단을 내리지 못했다.'

그는, 외부로부터 들어온 하나의 자의적 요소로서 혁명에 작용을 가하는 '혁명적 과정의 조물주'가 아니었다. '그는 단지 객관적이고 역사적인 힘들의 사슬 속으로 들어갔을 뿐이다. 그러나 그는 그 사슬 가운데서 하나의 위대한 고리였다.' 레닌이 없는 상태에서, 많은 노동자들은 무엇을 해야 할 것인가에 대한 지식을 향해 더듬거리며 나아가기 시작하고 있었다. 그러나 그들의 모색은 일반화되어야만 했다. 그래야만 그것은 혁명에 대한 총체적 관점이 될 수 있었다. '레닌은 대중들에게 어떤 계획을 강요하지 않았다. 그는, 대중들이 그들 자신의 계획을 깨닫고 실현하도록 도와주었을 뿐이다.'78)

그 주장들은 어쩌면 그 없이도 제기되었을는지 모른다. 그러나 그것들이, 당으로 하여금 단호하게 행동할 수 있도록 하면서 실현되었으리라는 보증은 어디에도 없다.

볼셰비키당의 내부 투쟁은 절대로 불가피한 것이었다. 레닌의 도착은 단지 그 과정을 재촉했을 뿐이다. 그의 개인적 영향은 그 위기를 단축시켰다.
그러나 그가 없는 당이 자신의 길을 제대로 찾았을 것이라고 과연 자신있게 말할 수 있겠는가? 우리는 결코 그렇다고 말할 수 없다. 시간을 반성적으로, 즉 역사적으로 말하는 것은 어렵지만 여기에서 시간이라는 요인은 결정적이다.
변증법적 유물론은 숙명론과 어떠한 공통 요소도 가지고 있지 않다. 레닌이 없었다면 그 위기 — 기회주의적 지도부는 이러한 위기를 낳지 않을 수 없었다 — 는 매우 첨예하고 장기적인 성격을 나타냈을 것이다. 그러나 전쟁과 혁명이라는 조건들은 당이 이러한 자신의 과제를 수행하는 데에 장기간의 시간을 바치도록 허락하지는 못했을 것이다. 그리하여 방향 감각을 잃고 분열된 당이 혁명적 기회를 수년 동안 놓쳐 버리는 사태가 발생했을 가능성은 결코 배제할 수 없는 것이

---

78) 같은 책, p. 339.

다.79)

  개인은 역사에서 일정한 역할을 수행한다. 그러나 그렇게 되기 위해서 그 개인은, 당이 계급으로 하여금 자기의식적으로 되도록 해 주는 바로 그 과정의 일부가 되어 있어야만 한다.
  한 개인의 인격은 객관적 역사 ─ 그 혹은 그녀가 그 속에서 성장하는 사회의 계급관계들, 이전에 있었던 반란의 시도들, 지배 문화 등에 대한 경험 ─ 의 산물이다. 그러나 그 혹은 그녀가 다음과 같은 방식으로, 즉 계급의 한 부문이 자신을 의식하게 되고 또 스스로를 당으로서 조직하는 방식으로 일정한 역할을 수행한다면, 그 혹은 그녀는 '역사적 사슬 속의 하나의 고리'가 되면서 역사적 과정 속으로 되돌려지게 되는 것이다.
  혁명가들이 이것을 부정하는 것은 어떤 투쟁의 결과에 대한 일체의 책임을 무시하려고 하는 일종의 숙명론으로 빠져드는 것이다. 그것은 혁명가들의 활동만이 유일한 것이라고 믿는 그와 정반대되는 오류만큼이나 위험스러운 것이다.
  오늘날 이 점은 매우 중요하다. 현대 자본주의에는 혁명적 마르크스주의자들로 하여금 한편으로는 기계적 유물론에, 또 다른 한편으로는 주의주의적 관념론의 압력에 굴복하도록 하려는 끊임없는 압력들이 존재한다.
  기계적 유물론은 노동운동의 관료들의 삶에 딱 들어맞는다. 그들의 지위는 현존하는 사회 내부에서 이루어지는 그들의 영향력의 완만한 증대에 의존한다. 그들은, 미래란 항상 현재로부터의 점진적이고 유기적인 성장의 결과일 것이고, 질적인 변화를 가져오는 도약들은 없을 것이라고 믿는다. 그것이 바로 그들의 작업에 순응하는 마르크스주의 ─ 밀리탄트 경향이나 공산당(CP)의 친러시아파 같은 ─ 가 카우츠키류의 마르크스주의로 빠지게 되는 이유이다.
  새로운 관념론적 주의주의는 신중간계급과 개량주의적 지식인들의 열망에 딱 들어맞는다. 이들은 생산과 착취의 현실적 과정으로부터 단절된 삶을 살아간다. 그래서 그들은 이데올로기적 신념과 헌신만이 위기와 기

---

79) 같은 책.

근, 그리고 전쟁이라는 유령들을 이 세상으로부터 제거할 수 있다는 믿음 속으로 쉽게 빠져든다.
 혁명적 마르크스주의는 투쟁하는 소수파들을 당들 속으로 결집시켜 낼 수 있을 때에만 이러한 압력들을 이겨내고 살아남을 수 있다. 이 당들은 물질적 역사를 뛰어넘을 수 없다. 하지만 역사의 모순들은 또한 당들 고유의 의식적 활동 없이는 해결될 수 없다.

제 3부

알뛰세 철학의 성격 문제

철학에서 마르크스주의의 임무는 무엇인가? / 피터 빈스
『역사와 행위』에 대하여 / 존 리스
루이 알뛰세의 유해(遺骸) / 슈 클레그
존 리스의 『역사와 행위』 서평에 대한 답변 / 알렉스 캘리니코스
알뛰세의 철학에서 산 것과 죽은 것 / 알렉스 캘리니코스

철학에서 마르크스주의의 임무는 무엇인가?*

피터 빈스

『마르크스주의에 미래는 있는가』(Is There a Future for Marxism)라는 심각하고 긴 제목을 단 어떤 책이 있다면 그것은 이 글의 주목을 받기에 충분할 것이다. 만약 그것이 현대의 프랑스 철학에 대한, 그리고 또 그것과 마르크스주의가 서로에게 미친 상호영향에 관한 상세한 분석을 포함하고 있다면 게다가 그것이 영국사회주의노동자당(SWP) 중앙위원회 멤버에 의해 씌어진 것이라면 이 정도만으로도 그것에 대한 중요한 서평이 요구되고 있다고 할 것이다.

그렇지만 그러한 서평을 쓴다는 것은 처음부터 몇 가지의 결정적인 난점을 제시한다. 가장 중요한 문제점은 알렉스 캘리니코스가 이 책에서 다루는 소재 자체의 난해함과 모호함이다. 독자에게 그것이 어느 정도인가를 전달하기 위해 나는 SWP의 지도적 지식인 상당수가 그 책을 읽었지만 그것을 실제로 이해했다고 주장하는 사람은 거의 없다는 사실을 언급해 두고 싶다. 한편에서는 과학철학에 대한 현금(現今)의 논쟁들에 대한 전문적 지식이 없이는 또 다른 한편에서는 구조주의 언어학에 대한 전문적 지식이 없이는 이 책의 중핵은 거의 접근하기가 불가능하다는 것은 의심할 여지가 없다. 그리고 그러한 토론들의 배경을 광범위하고 박식하

---

* Peter Binns, 'What are the tasks of Marxism in philosophy?', International Socialism 2:17, 1982년 가을, pp. 92~128에 처음 수록.
* 나는 이안 버첼, 리차드 브래드베리, 피트 굿윈, 존 몰리뉴와 존 리스에게 감사를 드린다. 그들 모두는 이 논문의 초고를 살펴보고, 유용한 논평을 해 주었다. 그래도 초고 자체의 책임은 전적으로 나에게 있다.

게 제시한 점에서 캘리니코스는 환영받을 수 있겠지만 그 책을 읽는 독자는 이에도 불구하고 학술가 집단이라는 협소한 영역에 제한될 수밖에 없을 것이다.

이것은 곧장 세 가지의 문제를 추가로 제기한다.

첫째로 그렇게 난해한 철학을 이해하는 것이 과연 필요한 것인가? 그것은 마르크스주의에 대한, 그리고 사회주의 혁명의 전략에 대한 우리들의 이해를 증진시키는 데 긍정적으로 기여할 것인가 등등. 우리가 앞으로 보게 되겠지만 캘리니코스의 대답은 그렇다는 것이다. 즉 최상의 경우에는 — 예를 들어 알뛰세의 철학(그리고 라카토스의 철학)에서 — 몇 가지 결정적인 점에서 흠을 가지고 있음에도 불구하고 그것은 새롭고 긍정적인 몇 가지의 문제들을 제기하며 또 그것은, 올바르게 따라가 보면 혁명적 사회주의의 중심적 원칙들의 정당성을 입증해 줄 방법론을 묘사해 준다는 것이다.

이제 곧 분명해지겠지만 나는, 캘리니코스가 이 점에서 완전히 실수를 하고 있다고 생각한다. 그렇지만 만약 그가 실수를 하고 있지 않다면 그 자료들이 얼마나 어렵고 애매한가 하는 것과는 무관하게, 그것이 무시되어서는 안된다고 결론내리는 점에서 그는 아마도 옳을 것이다. 마르크스주의자들은 마르크스주의와 유관한 것이라면 그것이 아무리 애매한 측면을 가지고 있다 하더라도 바로 그러한 이유 때문에 그것을 단순히 무시할 수는 없다. 속물주의가 마르크스주의에서 수행할 역할은 아무 것도 없는 것이다.

그러나 스콜라주의가 마르크스주의에서 수행할 역할이 아무 것도 없다는 점 역시 사실이다. 계급투쟁으로부터 비껴 서 있고 — 우리가 앞으로 살펴보게 되겠지만 — 일관되지 못하고 오류투성이인 주장들에 기초하여 프롤레타리아트의 자기해방을 고려할 만한 가치가 있는 하나의 가능성으로조차 보지 않는 그러한 이론들과 철학들이 있지만 그것들은 우리가 그로부터 배워야 할 것들이 아니고 분쇄되어야 할 것들이다. 우리가 그러한 이론이나 철학들과 접촉할 때에 우리로서는 그것들을 예방할 수 있는 예방접종을 하는 것으로 충분할 것이다. 비록 그것이 그 병 자체를 치유하는 것으로는 불충분할지라도 말이다. 하물며 그 병이 우리들 자신의 건강에 도움이라도 되는 양 그 병을 환영하는 것이 무슨 소용이 있겠는가?

그 책을 서평함에 있어 나타나는 두 번째 문제는 그것의 형식에 관한 것이다. 그 책의 핵심은 현대철학에 관한 것이지만 이것이 그 책의 내용을 속속들이 다 채우고 있는 것은 아니다. 철학은 정치적 서문과 정치적 결론 사이에 끼워 넣어져 있다. 이 책의 서문과 결론은 이 잡지[『인터내셔널 소셜리즘』을 말한다 - 역자]의 독자들에게는 낯익은 방식으로 SWP의 정치학을 논하고 있다. 그 책을 그 자체의 권리에 따라 하나의 실체로서 서평을 하기 위해서는 무엇보다도 먼저 철학과 정치의 연관을, 즉 그것들이 얼마나 성공적으로 묘사되었는가 하는 것 등을 살펴보지 않으면 안된다.

그러나 이 양자의 연결고리에 관심을 집중시키게 되면 내가 보기에 이 책의 최대의 취약점이라고 할 수 있는 것으로 주의를 돌리게 된다. 나는, 이 책을 읽은 사람들과 이 책에 서술된 정치학을 공유하는 사람들이 거기에 서술된 철학에 의해 어리둥절해지거나— 최악의 경우에는— 반감을 느끼게 되는 것은 결코 우연이 아니라고 생각한다. 또 나는, 그 철학을 접하고서 편안함을 느끼는 사람들 가운데서도 캘리니코스가 그것들을 가지고 이끌어 내고자 했던 정치적 결론들로 이끌리게 될 사람들은 거의 없으리라고 생각한다. 간단히 말해서 그 책은 하나의 샌드위치로 비유될 수 있다. 그 샌드위치의 겉빵에 해당되는 그 책의 정치학과 그것의 속을 채우고 있는 철학이 분명히 구별되는 것이다. 그렇다고 해서 이 말이, 바로 이런 이유 때문에 이 책이 폐기처분되어야 한다고 주장하는 것은 아니다. 오히려 내가 주장하고자 하는 것은, 이 책의 성공은 그것의 전반적이고 포괄적인 목적 속에서보다는 그것의 개별적인 통찰력 속에서 더 쉽게 발견될 수 있다는 것이다.

끝으로 철학 일반과 특수로서의 마르크스주의 철학에 대한 캘리니코스의 개념 속에 포함되어 있는 실질적 문제가 하나 있다. 그는 그것이 무엇이어야만 하는가를 우리에게 결코 말해 주지 않는다. 그러면 알뛰세는 도대체 무슨 기준에서 '마르크스주의 철학자'로 분류될 수 있는가? 그의 정치학이 —— 비록 뒤틀린 유로코뮤니즘적 형식 속에서라 할지라도 —— 마르크스주의적이기 때문인가? 아니면 다른 한편에서 그가 실제로 철학에서 마르크스주의적이기 때문인가? 다시 말해 그가, 노동자계급의 자기해방이 가능하고 또 필연적인 그러한 세계 개념과 프롤레타리아트 개념을 표현하고 또 그것을 옹호하는 데 주된 관심을 갖고 있기 때문인가?

만약 그의 마르크스주의가 그 정치학에서 도출된다면 그것은 정치적 수준에서도 역시 이해되고 또 비판되어야만 할 것이다. 그렇게 되면 이것은, 유로코뮤니즘에 대항하는 우리에게 친숙한 (그리고 비철학적인) 주장들 —— SWP에서 이같은 비판은 다른 곳에서 전개된 바 있다 —— 을 포함할 것이다. 그것을 이해하고 또 그것을 비판하기 위해 우리는 철학의 영역으로 위험을 무릅쓰고 나아갈 필요까지는 없을 것이다.

그러나 만약 알뛰세가 실제로 자신의 철학 속에서 한 사람의 마르크스주의자라면, 그의 철학이 어떻게, 프롤레타리아트가 자신을 집단적으로 해방시킬 수 있는 —— 또 그래야만 하는 —— 세계관을 우리에게 분명히 설명해 주는 데 도움을 줄 수 있는가를 보여주는 일이 캘리니코스에게 맡겨지는 일일 것이다.

그러나 이 책의 어디에서도 캘리니코스는 이런 일을 하지 않는다. 그가 이 책에서 전개하는 알뛰세에 대한 정치적 비판은 매우 주변적인 것이다. 그리고 그가 이 책에서 다루는 철학은, 철학에서 마르크스주의의 중심 문제, 즉 노동자계급의 자기해방이라는 주제가 부재하거나 혹은 더 나쁜 경우에는 고의적으로 배제되어 있는 그러한 철학이라고 아니할 수 없다.

마르크스주의와 언어 '문제'

이 책에서 캘리니코스의 주요 목표는 1970년대에 나타난 —— 특히 프랑스에서 나타난 —— 마르크스주의의 영향력의 급속한 쇠퇴를 설명하는 것이다. 이른바 '마르크스주의의 위기'의 배경은, 그에 따르면, 언어철학 속에서 발견된다. 거기에는 물론 물질적 뿌리가 있다. 공산당들의 개량주의로의 전략, 노동자계급 속에서 어떤 유의미한 혁명적 상황이 출현하지 못한 것 등등이 그것이다. 그러나 이러한 사실들에도 불구하고 1930년대 중반에서 1970년대 중반에 이르는 거의 40년 동안에 걸쳐 특히 프랑스 문화에서 각종의 마르크스주의가— 비록 왜곡된 형식에서이긴 하지만—하나의 중요한 요소로 되어 왔다. 이 마르크스주의는 금세기 초에 프랑스 언어학자인 소쉬르에 의해 처음으로 개척된 이론들로부터 발전해 나온 언어 개념에 의하여 본래부터 강력한 영향을 받았을 뿐만 아니라 나중에는 그것에게 자신의 자리를 빼앗겼다. '마르크스주의의 위기'의 물질적 뿌리들을 인정하고 있으면서도— 나중에 우리가 보게 되겠지만 캘리니코스는 그것들에 충분한 주의를 기울이지 않고 있다— 캘리니코스는 그 위기의 이데올로기적 뿌리를 검토하는 데에 관심을 집중하고 있다. 왜 구조주의적 언어학(그리고 구조주의 일반)이 일차적으로 마르크스주의에 긍정적으로 기여하는 것으로 보여지게 되었을까? 이후에 이루어진 그것의 발전이 어떻게 해서 결국은 마르크스주의를 뒤엎게 되었는가?

여기서 캘리니코스는 '현대 프랑스 철학이 [마르크스주의에 대해 갖는] 본질적 중요성에 대해 그리고 의식, 언어, 지식 등의 전통적 개념들의 전복'1)에 대하여 언급한다. 이것은— 그의 말에 따르면— '많은 서구 철학과 서구의 문학에서 언어가 현실로부터 분리되어 모든 방향으로 무한히 확장되는 자율적이고 자족적인(self-referential) 과정으로 되었다'2)고 할 수 있는 상황으로 나아갔다. 이것이 마르크스주의에 가져온 결과들은, 소쉬르에 의해 이러한 언어 개념이 시발(始發)된 방식과 또 이후의 사상가들에 의해 그것이 발전되어진 방식을 살펴봄으로써 설명될 수 있다.

언어에 대한 전통적 견해는 로크와 데카르트와 같은 철학자들에 의해 17세기에 명확한 형식으로 설명되었다. 그들에게 있어서 단어들은 의미의 궁극적 단위였고 각각의 유의미한 단어는 근본적으로 우리들의 마음 속

---

1) Alex Callinicos, *Is There a Future for Marxism*, Macmillan, 1982[알렉스 캘리니코스, 『마르크시즘의 미래는 있는가』, 열음사, 1987], p. 3.
2) 앞의 책, p. 25.

에 있는 여러 가지 관념들의 표지이거나 혹은 기호였다. 로크에게 있어서 결정적 관념들은 세계 자체 외부의 기호들—— 그리고 복사물들—— 인 그러한 관념들이었다. 바로 그것이 로크의 지식 이론이 '실재론적'인 이유이다. 즉 언어와 지각은 외부 세계의 현실을 성공적으로 드러내는 것으로 간주되었던 것이다.

소쉬르의 언어 이론은 이와는 다른 관점을 제시했다. 언어적 기호들은 '능기'와 '소기'라는 두 가지 것으로 분할된다. 이 각각은 거칠게 말하면 개념들과 그것들을 표현하는 소리들에 대응하는 것이다. 언어 그 자체는 소리들과 개념들이라는 두 가지의 병렬적 계열체들로 구성되어 있다. 그리고 그 두 계열체들은 기존의 의미들과의 차이적 관계의 다양성에 의해 창조되어지는 새로운 의미들과 서로 의존하는 관계에 놓인다. 단어가 지시하는 언어 외부의 존재는 더 이상 그 단어의 의미에 아무런 영향도 미치지 못한다. 이것은 그를 뒤이은 사상가들로 하여금 언어가 '자율적'으로 되었다고 주장하도록 이끌었다.[3]

이 후자의 견해에 따르면 의미는 상관적인(relational) 것으로 된다. 즉 그것은 단어가 지시하는 것에 의존하지 않고 오히려 그것과 여타의 모든 단어들과의 차이의 그물망에 의존한다. 바로 여기에서 **구조주의**라는 개념이 나온다. 왜냐하면 어떠한 단어도 고립적으로는 의미를 지닐 수 없고 오직 다른 단어들과의 관계의 총체성에 의해서만 의미를 지닐 수 있기 때문이다.

---

3) 그러나 소쉬르 자신은 이러한 후기 사상가들의 관점에 대한 어떠한 책임으로부터도 면제되어야만 한다. 그 자신은 언어가 '자율적'이라고 주장하지 않는다. 그리고 그는 실제로, 언어의 역사적 성격, 즉 그것이 시간에 따라 변화하는 방식을 강조하는 언어적 차원('통시성')을 분명히 주장한다. 그러나 그것은 레비스트로스나 최근의 학파에 의해 광범하게 무시되었고, 묵살당했다. 또는 그것은 매우 깊은 (그리고 물론 변하지 않는) 구조에 의해 결국 설명될 어떤 것으로서 간단히 처리되었다. 예를 들어, 이러한 작업의 실례를 보려면 C. Levi-Strauss, *Structural Anthropology*, Harmondsworth, 1972, p. 21을 보라[레비스트로스, 『구조인류학』, 종로서적, 1983]. 소쉬르와 포스트구조주의자들간의 차이에 대한 논의로는 S. Timpanaro, *Structuralism and its Successors*를 참조하라.

이것은 이 자체를 훨씬 더 넘어서는 결론들을 가지고 온다. 전통적 견해들에 따르면 단어들은 단지 우리들의 의식적 경험들에 대한 임의적인 기호일 뿐이다. 그러므로 언어는 이러한 경험들의 산물이며 그것들에 의하여 제한된다. 그러므로 자아와 자아의 경험들이 선행되고 언어는 그 뒤에 온다. 그래서 궁극적으로 자아는 의미의 보증자인 셈이다. 구조주의에서는 그렇지 않다. 자아는 전위(轉位)된다. 그것은 더 이상 단어와 그 단어가 지시하는 것 사이의 연계를 보증할 필요가 없다. 개별적인 인간 주체는 구조주의자들의 전문용어로는 '탈중심화'된다.
　현대 구조주의자들과 포스트구조주의자들의 수중에서 이 입장은 더 멀리까지 뻗어 나간다. 그들 대부분은 다양한 이유로 인해 소쉬르가 말한 두 가지의 계열체들을 단 하나의 계열체로 즉 능기의 계열체로 대체해 버린다.4) 그것은 궁극적으로 소기의 계열체보다도 더 큰 우선권을 부여받는다. 이어 레비스트로스는 사회들이 언어와 동일하게 구조화된다는 명제를 제시한다. '언어와 마찬가지로 사회적인 것은 하나의 자율적 실재이다. 더구나 그것은 동일한 실재이다. 상징들은 그것들이 상징화하는 것보다도 더욱더 실재(實在)적이다. 소기는 능기에 선행하며 그것을 규정한다.'5) 그리고 라깡은 자기 자신의 입장에서, 무의식적인 것에 대하여 이와 동일한 명제를 주장한다. 즉 그것 역시도 언어와 동일한 방식으로 구조화되는 것으로 간주되는 것이다. 라깡은 주체를 탈중심화시키는 것에서 멈추지 않는다. 자기의식이 의존하는 간(間)주관적 관계들은 언어의 상징적 질서의 생산물로서 (따라서 그것에 의존하고 있는 것으로) 간주된다. 그러므로 개별적 인간 주체는 단순히 전위되고 '탈중심화'될 뿐만 아니라 관계들의 무한한 계열체들의 생산물 속으로 환원되고 용해되는 것이다. 캘리니코스는, 이 모든 것의 결과는 '언어를 능기들의 대체와 조합의 무한한 유희 속으로 변형시키는 것이며 거기에서 능기의 안전한 정박처는 이 유희 외부에서 결코 찾아질 수 없다'6)고 주장한다.

---

4) Levi-Strauss. Alex Callinicos, 앞의 책, pp. 34~35에서 인용.
5) 같은 책, p. 35에서 인용.
6) 앞의 책, p. 40.

소쉬르로부터의 이러한 발전의 기초 위에서(그리고 그보다 더욱 애매한 푸꼬와 데리다7)의 철학들로부터), 캘리니코스는 '마르크스주의에 대한 급진적 도전'을 찾아낸다. 지식 이론에 대하여 그것이 갖는 의미는 '적어도 마르크스와 레닌이 제시한 의미에서 볼 때 유물론과 부합하는 것으로 보인다.' 그것은 또한 '사회적 총체라는 마르크스주의적 개념을 침식하는 것으로 보인다.' 여기에서 그가 의미하는 것은 능기의 끝없는 유희라는 맥락 속에서 토대와 상부구조 사이에 논리적 구분선이 그어질 수 있는 분명한 방법이 없다는 것이다. 캘리니코스는, 그 점에서는 루카치의 혁명관도 합당하지 않다고 결론내린다. 왜냐하면 루카치에게서 프롤레타리아트는 자본주의 사회 내의 단순한 대상물에 지나지 않기 때문이다. 이와 대조적으로 프롤레타리아트가 자기 자신을 사회의 생산적 기초로 인식하는 데 성공할 때만이 그것은 자신을 옥죄는 족쇄를 떨쳐 버리고 역사의 주체가 될 수 있다. 만약 그 '주체'(개인이건 혹은 루카치가 말하는 프롤레타리아트이건)가 '탈중심화'되어 다양한 관계들의 단순한 생산물로 환원되어진다면 이것마저도 불가능하게 된다.

캘리니코스에 의한 이 세심하고 유익한 요약 모두는 본질적으로 루이 알뛰세를 등장시키기 위한 무대로서 설치되었을 뿐이다. 알뛰세는 비록 반드시 옳은 해답을 주었다고는 할 수 없지만 적어도 올바른 질문을 제기하고 그 질문에 대한 옳은 해답을 발견할 옳은 작업틀을 제공한 마르크스주의자로 간주된다. 그의 '중요성은 [이 문제점들을] 벗어난 마르크스주의의 개정판을 구성하기 위하여 애쓴 것에 …… 있다.' 그렇게 함에 있어서, '그는 "언어혁명"에 의존하였으면서 동시에 그것에 기여하였다. 그 결과는 결국 실패하였지만 매우 특유하고 약동적인 것이었다.'8) 그가 구성한 것이 진실로 마르크스주의의 개정판이었는지, 그것이 진실로 이 문제들을 벗어난 것이었는지, 그것이 '특유하거나', '약동적이었는지' 등은 우리가 곧 살펴볼 문제들이다.

그러나 우리가 그 일을 하기 전에 한 가지 점이 분명히 되어야만 한

---

7) 같은 책, pp. 46~49를 참조하라.
8) 앞의 책, p. 52.

다. 비록 캘리니코스가 실제로 그렇게 말을 하지는 않았지만 '언어혁명'에 대한 캘리니코스의 논의가 함축하고 있는 것은, 소쉬르야말로 로크와 데카르트의 전통적 견해에 도전한 최초의 인물이었다는 것이다. 거기에는 또, 마르크스주의가 전통적 견해에 기초해서만―― 그것의 '실재론적' 함의 (含意) 때문에 ―― 의미를 가질 수 있다는 함축도 들어 있다. 그러므로 그것을 네오 소쉬르주의적 견해와 부합되게 만들기 위해서는 그것 위에 어떤 실질적인 작업이 가해져야 할 필요가 있게 된다. 이로부터 혹자는, 마르크스 자신의 언어관이 로크의 언어관에 가깝다고 결론내릴지 모른다.9) 그렇지 않다면 왜 마르크스주의가 이 문제에서 알뛰세의 그 '특유한' 이론들의 도움을 받아야 할 처지에 있어야 하는 것일까? 아마도 늙고 가련한 마르크스가 실수를 했고 그래서 루이 알뛰세의 도움의 손길을 필요로 하고 있다는 것이 그 대답이 될 것이다.

이러한 대답만큼 사실과 다른 것은 다시없을 것이다. 많은 경우에 마르크스는 로크 등의 경험론적 이론들을 논박했다. 여기에는 그들의 언어이론10)과 그들의 소박한 실재론11)에 대한 논박도 포함되어 있다. 마르크스는 자신의 견해를 분명히 표현한 어떤 구절들에서 재산에 대해 설명하면서 언어를 설명한다. 재산은 인간과 사물 사이의 자연적이거나 생물학

---

9) 그러한 결론은 최근의 두 가지 사례들, 즉 J. Hoffman, *Marxism and the Philosophy of Praxis*, London, 1975와 D-H. Ruben, *Marxism and Materialism*, London, 1978에 암시되어 있다.

10) 마르크스는 이러한 점에서 두 가지 종류의 잘못에 대해 주목한다. 첫째로, 언어와 사상을 '그 감성적 형태를 다소간 거세당한 물질적 세계의 상(像)에 지나지 않는 것'으로 격하시키는 경향―― 그가 생각하기에 이 경향의 가장 유명한 사람은 홉스이다(*The Holy Family*, Moscow, 1956, p. 173). 둘째로, 언어의 환원할 수 없는 사회적 구성요소를 무시하는 경향. "인간을 위한 감성적 자연은, 직접적으로, 인간적 감성이다. 그것은 그에게 …… 감성적으로 표현되는 타인(the other man)의 형태로 직접적으로 나타난다. …… 사상 자체의 요소―― 사상의 생생한 표현의 요소, 즉 언어―― 는 감성적 자연이다. 자연의 사회적 실재성, 그리고 인간적인 자연과학이나 인간의 자연과학은 동일한 쌍생아이다."(*Collected Works*, vol. 3, London, 1975).

11) 그의 『포이에르바하에 관한 테제』 중 제1테제가 가장 주목할 만하다.

적이거나 혹은 개인적인 관계로 간주될 수 없고 본질적으로 역사적이며 사회적인 형식이다. 마르크스는, 어떤 개인에게 있어서, '그의 재산, 즉 그 자신의 것인 그의 생산의 자연적 전제조건들에 대한 그의 관계는 그가 하나의 공동체의 자연적 성원이라는 사실에 의해 매개된다'고 주장한다. 마르크스는 삽입구 속에서 즉시 다음과 같이 덧붙인다. '…… 그 성원들이 언어 외에는 공통적인 것을 전혀 갖고 있지 않은 ─ 그것조차도 간신히 공유하고 있는 ─ 곳에서 추상된 하나의 공동체는 훨씬 이후의 역사적 환경의 산물이다.' 그는 이렇게 결론내린다.

예를 들어 개인이 오직 하나의 인간적 공동체의 자연적 성원으로서 그 자신의 언어와 관계를 맺는 것은 분명하다. 한 개인의 생산물로서의 언어란 하나의 부조리이다. 그러나 재산이라는 것도 그러하다.

그리고 레비스트로스보다 일백 년 전에 그는 이렇게 말했다. '언어 자체가 공동체의 생산물인 것과 동일하게 또 다른 측면에서 그것은 공동체 자체의 존재를 의미하기도 한다. 말하자면 그것은 그 자신을 위하여 말하고 있는 공동사회인 것이다.'12)

그렇다고 해서 이것이, 마르크스와 현대의 프랑스 구조주의자들이 동일한 언어 이론을 가지고 있다고 주장하는 것은 결코 아니다. 사실은 전혀 그렇지 않다.13) 그러나 프랑스 언어 이론에서 나타난 전통 이론으로

---

12) 에릭 홉스봄이 편집한, K. Marx, *Precapitalist Economic Formations*, London, 1964, pp. 87~88[마르크스, 『자본주의적 생산에 선행하는 제형태』, 지평, 1988].
13) 여기에서 이 논점을 가지고 더 논의하기에는 지면이 좁다. 하지만 구조주의적 언어 이론에 대한 마르크스주의적 비판에 포함하는 두 가지 요소들에 대해서는 ─ 아래에서 다시 언급되겠지만 ─ 여기서 간략하게 말할 수 있다. 첫째, 화해할 수 없는 계급들이 모든 계급들에 의해 공유되는 상대적으로 조화로운 언어를 함께 사용하면서 이럭저럭 공존할 수 있다는 가정 ─ 아마도 푸꼬의 경우에 가장 명백한 ─ 에 도전할 필요가 있을 것이다. 이 논점은 아래 각주 14)에서 스딸린주의와 관련하여 다시 논의될 것이다. 둘째, 이 논문의 끝에 가서 명확해지겠지만, 과학적인 것에 대한 적합한 개념 ─ 그리고 과학적 이론들이 표현되는 언어에 대한 적합한 개념 ─ 은 필연적으로 차이관계들(difference relation-

부터 구조주의 이론으로의 이동이 마르크스주의에 우호적인 환경으로부터 적대적인 환경으로의 이동은 아니라는 것이다. 그것은 또한, 이러한 이동을 마르크스주의의 위기라고 묘사하는 것이 중대한 실수임을 보여준다. 마르크스주의 ─ 혹은 적어도 마르크스의 마르크스주의 ─ 는 로크나 혹은 전통적 언어 이론과는 아무런 공통점을 갖고 있지 않다.14)

---

ship)이라는 어떤 주어진 언어적 구조의 외부에 있는 요소들에 대한 참조(reference)를 포함해야만 할 것이다. 무엇보다도 다음과 같은 점, 즉 과학을 단지 언어학적 (혹은 이 문제에 있어서는 수학적) 형식 ─ 그 이론들이 표현되면서도 이 이론들의 실질적 결과들에 대해 어떠한 참조도 이루어지지 않는 ─ 속에서만 이해하려는 어떤 시도들도 실패할 수 없다는 것에 대해서는 나중에 논의될 것이다.

14) 그러나 지식과 관념이 단지 우리 자신에게 가해지는 외부 세계의 수동적 각인에 지나지 않는다는 스딸린주의적 관점에 따른다면, 그것은 정말로 그러할 것이다. 스딸린은 다음과 같이 말한다. '언어는 단어들 속에서, 그리고 문장들 및 사유의 결과물들로 결합된 단어들 속에서 기록되고 고정된다. …… 이렇게 해서 인간 사회 속에서 개념들의 교환이 가능해지는 것이다'(J. V. Stalin, *Concerning Marxism in Linguistics*, London, 1950, p. 16)[스딸린, 『변증법적 유물론과 역사적 유물론 외』, 두레, 1989에 「마르크스주의와 언어학」의 제목으로 수록됨]. 로크의 관점은 이와 매우 유사하다. '사회의 안락과 편리는 사상들의 교류 없이는 있을 수 없다. 그렇기 때문에 인간은 약간의 외부적 감각 기호를, 그중에서도 특히 인간의 사상을 표현하고 다른 사람들에게 알리는 비가시적 개념들을 찾아내야만 했다.'(J. Locke, *An Essay Concerning Human Understanding*, Book 3, chapter 2, section 1[존 로크, 『인간지성론』, 대양서적, 1970]). 그러한 관점에 따르면, 사상과 언어는 사람들간의 사회관계에 앞서는 것으로 된다. 그리고 당연히 이것은 이러한 주장을 거부하는 이론 일체와 충돌하기에 충분하다. 구조주의와 마르크스주의는 모두 이러한 주장을 거부하는데 바로 이 점에 있어서 양자는 모두 정당하다.

그러나 여기에서 ─ 로크와는 달리 ─ 스딸린이 때때로 언어는 사실상 사회의 산물이라고 주장하기도 했다는 것을 언급해 둘 필요가 있다. 그러나 이 후자의 관점은 그의 정치적 선입견 때문에 잘 드러나지 않게 되었다. 그는 1930년대 러시아에서 계급이 폐지되었음 ─ 그것은 하나의 가상이었다 ─ 을 강조하고 싶어했기 때문에 그에게는 언어에서의 계급투쟁을 실제적이고 가능한 것으로 보았던 사람들을 논박하는 것이 중요한 일이었다. 그것은 오늘날의 러시아가 보이것은 출발점에서부터 곧바로 우리가 캘리니코스의 주요 전제를 심각하게 문제삼아야만 한다는 것을 의미한다. '언어혁명'은 그것이 대체한 전통적 견해가 마르크스주의에 대한 도전이 되지 못했듯이 그 역시도 마르크스주의에 대한 도전이 되지 못한다. 그러므로 마르크스주의는 외부로부터의 도움—루이 알뛰세나 그와 같은 주장을 하는 사람으로부터의 도움은 말할 것도 없고—을 받아야 할 특별한 필요가 없다.

여주듯이 불행한 결과들을 가져왔다. 언어에서의 계급투쟁이 실제적이고 가능하다고 본 사상가들 중 가장 중요한 사람은 아마도 볼로쉬노프(Voloshinov)일 것이다. 그는—그의 주요한 저작인 *Marxism and the Philosophy of Language*, Seminar Press, 1973[바흐젠·볼로쉬노프, 『마르크스주의와 언어철학』, 한겨레, 1988]에서—로크나 스딸린의 입장보다도 마르크스주의를 옹호하는 설득력 있는 주장을 펼쳤다. 바로 이 사실이 스딸린이 죽기 전에 그가, 그의 동료들과 더불어 숙청이라는 운명을 맞이할 수밖에 없도록 했을 것이라는 것은 의심할 여지가 없다.

그러나 초기의 레닌도 로크의 기본적인 접근법을 공유했다. 『유물론과 경험비판론』에서 언어와 사상은 언어 외부에 선재(先在)하는 현실을 수동적으로 반영하는 것으로 비쳐진다. 로크와는 물론 달랐지만 레닌은 이 현실이 감각적인 것들로 이루어진 것으로 보지 않았다. 그러나 레닌은 나중에 이러한 카우츠키적 세계관—그의 앞의 책은 그러한 세계관의 일부에 속했다—을 결정적으로 거부했다. 그러한 세계관은 결과적으로 '대중추수주의', 멘셰비즘 등을 낳고 있었다. 즉 그것은 노동자계급의 일부분으로 하여금 계급 내의 구별되는 전위로서 행동하기 위해 스스로를 혁명적 당으로 의식적으로 단절시켜 내지 못하도록 가로막고 있었다. 레닌의 이러한 사상적 이동은 그가 사회주의를, 노동자평의회, 소비에트들 등에서 표현된 바와 같은 아래로부터의 노동자권력과 점차 동일시하는 것에서 반영되었다. 그리고 그것은 그가 1914년에 쓴 『철학 노트』에서 의식적으로 철학적인 수준으로 기록된다(*Collected Works*, vol. 38). (이러한 논점들에 대한 더 풍부한 논의로는, P. Binns, 'The Marxist Theory of Truth, *Radical Philosophy* 4, 1973; A. Carlo, 'Lenin on the Party', *Telos* 17, 1973; J. Molyneux, *Marxism and the Party*, London, 1978, chapter 3[존 몰리뉴, 『마르크스주의와 당』, 책갈피, 1993]을 보라).

알뛰세의 유령

캘리니코스의 알뛰세주의와의 연루(連累)의 역사는 매우 깊으며 상당히 복잡하다. 그는 그 책의 첫 부분에서 자신이 '알뛰세와 그 추종자들에게 주의를 집중하게 된 이유는 부분적으로는 개인적이고 사적인 것이다. 그들의 저작들은 나 자신의 지적·정신적 형성에서 매우 중요하다'15)라고 분명히 밝히고 있다. 그리고 1976년에 캘리니코스가 그 주제에 관해 쓴 책인 『알뛰세의 마르크스주의』를 읽은 사람은 그 누구도 이 진술이 사실임을 의심할 수 없을 것이다. 그러나 그 책은 알뛰세에 대한 개인적이고 주관적인 설명을 하려고 한 것이 아니다. 캘리니코스는 또 알뛰세주의 그 자체를 제시하지도 않았다. 캘리니코스 자신의 발전에 대해 갖는 그것의 의미와 무관하게 그 책은 오늘날 쟁점이 되고 있는 마르크스주의에 대해 그 나름의 의미를 갖는다. 그러면 알뛰세와 알뛰세주의는 무엇을 대표하며 그리고 캘리니코스의 관점에서 그것은 마르크스주의에 무슨 기여를 하였을까? 이 질문들 중의 일부에 대해 나는 다른 곳에서 살펴본 바 있다.16) 그러나 우리가 앞으로 더 나아가기 전에 여기에서 알뛰세주의에 대한 간략한 설명을 해 두는 것이 필요하다.

알뛰세의 철학은 다음 세 가지 주제로 요약될 수 있다. (1) 사회와 그리고 사회가 어떻게 작동하는가에 대한 그의 견해 (2) 지식, 과학 그리고 이데올로기에 대한 그의 견해 (3) 사회의 일부를 구성하며 또 과학, 지식 그리고 이데올로기의 생산에 기여하는 인간 주체들(개인들과 계급들)에 대한 그의 견해. 1960년대 말에 그의 견해는 중요한 변화들을 겪었다. 그러나 그 변화들 모두는 근본적으로는 동일한 작업틀에 기초하여 이루어

---

15) A. Callinicos, *Is There a Future for Marxism*, p. 2[캘리니코스, 『마르크시즘의 미래는 있는가』, 열음사, 1987].
16) 나의 'The Triviality of Althusser', *Radical Philosophy* 7, 1974 그리고 D. Bell, *Understanding Ideology*, London, 1982에 실린 'Ideology, The Intellectuals and the Working Class : Althusser and Gramsci on Science and the Class Struggle'을 참조하라.

졌다. 우리는 이 주제들을 차례차례로 살펴볼 것이다.

(1) 사회

사회는 서로 구별되는 여러 층위들로 구성되는 것으로 간주된다. 그 층위들 가운데에서 특히 '경제적인 것', '정치적인 것' 그리고 '이데올로기적인 것' 등이 선택되어진다. 이들 서로 다른 층위들은 적어도 부분적으로는 자율적이다. 말하자면 그들 중에 어느 것도 다른 층위 혹은 층위들의 단순한 반영은 아니다. 그러나 그들 각각은 전반적인 구조에 기여하며 이번에는 그 전반적 구조가 개별 층위들 자체의 발전의 조건들을 제공한다. 이들의 영향들이 얼마나 강력한가 하는 것에 대해서는 여기서는 잠시 젖혀 두기로 하자.

알뛰세는 여러 층위들에 대한 그의 열거가 빠짐이 없는 것인지 혹은 모든 생산양식들(혹은 사회구성체들)이 동일한 층위들을 내포(혹은 소유)하는지 등에 대해서는 우리에게 말해 주지 않는다. 그러나 위의 공식으로부터 한 가지 사실이 드러난다. 그것은 ─ 있는 그대로의 상태에서는 ─ 이 층위들 사이에 어떠한 본질적인 차이들이나 고정된 위계가 있는 것으로 보이지는 않는다는 것이다. 그러나 알뛰세는 그러한 위계를 도입하고자 하였다. 특히 그는, 하나의 층위가 어떤 때에 지배적으로 되고 또 다른 때에는 다른 층위가 지배적으로 되는 그러한 구조를 원했다. 예를 들어 그의 혁명관은 어떤 시기에 '정치적' 층위가 지배적으로 될 것을 필요로 한다. 그리고 또 비혁명적 시기에는 다른 층위들 중에 어느 하나 혹은 또 다른 것이 지배적으로 되어야만 할 것을 필요로 한다. 그래서 알뛰세는, 여러 층위들이 갖는 지배력이 변화해 간다는 견해를 뒷받침하기 위하여, '최종심에서의 결정'이라는 개념을 도입했다. 그에 따르면 어떤 특정한 시기에는 어떤 층위도 지배적으로 될 수 있는 반면 오직 '경제적인 것'만이 '최종심에서 지배적인' 층위일 수 있다. 그렇다면 이것은 무엇을 의미하는 것일까?

어쩌면 그것은, 서로 다른 여러 층위들이 그들이 움직이는 방식대로 움직이도록 설정(設定)하는 것이 '경제적인' 층위뿐이라는 것을 의미할지 모른다. 이처럼 그것은, '경제적인 것'은 어떤 때에는 '정치적인 것'을 지배적인 것으로 만들고 또 다른 때에는 '이데올로기적인 것'을 지배적인 것으로 만드는 것이지, 결코 다른 식이 있을 수 없다는 것을 의미할지 모른다.

그러나 이러한 해석에 따르는 어려움은— 적어도 알뛰세에게 있어서 — 그것이 우리를 곧장 그가 '경제적 환원주의'라고 부르는 곳으로 다시 되돌려 놓는다는 것이다. 경제적 환원주의란 여러 다양한 층위들이 실질적으로는 어떠한 자율성도 갖지 않으며 겉모양과는 반대로 모든 것이 실제로는 경제의 작동으로 환원될 수 있고 다른 층위들은 단지 경제라는 최고 권력자에 의해 마음대로 조작될 수 있는 수동적 대리인에 불과하다는 견해이다. 이 견해에 따르면, 표면에 보이는 사정이 어떠하든간에 '경제적인 것'이 언제나 지배적 층위이다.

알뛰세에 있어서 또 하나의 대안적 해석은 '최종심에서의 결정'이라는 개념을 경제가 수행하는— 것으로 가정되는— 역할을, 결정하는(determining) 역할로 보지 않고 한정하는(limiting) 역할로 보는 것이다. 거칠게 말해서 여러 층위들이 '경제적인 것' 그 자체를 위한 특수한 특성들을 전혀 드러내지 않는 방식으로 상호발전하고 결합하는 것으로 보는 것이다. 여기서 경제란 어떤 때에는 이 층위가 또 다른 때에는 저 층위가 지배적으로 되는 여러 등가(等價)적 층위들 중의 하나일 뿐이다. 그러나 그 러 층위들이 우연히 결합하여 하나의 특수한 순열 속에서 하나의 '결렬적 종합 국면'이라는 결과를 낳게 되면 사회적 외피는 깨어지고 혁명이 발발하며 전체 사회구조는 새롭게 개조되게 된다. 이러한 견해에 따르면 '경제적인 것'은 '최종심에서만 결정적'이다. 왜냐하면 그것 자체는 자본주의 사회의 전반적 외피와 동일시될 뿐이기 때문이다. 그렇다면 '경제적인 것'은 다음과 같은 두 가지의 상호분리된 방식으로 나타나게 될 것이다. 첫째로 그것은 사회적 과정의— 거기에서 그것이 다른 층위들과 등가적일 수도 있고 또 그 과정의 지배적인 층위이거나 혹은 종속적인 층위일 수도 있겠지만— 하나의 **능동적 행위자**로 나타날 수 있다. 둘째로 그것은, 사회적 과정에 개입하지는 않는, 하나의 **수동적이고 한정하는** 조건이지만 그 과정 전체가 격변적 붕괴를 겪게 되는 한도를 확정하는 것으로 나타날 수도 있다.

이 대안적 설명이 갖는 난점은 삼중적이다.

첫째는 그것이 문제를 해결하지 못한다는 것이다. 우리는 전과 마찬가지로 여러 다른 층위들의 구조화되지 않은 목록들 앞에 놓여 있으면서도 그중 어느 것이 어떤 때에 지배적인 층위로 출현할 것이며 또 다른 때에는 어느 것이 지배적인 층위로 출현할 것인지를 말할 수단을 전혀 갖고 있지 못하다. '정치적' 층위가 '이데올로기적' 층위를 지배할 것인가 아니면 그 반대가 될 것인가? 만약 '경제적인 것'이 '최종심에서 결정적인 것'으로서 단지 수동적으로 한정하는 조건의 역할만을 담당한다면 그것이, 어떤 특정 시점에서 어떤 층위가 지배적인 것으로 되고 또 다른 시점에서는 다른 층위가 지배적인 것으로 되게 만들 수 있기 위해 능동적으로 개입할 수 있는 방법은 없다. 그래서 '경제적인 것'은 '최종심에서 결정적인 것'이기는커녕 어떠한 심급에서도 결정적일 수 없게 되는 것이다. 간단히 말해서 만약 '경제적인 것'이 하나의 수동적 조건이라면 그것은 사회구성체들이나 그것들의 역사적 발전은 고사하고 그 어느 것도 결정할 수 없다는 것이다.

둘째로── 그리고 첫번째 문제의 결과로서── 우리는 상부구조와 하부구조 사이의 어떤 실질적 구분도 할 수 없는 처지에 놓여 있게 된다. 지배적인 층위는 시시각각 변화한다. 이 '부분적으로 자율적인' 층위들을 구조화하는 배후의 층위는 있을 수 없다. 만약 그런 층위가 있을 수 있다면 그것은 '환원주의'라는 이단을 다시 출현시킬 수밖에 없을 것이다. 그 결과 예컨대 본질적으로 '경제적인' 층위보다 더 '하부적인' 층위가 있을 수 없는 것과 마찬가지로 '이데올로기적인' 층위보다 더 '하부적인' 층위 역시 있을 수 없는 것이다. 우리가 그런 견해를 아무리 진지하게 고려하더라도 그것이 마르크스주의와 아무런 관계도 없다는 것은 너무나 분명하다.

끝으로 '경제적인 것'이 '최종심에서 결정적인 것'으로 간주되는 한에서 우리는, 하나의 총체로서의 부르주아 사회를 한정하는 조건들이 사실상,

알뛰세가 주장하는 것처럼, '경제적인 것'으로 설명될 수 있는 것인가에 대해 질문하지 않을 수 없다. 그리고 우리는 알뛰세가 그것에 부여한 의미 속에서 이 한계들은 결코 순수히 경제적인 것이 아니라고 대답해야만 한다. 왜냐하면 그에게 있어서 '경제적인 것'은 생산수단에 대한 사람들의 관계로 파악되지 않고 생산의 양적 수준과 기술 수준으로— 여기에서 다시 그는 스딸린을 따른다— 파악되고 있기 때문이다. 알뛰세와 베틀레헴— 그는 자신의 단서를 알뛰세로부터 취한다— 은 이처럼 스딸린의 러시아라는 현상을 여러 층위들의 '자율성'에 의해 설명한다. 그들이 보기에 '경제적인 것'은 1930년대에 사회주의의 발전과 보조를 맞추어 진보하였지만 '이데올로기적인 것'과 '정치적인 것'은 그것에 뒤쳐져 있다. 이 견해가 완전히 잘못된 것이라는 것은 지금 우리들의 관심사가 아니다.[17] 만약 이것이 '경제적인 것'이라는 말로써 알뛰세가 의미한 것이라면 과연 그것이 '최종심에서 결정적인 것'이란 말인가? 이에 대해 주어질 수 있는 유일한 마르크스주의적 대답이 있다면 그것은 사실은 그와는 다르다는 것이다. 부르주아 사회의 외피 즉 그것의 본질적 틀은 생산관계에 의해 주어진다. 물질적 생산의 수준은 물론 유관하다. 그러나 그것이 오직 이러한 관계들을 영속화시키거나 (혹은 영속화시키지 못하는) 수단인 한에서만 그러하다.[18]

---

17) 그러나 캘리니코스는 자신의 논문 'Maoism, Stalinism and the Soviet Union', *International Socialism* 2 : 5, 1979에서 이 견해의 오류에 대해 충분히 설명하였다.
18) 사회라는 하나의 몸체는 물질적 생산의 수준에 의해서가 아니라 '사회적 관계 속에 들어가 있는 인간 자신'이라는 맥락에서 파악되어야만 한다는 사실은 마르크스의 『그룬트리세』(*Grundrisse*, London, 1973), p. 712에 표현되었다. '우리가 부르주아 사회를 장기적 관점에서 하나의 총체로서 고찰한다면, 사회적 생산과정의 최종적 결과는 항상 사회 그 자체, 즉 사회관계 내에 있는 인간 자체로서 나타난다. 하나의 고정된 형식을 갖는 모든 것, 예컨대 생산물 같은 것은 하나의 계기로서, 다시 말해 이 운동 속에서 사라져 가는 계기로서 나타난다. 직접적 생산과정 자체는 여기에서 오직 하나의 계기로서만 나타난다. 그 과정의 조건들과 객관성들은 이와 동일하게 이 운동의 계기들에 지나지 않는다. 그리고 이 운동의 유일한 주체들은 개인들이다. 그러나 이들은, 부단히 새롭게 생산되고 재

그러므로 우리는 사회에 대한 알뛰세의 전체적 분석에 대하여 여러 가지 것들을 지적하여야만 하겠다. 첫째로 그것은 마르크스 자신의 입장을 '재발견'한 것이 결코 아니라는 것이다. 둘째로 그것은 다름 아니라, 그것이 비판하려 했던 스딸린주의의 범주들 ── '경제적인 것', '정치적인 것' 등 ── 속에 완전히 갇혀 있다.19) 그리고 셋째로 그것은 일관되지 못하다. '최종심에서의 결정'이 무엇을 의미하는가에 대해서 어떤 의미를 부여할 때에는 ── 혹은 그렇게 될 수 있는 것처럼 보이려 할 때에는 ── 언제나 그 분석은 모순 속으로 빠져들었다. 한편에서 우리는 그것이 전혀 어떠한 역할도 하지 않는 상황에 놓여지거나 (이것은 알뛰세 자신이 '요소 이론' 혹은 '경험주의'로의 퇴각이라고 비난한 입장이다) 혹은 다른 한편에서 그것은, '환원주의적' 역할을 수행하는데 알뛰세의 이론은 사실상 그것으로부터 도피하기 위하여 고안된 것이었다. 우리가 사회에 대한 알뛰세의 이론으로부터 아무 것도 배울 것이 없다고 말하는 것은, 어쩌면 지나친 과소평가일지도 모른다.20) 그러나 우리가 나중에 보게 되겠지만 바로 이것

생산되는, 상호관계 속에 있는 개인들이다.'
19) '경제적인 것', '정치적인 것', '이데올로기적인 것' 등의 범주들은 그것들 자체 내에서보다는 그것들 사이에 강제된 분리 속에서 더욱 중요하다. 사실상 한편에서는 숙청과 제1차 5개년 계획으로 표현되는 스딸린주의, 그리고 다른 한편에서는 인민전선과 유로코뮤니즘 자유주의로 표현되는 스딸린주의가 존재하는데 이 양자는 이러한 분리를 필요로 했다. 전자의 스딸린주의는 1930년대의 '경제적 이익들'은 어떤 정치적, 이데올로기적 손실들보다도 더 중요하다고 주장하게 된다. 후자의 스딸린주의는 오늘날 이제는 균형이 다른 방식으로 시정되어야만 한다고 주장하게 된다. 그러므로 이 두 집단들은 하나의 조잡한 '균형추' 모델을 가지고 작업하는 셈인데 그 모델 속에서 그들은 테러와 경제적 발전이라는 두 가지 추를 번갈아 가며 편리한 대로 사용한다. 그러므로 두 집단들은, 사회주의의 유일한 기초는 노동자 자신들에 의한 생산수단의 직접적인 전유(專有)이며 이것은 진정한 노동자평의회에 토대를 둔 진정한 노동자 국가를 배경으로 해서만 가능하다는 마르크스주의적 통찰에 의해 비판을 받지 않을 수 없다.
20) 그의 이론은 혼란스럽고 공허하다. 그뿐만 아니라 알뛰세주의적 횡설수설은 한 눈에 알아보기에 너무 애매모호하게 되어 있는데 이것이 알뛰세주의가 얼마나 공허한 이론인가를 알기 어렵게 만들 때가 종종 있다. 알뛰세의 실제 말은 하나

이 캘리니코스가 부정하고 있는 바로 그것이다. 다음으로 넘어가기 전에 여기에서 알뛰세의 사회 이론이 어떠한 이론이며 누구를 위해 그리고 무엇을 위해 그것이 형성되었는지에 대해 간략히 언급하는 것이 유익할 것이다. 그것이 '경제적 환원주의'에 대항하는 방향을 취하고 있는 한에서 그것은 모든 총명한 마르크스주의자들에게는 이미 잘 알려져 있는 (몇 사

의 단어나 구절이 종종 상식적 의미와는 정반대의 것을 의미했다. 우리는 이미 이러한 것의 실례들을 보아 왔다. 우리가 앞에서 이미 살펴본 바 있는 하나의 사례를 들어보자면 '최종심에서의 결정'이란 '매 순간마다의 결정'을 의미하는 것 같기도 하고 또는—아마도 이것이 더 솔직한 것일텐데—'불확정성'을 의미하기도 하는 것처럼 보인다. 또 다른 실례로는, 알뛰세가 자신의 체계에서 특징적인 것이라고 주장하는, '지배 내 구조'(structure in dominance)이다. 그러나 그의 체계란—우리가 위에서 이미 살펴보았듯이—알뛰세 자신이 공격하고 있다고 주장하는 경험주의 이론들에서와 마찬가지로 '경제적인 것'이—어느 면으로 보아도—완전히 자율적인 역할을 행사하는 그런 종류의 것이다. 그리고 그의 체계에서는—우리가 (아래의 각주 23번과 54번에서) 검토하게 되겠지만—'이데올로기적인 것' 역시 완전히 자율적이다. 그러므로 여기에서 '지배적 구조'는 '비구조', 그러므로 '지배적인 것의 결여'를 의미하는 것처럼 보인다.

마지막으로 알뛰세는 '중첩결정'이라는 개념을 사용한다. 그는 이 개념을 다음과 같이 '설명한다.' "심지어 각각의 모순의 존재의 조건들의 현실 안에서조차 그것은 전체를 통일시키는 지배적 구조의 현시(顯示)이다. 그것 자체 안의 모순의 존재의 조건들에 대한 반영, 각각의 모순 내부의 전체적인 복합성의 통일을 구성하는 지배 내에서 명료하게 표현되는 구조의 이러한 반영, 이것은 마르크스주의 변증법의 가장 심원한 특징—내가 최근에 '중첩결정'의 개념으로 요약하려고 노력해 왔던 것—이다."(For Marx, London, 1969), p. 206[알뛰세, 『마르크스를 위하여』, 백의, 1990].

실제로 이것이 '수준들'이 상호작용하고, 그들이 오직 그들이 상호작용하는 만큼만 존재하며, 또 가장 중요한 '수준'은 때때로 변한다는 것 이외에 또 무엇을 말해 주는가? 이것이 정말 알뛰세가 근엄하게 공표하는 것처럼 그렇게 '심원한' 것인가? 더 중요하게는, 만약 상이한 '수준들'이 그들 나름의 (비록 부분적이기는 하지만) '자율성'을 가지고 있다면, 그렇다면 이것은 그것들이 가정된 (supposed) 일부의 '구조'에 의해서 아래로부터 결정(underdetermine)된다는 것을 의미할 뿐이다. 그렇다면 결국, '중첩결정'이 무언가를 의미하는 것이라면, 그것은 '아래로부터의 결정'(underdetermine)을 의미하는 것이다.

람의 이름만 거명하자면 그것은 마르크스, 엥겔스, 레닌, 플레하노프, 뜨로츠키 그리고 그람시에게는 분명히 알려져 있었다) 자명하고 진부한 진리를 표현하고 있다. 그러나 알뛰세는 그것을 이들보다도 훨씬 더 자기모순적이고 현학적인 방식으로 표현하고 있다. 그러나 만약 그가 이것보다도 더 많은 것을 이야기하고 있다면 (그리고 그가 그러하다는 사실에는 의문의 여지가 있을 수 없다) 그의 입장은 근본적으로 매우 반(反)마르크스주의적이다. 그것은 사실상, '정치적' 사건들을 그것들의 근저에 놓인 계급투쟁들로부터 추상해야 한다고 주장하는— 오히려 그 정치적 사건들은 이 계급투쟁들의 표현에 지나지 않는다— 아카데믹한 부르주아 정치학자들에의 굴복이다.

이러한 시도의 목적은 이중적이다. 첫째로, 이에 따르면 러시아의 '정치' 체제의 비사회주의적 성격을 기꺼이 인정하면서도 러시아의 '경제적' 토대가— 임의로 가정된— 사회주의적 성격을 갖는다고 주장할 수 있게 된다. 이것은 곧 러시아 문제에 대한 유로코뮤니즘적 견해로 나아간다. 둘째로 '정치적인 것'과 '경제적인 것'으로부터 '이데올로기적인 것'을 분리시키게 되면 사회 내의 하나의 특수한 층, 즉 '지식인'층을 분리시켜 이들을 사회의 지식을 납품하는 지정 공급자로 규정하는 것은 쉬운 문제이다. 알뛰세의 전성기에 이 지식인층은, 스콜라적이고 문화혁명적인 마오주의를 지지했을 뿐 마르크스주의자들을 지지하지는 않았다.

이제 우리는 마지막 결론을 좀더 상세하게 살펴보기로 하자.

(2) 지식, 과학, 이데올로기

알뛰세에게 있어서 지식, 즉 진정한 과학적 지식은 '자율적'이다. 이 표현을 통해 그가 말하고자 하는 것은 주로 두 가지이다.

첫째 그는, 지식이 외부 세계로부터 우리 자신에게 주어진 '사실들'의 합계로, 다시 말하면 일련의 미리 꾸려진 관찰들로 구성되어 있다는 사실을 부정한다. 반대로 그는 이론이 그 무엇보다도 먼저 필요하다고 주장한다. 여기에서 그의 모델은 물리학의 모델이다. 여기에서 이론은 그것이 이론적 추상 개념들을 발전시키는 정도만큼 표면 현상들(일상생활의 '사실들' 등)을 뚫고 그 속으로 파고들어 갈 수 있다. 그의 견해에 의하면 특수한 과학들은 이데올로기에 물든 전(前)과학적 경험이라는 '사실들'에 '작용을 가함'으로써 지식을 산출한다. 그렇지만 이것은 오직 특수한 과학들만을 낳는다. 그것은, 이 특수한 과학들이 어떻게 하나의 단일하고 총체적인 세계관으로 통합될 수 있는지에 관해 말해 주지는 않는다. 그리고 만약 우리가 적합한 지식을 획득하려면 필요한 것은 후자이다. 이것은 역사적 유물론과 동일한 것으로 간주될 수 있다. 그것은, 특수과학들이 역사적 유물론이라는 최고 지식이 구성될 때 그것의 원료로 되는 것과 동일한 과정을 밟아 발생한다. 역사적 유물론은 아주 간단히 말하면 모든 과학들 중의 과학이다.21)

두 번째로 일상적 경험 속의 사실들에 대해 지식이 갖는 자율성은 그것이 계급투쟁들에 대해 갖는 더욱 중요한 자율성과 비교될 수 있다. 사람들은 투쟁을 벌이고 있는 노동자들의 필요와 과제에 의해 역사적 유물론에 도달하는 것이 아니라 기존 과학의 순수히 지적인 변형에 의해 그것에 도달한다. 제2인터내셔널 '마르크스주의'22)의 각종 분파들의 왜곡을 특징짓고 있는 이론과 실천의 분리를 반영하는—그리고 영속화하는—식으로, 사람들은 알뛰세 속에서 마르크스주의의 진리들이 계급투쟁에의 참여와는 완전히 분리되어 있는 무엇으로 받아들이게 된다.23) 이러한 견해에 따르게 되면 실천상에서 지금 존재하는 모습대로의 현 상태를 지지

---

21) 여기서는 두 가지를 주목해야 한다. 첫째, 알뛰세가—우리가 아래에서 보게 되듯이—'사실들'이 그것들을 떠받치는 이론들로부터 독립적인 영역을 구성하지 않는다고 믿는 것은 매우 올바른 것이다. 비록 여기에서 그가 단지, 금세기 초의 피에르 뒤앙(Pierre Duhem)에서 비롯하는 프랑스 과학철학의 전통 속에서 바슐라르가 배웠던 것을 단순히 반복하는 것에 지나지 않지만 말이다. 둘째, 1968년 이후, 알뛰세는 역사적 유물론을 모든 과학 중의 과학으로 옹호하던 자신의 주장들을 철회한다. 그러나 그는 그 대신 어떤 명확하게 잘 가공된 대안적 개념을 제출하는 데 실패한다.
22) L. Colletti, 'Bernstein and the Marxism of the Second International', *From Rousseau to Lenin*, London, 1972를 참조하라.
23) 다른 경우와 마찬가지로 '자율성'에 관한 한, 알뛰세가 옹호하고 있는 것은 부분적 자율성이 아니라 총체적 자율성이라는 점을 지적해 두는 것이 중요하다.

하는 마르크스주의 이론가들에게도 전혀 모순이 없는 것으로 될 것이다.24)

그렇게 되면 지식은 내용에서는 이론적인 것으로 형식에서는 자율적인 것으로 된다. 그러나 이것은 곧 이 '자율적인 이론'과 정치적 실천 사이의 관계는 무엇인가라는 질문에 봉착하게 된다. 알뛰세는 이에 대해 두 가지의 대안을 갖고 있다.

첫째 그는 노동자계급의 혁명적 정치실천은 ── 그것이 성공적이려면 ── 외부로부터 수입되는 지식의 힘에 의해서, 즉 그것을 생산하는 것을 전문업으로 하는 제도들(대학들, 연구기관들 등등)에 의해 발생될 수 있다고 말할 수 있었다(그리고 초기의 알뛰세는 실제로 이렇게 말했다). 바로 이 때문에 그는 1968년의 프랑스 학생봉기가 발생하자 당혹감을 감출 수 없었다. 학생들은 대학 내의 위계질서와 권력구조의 종식을 요구하면서 대학에서 자신들을 돕고 있는 바로 그 구조물들을 위협했다. 학생들이 그것을 깨닫고 있었는가 그렇지 못했는가 그리고 그들이 그것을 좋아했는가 싫어했는가 등은 문제가 되지 않았다! 대학제도들에 대항해 일어난 학생들의 봉기에 알뛰세가 당황하지 않을 수 없었던 것은 그의 철학이 엘리트주의적이었기 때문이다. 그것은 여러 가지 점에서 퀘이커교적 사회개량주의, 페비언주의적 사회개량주의 그리고 스딸린주의와 일치한다. 그러나 마르크스주의와는 일치하는 것이 아무 것도 없다. 만약 노동자계급이 외부에서 꾸며진 계획들이나 이념들의 유순한 담지자로서 행동할 뿐이라면 거기에 자기해방은 결코 있을 수 없을 것이다.25)

두 번째로 그는, 이론이 그러한 역할을 전혀 할 수 없다고 주장할 수 있었고 또 1968년 이후에 실제로 그렇게 주장했다.26) 그는, 비록 지식과

---

24) 루돌프 힐퍼딩 같은, 제2인터내셔널의 지도급 이론가는 그의 *Finance Capital* [힐퍼딩, 『금융자본』, 새날, 1994]에서 다음과 같이 언급한다. "우리가 필연성을 인식하는 것과 그 필연성에 복무하는 자리에 우리 자신을 위치지우는 것과는 전혀 별개의 문제이다."
25) 이 점에 관한 더 진전된 논의로는 아래의 각주 36)을 참조하라.
26) 알뛰세의 노선 변화는 캘리니코스의 *Althusser's Marxism*, London, 1976[캘리니코스, 『알뛰세의 맑스주의』, 녹두, 1992]의 후반부에 잘 기록되어 있다.

이론이 정치적 실천으로부터 자율적이고 또 독립적이지만 정치적 실천 그 자체도 이와 마찬가지로 지식과 이론으로부터 자율적이고 독립적이라고 주장함으로써 엘리트주의를 피할 수 있었다.27) 이 견해가 엘리트주의를 피해 나간다는 것은 분명히 사실이다. 하지만 이것이 요구하는 대가는 엄청나다. 왜냐하면 그것은 지식, 이론, '이론적 실천', 역사적 유물론 등 알뛰세의 작업 속에서 여러 가지로 불리워지는 것들을 대체 어디에 위치시키는가 하는 의문을 남겨 놓기 때문이다. 이렇게 되면 알뛰세의 전체 철학적 작업 자체가 어디에 놓여지는가 하는 물음도 생기게 된다. 만약 그러한 이론이 계급투쟁에 영향을 미칠 수 없다면 또 계급투쟁이 이론으로부터 자율적이고 그것 없이도 충분히 작동할 수 있다면 과연 누가 '이론적 실천'의 목적이 무엇인가 하는 것에 대해 내게 과연 흡족하게 설명해 줄 수 있을 것인가? 이론이 정치와는 무관한 것이라면 이론을 추구하는 것을 정당화시킬 방도가 과연 있겠는가? 이보다 더욱 나쁜 것은, 그것이 자신을 '정치적' 용어로 분장함으로써, 또 학술계의 지식인들로 하여금 자신들이 지금 소속되어 봉급을 받는 그 직업에 충실을 다하는 것이 뭔가 정치적으로 유관한 일을 하고 있는 것처럼 보이게 함으로써 명백히 계급투쟁으로부터의 퇴각으로 작용한다는 것이다. 이 왜곡된 논리 위에서 있는 역사적 유물론은 노동차계급에게 도움이 되는 것이 아니라 하나의 실질적 방해물로 됨이 분명하다. 정치적 엘리트주의는 앞으로 밀려나지만 그 대신 뒷문을 통해 비정치적 스콜라주의가 들어오게 되는 것이다.

지식의 계급투쟁으로부터의 자율성은 알뛰세 철학의 주춧돌이다. 그러

---

27) 우리가 만약 이것을 진지하게 수용하게 되면, 우리는 필연적으로 정치적 실천에 대한 매우 조잡한 비전으로 이끌리고 말 것이다. 정치적 실천으로부터 지식과 이론을 제거하는 것이 — 예컨대 — 여전히 1917년 10월 봉기를 손상시키지 않는 것처럼 보일지 몰라도, 볼셰비키들이 '의식적으로' 봉기가 시기상조일 것이라고 주장했던 7월의 나날들이 없었다면, 또는 볼셰비키가 '의식적으로' 케렌스키를 지지했던 — 그러나 "그것은 밧줄이 교수형에 처해질 사람을 지지하는 (support) 것과 같은 것이었다"— 8월의 사건들이 없었다면 10월도 없었을 것이라는 점을 명심해야 한다.

나 우리가 지금까지 살펴보았듯이 그것은 불가피하게 엘리트주의나 스콜라주의로 나아간다. 여기서 더욱 중요한 것은, 알뛰세가 이 두 개의 극단들 사이에서 왔다갔다한다는 점이 아니다. 오히려 그것은 알뛰세의 전체 작업이 잘못되어 있다는 사실이다. 알뛰세의 작업틀 속에서 이 문제점은 이러저러한 형식으로 늘상 되풀이된다. 이로부터 도출되는 결론은 무엇인가? 그것은 알뛰세 철학의 문제점을 극복하기 위해서는 알뛰세주의적 작업틀 전체와 단절하는 것이 필요하다는 것이다. 만약 마르크스주의가 뭔가 의미있는 것이 될 수 있으려면 한편에서 지식이 계급투쟁에 영향을 미칠 수 있어야만 하고 다른 한편에서 또 그것은 바로 그 계급투쟁에 의해 영향을 받고 또 인도되어야만 한다. 알뛰세를 단호하게 거부하지 않고는 이 어느 것도 불가능하다.[28]

알뛰세가 지식 이론을 이데올로기 문제와 결부짓는 방식을 살펴보게 되면 알뛰세를 전면적으로 거부할 필요성은 그만큼 더 분명해진다.

(3) 이데올로기와 자기해방의 '불가능성'

알뛰세에게는 두 가지 축이 있다. 그 하나는 지식과 과학이고 또 하나는 이데올로기이다. 이 두 가지 것은 상호배타적이다. 이데올로기는 세계에 대한 왜곡되고 허위적인 견해를 의미하기 때문에 이로부터 이데올로기에 감염된 어떤 사람—혹은 어떤 사회계급—은 의식적인 자기해방을 이룰 수 없다는 결론이 도출된다. 그러나 알뛰세에 의하면 엘리트를 제외한 모든 사람은 가능한 어떤 사회에서도 영원히 그것의 영향 하에 놓여 있을 수밖에 없다.

> (대중의 재현 체계로서의) 이데올로기는, 인간이 자신들의 존재 조건의 요구에 응하여 형성되고 변형되며 부여되는 모든 사회에서 불가피한 것이다.[29]

---

[28] 이 점은 나의 앞의 책, 'Ideology, The Intellectuals and the Working Class : Althusser and Gramsci on Science and the Class Struggle'에서 훨씬 길게 논의되었다.

[29] L. Althusser, *For Marx*, 앞의 책, p. 235[알뛰세, 『마르크스를 위하여』, 백의, 1990].

그러므로 사회주의는 결코 노동자들의 자기해방의 생산물일 수 없다. 희망할 수 있는 최상의 것은, 대중들이 우연히 보다 인간적인 일군의 지배자들에 의해 통제되는 세계를 발견하는 것이다. 노동자들의 열망은 불가피하게 세계에 대한 허위적 견해에 입각해 있을 수밖에 없다.

> 이데올로기 속에서 인간은 자신들과 자신들의 존재 조건 사이의 관계가 아니라 그들이 자신들과 자신들의 존재 조건 사이의 관계를 살아 나가는 방식을 표현한다. 이데올로기 속에서 실제의 관계는 필연적으로 상상적 관계, 즉 현실을 서술하기보다는 희망이나 향수, 의지 — 보수적이든, 개량주의적이든, 혁명적이든 — 를 표현하는 하나의 관계 속에 둘러싸여 있다.30)

그러므로 어떤 의지나 희망을 표현하는 것과 현실을 서술하는 것은 전혀 별개의 일이 된다.31)

이제 개인들 및 사회계급들의 과학 및 이데올로기에 대한 관계에 대한 이 특수한 견해는 사실상 인간 역사에 대한 더욱 일반적인 견해 — 알뛰세는 이것을 '인식 주체 없는 과정'이라고 본다 — 의 논리적 결론이다. 이러한 그의 주장이 의미하는 바를 알기 위해서 우리는 포스트소쉬르주의 언어학자들에 대해 언급하지 않으면 안된다. 우리가 위에서 언급하였듯이 그들은 자아가 '탈중심화된다'고 보며 의미는 언어 속에서 다른 단어들 전체와 한 단어가 맺는 관계에 의하여 발생한다고 본다. 그리고 이들이 보기에 언어를 말하는 개인들인 우리는 의미의 원천이 아니고 단지 그것의 담지자일 뿐이다. 알뛰세는 이러한 주장을 받아들이며 그것을 더욱 확장한다. 사회 변화나 역사의 궁극적 원천은 사회관계의 총체일 뿐이며, 이 구조는 그것을 구성하는 개인들 — 심지어는 사회계급들 — 이상

---

30) 같은 책, pp. 233~234.
31) 이 두 가지를 대립시키는 것은 알뛰세로 하여금 — 우리가 곧 보게 되겠지만, 캘리니코스도 역시 — 과학은 언제나 '현실에 대한 서술'로부터 '의지의 표현'을 배제시켜야 한다는 것을 받아들이게 만든다. 그러므로 과학은 배타적으로 관조적인 형태 안에서만 이해된다. 우리는 아래의 라카토스에 대한 논의에서 이러한 그들의 시도로부터 연원하는 모순들을 보게 될 것이다.

의 그 무엇이라는 주장이 그것이다. 그러므로 자기해방이 이루어지려면 노동자계급은 역사적 변화의 주체여야 하는데도 노동자계급은 역사적 변화의 주체가 될 수 없으며 기껏해야 사회적 외피가 깨지는 '단절 국면'에 있어서 그 조건들의 수동적 담지자일 뿐이다. 달리 말하면 반(反)마르크스주의적 결론들을 낳게 되는 것은 그의 견해가 구체화되는 특수한 방식이 아니라 '인식 주체'를 배제하는, 과정으로서의 역사라는 그의 일반적 견해 자체이다.32) 이처럼 노동자들이 스스로를 해방시킴에 따라 노동자계급이 역사적 변화의 주체로 될 수 있는 가능성 —— 과 그 필연성 —— 에 기초해 있는 마르크스주의와 다른 한편에서 자아를 탈중심화시키며 모든 주체들을 —— 그것이 개인들이건 사회계급들이건간에 —— 일체의 역사과정으로부터 제거해 버리는 구조주의 사이의 불일치성은 의심할 여지가 없다. 이 문제에 있어서 알뛰세는 수미일관하게 반(反)마르크스주의적이다. 캘리니코스가 이 문제에서 그 정도로 일관성이 있는가 어떤가에 대해 우리는 다음 절에서 살펴보게 될 것이다.

철학에서 마르크스주의의 역할

그 결과 마르크스주의자는 고사하고 일반 사람들이 알뛰세의 체계로부터 무엇을 얻을 수 있는가를 알기란 어렵다. 알뛰세의 사회 이론은 사회구성체들의 본질에 대한 여러 언급들 —— 하나하나의 언급들이 단독적으로는 '환원주의'와 '경험주의'라는 알뛰세 자신의 쌍둥이 비난을 피할 수 없는 —— 의 불완전하고 손쉬운 조합이다. 지식과 노동자들의 투쟁의 관계에 대한 그의 견해는 한편에서는 엘리트주의로 나아가고 다른 한편에서는 직접적으로 반정치적인 (그러므로 보수적인) 스콜라주의로 나아간다. 그리고 역사에 대한 그의 구조주의적 견해는 노동자계급의 자기해방을 먼 가능성으로서조차 인정하지 않는 것으로 나아가지 않을 수 없다. 알뛰

---

32) A. Callinicos, *Is There a Future for Marxism*, 앞의 책, pp. 65~67[캘리니코스, 『마르크시즘의 미래는 있는가』, 열음사, 1987]을 참조하라.

세의 체계는 우리가 그로부터 뭔가 배울 수 있는 것이라기보다는 하나의 직접적인 방해물이다. 그것은 자신이 설정하는 문제들과 의사(擬似) 문제들을 해결할 수 있는 작업틀을 제시하지 못한다. 그리고 더욱 중요한 것으로 그것은, 철학에서 마르크스주의의 중심 문제, 즉 노동자계급의 자기해방이 어떻게 가능하며 또 필연적인가 하는 문제를 논의할 수조차 없다.

그러나 알뛰세의 특수한 정치적 — 그리고 때로는 철학적 — 결론들에 대한 자신의 반대에도 불구하고 캘리니코스는 이러한 결론들에 이르는 위의 작업틀에 대해 결코 진지한 질문을 제기하지 않는다. 그래서 그가 알뛰세에 대해 가하는 일반적으로 비판적인 언급들에도 불구하고 그것들이 전반적으로는 — 필요한 경우에는 알뛰세 자신의 결론들을 본 궤도에서 이탈시킴으로써 — 알뛰세주의를 보존하기 위해 만들어졌다는 결론을 내리지 않을 수 없게 된다.[33]

위에서 언급한 알뛰세 체계의 세 가지 기초들에 대해 의문을 품을 만한 이유가 충분함에도 불구하고 그는 그 어느 곳에서도 그렇게 하지 않는다. 반대로 그는 그것들을 뒷받침한다. 이처럼 캘리니코스는, 알뛰세의 체계가 '의심할 바 없는 힘과 독창성을 가진 이론적 체계이며 "언어혁명"이라는 도전에 직면하여 그것의 주제들 중 상당 부분 — 특히 우리가 라깡의 저술 속에서 작동하고 있는 것으로 살펴본 바 있는 주체의 탈중심화 — 을 마르크스주의 속으로 흡수하여 그것에 대처하기 위해 고안된 하나의 체계'라고 우리에게 말한다.[34] 캘리니코스는 또 여기에서 도출되어지는 결론들에 대해 다음과 같이 매우 분명한 태도를 보인다. '마르크스주의는 헤겔주의적 변증법의 목적론적 구조를 비판하고 거부할 뿐만 아니라 그것을 "주체 없는 과정"의 변증법으로 대체해야 한다고 주장한 점에서 알뛰세는 전적으로 정당하다.'[35] 캘리니코스가 여기에서 루카치에 대한 알뛰세의 공격을 찬양하고 있기 때문에 이 토론에서 무엇이 쟁점이 되고 있는지를 살펴보는 것은 가치 있는 일일 것이다.

---

33) 같은 책, pp. 71~80.
34) 같은 책, p. 71.
35) 같은 책, p. 141.

루카치의 『역사와 계급의식』은 (그람시의 『옥중수고』와 더불어서) 1867년에 출간된 마르크스의 『자본론』이래 마르크스주의 철학에서 가장 중요한 작품들 중의 하나이다. 부인할 수 없는 것은 이 작품과 연관된 커다란 문제들이 있다는 것이다. 이 작품에는 때때로 난해하고 애매한 부분이 있으며 필자가 계급투쟁보다는 독일 고전철학의 관념론 전통에 보다 경사되어 있음을 지시하는 표지들이 들어 있음도 분명하다. 그래서 때때로 독자들은 루카치가 프롤레타리아 혁명 그 자체에 관심을 갖기보다는 철학 문제를 푸는 수단으로서의 프롤레타리아 혁명에 더 관심을 갖고 있는 것이 아닌가 의심을 품을 정도이다.36) 그것은 또 계급의식이 발전하는 과정에 대해서도 그것을 한편에서는 초좌익적 자생성에 맡겨 두고 또 다른 한편에서는 그것을 초우익적 스딸린주의― 여기에서 의식은 노동자들의 행동으로부터 도출되는 것이 아니라 상층 관료의 지시로부터 도출된다― 에 맡겨 두는 약점이 있다.37) 그러나 그러한 약점은,38) 비록 결

---

36) 『역사와 계급의식』의 주요 논문인 「사물화와 프롤레타리아의 의식」의 두 번째 절에서 특히 그렇다. 마르크스도 1842~43년의 시기에는 애매하지만 기본적으로는 루카치와 비슷한 의견을 갖고 있었다. 그는 다음과 같이 말한다. "분명 비판의 무기(좌파 헤겔주의 철학을 의미한다)는 무기의 비판을 대체할 수 없다. 그리고 물질적 힘은 물질적 힘에 의해서만 폐지되어야 한다. 그러나 이론 역시 일단 그것이 대중의 손에 단단히 쥐어지기만 하면 물질적 힘이 된다." 여기에서 대중들을 사로잡은 것이 좌파 헤겔주의 철학이었지, 그 역이 아닌 것을 주목하라. 인간해방과 관련하여 그는 다음과 같이 말한다. "이러한 해방의 두뇌는 철학이고, 그것의 심장은 프롤레타리아트이다. 철학은 프롤레타리아트를 초월하지 않고서는 자신을 실현할 수 없다. 프롤레타리아트는 철학을 실현시키지 않고서는 자신을 초월할 수 없다."(Collected Works vol. 3 pp. 182와 187). 여기서 우리는 철학 실현의 궁극적인 수단으로서의― 그리고 그 과정에서 초월하게 되는 수단으로서의― 프롤레타리아트를 갖는다.

이렇게 해서 프롤레타리아트의 자기해방은 그 자체가 하나의 목적이 되는데― 그리고 여기에서 마르크스는 루카치보다도 훨씬 덜 모호하다― 그 입장은 1845년에 역사적 유물론이 최초로 풍부하게 형성됨에 따라 결정적으로 확립되었다.

37) Alex Callinicos. *Is There a Future for Marxism*, 앞의 책, pp. 51~52[캘리니코스, 『마르크시즘의 미래는 있는가』, 열음사, 1987]에서는 이 점을 훌륭하게 다루고

정적인 것이긴 하지만 그의 중심적인 철학적 통찰들이 중요한 업적으로 되는 것을 막지는 못한다. 즉 그것들을 제2인터내셔널의 '마르크스주의' ― 이것은 본질적으로 노동자계급을, 임의적으로 가정된 역사법칙에 의해 영향을 받는 수동적 대상으로서만 간주한다 ― 에 대한 그의 훌륭한 비판이 문제가 있다고 주장할 어떤 방해물들로 간주할 수는 없다는 것이다.

이와는 달리 루카치 자신의 철학은 ― 적어도 『역사와 계급의식』에서는 ― 사회주의를 실현함에 있어서 자유와 노동자들의 자기해방이 갖는 중심성에 기초를 두고 있다. 그러한 기초 위에서 이 책은, 마르크스가 『자본론』에서 서술한, 사회 현실의 결정되고 구조화된 성질을 고려할 때 어떻게 그러한 자유가 가능할 수 있는가 하는 문제에 대한 해답을 제시한다. 자본주의가 발전하는 법칙들은 궁극적으로 소외된 노동에 기초한 법칙, 즉 달리 말해 생산과정의 단순한 대상으로서의 노동자계급에 기초한 법칙이다. 그러나 단순한 대상으로서의 노동자계급의 존재는 주어진 어떤 것이 아니다. 오히려 그것은, 사회권력 ― 즉 자본 ― 에 의해 노동

있다. 그러나 이러한 지적은, 루카치가 그러한 해석에 개방되어 있었던 것은 볼셰비키 정치를 그의 이론에 충분하게 동화시키는 데 실패했기 때문이라는 점이 덧붙여질 때에만 공정하다고 할 수 있다. 그것은 ― 우리는 아래 각주 42)에서 이 점에 대해 논할 것이다 ― 그의 '역사주의적' 철학 때문이 아니었다.

38) 지금의 우리 관점에서 볼 때 루카치의 가장 중요한 약점은 마르크스주의 자체에 대한 그의 개념과 관련되어 있다. 그는 그것을 마르크스주의적 **방법**을 추구하는 것과 동일시한다. 또 그가 추구한 방법은 그것이 입각해야만 하는 이론적이고 실제적인 내용으로부터 너무 과도하게 분리되어 있다. 이것은, 이번에는, 온갖 다양한 정치적 형태들과 공존할 수 있는, 자유롭게 부유하는 형식의 마르크스주의 '철학'으로 이끈다. 그런데 역으로 이것이 그로 하여금 그의 다양한 철학적 통찰 ― 위의 '방법론주의'처럼 그중 일부는 틀렸고, 또 다른 일부는 우리가 보게 되는 바와 같이 중요하고 가치있다 ― 을 발전시키도록 허용한다. 반면 그것은, 이러한 철학이 반드시 연결되어야만 하는 정치 이론을 완전히 결여하고 있다. 바로 이론적 차원에서의 이러한 특징 때문에 그는 1923~25년의 시기에 초좌익과 초관료주의적 정치 사이를 그렇게도 신속하게 왔다갔다할 수 있었던 것이다.

하는 대중의 에너지와 창조성이 그들로부터 전유되는 특정한 과정의 결과이다. 노동자계급의 이 활동성을 전유하는 과정에서 자본은 자신을 그 자신의 권력으로 드러낸다. 그러므로 노동자계급은 사회적 과정 속에서 주체(즉 하나의 의식적 행위자)가 아니라 하나의 단순한 대상이다. 그 결과 노동자계급의 주체성은 전유되어 자본의 힘으로 전환된다. 반대로 자본의 힘은 한편에서—즉 직접적으로 현존하는 사회의 법칙이라는 점에서—총체적이지만 다른 한편에서 노동자계급이 계속해서 자신의 착취행위를 고분고분 받아들일 의사를 갖고 있는가 어떤가에 의존하게 된다. 그러므로 자본은 지금 현재의 잉여가치를 착취하고 있는 과거의 잉여가치의 축적물 이외에 다른 것이 아니다. 그것은 노동자계급에게서 독립적으로 존재할 수 있는 그 무엇이 아니다. 프롤레타리아트에 대한 계속적 착취와 자본의 존재는 완전히 동일한 것이다. 이로부터 다음과 같은 결론, 즉 자신을 자본으로부터 해방시키기 위해 노동자계급은 이전과 같이 자본에 묵종하는 것을 거부하는 것으로 충분하다는 결론이 도출된다. 물론 노동자들은 자본의 군사적 힘을 패퇴시키기 위해서 공장들을 점거하는 등의 일에 성공해야만 한다. 그러나 그럼에도 불구하고 궁극적으로 자본의 사회적 힘은 여전히 노동하는 대중에 기초해 있다. 노동자계급은 이처럼 그렇게 함에 있어서 자기 자신 외부의 어떤 것을 요구함이 없이 자신의 자유를 획득할 수 있다.

루카치는 위에서 말한 과정을 프롤레타리아트가 '역사의 주·객 동일체'(the identical subject/object of history)[39]로 되는 과정이라고 불렀다. 그 용어는 독일 고전철학의 전통 속에 경사되어 있지만 그것은 내용에서 전적으로 마르크스주의적인 것이다. 루카치는 1919~1921년에 매우 주목할 만한 방식으로, 마르크스가 1857년에 『그룬트리세』에서 발전시킨 것[40]

---

39) G. Lukács, *History and Class Consciousness*, London, 1971, pp. 2~3, 40~41, 그리고 앞의 논문, 「사물화와 프롤레타리아의 의식」을 참조하라[루카치, 『역사와 계급의식』, 거름, 1986].
40) 마르크스는 다음과 같이 언급한다. "노동자를 변화시킴으로써 자본은 전유된 (appropriated) 노동 자체를 소유한다. 노동은 그것의 계기들 중의 하나가 되고,

—그것은 루카치에게는 알려져 있지 않았던 것이다—과 매우 비슷한 견해를 재창조했다. 루카치에게 있어서 노동자계급은 부르주아 사회에서 하나의 단순한 '대상'으로 환원되고 있다. 이 계급은 사회주의 혁명의 과정에서 권력을 장악했을 때 '주체'가 된다. 그러나 권력을 장악하기 위해서는 무엇이 있어야 하는가? 본질적으로 노동자계급 자신의 활동성과 이 활동성의 결실들, 즉 노동자들이 만드는 생산물과 이 생산물을 둘러싼 사회적 관계들이 있어야 한다. 그래서 구속으로부터 자유로의 이행은 '대상들'로서의 노동자로부터 '주체들'로서의 노동자로의 이행일 뿐만 아니라 이와 동시에 아니 오히려 그보다도 '역사의 주·객 동일체'로서의 프롤레타리아트의 창조이기도 하다. 루카치는 변화되어야 할 모든 것이 궁극적으로 노동자계급 자신의 활동성—그러므로 또한 의식—에 의존함을 입증함으로써 진실로 공산주의적인 사회의 창출과정에서 프롤레타리아 권력의 한계를 넘어서는 무엇이 있을 것인가 하는 문제를 해결한다. 그리하여 위에서 언급한 것과 같은 방해물은 존재하지 않는다. '역사의 주·객 동일체로서의 프롤레타리아트'야말로 그가 자신의 통찰을 집약하기 위해 사용하는 정식이다.

이러한 분석에 대해서는 여러 가지 점들이 지적되어야만 한다.

첫째로 옳든 그르든 그것은 확실히 마르크스주의 철학의 일부이다. 혹은 좀더 정확하게 표현하면 마르크스주의의 철학으로의 개입이다. 매우 단순히 표현하면 그것은 **프롤레타리아트의 자기해방의 가능성에 반대하는**

이제 그저 자본의 존재 즉, 죽은 객관적 실재에 대한 비옥한 생명력으로서 행동한다. …… 자본 자체가 하나의 과정이 되는 것은 바로 이러한 차별화와 노동의 파탄의 과정 속에서이다. 노동은 자본과정에 투여된 효모이다. 그것은 그 과정을 발효시키기 시작한다. …… 단순한 형태로서의 노동이라는 단순한 주관성은 중지되어야만 한다. 그리고 노동은 자본이라는 물질 속에 대상화되어야 한다. 그 내용상 노동에 대한 자본의 관계는 살아 있는 노동에 대한 대상화된 노동의 관계이다. …… 이 관계 속에서 자본은 노동에 대해 수동적인 것으로 나타난다. …… 또 이것은 일반적으로 노동이 자신의 객관성에 대해, 즉 자신의 물질 …… 에 대해 맺는 관계에 지나지 않을 수 있다."(*Grundrisse*, 앞의 책, p. 298).

주장에 맞서 그것의 가능성을 옹호하는 것이다. 만약 그것이 철학에서 마르크스주의의 주요 과제가 아니라면 우리는 그러한 반대가 '마르크스주의'에 대한 왜곡된 견해, 즉 사회주의 혁명을 자신의 주요 과제로 보지 않는 견해에 기초하고 있음에 틀림없다고 대답할 수 있을 것이다.

둘째로 그람시의 다양한 통찰들을 제외하면41) 그것은 ── 약 60여 년 이상에 걸쳐 ── 오늘날까지 마르크스주의의 철학에의 개입 사례 가운데 가장 발전되고 오랜 시험을 견뎌 낸 것 중의 하나이다. 아주 간략히 말해서 그것에 조금이라도 견줄 만한 것은 거의 없다. 루카치의 논의가 그 밖의 것에서 실패한 것에 대해 어떠한 비판이 이루어진다 할지라도 ── 그것들 중에 많은 것은 정당화될 수 있다 ── 그들은 루카치가 거둔 이 중심적인 업적을 비난할 수는 없다.

끝으로 루카치를 거부하고자 하면서 여전히 마르크스주의자로 남아 있고자 하는 마르크스주의자는 그 누구나 자신들이 무엇을 하여야만 할 것인가를 매우 세심하게 고려하여야만 한다. 무엇보다도 먼저 그들은 노동자계급의 자기해방이 어떻게 가능한가에 관한 루카치의 이론을 동일한 효과를 갖는 또 다른 이론으로 대체하여야만 할 것이다. 오직 그러할 때에만 그들은 그들 자신의 이론의 분화를 설명할 수 있을 것이고 그리하여 루카치가 발전시키지 못했거나 혹은 취약했던 영역에서 그 이론이 얼마나 성공적이었는가를 보여줄 수 있을 것이다. 그러한 대안을 생산하지 못한 상태에서 루카치를 거부하는 것 혹은 ── 더 나쁜 경우에는 ── 알뛰세가 행한 것처럼 하는 것, 즉 루카치를 거부함으로써 그러한 대안을 찾을 바로 그 가능성을 실질적으로 부정하는 것은 (예를 들어 그가 역사과정의 가능한 주체로서의 프롤레타리아트를 부정하였듯이) 마르크스주의의 영역 전체를 거부하는 것이다.

그러나 바로 이것이야말로 캘리니코스가 알뛰세의 공적으로 돌리고 있는 바로 그것이다.42) 알뛰세가 이 문제에 관해 루카치를 반대한 것은 ──

---

41) A. Gramsci, *Selections from the Prison Notebooks*, London, 1971, pp. 321~472를 참조하라[그람시, 『옥중 수고 I · II』, 거름, 1993].
42) 알뛰세와 마찬가지로 캘리니코스도, 루카치가 '목적론'에 빠져 있다고 가정하면

그의 정치학을 고려하면—쉽게 이해된다. 그에게 있어서 사회주의는, 사회적 과정이 우연히 '단절적', '구조적' '국면' 속으로 들어갈 때에만 비로소 발생한다. 그것은 노동자계급—항구적으로 그리고 전면적으로 이데올로기에 영향을 받음으로써 맹목적인—은 필연적으로 무지하며 그리하여 사회주의를 자신의 직접적인 목표와 목적으로서 내면화할 수 없는 것과 관련되어 있다. 알뛰세의 반(反)마르크스주의 정치학과 그의 루

서 그를 기각하고 있다. 이러한 주장은 터무니없는 것이다. 세계를 인과관계에 의해서가 아니라 의향이나 목적과 관련하여 설명하려는 목적론은, 이 세계에서 일어나는 일들이 신(神)의 위대한 구상의 필연적인 결과에 의한 것으로 제시되었던 중세적 신학에 특징적이었다. 이와 유사한 그림은 루카치의 『역사와 계급의식』에서는 나타나지 않는다. 사회주의 혁명은 거기에서 프롤레타리아트의 임무로서 그려지고 있을 뿐, 미리 예정된 필연성으로 그려지고 있지 않다. 확실히 루카치는 혁명이 노동자계급에게 필요한 것으로, 노동자들이 반드시 그것을 수행해야만 한다고(must) 믿었다. 그러나 그 필연성은 부르주아 사회의 객관적인 무능으로부터 유래하며 그 '당위'(must)는 프롤레타리아트의 직접적이고 근본적인 이해관계로부터 비롯되는 것이다. 노동자들이 자신이 해야만 하는 것들을 하느냐 마느냐는 이와는 전혀 별개의 문제이다. 이것이 세계사에 대한 몇 가지 선입견적인 도식으로부터 도출되는 필연성을 포함한다는 느낌은 어디서도 찾을 수 없다(G. Lukács, 앞의 책, pp. 38~39를 참조하라[루카치, 『역사와 계급의식』, 거름, 1986]). 그러나 루카치가 왜 부당하게도 '목적론'이라는 터무니없는 혐의를 받고 있는가를 아는 것은 쉬운 일이다. 그가 프롤레타리아트가 하여야만 하는 것(has to do)을 넘어서지 못한 것, 철학으로부터 흘러나오면서 오늘날 노동자들의 나날의 투쟁들과 결합된 정치 이론을 발전시키는 데 완전히 실패한 것 등이 궁극적으로 여기에서의 진짜 주범인 것이다. 그러나 이것은 '목적론'과는 아무런 상관도 없다.

사실상 '목적론'과 관련해서는 마르크스 자신에게 오히려 더 강경한 혐의—그에 비하면 루카치는 오히려 나은 편이다—를 씌울 수도 있을 것이다. 그러나 이것은 그의 글에서 문맥으로부터 분리시켜 따온—그리고 가장 많이 평가 절하된—한두 가지의 구절에 기초해서만 가능하다. 예컨대, 『공산주의자 선언』에는 다음과 같은 유명한 구절이 있다. "그러므로 현대 산업의 발전은 그의 발 아래에서 부르주아지가 생산물을 생산하고 전유하는 바로 그 기초를 무너뜨린다. 그러므로 결국 부르주아지가 생산한 것은 그들 자신의 무덤을 파는 사람들이다. 부르주아지의 몰락과 프롤레타리아트의 승리는 똑같이 필연적이다."

카치 철학에 대한 반대 사이의 일관성은 그러므로 누가 보기에도 명백하고 또 분명하다. 그러나 우리에게는 캘리니코스가 왜 여기에서 그를 따르고 있는가 하는 의문이 떠오른다. 알뛰세 철학의 논리적인 종착점은 그의 반마르크스주의적인 정치학이다. 캘리니코스는 거기에서 그를 따를 의향은 전혀 가지고 있지 않다. 그런데 왜 그는 알뛰세와 동일한 길에서 출발하는 것일까? 이 책에서 캘리니코스는 다음과 같이, 즉 알뛰세 자신이 모순되어 있어서 만약 그가 그의 철학의 정치적인 함의를 일관되게 밟아가기만 했다면 그는 자신의 맥빠진 유로코뮤니즘 정치학 일체를 거부했을 것이라고 대답한다. 이미 말해진 것으로부터 나는, 내가 캘리니코스가 들고 있는 증거를 그의 주장과는 완전히 반대되는 것으로 간주한다는 것을 분명히 밝힌 바 있다. 그런데 캘리니코스는 왜 이러한 입장을 취하는 것일까?

먼저 언급해야 할 것은 그토록 중요한 주장을 하면서 캘리니코스가 그 사실에 거의 주목하지 않고 있다는 것이다. 놀랍게도 그는, 혁명적 정치가 알뛰세주의에 기초한 철학을 실제로 필요로 한다는 입장을 직접 옹호하는 주장을 결코 하지 않는다. 그 대신 캘리니코스의 주장의 대부분은 스딸린주의의 문제에, 그리고 한편에서 1930년대 러시아의 스딸린 현상 및 현대 프랑스 공산당의 정치와 다른 한편에서 알뛰세의 철학 사이의 상호관계의 문제에 집중된다. 비록 이 주장들이 상대적으로 취약한 명제를 옹호하고 있지만 그것들은 캘리니코스가 우리에게 제시하는 것의 전부이고 그래서 우리는 이 주장들을 계속 검토하지 않으면 안된다.

알뛰세주의가 스콜라주의의 단순한 형식 중의 하나라는 주장을 부정하기 위해 캘리니코스는 그것의 결론들이 정치적일 뿐만 아니라 이론적이라고 주장한다[43](그는 이 사실이, 과연 알뛰세주의가 스콜라주의의 일종일 수 있음을 의미하는가 아닌가는 별개의 문제라고 주장한다).[44] 그렇다. 그

---

43) Callinicos, 앞의 책, p. 53.
44) 일반적으로 스콜라철학은 고도로 정치적이다. 물론 그것은 의심할 나위 없이 보수적인 방식으로 정치적이다. 이론을 스콜라철학적 주형(鑄型) 내부에 놓는 것은 그것들로 하여금 사물을 변화시킬 수 없도록 하게 하는 것이다. 이 때문에

러나 여기에서 즉각 또 하나의 질문이 제기된다. 도대체 그것의 정치적 결론들은 무엇이었는가? 단적으로 말해 그것들은 자유주의적인가 혁명적인가? 캘리니코스가 보기에 '...... "정치가들의 지배에 대항한 공산당 지식인들의 자율성"은 알뛰세의 시도의 핵심에 놓여 있다.'45) 혹은 또 '...... 문제가 되고 있는 정치는 무엇보다도 먼저 지식인의 공산당으로부터의 독립 선언이다.'46) 그러나 여기서 더 나아가기 전에 우리는 이 독립성이 무엇을 위해 사용되는가를 살펴볼 필요가 있다. 하나의 일반적 원리 그 자체로서 '지식인들의 당으로부터의 독립'이라는 슬로건은 물론 볼셰비키 정치학이 아니라 쁘띠부르주아 정치학을 의미한다. 물론 그렇다고 해서 이 말이 특수한 사례에서 지지될 수 없다는 것을 말하는 것은 아니다. 그러나 우리는 이러한 사례들의 성격에 대해 상당히 분명히 밝힐 수 있다. 예를 들어 어떤 개량주의 정당 내에서 급속히 좌익으로 이동하고 있고 자신들이 혁명정당을 구축하기 위해서는 이것과 분리해야 함을 깨닫고 있으면서도 자신이 현재 속해 있는 낡은 당의 최대한의 당원들을 자신과 함께 분리시킬 수 있는 충분한 시간을 필요로 하는 소규모의 지식인 간부들이 이 슬로건을 내건다면 그것은 정당화될 수 있다.47)

우리가 여기서 1960년대와 1970년대에 알뛰세가 수행한 이론적·실천적 개입을 둘러싼 조건들이 그러한 것은 아니었다는 사실을 덧붙일 필요는 거의 없을 것이다. 실로 그는 그 어떤 시점에서도 스탈린 정치의 영역을 벗어나지 않았다. 전후 서방의 스탈린주의 정치는 두 가지의 주요한 요소들을 갖고 있다. 첫째 공산당이 주도하는 관료화된 노동조합들의 설립, 두 번째로 인민전선 유형의 계급협력적 선거동맹의 체결이 그것이다. 각각의 요소는 필요했다. 하지만 그중 하나의 발전은 언제나 다른 것의 발전을 저지했고 그 결과 그들 사이에는 약간의 적대와 긴장이 있어 왔

고유의 스콜라철학은 중세의 전성기에 봉건 지주들이 선호하던 이데올로기였다.
45) Callinicos, 앞의 책, p. 53.
46) 같은 책, p. 59.
47) 우리의 정치적 전통 내에서 그러한 상황이 나타난 가장 최근의 사례는 1960년대 중반 좌파 사회민주주의 조류로부터 캐나다 국제사회주의자들의 형성과정을 둘러싼 것이었다.

다. 이 전통들은 코민테른이 보인 갖가지의 왜곡과 방향전환과 더불어 1930년대에 확고히 형성되었다. 1970년대에 그들은 공산당들 내에서 '스딸린주의' 진영 및 '유로코뮤니즘' 진영이라고 불린 항구적 공존의 형식을 띠었다(그리고 이들 각각은 스딸린으로 소급되는 족보를 대등하게 주장할 수 있었다). 알뛰세는 전혀 이러한 전통의 외부에 있지 않았다. 스딸린주의에 대한 그의 비판은 형식에 있어서는 본질적으로 자유주의적이다. 그의 정치학은 아무런 주저 없이 유로코뮤니즘의 정치를 표현했다. 사실 그는 명백히—그리고 당연하게도—유로코뮤니즘 운동의 지도자들로부터 자신들의 중요한 이론적 스승 중의 한 사람으로 간주되었다.48)

알뛰세로부터는 지금까지 정치에 관한 하나의 대안적인 혁명적 견해가 도출된 적이 결코 없었다. 이것은 캘리니코스도 부정할 수 없으며 또 부정하지 않는 하나의 사실이다. 그 어느 경우에서든 우리는, 위에서 캘리니코스가 알뛰세의 첫걸음이라고 설명한 지식인의 독립성에 관한 단언이 동시에 그의 마지막 걸음이기도 하다고 결론내릴 수 있다. '이론의 자율성'이라는 견해 속에 혹은 '이론적 실천'의 특수성이라는 견해 속에 담겨있는 철학은, 그러므로, 유로꼬뮤니스트들의 자유주의적 상투어 속으로 곧장 나아간다. '알뛰세의 이론적 실천이 내포한 논리적 결론들은 프랑스 공산주의의 한계를 넘어설 수 있었음에도 불구하고 그는 스스로 그렇게 하도록 허용하지 않았다'49)(원문이 이상하지만 그대로 둔다 - 피터 빈스)는 캘리니코스의 견해는 그러므로 완전히 잘못된 것이다. 이 문제에 있어서

---

48) 그래서 스페인 공산당의 서기장이자 유로코뮤니즘의 지도급 주창자인 산티아고 까리요는 그의 주요 저작인 『유로코뮤니즘과 국가』에서 각별한 칭송과 함께 알뛰세를 선택한다. 그는 먼저 '이데올로기적 투쟁'을 강화할 필요가 있다는 이유로 노동자들의 투쟁들에 대한 지원을 보류하는 전체 전략을 정당화한다. 그것은 말하자면 성직자, 교수, 공무원 부문에 공산당에 대한 좋은 신뢰를 갖게 하려는 시도였다. 그는 특히 이 과정을 정당화하기 위해서 '이데올로기적 국가기구'라는 알뛰세의 개념을 인용하여 사용한다(S. Carrillo, *Eurocommunism and the State*, London, 1977, p. 45[산티아고 까리요, 『유로코뮤니즘과 국가』, 새길, 1994]를 참조하라).
49) Callinicos, 앞의 책, p. 57.

캘리니코스는 전적으로 수미일관했으며 완전히 자유주의적·개량주의적이고 그리고 완전히 잘못되어 있다.50) 그는 마르크스주의 내에 있는 하

---

50) 캘리니코스는 여기에서 알뛰세를 옹호하는 제2의 주장을 펼친다. 그것은 다음과 같다. 첫째, 프랑스 공산당은 마르크스와 엥겔스가 실제로 말한 바를 무시했다. 둘째, 그 결과 이것이 그들로 하여금 개량주의적 전망을 채택하도록 했다. 셋째, 이에 이어 나타난 알뛰세는 '마르크스로의 복귀'를 주장했다. 넷째 마르크스는 혁명가였기 때문에 설령 알뛰세가 그 과제를 그렇게 잘 수행하지 못했다 할지라도 그것은 좋은 것이 될 수밖에 없다. 그는 『자본론을 읽는다』의 알뛰세를 지지하는 이전의 협력자, 쟈크 랑시에르를 인용한다. "『자본론을 읽는다』는 당에 대한 정치적 비판을 요구하는 테제들을 제시했다. 역사에 대한 진화론적 개념과의 단절, 생산양식의 불연속성 명제의 확정, 구조 해체의 법칙이 구조 기능의 법칙은 아니라는 명제의 확정, 이행 문제에 대한 근본적인 독창성, 이들 모두는 논리적으로, 공산당의 경제주의, 즉 사회주의로의 평화적인 길 그리고 '진정한 민주주의'의 개념에 대한 공공연한 탄핵으로 나아갔다."(Althusser, *Reading Capital*, p. 57에서 인용).

이에 대한 대답으로 다음과 같은 두 가지의 명백한 점들이 반드시 제기되어야만 한다.

첫째, 알뛰세주의는 결코 마르크스로의 복귀가 아니다. 그 체계 자체는 오히려 — 그것의 모순적이고 공허한 형태 때문에 — 한편으로는 공산당 안에서의 좌로의 이동, 그리고 다른 한편으로는 마르크스로의 이동 사이에 설치된 혼란의 장애물로서 작용했다. 이뿐만이 아니다. 알뛰세의 체계는 마르크스의 체계가 아니었기 때문에, 그는 마르크스의 저작들을 더욱더 거부하도록 강제당했다. 마르크스의 초기 저작들(소외와 자기해방에 대한 부적당한 언급과 함께)에서 시작하였지만, 그는 마르크스가 이때까지 썼던 매우 훌륭한 많은 것들을 마침내는 거부하는 것으로 귀결되었다. 실제로, 종국에는 그가 추천할 만하다고 생각한 마르크스의 유일한 '저작'은 '아돌프 와그너의 『정치경제학 교과서』(*Textbook on Political Economy*)에 부치는 방주(旁註)'뿐이었다. 마르크스의 『자본론』은 지나치게 '인간주의적' 저작이라는 이유로 거부되었다. 그 대신 그는 교과서의 난외에 갈겨 쓴 — 오히려 덜 중요한 — 방주를 추천할 만한 작품으로 내세운 것이다! 이것이 정말 '마르크스로의 복귀'라고 널리 알려진 진지한 발전의 산물인 것인가?

둘째, 우리는 다음과 같이 물어야 한다. 왜 알뛰세에 대한 까리요의 우익적인 유로코뮤니즘적 해석이 랑시에르의 좌익적인 해석보다 훨씬 더 영향력이 있었을까? 그 해답은 찾기에 어렵지 않다. 생산양식이 '불연속적'일 것이라는 사실

나의 오류 즉 경제적 환원주의를 제거한다. 그러나 그는 그것을 단지 또 다른 오류, '심급들'과 '실천들'의 자율성이라는 오류로 대체할 뿐이다. 이러한 것들은 '이론적 실천'이라는 견해를 거치면서 곧장 자유주의로 나아간다. 알뛰세는 제3기 스딸린주의라는 후라이팬에서 빠져나왔으나 결국 인민전선의 자유주의적 개량주의라는 불 속으로 뛰어들고 만다. 철학적 차원에서도 정치적 차원에서도 이것은 결코 어떤 종류의 진보로 기록될 수 없다. 아무리 캘리니코스가 이와 반대되는 주장을 한다 할지라도 사정은 마찬가지이다. 그러므로 결국 알뛰세의 철학을 레닌주의적 정치학과 혼인(婚姻)시키려고 한 그의 시도는 공허한 소망으로 되고 마는 것이다.

만약 사실이 그렇지 않았다면 어떻게 이런 일이 가능했겠는가? 알뛰세는 진공으로부터 출현하지 않았고 또 그의 철학은 어떤 순수 사유의 논리로부터 도출된 것도 아니다. 정치적으로 그는 프랑스 공산당의 생산물이었다. 물론 프랑스 공산당은, 한때 그것이 혁명정당인 적이 있었다 할지라도, 알뛰세가 그 당에 가입한 1948년경에 그것은 혁명정당이기를 멈춘 지 오래였다. 그 당은 1930년대의 인민전선 시기에 대중정당으로 되었다(예를 들어 그것의 당원은 1936년 5월에 13만 1천 명에서 같은 해 12월에는 28만 5천 명으로 증가하였다). 이 당의 이러한 성장은 부르주아지의 '진보적' (즉 반파시즘적) 분파와의 계급협력을 주장함으로써 이루어졌다. 그것은 다시 레지스탕스 시기에 매우 급속히 성장하였다. 수만 명의 동지들의 용기와 자기희생—어떤 사람의 추산에 따르면 이 시기에 6만 명

은 비혁명적인 1970년대 프랑스의 일상적 계급투쟁에 영향을 끼치지 못했다. 왜냐하면 국가를 분쇄할 직접적인 기회들이 없었기 때문이다. 그러나 '경제주의'에 대한 반대는 가장 확실하게 영향을 끼쳤다. 그것은 프랑스의 까리요 추종자들이 투쟁하고 있는 노동자들에 대한 지원을 거부하는 데에 거듭 청신호를 밝혀 주었다. 다시 말해서, 알뛰세의 입장은 구체적으로 공산당을 '논리적으로' 좌쪽으로 이끈 것—랑시에르의 해석이 영향력을 크게 미쳤다면 그렇게 되었을 것이다—이 아니라 우쪽으로 이끌었다(불행하게도 우리는 여기에서 철학자들의 고질병이 작용하는 것을 볼 수 있다. 합리주의가 바로 그것이다. 이것은 실제 역사에서 일체의 '논리들'은 추상적이기보다는 구체적이라는 사실을 망각하는 것으로 이루어져 있다).

이 죽은 것으로 되어 있다— 이 그 당에 커다란 존경을 부여하였다. 그러나 신입당원들은 계급정치의 기초 위에서 모집된 것이 아니라 조잡한 반(反)독일 쇼비니즘에 기초하여 모집되었다. 공산당 레지스탕스의 주요 슬로건은 'Chacun son boche!'(즉 '모든 사람은 자신이 만난 독일 사람을 죽이자!')였다. 전후(戰後)에도 당원의 성장은 계속되었다. 그러나 그것은 다시 매우 우익적인 정치의 기초 위에서 이루어졌다. 프랑스 공산당은 전후 선거에서 가장 큰 정당으로 출현하였으나 자신의 인기를 노동자계급의 이익을 강화시키는 데 사용하는 대신 드골을 수상으로 추대하고 노동자들로 하여금 생산을 증대시키도록 촉구하고 파업에 반대하며 일반적으로 부르주아지의 안정— 만약 공산당의 노력이 없었다면 그 안정을 달성하기란 어려웠을 것이다— 을 회복시키는 데 사용하였다. 대외정책에서 프랑스 공산당의 쇼비니즘은 특히 악랄한 형식을 취했다. 알제리 민족해방의 지지자들은 '히틀러주의적 살인자들'이라고 비난되었고 베트남에서 프랑스 공산당은 프랑스의 식민통치를 유지하기 위하여 수만 명을 학살하고 있었던 바로 그 정부의 일원으로 남아 있는 데에 만족하였다.[51]

그러한 환경에서 발전하거나 자라난 어떠한 정치이념이 만약 프랑스 공산당 전체와 직접적으로 (혹은 매우 급속하게) 갈등에 빠지지 않았다면 — 그리고 그것과 단절하지 않았다면— 그것은 매우 왜곡된 형식의 '마르크스주의'일 수밖에 없었을 것이다. 그런데 바로 이것이, '마르크스주의'의 알뛰세주의적 수정판이 번창했던 바로 그 환경이었다. 그러므로 마르크스주의로서 그것은 처음부터 타협적이었고 매우 허약한 계급기반 위에 세워져 있었다. 그것은 자신이 지지하는 실천적 정치와 그것들에 수반된 '마르크스주의' 수사학의 잔재 사이에 극도로 벌어진 격차를 지니고 있었다.[52]

---

51) I. Birchall, *Workers Against the Monolith*, London, 1974, pp. 12, 20~22, 28~29를 참조하라.
52) 또 서로 연관된 위기를 동시적으로 경험한 더 참되고 혁명적인 좌파 마르크스주의도 있었다. 이 위기에 관한 마르크스주의적 설명으로는 C. Harman, 'Crisis of the European Revolutionary Left', *International Socialism* 2 : 4, 1979년 봄

이와 동시에, 왜 계급협력이 마르크스주의—— 비록 거세된 형식이긴 하지만—— 라는 수사학을 필요로 하는가 하는 질문이 대답되어질 필요가 있다. 왜 하필 마르크스주의이며—— 예컨대—— 자유주의는 아닌가? 이 질문에 대답하는 것은 그것만으로도 책 한 권 분량이 필요할 것이다. 우리가 여기에서 할 수 있는 것은 두세 가지 점을 열거하는 것뿐이다. 첫째 전통적 프랑스 부르주아지는 나치점령에 대해 무기력한 (심지어 협력주의적인) 자세를 취함으로써 그것과 타협하였다. 그러므로 프랑스 부르주아지가 자신의 계급이익을 자국 내의 모든 계급들의 이익으로 나타내는 것은 더욱 어렵게 되었다. 그 결과 지식인들의 여러 층 가운데에서 안이한 자유주의가 또 다른 대안들, 예컨대 실존주의나 마르크스주의 등에 길을 비켜 주게 되었다.53) 둘째로 전후에 프랑스 자본주의는 더욱더 국가자본주의적 형식으로 재건되었다. 르노와 같은 주도적인 산업체들이 국가에 의해 설립되거나 혹은 국가에 의해 국유화되었으며 사적 기업들은 점차로 국가와 그것의 미시경제적 계획입안자들이 제기한 전반적인 경제발전 계획들—— 이것은 '통제경제 정책'이라고 알려진 과정이다—— 에 참여하였고 또 그것을 따랐다. 후자의 과정은 최상급의 계획입안자나 행정가로부터 최하급의 점원이나 유치원 교사에 이르는 국가 피고용인층을 낳았다. 그리고 그것은—— 결정적으로—— 그들을 훈련시키는 종합대학과 기술 단과대학의 그물망을 창출했다. 신생의 제3세계 나라들 중 상당 부분에서 인민주의, 민족주의 그리고 무엇보다도 산업에 대한 국가지도를 결합시킨 하나의 '마르크스주의'가 이 층들 사이에서 상당한 인기를 누리고 있었던 것은 확실하다. 이것은 노동자계급의 투쟁들이 성장하는 시기에 특히 그러하였다. 그 시기에는 존립가능하고 또 조화로운 사회가 창출될 수 있으려면 일종의 개량 전망이 필요한 것으로 보였다. 이와 동시에 1968년의 아노미러빌리스(annomirabilis)가 갑작스럽게 모든 세대에게 완전히 다른

을 참조하라.
53) 아마도 프랑스의 이 위기에 대한 가장 명확하고 가장 강렬한 그림은 사르뜨르의 3부작, 『자유의 길』(*The Roads to Freedom*)[사르뜨르, 『자유의 길』, 고려원, 1991]에서 찾아볼 수 있을 것이다.

세계관을 제시하였다. 그것은 공장들에서의 노동자권력과 대학에서의 학생권력과 더불어 나타난 것으로서 자기해방에 기초한 세계관이었다. 그러나 그 세계관은 존립가능한 혁명정당의 부재 속에서 자신을 귀속시킬 지속적인 조직 형식을 갖지는 못하였다. 1960년대의 학생들은 1970년대에 상대적으로 특권적인 강사들(lecturers)이 되었다. '자율적인' 이데올로기 투쟁에 복무한다는 외피를 쓰고 — 그리고 이를 지지하는 것으로 알뛰세와 마오를 인용하면서 — 그들은 노동자들의 자기해방이라는 원리를 스스로 포기했으면서도 그럴 듯한 '마르크스주의적' 용어들로 자신을 감쌀 수 있었다.54)

바로 이것이 알뛰세주의적 '마르크스주의'가 성장하고 번창하였던 토양이었다. 그것은, 우리가 1970년대의 '마르크스주의의 위기'를 어떻게 설명할 것인가에 대하여 중요한 시사점을 제시해 준다. 사회적으로, 정치적으로 그리고 이론적으로 그것이 진정한 볼셰비즘 전통과 맺고 있는 관계는 — 최소한으로 말하면 — 실로 매우 취약했다. 그 결과 이 위기에 대한 설명은 그것에 맞서 발전되었던 주장들의 — 있을 수 있는 — 정확성을 이해하려고 노력하는 형식을 거의 취하지 않았다. 그리고 오히려 그것은 자신의 기초가 얼마나 취약하고 문제투성이인가를 강조하는 형식을 취했다. 자신의 주장을 제시하는 방식 속에서 캘리니코스는, 설명될 필요가 있는 것은 '마르크스주의'의 성장이 아니라 그것의 위기인 것처럼 보이게

---

54) 공간적 거리는 우리로 하여금 프랑스 외부에서 나타난 알뛰세 현상에 대해 눈을 돌리지 못하도록 가로막는다. 그러나 영어권 나라들에서, 다양한 공산당들의 보잘것없는 영향력은 일반적으로 그것이 주로 아카데믹한 현상에 그치도록 만들었다. 프랑스 안팎에서 그들은 알뛰세의 '이데올로기적 국가기구'라는 개념에 의해 도움을 받았다. 이데올로기가 마치 항상 국가와 연관되지 않을 수 없는 것처럼 보이게 함으로써(심지어 그것이 매우 다른 작용요인들 — 민간, 교회, 지방자치 등등 — 을 통해 제도화될 때에조차도), 그것을 계급투쟁으로부터 분리시키고 그래서 결국 그러한 계급투쟁이 실제로 벌어지기 전에 이러한 제도들에서의 '선차적인 이데올로기 투쟁'의 필요를 역설함으로써, 그것은 비정치적이고, 심지어 우익적인 인텔리들로 하여금 그들의 저작들을 '정치적'이니 '진보적'이니 하는 말로 치장할 수 있도록 허용해 온 것이다.

만든다. 그렇게 함에 있어서 그는 구조주의적 사상가들과 포스트구조주의적 사상가들의 중요성을 매우 부당하게 강조한다. 실제로 그들은 '마르크스주의의 위기'의 원인이었다기보다는 그것의 계기였다. 여기서 캘리니코스는 관념들의 내적이고 순수히 지성적인 역사에 대해 지나치게 숙고하는 덫에 빠져든다. 그리하여 그는, 그람시의 표현을 빌리면, 여러 가지 방식으로 '생활 속에 침전되어 있는' 다양한 사상적 조류들을 형성하는 물질적이고 사회적인 힘들을 충분히 강조하지 못한다.

이와 마찬가지로 비록 캘리니코스가 알뛰세의 기본적 작업틀을 계속해서 수용하고 있긴 하지만 그가 알뛰세의 전체 체계의 특정 부분에 대해서 실질적인 비판들을 가하고 있다는 것 역시 사실이다. 그렇지만 여기에서 문제는, 비판들이 일반적으로 알뛰세의 체계가 기초해 있는 취약한 기반들 자체에 대해서 가해지기보다는 알뛰세가 드러내는 여러 가지의 공백과 침묵들에 대해서 가해지고 있다는 것이다. 또 그뿐만 아니라 그가 때때로 채택하는, 바로 그 의심스러운 신입장들이 알뛰세를 보충하고 있다는 것이다. 이것들 중에서 가장 중요한 것은 과학과 과학적 방법론에 관한 것이다. 그리고 이제 우리는 바로 이 문제를 살펴볼 것이다.

마르크스주의와 과학적 방법

알뛰세에게는 과학에 관한 문제가 있으며 또 과학이 어떻게 규정될 수 있는가에 관한 문제도 있다. 한편에서 그는, 그것들이 유효해지기 위하여 그들 외부에 어떠한 기준도 설정될 수 없다는 의미에서 개별 과학들의 자율성을 주장한다. 그러나 다른 한편에서 그는 과학과 이데올로기를 엄격히 구별하고자 한다. 캘리니코스는 이 두 가지 원리들 사이에 갈등이 있으며 그러한 기준이 없다면 어떠한 이데올로기도 자기 자신을 과학으로 내세울 수 있고 또 과학의 자리를 탈취할 수 있다는 것을 지적한 점에서 매우 정당하다. 그래서 이제 문제는 이러한 기준들이 도대체 어디에서 발견될 수 있는가 하는 곳에서 제기된다.

알뛰세는—우리가 앞에서 살펴보았듯이—이러한 방향으로 나아갈 수밖에 없었다. 왜냐하면 '언어혁명'의 결론들 중의 하나는 '주체의 객체와의 연루'를 부정하는 것이기 때문이었다. 전통적 혹은 경험주의적 이론들에서 말하는 '직접적 지식'은 폐기되었다. 그리고 직접적 경험을 이러저러한 과학의 효율성을 입증하는 외부적 장(場)으로 사용할 가능성 역시 그와 더불어 폐기되었다. 이 때문에 그는 각각의 주어진 과학들의 내면적이고 구조적인 통일성 바깥으로 나가는 출구란 있을 수 없다고 주장했다. 즉 그 과학들은 그러한 외적 보증인들을 전혀 필요로 하지 않았던 것이다. 그리고 그 경우에 있어서 과학과 이데올로기의 구별은 파괴된다. 이 양자를 분리시키는 절차들이 전혀 없기 때문에 그렇게 하고자 하는 모든 시도들은 비논리적일 것이다. 이러한 결론은 힌데스나 허스트와 같은 포스트알뛰세주의자들에 의해서 더욱더 일관되게 발전되었다. 모든 사유체계는, 비록 그것의 내용이 이데올로기적이고 신비적이며 혹은 심지어는 완전히 허위적인 것이라 할지라도—그것이 내적으로 정합적인 한에서는—스스로를 '과학'으로 제시하는 것이 가능할 것이다. 점성학이나 골상학(骨相學)과 같은 것도—여기에다가 상호모순적인 세계의 종교들 일체도—예를 들어 현대 물리학과 동등한 지위를 가지게 될 것이다.

캘리니코스는 만약 사실이 그러하다면, '단지 담론들이 생산되는 조건들이라는 역사적 문제에 집중하기보다는 그것들의 진리와의 관계를 파악하려는 관점에서 담론들을 평가하는'55) 과정 속에서 객관적 지식의 가능성은 사라질 것이라고 결론짓는다. 이것은 그가 거부하고자 하는 결론이다. 과학은 '이데올로기가 제공할 수 없는 방식으로 현실에 대한 접근'56)을 제공해야만 한다. 그러나 그러한 경우에는, 그 양자를 실천 속에서 구별할 진실로 유용한 기준에 대한 필요가 생긴다. 그렇다면 도대체 그것들은 어디에서 발견될 수 있을까? '객관적 지식에 대한 옹호'는 어떻게 완수될 수 있을까?

그는 우리에게, 그것이 '유물론의 입장에서' 완수될 수 있다고 말한다.

---

55) Callinicos, 앞의 책, p. 171.
56) 같은 책, p. 175.

그는 유물론을 '실재가 담론에서 독립적으로 존재한다'57)는 주장으로 이해한다.58) 특히 그것은, 담론과 실재 사이의 상응—이것은 객관적 지식이 성립되기 위해 필요한 것이라고 말해진다—으로 간주될 수 있다. 캘리니코스는, '그렇지만 이 개념에는 한층 더 깊은 난점이 있다. 그것은 직접적 지식의 부정에서부터 연원하는 것이다. 만약 우리가 담론을 통하지 않고서 현실에 접근할 방도가 없다면 진리를 담론과 실재의 상응이라고 부르는 것이 무슨 의미가 있겠는가?'59)라고 올바르게 진단한다. 그렇다면 데리다가, '이것은 언어의 무한한 "유희"를 중지시킬 "초월적 소기(所記)"

---

57) 같은 책, p. 175.
58) 앞으로 더 나아가기 전에 한 가지, 여기에 제시된 '유물론'의 경계가 어디까지인가가 주목되어야 한다. 사실, 그것은 너무 범위가 넓다. 그래서 심지어 고전적 관념론자인 비숍 버클리의 패러다임조차도 유물론으로 평가되기도 한다! 왜냐하면 그도, 어떤 사상들을 객관적인 것으로 만들고 또 다른 것들을 그렇지 않은 것으로 만드는 것은, 전자가 신(神)의 정신 속에 복사된 개념(이며 신의 의지에 의해 우리에게 야기된 것)인 반면 후자는 그렇지 않다고 믿기 때문이다. 그런 경우에는—심지어 버클리에게조차도—'담론과는 독립적으로 존재하는'—혹은 일반적으로 인간 사상으로부터 독립적으로 존재하는—어떤 존재의 영역이 있다는 것은 사실일 것이다. 그러나 만약 버클리와 같은 사람들을 모두 '유물론자'라고 불러야 한다면 도대체 유물론자가 아닌 사람이 누구란 말인가? 이러한 의미에서의 '유물론'을 거부하는 사람들의 예를 어떤 사람보고 찾으라고 한다면, 그는 아마도 상당한 중압감을 느낄 것이다. 그러나 이것은 오직, 지금 문제가 되고 있는 전체 기획이 얼마나 하찮은 것으로 되어 버렸는가를 보여줄 뿐이다. 캘리니코스가 여기에서, 일반적으로는 포스트알뛰세주의적 앵글로 마르크스주의 리얼리즘 학파의 공허한 슬로건을, 그리고 특별하게는 루벨을 따르는—그리고 열광적으로 추천하는—것은 매우 애석한 노릇이다(후자에 대한 비판으로는 P. Binns, 'Marxism and Materialism', *Capital and Class* no. 9, 1979를 보라). 만약 이제 '유물론'이 버클리, 헤겔 등과 같은 고전적인 관념론자까지 포함하는 것이라면, 우리는 다음과 같이 결론지을 수 있을 뿐이다. 요컨대 스스로를 유물론자라고 선언하는 것은 실제로는 하나의 공허한 주문, 즉 성자(聖者) 마르크스에 대한 의식(儀式)적 존경의 표명에 지나지 않으며, 실제의 과학적인 내용은 텅텅 빈 하나의 주문(呪文)일 뿐이다.
59) Callinicos, 앞의 책, p. 176.

에 대한 무한하고 결실없는 탐구'60)를 포함하고 있음에 틀림이 없다고 주장했을 때 그가 옳았던 것이 아닐까?

이 문제에 대한 캘리니코스의 대답은 다음과 같다. 우리가 객관적 진리에 직접적으로 접근할 길을 갖고 있지 않다는 것은 중요하지 않다고 그는 우리에게 말한다. 객관적 진리라는 개념은 '하나의 "조정하는 원리"로 기능한다. 그래서 담론들은 그것들이 진리에 접근하는 정도에 따라 평가된다'61)고 그는 말한다. 그리고 객관적 지식에의 직접적 접근이 불가능하기 때문에 '진리에의 접근 정도란 둘 혹은 그 이상의 담론들이 서로 경쟁하는 문맥들 속에서 그들 상호간에 확립된 상대적 관계일 수 있을 뿐이다.'62) 캘리니코스는 '실재 "그 자체"는 불가지한 것이며 그것에 대한 우리들의 지식은 오류에 빠지기 쉽다는 것을 믿지'63) 않는다.

그렇지만 이것은 현재 쟁점이 되고 있는 문제를 전혀 해결하지 못한다. 그것은 단지 이 문제를 다른 장소로 옮겨 놓을 뿐이다. 그렇다면 담론들 사이의 이러한 비교는 어떻게 달성될 수 있을까? 우리는 도대체 어떻게 어떤 담론이 진리에 더 가까운 것인지를 알아낼 수 있을까?

캘리니코스가 폰 하이예크나 포퍼와 연관된 학파의 과학철학의 지지에, 그리고 특히 그것의 더욱 현대적이고 세련된 추종자인 최근의 임레 라카토스의 지지에 호소하게 되는 것은 바로 이 지점에서이다.64)

---

60) 같은 책, p. 177.
61) 같은 책, p. 178.
62) 같은 책, p. 179.
63) 같은 책, p. 179.
64) 라카토스에 대한 캘리니코스의 채무(債務)는 그것 자체로 중요하고 또 정평이 나 있는 것이다. 캘리니코스의 책 『알뛰세의 마르크스주의』는 심지어 실제로 그에게 바쳐졌다. 이것은 1960년대 후반 런던 대학교 사회과학대학에 다녔던 학생 세대들에게는 매우 경악스럽고 당황스러운 (가장 부드럽게 표현해서) 일이었다. 왜냐하면 라카토스는 자신들에 반대한 억압의 주요한 선동가였고 캘리니코스의 책이 바로 다름 아닌 그에게 영예를 돌리고 있었기 때문이다. 포퍼와 폰 하이예크도 역시 극우적인 철학적 돌격대였다. 이들은 철저한 자유방임적 자본주의와 가장 동일시되는 경제학 유파 — 세기초의 폰 미세스(Von Mises)로부터 오늘날의 밀턴 프리드만에 이르기까지 — 와 관련되어 있었다. 포퍼 자신이 과학철학

포퍼, 라카토스, 캘리니코스의 입장을 이해하기 위해서 우리는 먼저 그 것이 무엇에 대한 반작용인지를 알아야만 한다. 포퍼에게 있어서 그 반작용은 귀납주의— 즉 과학은 (실험실 안팎에서) 무엇보다도 먼저 자연을 관찰함으로써 그 속에서 어떤 상호관계가 발견될 수 있는지를 탐구한 후 이것들을 일반화하여 (다른 증명이 나타날 때까지는) 모든 비슷한 경우들은 그 일반화된 법칙에 따라 상호관계하는 것으로 가정할 수 있다고 보는 특정한 탐구 방법을 발전시킨다는 견해— 에 대한 것이다.65) 그렇지만 과학철학자들은 18세기 이래 오늘날까지 이러한 방법론 속에서 일련의 상호연관된 모순들을 발견해 왔다.66) 그리고 이것은 포퍼에게 심각한 영향을 미쳤다. 그래서 그에게 있어서 과학적 관찰들은 입증되거나, 확인될 수 없으며 하나의 과학적 가정의 유효성을 긍정적으로 입증할 수도 없다. 그러나 그 대신 그것들은 과학적 성찰의 가능한 후보들 중 어떤 가정, 혹은 어떤 범위의 가정을 탈락시키거나 혹은 그것의 오류를 입증할 수는 있다. 그래서 과학은 실증적 진리들의 축적에 의해서 발전하기보다는 분명히 진리가 아닌 가정들을 점차로 제거함으로써 발전한다.

불행하게도 포퍼에게 있어서, 그러한 오류입증활동들(falsifications)이

에 몰두한 것은, 무엇보다도 그가 마르크스주의와 비엔나 프로이트주의를 증오했고 마르크스주의와 프로이트주의 양자 모두를 코트 밖으로 몰아내기 위한 과학적인 일반 방법론을 수립함으로써 사람들이 마르크스와 프로이트가 실제로 무엇을 말했는지 그 내용에 대해 주의를 기울일 필요가 없어지기를 원했기 때문이다. 바로 이것은, 그가 마르크스와 헤겔에 관한 그의 무지하고, 어리석으며 그리고 도저히 신뢰할 수 없는 저작들에서 내린 결론이기도 하다(예를 들어, 특히, *The Poverty of Historicism*[칼 포퍼, 『역사주의의 빈곤』, 청하, 1983]과 *The Open Society and its Enemies*[칼 포퍼, 『열린 사회와 그 적들 I·II』, 민음사, 1987]).

65) 포퍼의 입장은 1934년에 초판이 나온, 그의 『과학적 발견의 논리』(*The Logic of Scientific Discovery*)에서 처음으로 완전히 발전되었다.
66) 그 과정은 흄의 특별한 귀납적 분석과 함께 시작되었고, 금세기의 헴펠, 굿맨 그리고 다른 사람들에 의해 훨씬 더 진전되었다. 그러나, 이러한 사상가들 중 어느 누구도, 이것이 모든 귀납적 방법을 포기할 것을 요구한다는 결론을 내리는 문제에 있어서는 포퍼만큼 나아가지는 않았다.

의존하는 관찰들은 우리에게 단순히 주어지는 것이 아니다. (그리고 이 점에서 구조주의자들은 전적으로 옳다.) 우리는 그것들을 **획득한다**. 그리고 우리는 진공 속에서 그렇게 하는 것이 아니다. 우리는, 그것이 없이는 그 것들이 결코 우리에게 관찰로 간주될 수 없는 어떤 것들을 당연한 것으로 전제함으로써 그렇게 한다. 즉 관찰들은 도구들— 그것들이 비록 인간의 눈이나 귀 등과 같은 가장 기본적인 도구라 할지라도— 을 필요로 하는 것이다. 그리고 그것들이 우리에게 도구로 간주될 수 있기 위해서 우리는, 우리가 그것들을 사용할 수 있기 전에, 어떤 가정들을 진리로 전제하지 않으면 안된다. 우리는 광학(光學) 속에서 어떤 일반적 가정들을 받아들이기 때문에, 예를 들어 우리가 눈을 통해 얻게 되는 감각적 자극은 우리에게 외부 세계에의 접근을 제공하는 것으로 간주될 수 있다. 만약 이것들이 허위라면 우리는, 그것들이 외부 세계에 대한 관찰 결과라는 주장을 거부해야만 할 것이다. 만약 우리가— 그것이 무엇이든— 어떠한 가정의 진리를 전제하지 않고 시작해야만 한다면 그러면 우리는 과학과 관찰 모두를 동시에 포기해야만 할 것이다.

이 문제 및 이와 관련된 다른 문제들의 결론은67) 과학적 방법을 미결정 상태에 남겨 두는 것이다. 관찰들은 가정들의 오류를 입증하기 위해 필요하다. 그러나 이와 마찬가지로 어떤 것이 무엇보다도 실제로 하나의 관찰로 받아들여질 수 있기 전에 어떤 가정들이 또한 필요하다. 도대체 이 악순환의 고리는 어디에서 끊어질 수 있을까?

---

67) 포퍼에 대한 최종적이고 결정적인 논파(論破)는 캘리포니아의 아나키스트 과학철학자 페이어아벤트— 콜론드니가 편집한 『확실성의 경계를 넘어』(*Beyond the Edge of Certainty*)에 실린 그의 「경험주의의 문제점」과 『과학철학에 대한 피츠버그의 연구들』(*Pittsburgh Studies in the Philosophy of Science*) 제4권에 실린 「경험주의의 문제점·2」— 에 의해 주어졌다. 그러나 여전히 페이어아벤트는 몇 가지 점에서 포퍼의 관조적인 과학 모델을— 광범하게— 공유했고(이 문제에 있어서는, 아래에서 보는 바와 같이, 라카토스나 알뛰세 그리고 캘리니코스 자신 역시도 그렇다), 그 결과 그의 더욱 적극적인 제안들— 예를 들면 『방법에의 도전』(*Against Method*, London, 1975)[폴 페이어아벤트, 『방법에의 도전』, 한겨레, 1987]— 은 어려움을 겪었다.

포퍼의 이론을 세련화시킨 라카토스의 이론은 일견 이 문제들을 극복한 것처럼 보인다. 그에게 있어서 1) 감정(鑑定)되고 또 비교되어야 할 것은 개별 이론들이 아니라 일단의 이론들 혹은 '리서치 프로그램들'(research programm)을 개발하는 것이다. 2) 이러한 리서치 프로그램들은 '보조적 가정들'이라는 방어 띠를 갖고 있다. 그것들은 '불변의 핵심'을 둘러싸고 있으며 또 그 프로그램이 하나의 '논박'에 직면하였을 때 그 핵심을 보호하기 위하여 주기적으로 치환된다. 3) 리서치 프로그램들은, 자신들이, 그 방어 띠를 충분히 신속하게 치환하는 것이 어렵다는 것을 발견할 때에 거부되는 것이 아니라 하나의 대안적 리서치 프로그램들이 보다 우월한 방식으로 이 과제를 수행할 때에야 비로소 거부된다. 4) 리서치 프로그램들은, 그것들이 얼마나 쉽게 경험적 변칙들을 제거하는가에 따라 평가될 뿐만 아니라 또한 그것들이 새로운 사실들을 예측함에 있어서 얼마나 효율적인 것인가에 따라 평가되기도 한다. 5) 이 쌍둥이 과제들을 쉽게 그리고 풍부하게 수행하는 것들은 '진보적인 것'이라고 평가된다. 점점 더 어렵게 되어가고 있는 것들은 이와 같은 방식에 따라 '타락하고 있는 것'이라고 평가된다. 그리고 끝으로 6) 이러한 판단은 본질적으로 역사적인 것이기 때문에 일반적으로는, 과학에서 지금 벌어지고 있는 논쟁들보다도 오히려 과거의 논쟁들에 기초하여 그것을 판정하는 것만이 가능할 뿐이다.68)

이러한 설명은 물론 실제 과학과 그것의 역사 — 그것에 대해 라카토스는 포퍼보다도 훨씬 더 예리한 관찰자였다 — 에 훨씬 가깝지만 그것은 포퍼주의적 방법론의 본질적인 혼란들 중의 일부를 여전히 지니고 있다. 여기서는 특별히 이것들 중에 두 가지를 살펴볼 필요가 있는 것으로 보인다.

첫째로 이 방법론이 오류입증주의(falsificationism)의 논리적 문제를 어떻게 피할 것인가가 전혀 분명하지 않다. 오류입증주의는, 상식적인 귀납주의가 불가능할 때에만 필요하다. 그러므로 포퍼는, 그가 이른바 귀납의

---

68) 라카토스의 입장은 그의 『과학적 연구 계획의 방법론』(*The Methodology of Scientific Research Programmes*, Cambridge, 1978)에 제시되어 있다.

역설들을 자기 자신의 방법론의 출발점이라고 본 점에서 올바랐다.69) 그러나 최근의 토론들에서 귀납주의를 불가능하게 만드는 조건들이 다름 아니라 오류입증주의를 불가능하게 만드는 조건들이기도 하다는 것이 매우 분명히 입증되어 왔다.70) 이로부터 우리는, 오류입증주의가 불필요하든지 혹은 그것이 불가능하든지 하다는 결론을 내릴 수 있을 뿐이다. 이 둘 중에 어느 것도 포퍼나 라카토스에게 큰 도움이 되지는 못한다.

둘째로 라카토스가 과학의 발전과 그 변화 과정의 윤곽을 올바르게 그려냈다는 것을 인정한다 할지라도 이 과정이 '객관적 진리'라는 것에 의해 설명될 수 있을 뿐인가 어떤가 하는 것은 여전히 의문으로 남아 있다. 라카토스를 따라서 캘리니코스는, 과학적 리서치 프로그램들의 '진보성'이나 '타락'의 기준은 '그것들이 진리에 접근하는 정도를 확정하는 수단들로 받아들여져야만 한다'고 결론내린다. 그 이유는 '진리 개념이 없이는 방법론은 합리적인 것을 결여하기'71) 때문이다.

그러나 과연 그런가? 그렇다고 보지 않을 수 있는 충분한 이유들이 존재하는 것으로 보인다. 사실상 과학들의 역사는 그것과는 매우 다른 그림을 보여준다.

광학을 예로 들어보자. 18세기 초에, 빛이 입자의 흐름으로 구성되어 있다는 뉴튼의 이론은 그것이 입자가 아니라 파동으로 구성되어 있다는 대안적 이론의 도전을 받았다. 그것은 네덜란드의 물리학자 호이겐스에 의해 발전된 것이었다. 호이겐스 이론(혹은 리서치 프로그램)의 우월성은 곧 일반적으로 인정되게 되었다. 그것은 그 이론이 빛의 굴절 문제를 훨씬 더 잘 다룰 수 있는 데에 기인하였다. 그 이론은 경험적 변칙들을 제거했고 새로운 사실들을 매우 탁월한 방식으로 예견했다. 그러나 이것이 과연, 그 이론이 뉴튼의 이론보다도 더 훌륭하게 '진리에 접근한다'는 것

---

69) 이것은 그의 『과학적 발견의 논리』(The Logic of Scientific Discovery)에 내재되어 있고, 그의 『억측과 논박』(Conjectures and Refutations, London, 1963)에 실린 「과학과 형이상학간의 경계」에 더욱 명시적으로 제시되어 있다.
70) 특히 나의 'The Supposed Asymmetry between Falsification and Verification' in Dialectica vol. 32, no. 1, 1978을 보라.
71) Callinicos, 앞의 책, p. 184.

을 의미할까? 어떤 차원 —— 즉 만약 그 표현이 의미하는 바가, 그것이 새로운 사실들을 더 훌륭하게 예견하고 경험적 변칙들을 더 잘 제거한다는 것이라면 —— 에서 보면 분명히 그러하다. 그러나 그러한 경우에 더 훌륭하게 진리에 접근한다고 주장하는 것은 그것에 대해 더 이상 아무 것도 더 말해 주거나 덧붙여 주지 못하는 것으로 보인다. 만약 '진리에의 접근'이라는 말이 유의미할 수 있으려면, 그것은 그것보다는 좀더 실질적인 무엇인가를 지칭해야만 한다. 다시 말하면 현실 그 자체가 뉴튼 이론에 의해서라기보다도 호이겐스 이론에 의해서 더욱더 적합하게 서술될 수 있다고 말해야만 한다. 즉 "있는 그대로의" 현실이 입자적이라기보다는 오히려 파동적이라고 말해야만 한다. 그러나 그것은 더욱더 불만족스럽다. 물리학은 호이겐스 이후에도 발전을 멈추지 않았다. 그리고 금세기의 초엽에는 사정이 180도 바뀌어 빛에 대한 입자적 견해가 —— 양자 이론을 거치면서 —— 복권되었다. 그리고 그 견해는 그 이후로 계속해서 지금까지 발전해 왔다.72)

그러한 사례들 —— 그리고 그것들은 과학사에서 하나의 예외라기보다는 오히려 하나의 표준이었다 —— 은 과학적 지식에서의 결정적 진보를, "있는 그대로의" 자연에 대한 그 지식의 유사성 —— 점차로 긴밀해진 —— 과 동일시하는 것이 얼마나 잘못되었는가를 보여준다. 왜냐하면 그렇기 때문에 만약 빛에 대한 입자 개념으로부터 파동 개념으로의 이동이 하나의 진보라면 입자 개념으로의 재복귀는 진보로 고려될 수 없게 된다. 그러나 바로 이것이야말로 문제가 되고 있었던 바로 그것이다. 이와는 다른 주장을 펼치는 것은 매우 불합리한 결론들로 귀결될 것이다. 예를 들어 빛에 대한 광자(光子)이론과 양자 이론을 믿는 20세기의 과학자라면, 빛의 불연속적 다발이라는 뉴튼의 견해로부터 빛의 파동적 형식에 관한 호이겐스의 견해로의 이동은 실제로 하나의 과학적 **후퇴**였다고 결론지어야만

---

72) 최근의 미시물리학에서는, 양자장(量子場; quantum-field theory) 이론의 형태 속으로 입자 이론과 파동 이론을 재통합하는 경향이 어느 정도 존재해 왔다. 그러한 움직임은 물리학에서의 일반 장 이론(field theory)을 아인쉬타인의 일반 상대성 이론과 결합시키려는 연구를 동반했다.

할 것이다. 그러나 이 과학자는 사실이 그렇지 않음을 매우 잘 알 것이며 그 혹은 그녀가 이것을 어떻게 알고 있는가를 보여준다면 그것은 우리를 더욱더 긍정적인 방향으로 인도할 것이다.

사실상 파동 이론의 기초 위에서 비로소, 그것이 없었다면 불가능했을 일련의 과제들을 구성하거나 수행하는 것이 가능했다. 예를 들어 현미경과 망원경은 미리 계산될 수 있었던 힘들과 한정들(limitations)에 의해 만들어질 수 있었다. 달리 말해서 그것을 하나의 진보로 만든 것은, 그것이 하나의 도구로서 작용하여 이를 통해 자연에 대한 인간의 지배력이 —— 적어도 잠재적으로는 —— 증대되었다는 것이다.73) 그리고 이 증대된 힘은 하나의 절대적 진보였다. 그것은 자신을 낳은 이론의 궁극적인 운명과는 무관한 것이었다. 그것은 우리에게 하나의 영원한 유산을 남겨 주었다. 이 이론 역시 언젠가는 또 다른 (그리고 이와는 완전히 대립되는) 이론 —— 우리에게 더 많은 유산을 남겨 주게 될 —— 에 의해 대체될 수 있다는 것은 중요한 것이 아니다. 간단히 말해서 만약 과학적 진보가 증대된 인간 잠재력의 결과물에 의해 측정될 수 있다면 우리는, 과학들이 왜 늘 진보하고 있는가 —— 이전의 지식이 실제로는 결코 상실된 적이 없는 한 —— 하는 것에 관한 즉각적 통찰력을 획득할 수 있다. 그것은, "있는 그대로의" 자연이 지금 대체되고 있는 이론의 범주들보다도 오히려 지금 진보를 이루고 있는 이론의 범주들과 더욱더 유사하다는 —— 임의로 가정된 —— 사실과는 아무런 관계도 없다. 왜냐하면 우리는 —— 이미 살펴보았듯이 —— 이후에 또 다른 이론들 —— 그 이론들의 범주들은 본래 이론 자체의 범주들을 훨씬 더 밀접하게 닮아 있을 것이다 —— 을 채택함으로써 과학을 한걸음 더 진보시키도록 강제될지도 모르기 때문이다. 오직 과학

---

73) 오해를 피하기 위해서, 여기서 우리는 '인간적 힘'(human power)이라는 말을 넓은 의미로 사용하고 있다는 것을 지적해 두는 것이 좋을 것 같다. 그것은 한쪽 극단에서는, 현대 산업의 매우 눈부신 과학기술적 성과들을 포함하며, 또 다른 한쪽 극단에서는 —— 비록 실험실에 한정된다 할지라도 —— 어떤 새로운 실험의 결과들을 포함한다. 실험실에서 증대되는 인간적 힘들은, 그것이 시험관이라는 작은 영역에 한정되는 것이라고 해서, 자연에 대한 지배력으로서 다른 힘들보다 열등한 것이라 할 수 없다.

적 진보는 인간 잠재력의 증대와 관련이 있다는 견해를 받아들임으로써만 우리는, 캘리니코스가 발전시킨 입장 — 그것은 과학적 발전의 역사의 모든 시기들을 "후퇴"라고 비난하게 되는 입장이다 — 의 불합리한 내용들을 피할 수 있다.

이러한 오류는 관념론, 이론주의 등 여러 가지 이름들로 불리워진다. 그러나 궁극적으로 그것은 이론을 실천으로부터 완전히 분리시키려는 시도로부터 나온다. 과학들에서 그것은 과학을 편협하게도 현재 그것이 품고 있는 일군의 이론들과 동일시하는 것이다. 또 그것은 이로 인하여, 과학적 실천을 그것이 취한 일반적 형식 — 실험적 실천 — 에서뿐만 아니라 산업자본주의 시기에 그것이 취했던 보다 특수하고 극적인 기술적 형식에서도 경시하는 결과를 가져온다.

사실상 이론의 '자연과의 상응'이라는 토론 전체는 어쨌든 하나의 완전한 혼란이었다. 우리가 소유하는 것은 반영된 혹은 부분적으로 반영된 형식 속에 있는 자연이 아니라 그것의 이론적·실천적 구성요소들로 완전히 분리될 수 없는 되돌릴 수 없는 인간 생산물로서의 과학이었다. 우리는 이론의 적합성이나 부적합성을 실천 — 가장 넓은 의미에서의 — 에 의해 주어지는 맥락 밖에서는 결코 다룰 수 없다.74)

---

74) 이러한 관점은 프란시스 베이컨에 의해 표현(또는 어느 정도까지는 공유)되었다. "인간의 지식과 인간의 힘은 …… 관조 속에서는 원인이며 작동 속에서는 지배(rule)인 하나의 단일한 것 속에서 서로 만난다." 이것은, 왜 마르크스가 나중에 그를 기계적 유물론자들보다 훨씬 더 뛰어난 인물로 평가했는지를 설명해 준다. "영국 유물론과 현대의 모든 실험 과학의 진정한 정초자(定礎者)는 베이컨이다. …… 물질의 첫째 가는 그리고 가장 중요한 고유의 특질은 운동 — 기계적이고 수학적인 운동일 뿐만 아니라 심지어 충동, 생생한 삶의 정신, 긴장 등이기도 한 — 이다. …… 물질의 근본적인 형태들은 그것에 내재한 고유의, 생기발랄하고 개별화되어 있는 존재의 힘(forces of being)이다. …… 유물론의 최초의 창시자인 베이컨에게서 유물론은 전면적인 발전의 씨앗을 내포한 채, 잠재적이고 고요한 형식으로 존재하고 있다. 물질은 시적이고 감성적인 광채를 가지고 인간에게 미소짓는다. …… 이후의 발전과정에서 유물론은 일면적이 되었다. 홉스는 베이컨의 유물론을 체계화시킨 사람이었다. 그에게서 감성성(sensuousness)은 베이컨에게서 나타났던 그 풍부함을 잃고 기하학자의 추상화된 감성성이 되어 버렸다.

자연과학에서 보여지는 또 하나의 사례를 통해 우리는 이 점을 보다 잘 이해할 수 있다. 비행기 속에서 물체의 운동을 생각해 보라. 아리스토텔레스 물리학에 의하면 그것의 운동은 계속적으로 힘이 가해질 때에만 지속될 수 있을 것이다. 그러나 뉴튼에게서 사태는 달리 파악된다. 즉 그것의 운동은 그것에 가해지는 힘의 작용이 **없어야만** 계속될 수 있다. 이제 이론이 실재를 보다 정확하게 반영하는 것으로 보이는 그러한 관점에서 문제를 살펴보면 아리스토텔레스가 손쉽게 승리하는 것이 분명하다. 실제 세계에서 마찰 없는 운동은 존재하지 않는다. 혹은 그것을 다른 식으로 표현하면 실제 세계는 뉴튼적 물체들에 의해 차지되고 있는 것이 아니라 아리스토텔레스적 물체들에 의해 차지되고 있다. 어떤 물체로 하여금 실제 세계에서 그것의 운동을 지탱하게 하기 위해서는 우리는 그것에 지속적으로 힘을 가하지 않으면 안된다. 아리스토텔레스의 이론이 물리적 현실을 너무나 분명하게, 너무나 직접적으로 그리고 정확하게 반영하는 것으로 보임에도 불구하고 그런데 왜 뉴튼 이론이 환영되고 아리스토텔레스의 이론은 거부되었을까?

그 대답은 간단하다. 아리스토텔레스의 이론은 실재의 반영 이상이 아니었으며 그것은 실재를 다양한 방식으로 범주화하고 있었기 때문이다. 그의 이론은 우리가 실재 속으로 침투해 들어가거나 혹은 그것을 변형시킬 수단을 전혀 제공하지 않는다. 실험실에서도 그렇고 혹은 사회에서 기술로 구현되어 있을 때에도 그렇다. 이와는 반대로 뉴튼의 이론은 실재에 침투하고 그것을 변형시킬 수단을 제공하며 그것도 훌륭하게 제공한다. 우리는 아리스토텔레스의 이론을 이용하여 탄도학(彈道學)에서 부딪치는 실질적 문제를 풀 수 없지만 뉴튼 이론을 이용하면 그렇게 할 수 있다.

…… 유물론은 인간에게 적대적인 것으로 되었다."(*The Holy Family*, 앞의 책, pp. 172~173). 이와 동일한 견해는 포이에르바하에 관한 제1테제에서는 더 간결한 형태로 표현되어 있다. "지금까지의 모든 유물론(포이에르바하의 유물론도 포함하여)의 주요한 결함은 물질, 현실, 감각성을 오직 대상의 형식 속에서 또는 관조의 형식 속에서 이해했을 뿐, 그것을 인간의 감성적인 활동으로, 실천으로, 즉 주체적으로 이해하지 않았다는 것이다."

그 결과 과학자들은 과학의 목적들을 달성하기 위하여 이러한 선택에 뒤따르는, 물질적 대상들에 대한 보다 복잡한 관점을 제출할 준비를 갖추게 되는 것이다. 과학자들은 그 물질적 대상들을 처음에는 하나의 이상적인 마찰 없는 실체들로 보지만 또 이와 동시에 그것들의 운동이 우리 주위의 실제의 구체적인 세계 속에 있는 마찰 효과들에 의해 모든 환경들 하에서 수정되어지는 그러한 실체들로 본다.

과학의 일차적 과제는, 우주나 사회에서건 혹은 시험관에서건, 현실 속으로 침투하여 그것을 변형하는 것이다. 바로 이것이 과학을 하나의 도구로 보게 되는 본질적인 근거이다. 물론 과학적 이론들도 만약 그들이 그렇게 할 수만 있다면 현실을 반영하여야만 할 것이다. 그러나 이것만이 과학적 이론의 유일하고 일차적인 역할이라고 생각하는 것은 인과적 메커니즘에 대한 서술을 그것에 대한 탐구와 혼돈하는 것이다. 후자, 즉 인과적 메커니즘에 대한 탐구가 과학의 본질이며 전자, 즉 그것에 대한 서술은 때때로 그것에 종속된다. 간단히 말하여 '실재의 반영' 속에 과학의 주요 목표를 두는 것은 커다란 오류이다. 첫째로 그것은 ─ 18세기에 나타났던 빛의 파동 이론과 같은 ─ 과학에서의 몇몇 진보들이 실제로 후퇴였다는 결론으로 나아간다. 둘째로 만약 과거에 과학자들이, 이론들이 실재를 얼마나 정확하게 반영하는가에 대한 고려를 그것들이 그 실재 속으로 침투하여 그것을 얼마나 효과적으로 변형하고 있는가에 대한 고려에 종속시키려 하지 않았다면 우리는 오늘날도 여전히 아리스토텔레스의 장황할 정도로 정확한 ─ 그러나 전체적으로는 쓸모없는 ─ 반영들에 고착되어 있을 것이다. 과학은 인간의 사유와 언어에 의해 상대적으로 더 혹은 상대적으로 덜 오염되어질 수 있을 뿐인 그러한 어조로 우리에게 말을 건네고 있는 자연 그 자체가 아니다. 오히려 그것은 철저히 인간적인 생산물로서 그 속에서 우리들의 세계에 대한 이해는 세계에 대한 우리들 자신의 침투와 변형 활동으로부터 완전히 분리되어질 수가 없다.

그러나 사태가 그렇지 않다 할지라도 도구로서의 이론이라는 관점은 여전히 통용될 것이다. 왜냐하면 하나의 이론 혹은 이론들의 집합이 실재의 **총체**를 반영하지 못한다면 ─ 그것은 하나의 불가능한 과제이다 ─

우리는, 우리가 하나의 이론 속에서 반영하기 위해 선택한 실재 가운데에서 어떤 부분들, 어떤 측면들, 어떤 메커니즘들을 선택하지 않을 수 없을 것이다. 그리고 여기에서는 우리가 실재로부터 추출하고자 하는 것이 무엇인가 하는 것이 결정적이다. 왜냐하면 어떤 계급의 목표들이 다른 계급의 목표들에 정면으로 대립한다면 한 계급의 관심사들을 지배하는 현실의 제 측면들이 다른 계급의 관심사들을 지배하는 현실의 제 측면들과 같게 되는 경우란 매우 드물고 예외적일 것이기 때문이다.

그리고 이것은 즉각적으로 우리의 토론을 다시 마르크스주의의 문제로 되돌려 놓는다. 대립된 이해관계들을 가진 대립적 계급들이 반드시 이론과 실천 모두에서 동일한 이해관계를 공유하게 되는 것은 아닐 것이다. 예를 들면 지배계급의 잡지인 『이코노미스트』와 우리들의 잡지인 『소셜리스트 리뷰』는 둘 모두가 어떤 의미에서는 '과학적'이고 또 특정의 공동 기반을 공유하고 있긴 하지만 이 양자는 바로 그만큼 분명히 다르다. 현실세계는 엄청나게 복잡한 사물들의 가닥들이 다양하게 얽혀 있기 때문에 이 가닥들——그들의 정체가 올바르게 확정되어 있는 곳에서조차도——중에서 우리가 어느 것을 선택해야만 하는가 하는 문제가 늘상 제기되지 않을 수 없다. 그리고 이번에는 이러한 선택이 대립되는 실천들——어떤 목표를 지향하고 있는——에 의해 결정되어질 것이다.

이것은, 마르크스주의와 부르주아지의 사회과학들이 서로로부터 너무나 멀리 분리되어 있어서 전자를 후자의 주장들을 논박하기 위해 사용할 수 없다는 것을 의미하는 것은 아니다. 예를 들어 우리는, 노동자계급의 이해관계가 사회주의 혁명에 의해서만 비로소 해결될 수 있음을 보여줄 수 있으며 또 이 혁명이 실제로 일어나는 것이——부르주아지의 일 분파를 제외하고는——모든 다른 계층들에게도 이익이 된다는 것을 보여줄 수 있다. 마르크스주의를 계급과학으로 보는 것은 그러므로, 그것의 설득력을 감소시키거나, 그것의 주장들을 일반적으로 역사적인 의미를 갖는 것으로 축소시키거나 혹은 부르주아 과학 가운데서 이와 유사한——그러나 허위적인——주장들을 위축시킬 수 있는 그것의 힘을 제거하지도 않는다. 그것은 다만 계급들의 화해불가능성을 진지하게 고려하는 것일 뿐이다.
　이론과 실천의 통일성의 필요성을 강조하는 것은 공허한 슬로건이 아니다. 그것은 마르크스주의가 포퍼나 라카토스와 같은 부르주아적 과학방법론의 스콜라주의와 이론주의를 피하려면 본질적으로 갖추어야 할 요소이다. 과학이 하나의 완전히 허구적이고 사변적인 형식 속에서 나타나도록 강제하는 이같은 스콜라주의는 과학에서의 진보가 어떻게 가능한가에 대해 설명할 수 없다. 또 그것은 이와 유사하게 스콜라적이고―그리고 또 비정합적인―알뛰세 철학을 긴밀하게 반영한다. 그러므로 캘리니코스가 이 두 학파의 중심적 교의를 받아들인 것은 실제로는 불필요하며 우리가 격렬하게 반대해야만 할 엄청난 양보를 허용하지 않을 수 없다.

노동자계급의 자기해방을 위하여

　우리는 이 토론을 시작한 곳에서 이것을 결론지을 수 있다.
　우리들 혁명가들은 우리가 배울 수 있는 것이라면―우리를 선도하는 사람의 정치적 자격 여하와는 무관하게―그 모든 것에서 배워야만 한다. 이 과정에서 우리가 부끄러워 해야 할 것은 아무 것도 없다. 마르크스는 1860년대에 영국 정부의 공식 자료들을 사용했고 토니 클리프는 1960년대에 코벤트리 엔지니어링 고용주 연합의 청색 노트를 이용했다. 그러나 이럴 때에는 두 가지의 주의가 요청된다. 첫째로 우리는 밀로부터 겨를, 즉 이데올로기적 불순물을 가려내기 위해 주의를 기울여야 한다. 둘째로 우리는 무엇보다도 먼저 과연 거기에 어느 정도의 밀이 있는가를 확인하기 위해 주의를 기울여야 한다. 그리고 철학에서 문제는 그것이 구체적이지 않다는 데 있다. 우리가 수집할 수 있는 것들 가운데에는 어느 정도의 이데올로기적 형식 혹은 여타의 것에 의해 이미 조건지어져 있지 않은 것들은 거의 없다. 우리는, 간단히 그 '사실들'을 빼앗아 와서 우리 자신에게 이익이 되도록 사용할 수는 없다. 이런 점을 염두에 둘 때 우리는 다음과 같이 결론짓지 않을 수 없다. 그것은 우리가 최근의 프랑스 언어철학 또는 라카토스의 과학철학에서 얻을 것이 많지 않으며 알뛰세에게서 얻을 것은 전혀 없다는 것이다.

이보다 더 좋지 않은 것도 있다. 라카토스와 알뛰세의 철학의 권리를 인정함으로써 캘리니코스는 마르크스주의와 노동자계급의 자기해방의 철학을 공격할 빌미를 제공하고 있다. 그러나 이것은 일관된 논의에 기초하여 발전된 것이 아니다. 그것은 일관되지도 않고 또 모순투성이인 알뛰세의 철학에, 그리고 과학적 발전에 대한 설명이라는 스스로 설정한 문제를 풀 수조차 없는 라카토스의 철학에 기초하여 발전된 것이다.

이것이 위대한 사상가들을 경멸하는 것처럼 보일 수 있다. 하지만 그것은 바로 내가 의도하고 있는 것이다. 알뛰세를 읽는 것은 오직 다음과 같은 한에서만, 즉 그것이 독자들을 지루하게 하여 그 혹은 그녀가 그를 논박하게 하는 한에서만 유익할 수 있다. 이것은 결코 속물적 실리주의를 옹호하자는 것이 아니다. 나의 논의의 주된 요점은, 마르크스주의 철학의 진정한 역할은 노동자계급의 자기해방이 가능하고 필연적일 수 있는 조건과 상황을 설명하는 것으로 이해되어야 한다는 것이다. 그러나, 예컨대, 알뛰세주의의 작업틀 속에서 토론을 계속 진행시키게 되면 그것은 그러한 이해를 갖지 못하도록 만든다. 바로 이것이 캘리니코스가 처해 있는 상황이다. 그는 이 작업틀을 수용하였고 그 결과 노동자계급의 자기해방을 언급하는 데 실패했을 뿐만 아니라 무엇보다도 그것을 불가능하게 만드는 철학을 받아들였다.

적어도, 철학에서 마르크스주의를 위한 하나의 대안적 출발점이 있다. 그 출발점은 루카치의 『역사와 계급의식』 — 그것이 갖고 있는 여러 가지 결함에도 불구하고 — 에서 발견된다. 적어도 루카치는 철학에서 마르크스주의의 역할이 노동자계급의 집단적 자기해방이라는 사상을 개념화하고 방어하는 것이라는 것을 이해하고 있었다. 물론 그가 그것을 수행한 방식은 비판받을 여지가 있지만 말이다. 알뛰세의 썩은 시체를 발굴하는 것보다는 이것을 소생시키는 것이 훨씬 더 나을 것이다.

『역사와 행위』에 대하여*

존 리스

서문

인간은 역사를 만들어 가지만, 그들의 자유 의지에 의해서 그렇게 하는 것이 아니다. 그들은 자신이 선택한 상황 속에서 역사를 만드는 것이 아니며, 주어지고 물려받은 상황에 직접 부딪치면서 그것을 만들어 나간다.1)

마르크스의 이 유명한 선언은 많은 문제를 남겨 두고 있다. 어느 정도까지 인간은 그들 자신의 역사를 만들 수 있는가? 어느 정도로, 또 어떤 방법으로 상황은 그들의 행동의 자유에 영향을 미치는가?

이러한 것들은 결정론과 주의주의, 관념론과 유물론, 토대와 상부구조, 혁명적 행위의 한계와 가능성 등의 논점들을 다루는 마르크스주의 철학의 중심적인 문제들이다.

알렉스 캘리니코스는 이전에 세 권의 책을 통해 이 주제들에 대한 연

---

* John Rees, 'On *Making History*', *International Socialism* 2 : 38, 1988년 봄, pp. 83~104에 처음 수록.

* 나는, 나로 하여금 초보적인 실수를 가급적 하지 않을 수 있도록 도와준 크리스 하먼, 존 몰리뉴, 린지 저먼에게 감사드린다. 그리고 자신의 책을 서평할 수 있도록 격려해 준 알렉스 캘리니코스 — 그는 서평을 하겠다는 나의 결정에 대해 아무런 유감도 표시하지 않았다 — 에게도 감사드리고 싶다.

1) K. Marx, *The Eighteenth Brumaire of Louis Bonaparte*, in *Surveys from Exile*, Penguin : London, 1973, p. 146[마르크스, 『프랑스혁명 연구(Ⅲ) : 루이 보나빠르뜨의 브뤼메르 18일』, 태백, 1988].

구를 수행했었다.2)

『역사와 행위』에서 그는 '역사에서 사회구조와 인간 행위가 수행하는 각각의 역할'이라는 분석으로 되돌아간다.3)

이 문제는 마르크스주의자들에게보다는 오히려 부르주아 사회과학자들에게, 특히 마르크스주의와 사회과학의 통합적 요소들이나 혹은 마르크스주의에 대한 대대적인 반박에 더 밀접한 관심이 있는 사람들에게 부과되어 온 문제이다.

이 논문에서 나는 이 논쟁의 최근 역사를 추적하고자 한다. 그리고 캘리니코스의 작업을 이 논쟁사의 맥락에 위치지울 것이며 마지막으로『역사와 행위』가 가치 있는 것을 많이 포함하고 있음에도 불구하고 왜 몇가지 결정적인 문제를 충분히 해결하는 데 실패하였는지를 제시하고자 한다.

알뛰세주의의 등장과 몰락에 관하여

제2, 제3인터내셔널의 결정론과 숙명론에 관한 논쟁들도 분명히 이 쟁점들을 포함하고 있었다. 하지만 보다 최근의 논쟁 시기는 1950년대 말과 1960년대 초에 개시되었다.

정통 공산주의 운동은 두 가지 중대한 타격을 받았는데, 하나는 1956년 흐루시쵸프가 그의 유명한 비밀연설에서 스딸린을 공격했을 때이고, 또 하나는 모스크바의 탱크가 헝가리혁명을 박살냈을 때이다. 이후 스딸린주의적 일괴암성은 결코 완전히 회복될 수 없었다. 서구 공산당들은 그

---

2) *Althusser's Marxism*, Pluto, 1976[『알뛰세의 맑스주의』, 녹두, 1992] ; *Is There a Future for Marxism*, London, 1982[『마르크시즘의 미래는 있는가』, 열음사, 1987] ; *Marxism and Philosophy*, Oxford, 1983[『현대철학의 두 가지 전통과 마르크스주의』, 갈무리, 1995].
3) A. Callinicos, *Making History*, Polity Press, 1987, p. 1[캘리니코스, 『역사와 행위』, 교보문고, 1991].

들이 겪은 것 가운데 가장 극심한 분열을 지금까지 겪고 있다.

영국에서는, 많은 지도적인 인텔리들을 포함하여, 수천 명이 당을 떠났다. 톰슨과 존 사빌레는 전(前)공산당원과 다른 좌익 인텔리들을 위한 토론 포럼으로서 『뉴 리즈너』(New Reasoner) — 후에 『뉴 레프트 리뷰』(New Left Review)에 합병됨 — 를 만들었다.

CND[4]가 성장하기 시작하면서 소란은 더욱더 거세졌다. CND는 공산당에 대한 반란의 정치적 산실을 제공했으며 여기에서 신좌파가 탄생했다.

스딸린주의에 가해진 충격은 조직적인 것 이상이었다. 공산당의 실추된 마르크스주의도 공격받기 시작했다. 신좌파는 속류 결정론도 아니고 경제 환원론도 아닌 마르크스주의를 추구했다.

마르크스의 초기 저작과 루카치의 작업은 이 새로운 세대가 열광적으로 흡입한 것들 중의 일부였다. 이 새로운 세대는 이러한 '헤겔주의적 마르크스주의'에서 혁명적 행위와 계급의식을 강조한 이론을 발견했으며 노동자들이 단지 역사의 수동적 대상이 아니라 역사의 적극적 창조자임을 주장한 이론을 발견했다.[5]

스딸린주의가 부다페스트의 노동자들 사이에서 일고 있었던 그러한 '주체성'을 억압하기 위해 발버둥쳤던 데에서 간접적으로 엿볼 수 있듯이 주체성에 대한 그러한 사상은 바로 스딸린주의의 숨통을 겨눈 무기였던 것이다. 이전에 자신들의 동지였던 사람들 중의 일부가 CND의 지도자가 된 것을 목격했을 때, 영국 공산당조차 그러한 사상의 위험성을 깨달을 수 있었다.

물론 신좌파에 대항하여 공산당에 충실히 남아 있는 자들로부터 이루어진 반발도 있었다. 그 중심적인 지지자는 프랑스 공산당 소속으로 가장

---

4) 여기서 CND는 1960년대의 영국 대중운동의 한 흐름이었던 'Campaign for Nuclear Disarmament', 즉 '핵 무장해제를 위한 캠페인'을 말한다. 자세한 내용은 이안 버첼, 『서유럽 사회주의의 역사』, 갈무리, 1995를 참조하라. [역자주]
5) 이 과정에 대해서 크리스 하먼은 내가 여기서 묘사한 것보다 훨씬 더 잘 묘사하고 있다. 'Philosophy and Revolution', International Socialism 2 : 21.

존경받는 철학자 루이 알뛰세였다. 톰슨이 알뛰세의 첫번째 논문「존 루이스에 대한 답변」— 이 논문은 특별히 영국 독자들을 위해 제출되었다 — 을 영국의 신좌파에 대한 공격으로 인정한 것은 옳았다.

알뛰세의 계획은 신좌파를 파괴함으로써 스딸린주의를 구출하고 보존하려는 것이었다. 박사논문이라는 공공연한 보호막을 둘러쓰면서, 그는 그의 의도된 청중이 항상 프랑스 공산당 중앙위원회였다고 말했다.6)

그러나 스딸린주의를 옹호하기 위해서는, 결정론 또는 환원론이라는 비난에 더 이상 희생되지 않도록 주의하면서, 그것을 일신하는 것이 필수적이었다. 이렇게 하기 위하여 알뛰세는 언어학과 인류학의 개념 — 소쉬르와 레비스트로스 — 을 차용하였다.

그들의 구조주의적 개념을 사용하면서 알뛰세는 '헤겔주의적 마르크스주의'에 대한 일격을 가할 체계를 고안하였다. '하나의 환상, 즉 헤겔의 그림자는 오늘날 다른 어떤 것보다도 특히 중대하다'고 알뛰세는 주장하였다. 그가 택한 작업은 '이 환상을 다시 어둠 속으로 몰아 넣는 것'이었다.7)

알뛰세 체계의 장점은, 그것이 반(反)결정론적으로 비쳐지고, 또 그래서 정통 스딸린주의에 대한 많은 비판가들을 끌어당긴다는 점이었다. 그러나 나는 그것이 실제로는 마르크스주의 이론의 모든 중심적 교의로부터의 이탈이었다고 주장하고 싶다.

마르크스주의는 현실이 인간의 정신에 의해 인식될 수 있다고 생각한다. 알뛰세는 이것을 부정한다. '지식의 대상 자체는 …… 절대적으로 현실대상(real object)과는 구별된다. …… 지식의 대상인 원(circle)의 개념은 현실대상인 원과 혼동되지 말아야 한다'는 것이다.8)

역설적이게도 알뛰세가 가장 자주, 헤겔주의적 마르크스주의의 것으로

---

6) P. O'Donnell, 'The Contradictions of the PCF', in *Critique* 15, p. 22에서 인용.
7) L. Althusser, *For Marx*, NLB : London, 1977, p. 40[알뛰세, 『마르크스를 위하여』, 백의, 1990].
8) L. Althusser・E. Balibar, *Reading Capital*, NLB : London, 1970, p. 40[알뛰세・발리바르, 『자본론을 읽는다』, 두레, 1991].

돌린 약점은 관념론적인 경향이다. 그러나 이 인용에서 보듯이 알뛰세의 체계는 그 자체가 철저한 관념론이었다.

마르크스주의는 의식, 이데올로기, 종교 등을 그들의 물질적 토대—엥겔스의 유명한 일절에 표현된, '직접적인 생활의 생산과 재생산'—를 분석함으로써 설명하려고 한다.

알뛰세는 상부구조를 물질적 결정의 어떤 효과적인 형태로부터도 해방시키려고 노력했다. 그는 심지어 다음과 같이 주장하는 데로 나아가고 있다. "혁명은 사실상 현존하는 상부구조를 수정하는 것이 아니다. …… 이데올로기는 …… 그것들의 직접적인 생활 맥락을 넘어서까지 생존하며 존재 조건들을 일시적으로 개조하고, '은폐하고', 대체하기도 한다."9)

엥겔스는 경제가 '최종심에서' 결정한다고 주장했었다. 알뛰세는 '최종심의 외로운 시간은 결코 오지 않는다'라고 덧붙이면서 속류 유물론에 대한 엥겔스의 경고를 근거없는 관념론으로 변형시켜 버렸다.

사회를 불연속적인 차원들로 분할하는 이러한 견해는 결코 경제적 과정들에 의해서는 설명될 수 없는데, 그것은 '이론적 실천'이라는 개념에서 그 정점에 달한다. 여기에서는 이론과 실천의 어떠한 진정한 통일도 사라져 버린다. 왜냐하면 이론은 그 자신의 실천이기 때문이다.

문제는 여기서 끝나지 않는다. 현실에 대한 이론의 일치—마르크스가 말했듯이 실천, 즉 '실천적이고 비판적인 행위'를 통해 검증된—가 진리에 대한 기준으로서 거부되었기 때문에, 또 다른 것이 발견되어야 했다. 그러한 과학, 즉 이론적 실천이라는 해법이 진리에 대한 그 나름의 재결자(裁決者)였다.

이후 포스트구조주의자에 의해 지독히 극단적으로 해석된 개념들을 발전시키면서, 알뛰세는 진리를 평가하는 기준을 제공한 것이 바로 이론의 내적 일관성과 엄격함이었다고 주장했다.

그러한 개념들은 투쟁의 과정 속에서 세계에 대한 진리를 인식하게 되는 노동자들을 필연적으로 배제하였다.

---

9) *For Marx*, 앞의 책, p. 180[알뛰세, 『마르크스를 위하여』, 백의, 1991].

생산관계의 구조는 생산의 행위자들에 의해 점유되고 채택된 위치들과 기능들을 결정한다. 그들은 단지 이 위치의 점유자일 뿐이다. …… 진정한 '주체'는 …… '구체적 개인들' 혹은 '진정한 인간들'이 아니라, 이 위치들과 기능들의 정의(定義)와 분배이다.10)

이러한 정의에 의한다면, 노동자계급의 자기의식적 해방은 불가능하다. 구조가 사람이 무엇이 되어야 하고 또 무엇을 해야 할 것인가를 결정했듯이, 그것은 또한 그들이 무엇을 생각해야 하는가를 규정했다. 자본주의에 대한 마르크스의 설명을 보면, 노동자는 자신의 노동력을 양도하고 그 과정에서 생산수단뿐만 아니라 사회적 생산관계도 재생산한다. 이 두 가지는 단일한 과정의 양면이다.

그러나 알뛰세는 이 통일을 파괴했다. 그 결과 그는 다음과 같이 놀랄 만한 비난을 하는 것으로 나아갔다.

마르크스주의 이론은 국가, 이데올로기, 계급투쟁의 조직화에 관해서는 한마디도 언급하지 않았다.11)

분명히 이제 알뛰세는, 어떻게 사회적 관계가 재생산되는지를 설명하는 새로운 메커니즘을 발견해야만 한다. 이데올로기적 국가기구가 [그렇게 해서] 선택된 고안물이다.

이데올로기적 국가기구는 노동자들의 머리 속으로 '지배 이데올로기'를 쏟아 붓는다. 그것은 아무런 저항도 받지 않는다. 왜냐하면 노동자들의 머리는 단순한 경제투쟁을 통해서 또는 — 앞에서 우리가 살펴본 — 혁명을 통해서조차 사회주의 의식을 발전시킬 가능성이 주어지지 않는, 빈약하고 텅빈 그릇이기 때문이다. 그들은 고등 사범 학파(또는 추측컨대 공산당)로부터의 불타는 계시의 불꽃이 내려 주기를 기다리면서, 무기력하게 앉아 있을 수밖에 없는 운명이었다.

알뛰세의 이 이론체계는 공산당에게뿐만 아니라, 마르크스주의적 충성

---

10) *Reading Capital*, 앞의 책, p. 180[『자본론을 읽는다』, 두레, 1991].
11) *Il Manifesto*, 1978년 4월.

심이 그들의 편안하고 아카데믹한 생활에 강한 인상을 주었던 좌익 인텔리 세대에게도 분명 매력적이었다.

『뉴 레프트 리뷰』와 그들의 출판사, 그리고 다수의 별볼일없는 아카데믹한 저널들에 의해 수입된 이 이론은 1960년대 말에서 1970년대 중반에 걸쳐 좌익의 지적 정통이 되었다.

그러나 그 체계는 자신을 파괴할 씨앗을 자신의 내부에 이미 잉태하고 있었다. 알뛰세에게 포스트구조주의는 자신의 체계의 논리적 확장 이상의 어떤 것이 아니었다.

언어와 그 밖의 사회제도가 아무런 사회적 근거가 없다고 주장하는 것은 하나의 불합리한 교의이다. 의미는 단지 완전히 고립된 하나의 체계의 다른 부분들과 관련하여서만 결정될 수 있다. 그것이 지시하는 여타의 체계는 전혀 없다. 역사도 발전도 그것이 지시하는 어떤 또 다른 체계가 아니다. 단지 일련의 기호들이 있을 뿐이고, 그것의 각각의 의미는 기호체계 속에서 다른 기호와의 관련 속에서만 결정된다.

알뛰세주의는 좌파 인텔리의 모든 세대가 마르크스주의에서 부르주아 비합리주의로 이동하는 내리막길이었다. 로마를 침입한 야만인들처럼, 그들은 현실세계와의 최종적 관계를 잘라 내면서 그들이 나아간 바로 그 길을 파괴했다.

구조주의의 쇠퇴는 '분석적 마르크스주의' 학파가 들어오게 될 공백을 남겨 놓았다. 이 이론가들은 방법론적 개인주의 — 분석의 기본적인 단위가 개인인 자유시장 경제학과 철학적으로 동일한 — 의 다양한 형태에 전념한다.

캘리니코스는 분석적 마르크스주의의 지배적 견해를 다음과 같이 요약한다.

분석적 마르크스주의자들, 특히 그중에서도 존 엘스터와 존 로머는 …… 방법론적 개인주의의 교의를 선택하고 있다. 그것에 따르면 사회구조란 개인 행동의 의도하지 않은 결과이다. 이러한 움직임은 …… 신고전경제학에 의해 제공된 수단을 사용하여 마르크스주의를 재구성하려는 시도에 의해 수행되어 왔다.[12]

이들 저자들은, 개인이 의지나 독립된 사고력 혹은 행동력도 없는 단순한 존재이며 단순히 '구조의 담지자'로, 즉 하나의 단순한 암호로 전락한다고 보는 고정된 구조주의로부터는 물러서 있다.

모든 사회 이론이 구축되는 것은 개인의 능력, 요구와 필요로부터인 것이다. 이러한 사회분석에서 도덕적인 문제들이 중추적 역할을 한다는 것은 놀라운 일이 아니다.

엘스터가 '도덕적으로건 지적으로건 오늘날 전통적인 의미에서 마르크스주의자가 되는 것은 가능하지 않다'13)라고 믿었다고 해서 그것이 그렇게 놀랄 만한 일은 아니다.

『알뛰세의 마르크스주의』에서 『역사와 행위』로

이 시기의 상당 기간 동안 캘리니코스는 '내가 알뛰세와 일치하는 부분을 발견한 것에 대해 비밀'14)로 하지 않았다. 이러한 찬사는 '우리가 최근 마르크스주의 철학의 르네상스를 맞이하게 된 것은 다른 어떤 개인이나 집단보다도 특히 루이 알뛰세에게 빚지고 있다'15)는 인식으로부터 유래했다.

알뛰세와 고전적인 마르크스주의 전통을 통합하려는 캘리니코스의 시도는 그것이 첫눈에 보여질지도 모르는 것에 비해 그리 놀라운 것이 아니다.

결국, 1956년의 신좌파에게 효과적인 대응을 하기 위해 알뛰세의 체계는 그들과는 정반대의 환원주의[마르크스로의 복귀 슬로건을 의미하는 것으로 보인다 - 역자]를 시도하지 않으면 안되었다. 그러므로 그의 체계가

---

12) *Making History*, 앞의 책, p. 4[『역사와 행위』, 교보문고, 1991].
13) 같은 책.
14) *International Socialism* 2 : 35, p. 142.
15) *Marxism and Philosophy*, 앞의 책, 서문[『현대철학의 두 가지 전통과 마르크스주의』, 갈무리, 1995, p. 12 참조].

갖는 호소력은 충분히 현실적인 것이었다.

그리고 캘리니코스는 결코 무비판적인 알뛰세 추종자가 아니었다. 그러나 그의 비판은 청년 헤겔주의자가 그의 늙은 스승[헤겔]을 비판하는 것과 같은 형태를 취했다. 그들은, 헤겔의 전체 체계가 해체되고, 변형되고 지양(止揚)되어야 함을 깨닫지 못하고, 그의 체계의 나머지 부분으로부터 단순히 반동적인 그의 정치적 결론들을 분리시키려고 시도했었다.

이러한 접근법을 채택함으로써, 캘리니코스는 자신의 관점 속에 알뛰세의 가설들 가운데 상당 부분을 끌어들였다.

이러한 작업의 어려움은 알뛰세 체계의 전체적인 구상이 스딸린주의를 변호하는 것으로서의 그 기능에 종속되어 있었다는 데에 있었다. 그 체계가 갖고 있는 관념론은 노동자계급의 자기의식적 활동을 체계적으로 배제하는 것이었다.

알뛰세 추종자들의 이후의 진화과정을 살펴보면 이러한 사실을 분명하게 알 수 있다. 많은 포스트구조주의자들의 지독한 반휴머니즘은 왜 『역사와 행위』가 인간 행위자(human agency)에 대한 설명을 발전시키는 데 그렇게도 큰 관심을 가져왔는지를 설명해 주는 이유들 중의 하나이다. 그 책의 제목은 노동자들이 그들이 맞닥뜨린 구조들에 의해 지배되지 않는다는 것을 보여주기 위한 희망을 나타낸다.

이러한 강조점의 변화를 나는 환영한다. 캘리니코스는 여기서 더 나아가 또 다른 변화를 지적한다.

> 최근의 논쟁들뿐만 아니라 내가 역사를 해석하면서 얻은 기쁨과 교훈들도 나에게, 마르크스주의 이론은 역사적 연구와의 매우 밀접한 대화 속에서만 발전할 수 있다는 사실을 확신시켰다.16)

크리스토퍼 힐과 에릭 홉스봄에 관한, 혹은 고대 사회에서의 인종주의에 관한 캘리니코스의 최근 논문들을 읽어본 사람이라면 그에게 이러한 관심이 오래 전부터 이미 매우 풍부했었음을 알 수 있을 것이다.17)

---

16) *Making History*, 앞의 책, p. 7[『역사와 행위』, 교보문고, 1991].

『역사와 행위』는 현대의 철학적인 논쟁들에 대한 실제적인 지식이 부족하다면 읽기에 그리 쉬운 책은 아니다. 그럼에도 불구하고 캘리니코스의 초기 저작들의 복잡성에 기가 질린 사람들은, 역사에 관심을 갖는 이 책이 각별한 가치를 함유한 구절들을 표현하고 있다는 사실에 만족해 할 것이다.

캘리니코스가 민족국가의 등장, 혹은 봉건주의에서 자본주의로의 이행에 대한 논쟁, 혹은 현대 자본주의에서의 군비 경쟁에 대하여 쓸 때, 그는 부분적으로는 어떠한 사회주의자라도 도움을 받을 만한 수정같이 명징한 통찰력들을 보여준다.

이러한 구절들 속에서 그는 또한 마르크스주의와 부르주아 사회과학간의 상호작용에 대한 모델도 제공해 준다. 한 예를 들어보면, 후기 자본주의에서의 신중간계급의 출현과 같은 것이 그것이다. 캘리니코스는 원래 이 개념을 에릭 올린 라이트의 저작에서 취했다.

> 그[에릭 올린 라이트 - 역자]는 전문직, 관리직, 경영직 피고용인 등 때때로 '서비스 계급'이라고 불리는 계급을 마르크스주의 계급 이론에 통합시키려고 시도했다.18)

캘리니코스가 이미 다른 곳에서 명확하게 밝힌 바 있기 때문에, 그가 행한 분석을 여기서 다시 반복할 필요는 없을 것이다.19)

여기서의 초점은 그가 어떻게 라이트의 통찰을 그의 후기의 이론적 수정과 분리시키고, 마르크스주의 전통과 비교하고 또 통합시키면서 진지하게 다루느냐에 주목하는 것이다.

이것이야말로 올바른 태도이다. 지금까지 아무도 부르주아 사회과학이 이론적 통찰에 무능하다고 가정한 적이 없다.

사회과학자들이 놓인 일반적인 계급위치, 혁명적 계급이기를 멈추어 버림으로 인해 생긴 부르주아적 사회 이론의 쇠퇴, 사회과학자들이 소속

---

17) *Socialist Worker Review*, nos. 69, 104, 그리고 *International Socialism* 2 : 37.
18) *Making History*, 앞의 책, p. 189[『역사와 행위』, 교보문고, 1991].
19) 같은 책.

되어 연구활동을 벌이는 학과나 학회들의 성격 등으로 인하여 어떤 특정한 학파나 경향이 역사적 유물론과 진지한 경쟁을 유지하는 것은 점점 더 불가능한 것처럼 보인다.

그러므로 일정한 회의론은 오히려 정상적인 것이다.

분석적 마르크스주의자에 대해서 캘리니코스는 그들의 약점들과 주장들을 무자비하게 폭로한다. 나는, 이 학파의 입장이 무엇이고 또 그들에게 어떠한 문제점이 있는지를 이해하고 싶어하는 사람들에게 캘리니코스의 책이 본질적인 독해를 제공해 주지 않을까 생각한다.

그러나 그들의 일반적 체계에 대한 그의 적대에도 불구하고 캘리니코스는 또한 그들 이론의 가장 중요한 요소 —— 개인이 분석의 기본 단위라는 생각 —— 와 고전적 마르크스주의 전통을 결합하려고 시도한다.

그것이 역사의 주체에 대한 캘리니코스의 새로운 연구의 일부라는 사실을 깨닫기 전에는 그것은 우리에게 이상하게 보일지 모른다.

1976년『알뛰세의 마르크스주의』의 출판에서 10여 년 후의『역사와 행위』의 출현에 이르기까지 노동자계급을 역사의 주체로 파악하는 '헤겔주의적 마르크스주의자'에 대한 캘리니코스의 적대는 계속하여 불타올랐[었기 때문이]다.

알뛰세주의 전통이 불만족스럽다는 것을 발견한 이후, 캘리니코스는 새로운 종합(synthesis)을 시도하고 있다.

그것은 잘 되어 가고 있는가? 이 책의 중심적 부분을 이루는 이데올로기와 권력의 문제를 살펴보자.

이데올로기에 관하여

캘리니코스가 지적하고 있듯이[20] 아마도 부르주아 이데올로기에 대한 가장 유명한 설명은『독일 이데올로기』에서 마르크스가 한 것일 것이다.

---

20) 같은 책.

모든 시대에서 지배계급의 사상은 지배적 사상이다. 즉 그 사회의 지배적인 물질적 세력을 가진 계급이 동시에 그 사회의 지배적인 지적인 세력인 것이다. 결과적으로 물질적 생산수단을 마음대로 좌우할 수 있는 계급이 또한 정신적 생산수단도 통제하며, 따라서 정신적 생산수단을 갖고 있지 못한 사람의 사상은 대체로 그것에 종속되는 것이다.

오늘날 이것은 이데올로기에 대한 설명의 가장 중요한 부분이다. 정부, 공무원, 언론, 법정이 중립적이고 또는 '정치 위에' 있다고 주장하는 사람들에 맞서, 이것은 지배계급이 경제적 우위뿐만 아니라 특권적인 이데올로기적 입장을 지배한다고 주장한다.

캘리니코스가 주장하듯이, 이것은 '암흑 속에 대중을 감금하는 지배계급의 …… 음모'를 의미할 수밖에 없는 그러한 이론은 아니다.21) 그럼에도 불구하고 캘리니코스가 이것 자체만으로는 이데올로기가 어떻게 작동하는가에 대해 만족할 만한 설명을 주지는 못한다고 이야기한 것은 옳다.

사실상 적어도 사회주의자에게는 매체, 대학, 학교, 법정 등이 자본주의 체제의 가치를 지지하는 사상을 퍼뜨린다는 주장은 그다지 놀라운 것이 아니다.

더욱 어려운 문제는 다음과 같은 것, 즉 도대체 왜 노동자들이 이러한 사상을 받아들이는 것인가 하는 데 있다.

마르크스는 이 질문에 답하기 위해 소외와 상품 물신성론을 발전시켰다. 마르크스는 자본주의 시장이, 자신의 핵심에 놓여 있는 착취를 은폐하는 방식으로 작동한다고 주장했다. 시장은 홀로 고립된 개인들에게 노동력을 포함한 그들의 생산물을 사고 파는 동등한 기회를 제공하는 만남의 장소로 나타난다.

이것은 이데올로기적 반향을 갖는다. 가장 흔하게 들을 수 있는 그 체제에 대한 정당화 중 일부는 다음과 같은 환상을 반복한다. '모든 사람은 법 앞에서 평등하다', '모든 소년은 대통령이 될 수 있다', '만약 당신이 인내와 결단력을 갖는다면, 당신은 정상에 오를 수 있다' 등등. 이 모든

---

21) 같은 책.

주장은 사회에 객관적인 계급적 제한이 없는 것으로 가정한다. 제한이 있다면 그것들은 단지 관련된 개인들의 제한일 뿐이다.

이러한 환상은 시장이 어떠한 통제, 심지어 자본가계급에 의한 통제에 대해서도 독립하여 작동한다는 사실에 의해 심화된다. 그것의 활동은 자연법칙과 같은 힘을 가지고 있는 것처럼 나타나고 그것의 변덕은 마치 날씨처럼 인간의 개입에는 영향을 받지 않는 것처럼 보인다.

시장은 생산수단, 생산과정과 그들의 생산으로부터 노동자를 분리시키는 것에 기초하기 때문에 이러한 효과를 가질 수 있을 뿐이다. [노동자의] 이러한 통제권의 상실 또는 소외가 노동자들로 하여금 그들의 상황을 합리화하고, 사회적 무기력과 그들이 겪는 강화된 수동성을 해명하고 정당화하며 또는 변명하는 사상들을 받아들이도록 부추긴다.

캘리니코스는 일단 소외를 언급하기는 하는데, 앞으로 보게 되겠지만, 그는 그것을 마르크스보다는 오히려 사회학자 마이클 맨에 의해 사용된 개념으로 소개한다. 상품 물신성론은 두 가지 이유로 거부된다.

첫째, 캘리니코스는 다음과 같이 주장한다.

> 이 이론의 곤란은 바로 그것[이론]의 강점에 있다. 상품 물신성이 존재한다면 도대체 어떻게 노동자들은 해방될 수 있는가?[22]

캘리니코스는 —— 만약 우리가 상품 물신성을 받아들인다면 —— 우리는, 노동자들이 이데올로기의 절망적인 포로가 된 오웰적 세계[오웰이 그의 작품 『1984』에서 형상화하고 있는 것과 같은 세계 - 역자]에 들어가고 있는 것이라고 주장하는 것으로 보인다.

캘리니코스의 두 번째 반대는 다음과 같다.

> 그 이론은 …… 오류를 포함하고 있다. 자본주의적 관계들 자체는 이데올로기적 신념들의 수용을 유발시키기 때문에 그것들의 현상은 오직 하나의 해석 —— 즉, 그것들은 사회적 관계라기보다는 오히려 사물들 사이의 관계이다 —— 만을 허용

---

22) 같은 책.

한다. 그러나 사실은 그렇지 않다. 모든 이론들은 그것들을 뒷받침하는 증거에 따라 과소결정된다(underdetermined). …… 동일한 현상들에 대해서도 그것을 해석하는 무한히 다양한 방식이 있을 수 있다.23)

이것은 중요한 주장이기는 하다. 하지만 새로운 것은 아니다. 캘리니코스는 이전에 『현대철학의 두 가지 전통과 마르크스주의』에서 상품 물신성론이 다음과 같은 것을 제시한다고 기술했다.

'자본주의는 자기 자신을 무한히 재생산할 수 있다.' 그리고 '그것은 또한 이데올로기의 형성에 대한 경험적 탐구를 배제하게 된다.'24)

마지막으로 그는 '상품 물신성론을 삭제한다고 해서 『자본론』이 어떤 커다란 손상을 입는 것은 아니다'25)라고 언급했다. 이것 때문에 혹시라도 많은 사람들이 마르크스 저작의 가장 훌륭한 구절이라고 이야기되는 것들 중의 일부가 손상당하지나 않을까 걱정했던 독자들은 아마도 '그 이론의 합리적 핵심이 …… 구조될 수 있다'26)는 소식에 안심할 것이다.

그러나 상품 물신성론의 포기는 캘리니코스에게 한 가지 문제를 남겨준다. 이제 그는, 노동자들이 그 체제를 가동하는 사람들에 의해 유포되고 지지되는 사상을 왜 받아들이게 되는지를 설명할 수 있는 이데올로기 이론을 구출하기 위한 방법을 제시해야만 하는 것이다.

그가 제시하는 답변은 놀라운 것이다. 캘리니코스는 노동자들이 그 체제를 지지하지 않는다고 주장한다. 우선 그는 존 엘스터를 인용한다.

주체들(subjects)의 가치와 믿음이 지배적 집단의 통치를 지지하는 경향이 있다는 것은 엄중한 역사적 사실이다.

---

23) 같은 책.
24) *Marxism and Philosohpy*, pp. 131~132[『현대철학의 두 가지 전통과 마르크스』, 갈무리, 1995, p. 204 참조].
25) 같은 책, p. 132.
26) 같은 책, p. 132.

그리고 나서 그는 다음과 같이 답변한다.

그것이 사실인가? 이매뉴얼 월러스틴은 그렇지 않다고 생각한다.
'착취당하고 억압받고 그들의 정부에 의해 부당하게 취급받는 다수 대중들로부터 과연 역사상의 많은 정부들이 정당한 것으로 간주되었는지는 의심스러운 노릇이다.'27)

나는 여기에서 다만, 특정한 정부에 대한 지지와 자본주의 체제에 대한 지지가 혼동되고 있음을 지적해 두고자 한다.
캘리니코스는 계속해서 사회학자 애버크롬비, 힐 그리고 터너의 생각을 호의적으로 요약하면서 끝맺고 있다.

…… 피지배계급 속으로의 이데올로기의 침투는 일반적으로 사소한 것이었다.
…… 지배 이데올로기의 주된 역할은 지배계급의 결합과 재생산을 안전하게 보장하는 것이지, 현존 사회질서 내부로 대중을 통합시키는 것이 아니었다.28)

캘리니코스는 이 점을 확증하기 위해 전자본주의 사회와 자본주의 사회 양자로부터 예를 들고 있다.
그는 위와 같은 것이 16~17세기 영국에서는 어떠했는지를 논한 케이스 토마스의 『종교, 그리고 주술의 쇠퇴』(Religion and the Decline of Magic)로부터 한 구절을 인용하고 있다.

'영국인에 대한 정통 종교의 지배는 결코 완성된 적이 없다.' 이것은 매우 확실한 주장이다. 그리고 '당시 특정 지역의 주민들이 도대체 종교를 갖고 있었는지 어떠했는지가 하나의 논쟁거리이다'는 주장도 매우 확실한 주장이다.29)

---

27) 같은 책, p. 141.
28) 같은 책, p. 141.
29) 같은 책, p. 142.

이것은 다음과 같은 결론으로 이끈다.

> 체제 통합은 지배계급의 군사적 힘에 의존하였다. 공유된 전통과 믿음의 존재를 포함하는 사회적 통합과정은 첨예하게 분리되었으며 …… 그리고 [그것은] 지배계급에 의해 대체로 무시되었다.30)

자본주의는 다르다. 그것은 '주로 노동자들에 대한 경제적 압력'에 의존하고 따라서 '생산과정의 내부와 외부 모두에서 피지배계급에 대한 체계적인 감독'31)을 점점 더 크게 요구한다.

그러나 이것은 캘리니코스가 자본주의 사회 내의 노동자들이 이전의 피착취계급보다도 지배 이데올로기를 더 잘 받아들인다고 믿는다는 것을 의미하지는 않는다.

캘리니코스는 노동자계급이 '사회에 긍정적이고 규범적인 참여'를 거의 하지 않았다는 마이클 맨의 논의를 인용한다. 월러스틴이 인용하듯이, 그들은 단순히 '그들의 운명을 포기할 수도 있고 혹은 부루퉁하게 반항적일 수도'32) 있다는 것이다. 또는 미국 화학 회사(ChemCo)의 노동력에 대한 연구가 말해 주듯이, '자본가 헤게모니의 참된 승리는 …… 노동자들이 그 가치를 확신하지도 부정하지도 않는다는 데 있다.'33)

캘리니코스에 따르면, 노동자들이 자신들이 그다지 가치있다고 신뢰하지도 않는 이 사회를 즉각적으로 내던져 버리지 않는 데에는 다른 이유가 있다.

> 자본주의에 대한 대안적 사회의 어떤 개념을 결여한 채, 노동자들은 협소하게 경제투쟁에만 집중한다. …… 따라서 그들은 혁명적 계급의식의 본질적 구성요소, 즉 집단행동이 어떻게 사회를 변혁시킬 수 있는가라는 관점을 결여하고 있다.34)

---

30) 같은 책, p. 144.
31) 같은 곳.
32) 같은 책, p. 141.
33) 같은 책, p. 146.
34) 같은 책, pp. 146~147.

아주 간단히 말하면 여기에는 노동자들이 혁명적 의식을 획득하지 못하는 것의 배후에 무엇이 놓여 있는가에 대한 하나의 암시가 있다. 캘리니코스는 마이클 맨을 인용한다.

> 경제적 보상의 대가(對價)로서 자신의 생산력을 넘겨 줄(alienate) 것을 강요받기 때문에, 노동자들은 통제와 화폐, 노동과 비노동이 분리되어 인식되는 하나의 이중적 의식을 발전시킨다.35)

이것이 화학 회사 노동자들에게 '자본주의는 바꿀 수 없는 질서의 한 부분일 뿐이다'라는 느낌을 갖도록 만들었다. 그러나 만약 상품 물신성이 아니라면, 무엇이 그러한 효과를 낳는가?

소외와 상품 물신성에 관해

『역사와 행위』에서 이루어진 이데올로기에 관한 설명은 몇 가지 중요한 장점을 지니고 있다. 첫째로, 그것은 임금을 둘러싼 단순한 경제투쟁이 부르주아 이데올로기의 경계 내에 있음을 강조한다. 캘리니코스는 그 효과에 대해 '계급의식의 고조(高潮)는 경제주의에 의해 계속적으로 단절되며, 그것 때문에 자본주의는 살아남는다'36)는 마이클 맨의 말을 인용하고 있다.

반대로 그는 결정적인 것으로서 혁명적 의식을 강조한다. 그러나 노동조합주의에 대한 타격을 가함에 있어, 캘리니코스는 경제투쟁과 정치투쟁 사이에 절대적 장벽을 쌓으면서 너무 많은 것을 버리고 말았다.

둘째로, 캘리니코스는 노동자들이 구조의 수인(囚人)이라서 지배 이데올로기에서 벗어날 수 없다는 알뛰세주의의 생각을 거부하는 가운데—예를 들어— 대처주의가 모든 것을 포용하는 대중적 권위주의라고 주장

---

35) 같은 책, p. 146.
36) 같은 책, p. 146.

하는『맑시즘 투데이』이론가들의 주장을 치유할 수 있는 고마운 해독제를 제공한다.
 게다가 노동자들이 대안을 찾지 못하기 때문에 마지못해 그 체제를 수용한다는 생각은 중요하다. 그러나 이러한 통찰력은, 만약 그것이 소외에 대한 간단한 암시 이상의 것에 기초하지 않는다면, 여전히 설명되지 않은 채로 남게 되는 것이다. 따라서 캘리니코스가 상품 물신성이라는 긴밀히 연관된 개념을 거부하는 것은 잘못이다.
 그는 또한 노동자들이 부르주아지의 생각을 긍정적으로 받아들이는 정도를 과소평가하는 것 같다.
 노동자들이, 특히 직장에서 그리고 특히 직접적 노동과정에 관련된 문제에 관해서, 지배자들의 생각에 대한 건강한 회의론을 발전시키고 있다는 것은 때로 진실이다. 그러나 노동자계급의 거대층이, 특히 사회에 관한 그들의 일반적 생각에서, 체제를 직접적으로 지지하는 개념들에 의존한다는 것도 동일하게 진실이다.
 캘리니코스는 자신의 주장을 입증하기 위해 몇몇 작업장의 조사를 이용한다. 이러한 발견들은 중요하다. 왜냐하면 그것들은, 부르주아 사상이 일반적으로 생산과정과 노동조합에 의해 노동자들이 집단적으로 조직되는 바로 그 지점에서 파괴된다는 것을 보여주기 때문이다. 그러나 이같은 발견들이 있었다고 해서 이로부터 이데올로기에 대한 총체적 이론이 만들어질 수 있는 것은 아니다.
 자신들이 소외당하기 때문에 노동자들이 어쩔 수 없이 부르주아 사상을 받아들이고 또한 그것을 그들의 것으로 만들려고 노력한다는 사실을 보여주는 사회적 태도들에 대한 많은 조사들도 있다. 그들은 더욱 완벽히 규범에 따름으로써 공적(公的) 사회로부터의 배제를 극복하려고 애쓴다.
 몇몇 주요한 사례들 ― 동성연애자에 대한 폭력행위자, 인종주의자, 노조파괴자 ― 에서, 그들이 다른 사람들을 억압하는 수단을 만듦으로써 이 소외를 적극적으로 영속화시키는 한에서 그들은 이러한 과정을 밟아 나가고 있는 것이다. 이 잡지[『인터내셔널 소셜리즘』을 말한다 - 역자]는 그들이 이로부터 아무런 이익도 얻지 못한다고 단호하게 주장해 왔다. 그럼에도 불구하고 그런 일은 일어나고 있다.

영국의 공공기관에 대한 성인들의 신뢰도에 대한 최근 연구37)에서 나타난 다음의 백분율은 아래의 기관들이 잘 가동된다는 것을 나타낸다.

기관	은행	경찰	언론	BBC	감옥
%	85	72	49	49	46

단지 27퍼센트만이 노조가 잘 가동된다고 생각한 반면, 40퍼센트는 공장이 잘 가동된다고 생각했다. 전체의 86퍼센트가 영국이 군주제를 실행하는 것이 매우 중요하다고 생각했다. 만약 우리가 이 수치에서 중상위 계급을 제외하고 주로 노동자를 대상으로 삼는다면 백분율이 상대적으로 더 낮아질 것이라는 것은 사실이다.

또한 대처주의가 노동자계급에 대해 철권 통치를 한다고 생각하는 사람들이 만약 상당 비율의 노동자들이 제조업 공장, 심지어 경찰까지도 거의 신뢰하지 않는다는 것을 알게 되면 놀라움을 금치 못할 것이라는 것도 사실이다.

그러나 여러 가지 제한에도 불구하고 어쩔 수 없는 사실, 즉 부르주아 사상이 실로 많은 노동자들에게 절대적인 영향력을 행사한다는 사실은 여전히 남아 있다. 그것은 정적이지 않고, 변화무쌍하며, 불변의 것도 아니다. 그것은 설명이 반드시 필요하다.

지배계급이 체제에 대한 일반적 지지뿐만 아니라 핵심 쟁점에 대한 지지까지 동원할 수 있는 능력을 갖고 있음을 고려하면 문제는 더욱 첨예해진다.

민중들이 호전적 노래를 부르면서 제1차 세계대전의 참호 속에서 죽음의 행진을 했던 것은 그들이 단순히 자신의 운명에 대해 체념했기 때문만은 아닐 것이다.

부르주아 이데올로기의 한 형태인 개량주의에 대한 노동자들의 긍정적 지지는 캘리니코스의 체계를 통해서는 설명되기가 어렵다.

---

37) *New Society*, 1988년 1월 8일.

그러나 비록 이 주장들 중 어느 것도 사실이 아니라고 가정해 본다 하더라도, 또 캘리니코스가 노동자들이 부르주아 이데올로기를 거부하는 정도를 과장하여 말하지 않았다 하더라도, '변하지 않는 사물의 질서' 앞에서 그들이 취하는 굴종적 자세는 단지 그들이 '혁명적 계급의식'을 결여했다는 것을 말해 주는 근거로 설명될 수는 없다.

단지 결여되어 있는 것이 그것뿐이라면, 우리는 수년 전에 혁명을 수행했을 것이다. 아니, 위기와 투쟁의 시기에 노동자들로 하여금 혁명적 사상에 귀기울이게 하는 노동자들의 직접적인 경험을 말해 주는 무엇인가가 있듯이, 사회적 평화 또는 투쟁의 소강기에 그들로 하여금 부르주아 사상을 받아들이게 하거나 최소한 그것에 복종하게 하는 노동자들의 직접적인 경험을 말해 주는 무엇인가가 있다.

이것이 무엇인가를 알아내기 위해, 우리는 소외와 상품 물신성의 사상으로 돌아갈 필요가 있다.

상품 물신성에 대한 캘리니코스의 반대로 돌아가 보자. 캘리니코스는 상품 물신성론이 이데올로기에 대한 설명으로서 일부의 역할을 수행할 수 있다는 주장에 반대했다. 왜냐하면 그것은 자본주의적 관계가 **자동적**으로 노동자들의 머리 속에 부르주아 사상을 생산하며, 이는 노동자들이 그러한 사상을 극복할 가능성이 전혀 없다는 것을 의미하기 때문이었다.

만약 자본주의가 모순 없는 방식으로 작동한다면, 이것은 참으로 강력한 반대가 될 것이다. 만약 세월이 지난 뒤 마가렛 대처의 꿈처럼 시장이 순조롭게 작동한다면, 시장의 외관과 그것의 실질적 작동은 서로 일치할 것이다. 그렇게 되면 시장의 '정상적' 작동에 의해 생산되는 경향이 있는 평등과 자유의 상(像)을 침식할 어떠한 힘도 없을 것이다.

그러나 주지하듯이 이것은 사실이 아니다. 시장은 착취에 의존하며 또 이것은 주기적인 경제위기를 초래한다. 몇 달 동안, 혹은 심지어 몇 년 동안 보수당의 민주주의에서 재산 소유, 주식 보유는 어느 정도 토대를 갖고 있는 것처럼 보일 수 있다. 심지어는 개인적으로 보았을 때 그것이 아무 것도 의미하지 않는 노동자들에게조차, 그것은 여타의 모든 사람들에게 영향을 미치고 있는 것으로 보인다. 그래서 그것의 실패는 그들 자신의 개인적 책임에 다름 아닌 것처럼 보일 수 있다.
 복지국가에서 민영화, '낭비', '비효율성'과 같은 일반적인 이데올로기적 개념들은 그러한 상황에서 거대한 지지를 받는다.
 그러나 위기, 주식시장의 붕괴, 일련의 급속한 인플레이션 등은 이 베일을 찢어 버린다. 몇몇 노동자들은 그들 경험의 다른 측면—즉 시장 소비주의가 아니라 노동의 착취에 의해 정의된 측면, 주식 보유가 아니라 노동조합에 의해 정의된 측면, 개인적 고립이 아니라 집단적 경험에 의해 정의된 측면들—을 끌어들이기 시작한다.
 바로 이것이 상품 물신성론을 지지하는 것이 가능한 이유이며 그리고 시장의 작동이 물신화된 의식을 파괴하기 시작하는 방법을 아는 것이 가능한 이유이다. 시장의 작동은 그것에 호의적인 이데올로기적 개념들을 산출하지만, 자본주의의 심장부에 있는 모순 때문에 그것들을 침식하는 조건을 발생시키는 경향도 있다.
 이중 어느 것도 거대한 위기만이 이데올로기적 환상을 제거할 수 있는 유일한 것이라고 생각하는 격변론적 전망이 아니다. 작업장에서 사람들은 소외를 경험할 뿐만 아니라 물신화된 의식으로부터 그들을 일깨우는 일상적인 착취의 고통도 경험한다—임금, 노동조건, 노동조합 조직 등을 둘러싼 소전투들은 물신성이 결코 완벽한 장악력을 갖고 있지 못함을 의미한다.
 이러한 이해는 역시 캘리니코스의 두 번째 반대를 불필요한 것으로 만든다. 분명히 이 이론은 자본주의적 관계가 '단지 하나의 해석만을 허용한다'고 주장하는 것이 아니다.
 사실 상품 물신성론은 왜 노동자가 이중적이고 또는 모순적인 의식을 지니는가를 설명하는 데 확고한 지반을 제공한다. 노동자들은 시장의 외관으로부터 일반화된 자본주의의 이데올로기적 개념과 계급적 경험으로부터 일반화된 어떤 의식 사이에서 선택을 한다.
 이 선택에서 그들은 경제적 상황들, 정부와 매체의 아우성 그리고 개량주의자들과 혁명가들의 주장과 행동에 상당히 영향을 받는다. (여기에는 '이데올로기 형성에 대한 경험적 조사'의 충분한 여지가 있다.)

캘리니코스는 그람시의 이중 의식에 대한 서술을 승인하며 또 인용하기도 하지만, 그것의 기원에 대한 설명을 제공하지는 않는다. 그러나 마르크스는 소외와 상품 물신성에 관한 그의 글에서 하나의 설명을 제공한다.

상품 물신성의 뿌리는, 자본주의 하에서 임금노동이 시장에서 교환될 수 있는 유용한 상품들을 생산해 내는 방식에 있다.

> 생산자는 그들이 자신의 노동생산물을 교환할 때 비로소 사회적 접촉을 하게 된다. …… 다른 말로 하면 사적 개인의 노동은 …… 단지 교환에 의해 노동생산물들 사이에 수립되는 관계들을 통해서만 …… 스스로를 드러낸다.38)

마르크스는 계속해서, 이러한 관계들이 만드는 외관을 설명한다.

> 인간들 사이의 특정한 사회적 관계는 …… 여기에서 그들에게, 사물들 사이의 관계라는 환상적인 형태를 취하게 된다.39)

마르크스는 『자본론』의 첫째 장에서 노동자의 노동생산물이 시장에서 전유되고 또 교환되기 때문에, 그리고 노동자들의 미래를 결정하는 것은 이러한 거래의 성패에 달려 있기 때문에, 노동자들의 운명은 어느 누구도 통제할 수 없는 비인격적인 시장의 작용에 의해 결정되고 마는 것처럼 보인다는 사실을 보여준다. 이리하여 이것은 시장이 의존하고 있는 실제의 계급관계들을 은폐한다.

> 그들이 교환을 할 때 …… 우선 관심을 갖는 것은 자기의 생산물을 교환함으로써 타인의 생산물을 얼마만큼 받을 수 있는가이다. …… 그것의 양(量)은 교환자들의 의지, 예견, 행동과는 관계없이 끊임없이 변동한다. 사회 내부에서 교환자들 자신의 운동은 사물들의 운동이라는 형태를 취하는데 이 사물들은 결코 교환자들의 통제를 받는 것이 아니다. 사실상 그것들이 오히려 교환자들을 통제하고 있

---

38) K. Marx, *Capital*, Penguin : London, 1976, p. 165[『자본론』, 비봉출판사, 1989].
39) 같은 책, p. 165.

다.40)

이 과정에는 두 가지 측면이 있다. 하나는 당신이 통제할 수 없는 생산물에 의해 지배되고 있는 것이 가져다주는 효과이다. 즉 그것은 우리가 나중에 되돌아가게 될, 소외의 문제이다. 또 다른 측면은 상품 물신성이다. 이것은, 고립된 개인이 시장에서 향유하는 것처럼 보이는 형식적 평등과 자유에 의해 생산되는 경향이 있는 특정한 관념을 서술한다.

> 이 동일한 행위 속에서 한 조각의 빵을 사는 노동자와 백만장자는 단순한 구매자로서 나타난다. 그것은, 식료품 장수가 그들에게 단순히 판매자로서만 나타나는 것과 동일한 것이다. 여기에서 모든 다른 측면들은 사상(捨象)된다. 여기에서 이 구매의 내용은, 그 구매의 정도와 마찬가지로 그것의 형식적인 측면과 비교될 때 완전히 아무런 관계도 없는 것처럼 나타난다.41)

상품 물신성은 노동자들의 소외를 은폐함으로써 부르주아지의 지배를 정당화한다.

> 만약 누군가가 가난해지고 다른 사람은 더욱 부유해진다면, 이것은 그들 자신의 자유의지이지, 어떤 식으로든 경제적 관계로부터 야기되는 것이 아니게 된다.42)

『그룬트리세』에서 마르크스는 시장이 어떻게 해서 그 중심부에 놓여 있는 착취 ― 공정하고 불가피하게 보여지는 ― 를 은폐하는가를 파악한다. 마르크스는 상부구조의 주요 부분들이 이 토대에서 기인하는 것이 분명하다고 생각한다.

> 교환가치들의 교환(즉 시장)은 일체의 평등과 자유의 생산적이고, 진정한 토대이다. 순수한 이념으로서 이것들은 단순히 이 토대의 개념화된 표현들이다. 법적,

---

40) 같은 책, pp. 167~168.
41) K. Marx, *Grundrisse*, Penguin : London, 1973, p. 251.
42) 같은 책, p. 247.

정치적, 사회적 관계들 속에서 발전되었을 때 그것들은 단지 이 토대를 보다 상위의 권력으로 끌어올린 것에 불과하다.[43]

자본주의적 사회관계의 법률적·심리학적 분기(分岐)에 대한 이러한 설명은 『그룬트리세』에 담겨 있는 가장 가치있는 구절들 중 하나이다.[44] 물론 마르크스는 다음과 같은 점을 잘 인식하고 있었다.

> (시장은 단지) 표면적 과정일 뿐이다. 그러나 그 저변 깊이에서는 전적으로 상이한 과정이 진행되고 있으며 여기에서는 외관상 분명해 보였던 평등과 자유는 사라진다.[45]

그럼에도 불구하고, 이것은 마르크스의 이데올로기 이론의 중요한 일부분이다. 첫번째 것을 보충해 주는 이 이론의 두 번째 부분은 소외의 개념이다.

이 개념에 대한 캘리니코스의 논의는 이상할 정도로 간략하다. 더욱 이상한 것은 그가 마치 결심이라도 한 듯 마르크스의 저작을 전혀 인용하지 않고 있다는 것이다.

이것은 아마도 그가, 마르크스가 최초로 자신의 소외 이론을 개괄한 『1844년 초고』가 '본질적으로 헤겔주의적 도식으로 조직되어 있고, 거기에서 역사는 인간의 본질적 힘의 상실(소외)과 회복으로서 나타난다'[46]고 믿기 때문일 것이다.

아마도 이 주제에 관한 캘리니코스의 견해는 알뛰세의 견해—그는, 소외는 비역사적이고 보편적인 개념이기 때문에 마르크스가 자신의 완숙

---

43) 같은 책, p. 245.
44) 같은 책, p. 17. 마틴 니콜라우스가 자신의 책 서문에서 한 지적. 크리스 하먼은 나에게 니콜라우스가 '신비주의자'라고 하면서 그를 인용하지 말라고 조언해 주었다. 이것은 아마도 사실이겠지만, 심지어 신비주의자조차 명석한 순간은 있는 게 아니겠는가?
45) 같은 책, p. 247.
46) *Making History*, 앞의 책, p. 29[『역사와 행위』, 교보문고, 1991].

한 저작에서는 거부한 개념이라고 주장했다—에 의거하고 있는 것 같다. 더 나아가 알뛰세는 이러한 '휴머니즘'이 '마르크스주의에 대한 투쟁에서 쁘띠부르주아지 인텔리가 사용한 하나의 전투마'47)였다고 주장했다.

이 어떤 것도 사실이 아니다. 마르크스는 『그룬트리세』(1857)와 『자본론』(1867)에서 소외된 또는 외화된(estranged) 노동의 개념으로 되돌아갔다.

심지어 『1844년 수고』에서 마르크스는 다음과 같이 명확히 밝히고 있다.

> 만약 노동생산물이 노동자에게 속하지 않는다면, 또한 그것이 소원한 힘으로서 그에게 대립한다면, 이것은 단지 그것이 노동자 이외의 다른 사람에게 속하기 때문에 가능할 뿐이다. …… 노동에 대한 노동자의 관계는 자신의 자본가에 대한 관계를 만든다. …… 따라서 사유재산은 소외된 노동의 산물이자 필연적 결과이다.48)

이것은 소외가 보편적인 인간조건이 아니라, 하나의 계급관계라는 사실을 명확히 한다.

실로 마르크스는 『자본론』에서 소외가 어떻게 자본주의 하에서 가장 완벽히 발전된 형태에 도달할 수 있는지를 보여준다.

『1844년 수고』에서 그는 소외가 4개의 특정 영역, 즉 1) 인간노동의 생산물, 2) 생산과정, 3) 자연세계와 인간의 관계, 4) 다른 인간들과의 관계 등에 대한 통제력의 상실 등을 의미한다고 말했었다.

자본주의 사회에서는 이 모든 것들의 분리가 일어난다. 임금노동자는 생산수단을 소유하고 있지 못하기 때문에, 생산과정을 통제할 수 없다. 결과적으로 그들은 생산물에 대해서 아무런 통제도 할 수 없는데, 그 생산물은 자본가에 의해 몰수된다. 시장의 무정부성과 이윤을 위한 자연세계의 착취는 노동자들이 자연세계에 대한 체계적 통제를 하지 못하도록

---

47) *For Marx*, 앞의 책, p. 10[『마르크스를 위하여』, 백의, 1990].
48) K. Marx, *Economic and Philosophical Manuscripts*, in *Early Writings*, Penguin : London, 1975, pp. 330~332[『경제학 철학 수고』, 중원문화, 1989].

가로막는다.

　마지막으로 경쟁은 계급에 계급을 대립시키고, 심지어 노동자에 노동자를 대립시킬 수 있다.

　노동자들이 이러한 관계들과 이러한 통제의 상실을 극복하기 위해 그들의 집합적 힘을 사용하는 한에서만, 그들은 소외를 극복한다. 그것이 '노동자평의회의 봉기가 소외의 종말을 가져온다'는 루카치의 말이 올바른 이유이다.

　그러나 예컨대 봉건주의 아래에서 상황은 이와는 매우 다르다. 농민은 생산수단인 토지에서 전적으로 분리된 것만은 아니다. 또한 농민은 시장의 작동에 의해 자신의 생산물과 자동적으로 분리되지도 않는다── 바로 그렇기 때문에 농민을 지주의 땅에서 노동하게 하고, 또 십일조(十一條)를 내도록 강제하기 위해서 야만적인 힘이 필요했고 지주의 기사들에 의한 무장력 행사가 요구되었던 것이다.

　따라서 소외는 봉건적 계급관계 속에서는 상이한 형태를 취한다.

> 모든 농노는 지주에게 봉사하면서 그들이 지출한 것이 자신들의 개인적 노동력의 일정한 양임을 알고 있다. 성직자에게 바치는 십일조는 자신이 받는 축복보다 더욱 명확히 나타난다. 우리가 그러한 사회에서 사람들이 제각기 직면하게 되는 상이한 역할들에 대하여 어떻게 생각하든지간에, 사람들이 자신들의 노동을 수행하는 과정에서 맺는 개인들 사이의 사회적 관계는 모든 사건들 속에서 그들 자신의 사적 관계들처럼 출현한다. 그리고 그것은 사물들 사이의 관계, 그들의 노동생산물 사이의 관계처럼 은폐되지 않는다.49)

　이처럼 소외는 봉건사회에서 덜 포괄적이기는 하지만, 그것은 여전히 존재한다. 왈튼과 갬블은 그 상황을 다음과 같이 요약한다.

> 자본주의적 소외와 구별되는 것으로서의 봉건적 소외는 종(種)의 소외 조건의 단 두 가지 구조들만을 드러냈다. 첫째로는 봉건적 인간이 그 자신의 자기생산을 위한 조건들을 통제할 수 없는 한에서만 자신으로부터의 인간 소외가 이루어진다

---

49) *Capital*, 앞의 책, p. 170[『자본론』, 비봉출판사, 1989].

는 것이다. 둘째로는 그가 자신의 생계 이상으로 생산한 것이 그의 영주에 의해 전유되는 한에서만 그의 생산으로부터 생산자의 소외가 이루어진다는 것이다.50)

그러므로, 비록 이데올로기에 대한 캘리니코스의 최소주의적(minimalist) 개념이 봉건사회에 더욱 적합할지 모르지만 그것은 여전히 종교가 이러한 조건 속에서 살아남았던 방식을 제대로 설명해 주지 못한다. 심지어 영국혁명의 발발 이전에 왕의 지지자들이, 지방 성직자에게 충실한 집회를 유지하기 위해 교회를 끌어모으는 것에 반대해서 전투를 벌인 것도 까닭이 없지는 않았던 것이다.

그러나 주요한 약점은 여기에 있다. 즉 소외와 상품 물신성을 부정함으로써, 캘리니코스는 자본주의 하의 이데올로기적 관계의 특수성을 과소평가한다. 그는 또한 그가 강조하고 싶어하는 것, 즉 노동자들이 왜 그러한 수동성과 무력감을 느끼는지에 대한 가장 강력한 설명으로부터 스스로를 차단시킨다.

마르크스의 다음의 구절은 허약하고 김빠진 사회학적 규정보다 천 배나 더 가치있는 것이다.

노동의 소외를 구성하는 것은 무엇인가?
…… 노동이 노동자에게 외면적이라는 사실 …… 그러므로 노동자는 자신의 노동에서 자신을 긍정하는 것이 아니라 부정하며, 비참하고 불행하다고 느끼며, 자유로운 정신적·육체적 에너지를 개발시키는 것이 아니라 자신의 욕망을 억제하고 자신의 정신을 파괴한다. 따라서 노동자는 오직 자신이 일하지 않을 때에만 안도감을 느끼고, 자신이 일할 때에는 탈아감(脫我感)을 느낀다. 그는 노동을 하지 않을 때 편안한 느낌을 갖고, 노동을 할 때에는 편안한 느낌을 갖지 못한다. 따라서 그의 노동은 자발적인 것이 아니라, 강제된 것이다. ……
이러한 관계는 노동자에게 속하지 않는 낯선 것으로서의 그의 활동, 수동성으로서의 활동, 무기력으로서의 힘, 거세로서의 생식에 대한 노동자의 관계이다. 노동자 자신의 육체적·정신적 에너지, 그의 개인적 생활은 …… 자신의 뜻을 거스른다.51)

---

50) P. Walton·A. Gamble, *From Alienation to Surplus Value*, London, 1972, p. 20.
51) *Economic and Philosophical Manuscripts*, 앞의 책, pp. 326~327[『경제학 철학

진실로 여기에 수동성, 체념 그리고 '자본주의는 변하지 않는 질서의 일부이다'라는 느낌의 유물론적 근거가 있다.

역사의 주체

『역사와 행위』는 자본주의 사회의 구조가 그 사회 주민들의 정신에 미치는 효과들을 제한하려 한다. 우리는 지금까지 이것이 우리에게 매우 허약한 이데올로기 이론을 남겨 주었음을 보아 왔다.

이것은, 노동자계급이 이데올로기의 안개를 꿰뚫어 보게 되는 어떤 특권적 출발점을 차지하는 것은 아니라는 캘리니코스의 신념에 의해 악화된다.

마르크스는, 부르주아지가 부분적으로는 착취자로서 그들의 지위를 옹호하려는 필요가 있었기 때문에, 그리고 또 부분적으로는 그들이 경쟁에 의해 끊임없는 적대 상태에 놓여 있었기 때문에, 진정으로 과학적인 세계관에 도달할 수 없다고 믿었다.

바로 이것이, 리카아도와 헤겔── 이들은 부르주아지가 혁명적인 계급이기를 멈추었던 지점에서 글을 썼다── 이 위대한 부르주아적 사회 이론가들 중에서 마지막 인물들이었던 이유이다.

반면, 노동자계급은 사회에 대한 과학적 견해를 통해 잃을 것은 아무 것도 없으며, 모든 것을 얻을 수 있다. 이러한 관점을 획득할 수 있는 능력, 그리고 그 견해에 대한 최종적 증명은 계급의 집단적 투쟁의 산물이다. 루카치가 다음과 같이 주장하는 것은 올바르다.

> 역사적 유물론의 출현과 더불어 사회진화의 총체적 과정으로 이해되어진 현실의 논리와 '프롤레타리아 해방의 조건'의 이론이 생성되었다. 이것은 오직 다음과 같은 이유들 때문에 가능하였다. 우선 프롤레타리아트에게 있어서 자신이 처한 계급적 상황에 대한 총체적 이해가 반드시 필요했으며 그것이 사활의 문제였기 때

수고』, 중원문화, 1989].

문이고 또 그들의 계급적 상황은, 오직 전체 사회가 이해되어야만 이해될 수 있기 때문이며 그리고 이러한 이해가 자신들이 행동함에 있어 불가결한 전제조건이기 때문이다. 이처럼 이론과 실천의 통일은 프롤레타리아트의 역사적 지위의 이면일 뿐이다.52)

캘리니코스는 이를 거부하면서 그것을 다음의 견해로 대체하고 있다.

이데올로기적 신념들이 반드시 허위적인 것이어야 할 필연성은 없다. …… (또는) 그것들이 반드시 지배계급을 이롭게 하지도 않는다. …… 모든 신념들과 마찬가지로 이데올로기적 신념들도 진리이거나 아니면 허위이다. 그러나 하나의 신념이 갖는 진리값은 이데올로기적인 것과 비이데올로기적인 것을 구분하는 데에 사용되는 기준이 될 수 없다. 허위의식으로서의 이데올로기라는 개념은 …… 궁극적으로 거부되어야 한다.53)

이것은 상품 물신성론을 폐기한 것의 직접적인 결과이다. 그 결과는 다음과 같다.

분할된 계급들의 양측에 서 있는 행위자들은 그들이 처해 있는 갈등적 관계에 대해 많은 진실된 신념들을 가지고 있는 것으로 보인다.

이것은, 모든 사람은 이데올로기의 수인(囚人)이라고 주장하는 알뛰세주의자들의 주장을 단순히 뒤집어 놓은 것에 불과하다. 오늘날 그 어느 누구도 부분적으로이건 혹은 잠시 동안이건간에 이데올로기의 수인은 아니다. 사실상 단순한 신념들로서의 이데올로기 같은 것은 존재하지 않는다. 이러한 신념들이 반드시 사회를 변형시키는 집단적 과제들 속에서 획득되는 경험에 따라 옳거나 혹은 그릇된 것으로 판단되어져야 할 필연성은 없다.

캘리니코스로 하여금 도덕 이론에 그토록 강한 강조점을 두게 만드는

---

52) G. Lukács, *History and Class Consciousness*, Merlin : London, 1971, p. 20[『역사와 계급의식』, 거름, 1986].
53) *Making History*, 앞의 책, p. 148[『역사와 행위』, 교보문고, 1991].

것은 다음과 같은 것, 즉 자본주의 이데올로기의 구조적 측면에 대한 이러한 체계적 침식과 역사의 집단적 주체로서의 노동자계급에 대한 거부 — 고립된 개인들과 그들의 '구조적 능력'들을 결합시키려 한 이론을 위하여 — 이다.

결국 자본주의의 객관적 구조에 노동자들로 하여금 — 상황에 따라서 — 진실된 세계관이나 그릇된 세계관을 받아들이거나 혹은 거부하도록 만드는 요인이 전혀 없다면 도덕적 문제들이 의식을 구성하는 훨씬 더 중요한 요소가 될 것이다.

서둘러 그는 '알뛰세의 마르크스주의가 …… 행위를 구조로 환원함으로 해서 투쟁과 변화를 개념화할 수단을 부정하게 된다'[54]는 이유로 그것을 거부하면서, 자신의 집단적 힘을 실현하기 위한 노동자계급의 능력은 '행위자가 가지고 있는 신념에 달려 있다'[55]고 주장한다.

그러나 이러한 신념들은 전통적인 이데올로기 개념에 의해 설명될 수 없기 때문에 캘리니코스는 '마르크스의 …… 내재적 도덕 이론'[56]을 하나의 지침으로서 주목한다.

『역사와 행위』는 다음과 같이 주장한다.

> 마르크스는 아리스토텔레스주의자라고 부를 수 있다. 도덕성에 대한 아리스토텔레스의 설명은 인간의 행위를 높이 평가한다. 그러나 그것은 어떤 권리나 효용성이라는 관점에서 나오는 것이 아니며 오히려 인간들이 구현해야 할 미덕들이라는 관점에서 나오는 것이다.[57]

알라스데어 매킨타이어의 말을 인용하면서, 캘리니코스는 마르크스가 다음과 같은 도덕 이론을 가지고 있다고 말한다.

> 인간에게 있어서 선(善)을 구성하는 것은 최상으로 영위되는 완전한 인간적 삶을

---

54) 같은 책, p. 3.
55) 같은 책, p. 6.
56) 같은 책, p. 5.
57) 같은 책, p. 33.

의미한다. 그리고 덕(德)의 행사는 그러한 삶의 필연적이고도 중심적인 구성 부분
이다.58)

이처럼 캘리니코스는 '노동자들은 자본주의를 전복할 도덕적 이유를
가지고 있다'59)고 주장한다.
아마도 그러할 것이다. 캘리니코스에 대한 나의 반대의 초점은 이데올
로기에 관한 구조적 이론이 없다면 이같은 도덕 이론이 감당할 수 없을
만큼의 과도한 짐을 지어 나르지 않으면 안될 것이라는 점이다.
엥겔스는 도덕에 대해 언급하지만, 그것을 결코 계급의 결정인(決定因)
으로부터 분리시킨 적이 없었다.

우리는 근대사회의 세 계급들 즉 봉건 귀족, 부르주아지 그리고 프롤레타리아트
각각이 그들 자신의 고유한 도덕성을 갖고 있음을 알고 있다.

비록 엥겔스가 '공통의 역사적 배경을 갖고 있다는 것은 …… 그들이
많은 것을 공유하고 있음을 (의미한다)'고 결론지었지만, 그는 여전히 다
음과 같이 질문한다.

그렇다면, 과연 어느 것이 진실한 것인가? 절대적으로 최종적인 의미에서 말한다
면 그들 중 어느 것도 진실된 것이 아니라고 해야 할 것이다. 그러나 확실히 도
덕성은 현재에는 현재의 전복을 의미하고 미래를 표현하는 최대한의 요소들—
그것은 영원함을 약속하는 것이다— 을 포함한다. 바로 이것이야말로 프롤레타
리아트적인 도덕성이다.60)

엥겔스는 명확히 윤리적 개념들을 객관적 계급위치와 연결짓는다.

---

58) 같은 책, p. 33.
59) 같은 책, p. 6.
60) F. Engels, *Anti-Duhring*, in *MECW*, London, 1987, p. 87[엥겔스, 『반듀링론』, 새
길, 1987]. 나는 이 구절을 상기시켜 준 크리스 하먼에게 감사한다.

우리는 단지 다음과 같은 하나의 결론을 내릴 수 있을 뿐이다. 즉 인간은 의식적이든 무의식적이든 자신들의 윤리적 이념들을 결국에는, 자신들의 계급적 위치가 기초하고 있는 실천적 관계로부터 도출한다. 그 관계들이란 그들이 생산과 교환을 수행하는 경제적 관계들이다.61)

이러한 접근법을 채택하지 않았기 때문에, 캘리니코스의 도덕 개념은 계급의 어떠한 정박지(anchorage)로부터도 벗어나 떠돌게 되는 위험에 처한다.

『역사와 행위』는 노동자들이 지니고 있는 권력들—그들이 그 권력들을 행사하기를 선택해야만 한다면—에 대한 구조적 이론을 포함하고 있다. 그러나 그것은 그들이 그렇게 선택하지 않을 수 없게 하는 구조적 제한들이나 자극들에 대한 설명은 전혀 포함하고 있지 않다. 마르크스가, 캘리니코스가 사용하는 의미에서의 도덕 이론을 갖고 있었다고 인정하는 하나의 도덕 이론은 불충분한 것이다.

자신의 이데올로기 이론 속에 하나의 구조적 요인을 포함하고 있으면서도 이와 동시에 노동자계급을 역사의 주체로서 유지시키는 보다 나은 이론이 있다. 불행히도 그것은 캘리니코스가 거부하는 '헤겔주의적' 마르크스주의 전통이다.

루카치는 이러한 전통의 지속적인 힘을 다음과 같이 포착하고 있다.

> 현실에 대한 변증법적 유물론의 지식은 오직 계급의 관점으로부터, 프롤레타리아트의 투쟁의 관점으로부터 발생할 수 있다. 이 관점을 포기하는 것은 역사적 유물론으로부터 이탈하는 것이다. 이와 마찬가지로 이 관점을 채택하는 것은 곧 치열한 투쟁 속으로 나아가는 것이다.62)

---

61) 같은 책, p. 87.
62) *History and Class Consciousness*, 앞의 책, p. 21[『역사와 계급의식』, 거름, 1986].

결론

비록 이 서평이 전통적 방식에 따라 『역사와 행위』와 나의 차이점들을 강조했지만, 나는 여기서 몇 가지 결론들을 미리 제시하고 싶다. 이것들은 어쩌면 여기에서 그 자신에 대한 방어수단을 찾아야만 할지도 모른다. 말하자면 이것은 하나의 반(反)결론인 셈이다.

첫째로, 캘리니코스는 분석적 마르크스주의자들에 대한 비판을 수행한 점에서는 비난되기보다는 환영받아야 할 것이다. 그는 혁명적 사회주의의 현실적합성을 계속적으로 제시하는 데 있어 아카데믹한 철학자들 가운데에서 실로 독특한 존재임에 틀림없다. 어떤 철학적 불일치가 있다 할지라도 그것은 『역사와 행위』가 마르크스주의 전통에 속하는 정치학을 인상적으로 옹호한다는 사실을 흐린다는 것을 의미하지 않는다.

둘째로, 분석적 마르크스주의자 또는 포스트구조주의자들에 대한 분석이 중요하지 않은 기획이라고 반대하는 것은 잘못일 것이다. 포스트구조주의에 대한 최근의 투쟁이 받고 있는 지적 지지의 상당 부분은, 분석적 마르크스주의로부터 이끌어 온 관념들 속에서 자신의 궁극적 정당성을 찾고 있다. 더 일반적으로는, 분석적 마르크스주의자들의 개인주의적 출발점은 새로운 유형의 수정주의적 역사학자들, 관변 경제학자들 그리고 다양한 사회학자들에 의해 공유되고 있다. 그것은 대처주의의 아카데믹한 반영물로서는 가장 세련된 수준에 있는 것이다. 근본에서부터 즉 그것이 마르크스주의와 가장 가까이 수렴되는 바로 그 지점에서 그것을 공격하는 것은 하나의 중요한 과제이다.

끝으로, 『역사와 행위』를 비판하는 요점은 그 과제를 훼손하는 것이 아니라, 그 공격을 수행하기 위한 더 나은 — 내가 믿기로는 — 토대를 제시하는 것이다.

루이 알뛰세의 유해(遺骸)*

슈 클레그

루이 알뛰세는 지난해에 죽었다. 그의 가장 중요한 저작들인 『마르크스를 위하여』, 『자본론을 읽는다』와 그리고 그의 논문인 「이데올로기와 이데올로기적 국가기구」는 1969년과 1971년에 영어판으로 출간되었다.1) 출간되자마자 그것들은 영어사용권에 직접적인 영향을 미쳤다. 물론 그것들의 수용과정이 전적으로 무비판적이었던 것은 아니다. 노만 제라스는 1972년에 『뉴 레프트 리뷰』에서 알뛰세를 높이 평가했다. 그러나 그는 알뛰세의 관념론과 엘리트주의를 올바르게 지적했다. 콜라코브스키는 『소셜리스트 리지스터 1971』(Socialist Register 1971)에서 알뛰세를 혹평했고 1978년에 톰슨은 유명한 논쟁서인 『이론의 빈곤』(The Poverty of Theory)을 출간했다.2) 이 여러 가지 비판들에도 불구하고 알뛰세의 마르크스주

---

* Sue Clegg, 'The remains of Louis Althusser', International Socialism 2 : 53, 1991년 겨울, pp. 57~79에 처음 수록.
* 논문의 틀을 다시 잡으라고 제안해 준 알렉스 캘리니코스에게 감사한다. 존 몰리뉴는 상세한 논평을 해 주었고 더렉 홀은 인내심 있게 편집을 도와주었다. 이들에게도 감사한다.
1) 루이 알뛰세는 1918년 10월 16일에 태어나 1990년 10월 22일에 죽었다. 알뛰세는 아내를 교살한 후 그의 생애의 마지막 10년을 정신병원에서 보냈다. 이 논문은 그의 인간적 비극의 원인에 대한 성찰이 아니라 알뛰세의 정치학을 취급한다.
L. Althusser, For Marx, London, 1969[알뛰세, 『마르크스를 위하여』, 백의, 1990], L. Althusser, Lenin, Philosophy and Other Essays, London, 1971[알뛰세, 『레닌과 철학』, 백의, 1991], L. Althusser·E. Balibar, Reading Capital, London, 1971 [알뛰세·발리바르, 『자본론을 읽는다』, 두레, 1991]을 보라.
2) N. Geras, 'Althusser's Marxism : An Account and Assessment', New Left

의 해석은 많은 학자들(academics)에 의해 열렬히 환영받았다. 그의 마르크스 해석은 보다 '현학적'인 이론을 제공했다는 이유로 환영되었다. 그리고 헤겔주의적 마르크스주의에 대한 그의 공격은 광범하게 수용되었다.3) 알뛰세 저작의 충격은 1970년대 마르크스주의자들의 논쟁 지형을 근본적으로 변화시켰다.

알뛰세의 가장 큰 영향은 종합대학들과 종합기술전문학교들에서 나타났다. 그가 프랑스 공산당 당적을 계속 유지했음에도 불구하고 그의 '좌파적' 신임은 거의 도전받지 않았다. 그의 저작의 주된 영향은 마르크스주의자가 되고자 하는 사람들의 주의를 실천적 행동보다는 이론쪽으로 돌리는 것이었다. 이것은, 철학적 행동을 정치의 정통적 형식으로 간주하는 알뛰세 자신의 입장과 조응하는 것이었다.4) 이러한 분위기는 '역사적 유물론이라는 과학적 실천과 마르크스-레닌주의 정치실천의 발전의 재개'를 창간 목표로 선언하면서 1971년에 창간된 알뛰세주의적 잡지『이론적 실천』(*Theoretical Practice*)의 여기저기에서 찾아볼 수 있다.5) 잠재적 측면에서는 가치있는 이러한 목적설정에도 불구하고 실제로 그들은 이해할 수 없는 산문으로 이루어진 매우 추상적인 이론적 작품들을 생산했을 뿐이다. 학술적 논쟁의 담장 내에서 '옳고', '전투적인' 이론적 노선이 무엇인가를 둘러싼 논쟁을 벌이는 데 엄청난 에너지가 소비되었다. 이와 동일한 소그룹들 중의 일부는 또 하나의 새로운 잡지인『경제와 사회』(*Economy and Society*)에 열중하고 있었다. 그러나 더욱더 현학적인 이론 작업을 지향하는 이러한 시도들은 이론적 종파화의 경향을 낳았을 뿐이다. 두 사람의 핵심적 기고가였던 폴 허스트와 배리 힌데스는『경제와 사회』의 편집진에서 사임한 후에는 나머지 사람들을 '경험주의'라고, 그리

Review 71, 1972 ; L. Kolakowski, 'Althusser's Marx', *Socialist Register 1971* ; E. P. Thompson, *The Poverty of Theory*, London, 1978.
3) 영향력 있는 예로서는 현대문화연구센타(Centre for Contempoary Cultural Studies)의 *On Ideology*, London, 1978을 보라.
4) L. Althusser, *For Marx*, 앞의 책, p. 31[알뛰세,『마르크스를 위하여』, 백의, 1990].
5) G. Elliot, 'The Odyssey of Paul Hirst', *New Left Review* 159, 1986, p. 82에서 인용.

고 (역설적이지만) 그들을 '학술주의'라고 비난했다. 그들은 이어 핵심적 마르크스주의 개념들을 해명한 일련의 책을 출간했는데 여기에서 그들은 그 개념들의 설명적 의미를 박탈해 버렸다.6) 그들의 작품은 영국 알뛰세주의 논의에 주요한 초점을 제공했고 1970년대 말 내내 뜨거운 논쟁을 불러일으켰다.

알뛰세의 마르크스 재가공(그리고 이어 힌데스와 허스트의 알뛰세 재가공)은 하나의 이론적 모델을 제공한다고 주장된다. 그것이 '전통적 마르크스주의보다 이데올로기와 정치적인 것에 대한 더 나은 설명을 제시한다'는 것이다. 이것은 마르크스주의의 '경제주의'에 대해, 그리고 여성억압에 대한 분석에서 마르크스주의가 드러낸다고 하는 하나의 가정된 무능력에 대해 비판적인 사회주의 페미니스트들에게 특히 매력적으로 다가갔다. 로스 코워드와 잡지『엠/에프』(m/f) 지(誌)는 이데올로기의 작용이라는 측면으로 자신들의 강조점을 이동하면서 사회주의 페미니즘이 사회주의적 측면을 지니고 있음을 입증하기 위해 알뛰세에게 기댔다.7)

1970년대를 경과하면서 알뛰세의 영향력은 하나의 고도의 이론으로부터 수많은 마르크스주의자들의 '상식'으로 되었다. 현대문화연구센터에 있는 스튜어트 홀의 연구그룹은 미디어 개조, 문화 연구, 그리고 교육사회학 분야에서 주요한 역할을 수행했다. 공개대학 교과과정의 도서들과 재학생들의 교양 교재들은 알뛰세주의적 주제들을 좌익 아카데미즘의 정설로 서술했다. '이데올로기적 국가기구'라는 용어, 마르크스주의는 '경제주의'라는 관념, 그리고 경제적 결정은 상부구조의 '상대적 자율성'에 의해 대치되어야만 한다는 관념 등이 하나의 규준(規準)으로 제시되었다.

---

6) B. Hindess · P. Hirst, Letter *Economy and Society* 4 : 2, 1975. 아마도 가장 영향력 있는 것들로서는, B. Hindess · P. Q. Hirst, *Pre-capitalist Modes of Production*, London, 1975 ; A. Cutler · B. Hindess · P. Hirst · A. Hussain, *Marx's 'Capital' and Capitalism Today I & II*, London, 1977 · 1978을 보라.
7) 『엠/에프』(m/f) 지는 비록 단명했지만 영향력이 있었고 힌데스와 허스트에 의해 이루어진 이후의 발전에 대해 토론을 전개했다. 그러나 그 잡지는 자신의 핵심적 영향력의 원천으로 푸꼬와 심리분석에로 이동했다(『엠/에프』의 1984년 인터뷰를 보라). 로스 코워드는 1978년의 창립 멤버였다.

1980년대가 되자 알뛰세는 유행에서 밀려나게 되었다. 갈수록 힌데스와 허스트의 작업은 다원주의적 사회학으로 되돌아갔다. 정치적으로 그들은 노동당의 중앙파와 우파의 입장을 옹호했다.8) 홀과 같은 저자들도 입장을 바꾸어 『맑시즘 투데이』 속으로 개량주의와 포스트모더니즘의 잡탕들을 끌어들였다. 하나의 분명한 조류로서의 사회주의적 페미니즘은 가부장제 이론의 충격을 받고는 해체되었고 그 이후에는 마르크스주의와 싸움을 할 필요성을 더 이상 느끼지 않았다. 포스트구조주의와 정신분석학의 여러 변형태들이 지식인들의 관심을 끄는 지적 축(軸)이 되면서 이것들이 마르크스주의를 대체했다. 비극은, 알뛰세주의에 대한 거부가 마르크스주의 거부의 한 방법이 되었다는 것이다. 알뛰세주의와의 단절은 좌익이나 일관된 반스딸린주의적 마르크스주의로 향하는 길이 아니었고 우익으로 향하는 길이었다.

이런 맥락에서, 자신을 여전히 좌파라고 보고 있는 사람들에 의해 최근 씌어진, 알뛰세의 사망을 추모하는 기사는 그에 대해 매우 후한 편이다. 왜냐하면 그들은 알뛰세를 방어하는 것이 마르크스주의를 방어하는 것이라고 보고 있기 때문이다. 예를 들어 테드 벤튼은 알뛰세의 작업을 스딸린주의에 대한 좌익적 비판으로 제시하였고 그와 다르게 생각했던 사람들의 견해를 복수심에 사로잡힌 허위적 설명이라고 공격했다.9) 이전에 알뛰세의 정치적·이론적 이력에 대한 유익한 책을 낸 바 있는 그레고리 엘리어트도 알뛰세의 '이론적 탈스딸린화'를 칭찬했다.10) 엘리어트의 추모기사에 따르면 알뛰세는 청년 지식인들에게 '충격적인' 해방감을 주었고 '해방적인 정치적 실천'의 발전을 위한 기초를 놓았다. 의미심장한 것은 오직 반(反)마르크스주의자인 폴 허스트만이, 알뛰세가 어떻게 마르크스주의의 기반을 침식했는가를 이해하고 있었다는 점이다. 그의 말은

---

8) 세부적인 것은 G. Eliot, 앞의 책을 보라.
9) T. Benton, *Independent*(1990년 10월 27일).
10) G. Elliot, *Radical Philosophy* 57(1991년 봄). G. Elliot, *Althusser : The Detour of Theory*, London, 1987[『알뛰세르 : 이론의 우회』, 새길, 1992]. 엘리어트의 책은 뛰어난 자료이다. 하지만 그의 입장은 '반반(反反)알뛰세주의' 태도와 융합되어 있다. 그것은 알뛰세에 대해 당황스러울 정도로 관대한 평가로 이끈다.

이렇다. '그의 사상은 마르크스주의의 [바로 그] 붕괴를 가져옴에 있어 중심적인 역할을 수행한 것으로 볼 수 있을 것이다.'11)

그렇지만 '내 적의 적은 나의 친구이다'라는 속담은 잘못된 것이다. 특히 프랑스에서 많은 지식인들이 알뛰세와 인연을 끊고서는 악성의 반(反)마르크스주의자로 변했다는 것은 사실이다. 그러나 이것이 정치적으로나 이론적으로 알뛰세의 무고함을 입증해 주는 것은 아니다. 알뛰세의 지적·정치적 입장은 혁명적 마르크스주의 전통의 발전이 아니라 스딸린주의와의 타협을 표현한다. 1968년에 여타의 사람들이 러시아의 체코슬로바키아 침공을 비난했을 때 알뛰세는 침묵을 지켰다. '체코 인민의 민족운동은 모든 공산주의자들의 존중과 지지를 받을 자격이 있다'12)는 사실을 이해하는 데에는 4년의 세월이 필요했다. 알뛰세는 이에 앞서 1968년에 프랑스에서 혁명이 발발했을 때에도 침묵한 바 있다.13) 프랑스 공산당의 당원으로서 그는 그 운동을 패퇴시키기 위해 동원되고 있던 정책들을 묵종했다.14) 그 사건들 이후에 그는 학생집단을 쁘띠부르주아적 심성을 가진 중간층으로 묘사하면서 이 집단의 이해관계는 노동자들의 이익과는 구별된다고 설명했다. 그리고 그는 레닌을 불러들여 이들 학생들의 '좌익주의'를 치유하기 위해서는 끈기있는 교육이 필요하다고 역설했다.15) 알뛰세는, 스스로 스딸린주의로부터 거리를 두려 할 때조차도 그것과 타협했다. 이 사실은 그의 사상의 발전과정에서 중심적인 것이다.

알뛰세의 영향의 핵심은 이론을 '이론적 실천'으로 특징짓는 그의 특수

---

11) P. Hirst, *Guardian*(1990년 10월 24일).
12) G. Elliot, *Althusser : The Detour of Theory*, 앞의 책, p. 244[『알튀세르 : 이론의 우회』, 새길, 1992].
13) 같은 책. 엘리어트는 알뛰세의 침묵에 대한 시의적절한 논평을 담은 학생들의 낙서를 인용한다. '*A quoi sert Althusser?*', 같은 책, p. 235. 그의 침묵과 그 후의 태도를 설명하는 데 있어, 알뛰세가 당시 앓고 있었다는 사실을 들먹이는 것은 핵심을 비껴가는 것이다.
14) C. Harman, *The Fire Last Time : 1968 and After*, London, 1988[크리스 하먼, 『최근의 불꽃 : 1968년 혁명과 그 유산』, 갈무리, 근간]을 보라.
15) Elliot, *Althusser : The Detour of Theory*, 앞의 책, p. 239에서 인용[『알튀세르 : 이론의 우회』, 새길, 1992].

한 설명 방식에 놓여 있다. 학자들이 이 관념의 효능을 과장하는 경향이 있는 것은 분명한 사실이다. 1970년대 초의 계급갈등의 고조기에 알뛰세가 지녔던 호소력은, 그가 정치적 행동보다는 텍스트의 해독에 의존하는 '투쟁'의 형식들을 정당화해 주었던 것이다. 그는 한 세대에 걸쳐 이것들에 전위로서의 신임장을 제공했다.16) 1970년대가 경과하면서 산업행동의 수준이 하락했다. 그러나 좌익의 많은 사람들은 다른 형식의 정치를 위해 '경제주의'를 기각한다는 명분으로 이러한 사실의 중요성을 경시했다. 상부구조의 다양한 수준들을 투쟁에 동원할 수 있다는 알뛰세의 관념들은 이런 맥락에서 공명을 얻었다. 작업장에서 동떨어진 이데올로기적 투쟁들과 문화적 투쟁들이 일차적인 것으로 간주되었다. 특히 페미니스트들의 분석에서 이러한 관점이 강하게 나타났는데 '이데올로기적 국가기구들'이라는 개념이, 어떤 종류의 저항도 국가에 반대하는 것이 된다는 환상을 키우는 데 일조했다. 그의 많은 추종자들로 하여금 마르크스주의로부터 벗어나게 만든 이 길은 알뛰세 자신의 작품 속에 내재해 있는 것이었다.

비록 오늘날 자신을 알뛰세주의자로 부를 사람들은 별로 없겠지만 그의 영향은 광범위했고 뒤틀어진 것이었다. 알뛰세주의적 개념들은 마르크스주의 속으로 침투하였고 1970년대부터는 사회과학과 인문과학 분야로 스며들었다. 심지어 오늘날에도 표준적인 사회학 교과서들은 마르크스를 설명하고자 하는 자신들의 시도들 속에서 알뛰세주의의 핵심 개념들을 일상적으로 참조한다. 물론 마르크스에 대한 왜곡은 새로운 것이 아니다. 오히려 중요성을 갖는 것은 그러한 왜곡이 취하는 형식이다. 알뛰세의 주요한 영향은 이전의 마르크스주의 전체를 경험주의적이고 경제주의적인 것이라고 딱지붙이고 그 자리에 지식인과 이론을 특권화하고 노동자계급의 지적 가능성을 부정하는 이론주의를 올려놓는 것이었다.

알뛰세주의는 포스트구조주의의 발전을 위한 기초를 제공했다. 문화와 문학에 대한 연구에서 상대적 자율성의 개념은 — 소쉬르 언어학과 결합되면서 — 텍스트 해체에 대한 열광을 낳았다. 텍스트들이 생산된 사회적 맥락과 연관지어 그것들을 분석하는 전(前)텍스트(pretext) 개념은 보다

---

16) G. Elliot, 'The Odyssey of Paul Hirst', *New Left Review* 159, 1986.

유행적인 프랑스 이론가들을 사로잡은 포스트모더니즘의 즐거움을 위해 신속히 포기되었다.17) 그 절정기에 알뛰세주의는 다른 이론가들, 특히 브레히트와 그람시를 수용했는데 그것도 적절치 못했다. 알뛰세주의는 그들을 거꾸로 재해석했던 것이다.18) 알뛰세를 찬양하는 것은, 그에 대한 추모기사를 썼던 사람들이 주장하듯이 마르크스주의로의 복귀의 길이 아니다. 그와는 반대로 우리는 알뛰세로부터 거리를 다시 천명하면서 그의 작품이 마르크스주의에 어떤 긍정적인 기여를 했다는 견해를 단호히 기각해야 한다. 그의 정치적 영향을 옳게 평가하기 위해서는, 그리고 그의 이론적 관심사를 옳게 이해하기 위해서는 '마르크스로의 복귀'라는 그의 주장의 역사적 맥락을 이해할 필요가 있다.

알뛰세 사상의 배경

> 만약 [1956년에 소련 공산당의] 20차 당대회와 흐루시쵸프의 스딸린주의 비판, 그리고 그에 이은 자유화가 없었더라면 나는 아무 것도 쓸 수 없었을 것이다.19)

이것은 자신의 이론적 작업의 기원에 대한 알뛰세 자신의 설명이다. 프랑스 공산당(PCF)의 당원으로서 국제 공산주의 운동 내부의 발전들은 그에게 심각한 우려를 갖게 했다. 한편에서 그는 독립적인 이론 작업에 참여하기 위해 당 내 지식인들의 권리 옹호와 스딸린주의와의 단절에 열

---

17) A. Callinicos, *Against Postmodernism*, Cambridge, 1989[알렉스 캘리니코스, 『포스트모더니즘 비판』, 성림, 1994]을 보라.
18) 현대문화연구센터에 의해 발간된, 특히 스튜어트 홀의 저작을 보라. 이것은 개방대학 교재에 반영되었고 그것의 더욱 공공연한 정치적 형태는 『맑시즘 투데이』에 반영되었다. 『스크린』(*Screen*)은 브레히트에 대한 알뛰세주의화된 견해를 옹호해 왔다.
19) G. Elliot, *Althusser : The Detour of Theory*, 앞의 책, p. 15[『알뛰세르 : 이론의 우회』, 새길, 1992]. 이 절의 상세한 내용 대부분은 이 자료에서 유래한다. 특히 제5장을 보라.

중하였고 다른 한편에서 그는 여전히 소련(USSR)의 업적을 옹호하였다. 흐루시쵸프의 '비밀'연설에 대한 그의 반응은, 그것이 스딸린주의와의 '우익적' 단절을 대표한다고 보는 것이었다. 스딸린주의에 대한 공식 비판은, 알뛰세가 제기한 마르크스주의에 대한 철학적 방어의 기초 위에 서 있지 않았다. 오히려 그것은 반(反)마르크스주의적 자유주의 관념들을 사용하면서 사회주의로부터의 후퇴를 표현했다. 알뛰세는, 흐루시쵸프의 입장이 서구 공산당들의 사회민주주의로의 우익적 이동과정에서 나타났던 '부르주아 휴머니즘'을 반영한다고 믿었다. 알뛰세의 대안은 '좌익적' 비판을 시도하는 것이었다. 즉 그는 스딸린주의에 대한 공격이 러시아혁명을 옹호함으로써 시작될 수 있다고 믿었던 것이다. 그러나 그의 생각의 문제점은, 그 일을 수행하기 위해서는 그가 흐루시쵸프의 개혁들에 맞서 소비에트 연방공화국의 업적을 옹호해야만 한다고 믿었던 데 놓여 있다. 그는 스딸린주의의 업적을 옹호하는 '반스딸린주의'의 입장에 놓여 있었다.

그는 스딸린주의를 비판하는 이전의 모든 시도들을 우익적인 것이라고 설명했다. 프랑스 공산당 내의 모순들로부터 멀리 벗어난 채 그리고 자신의 마오주의적 추종자들 사이에서 그는 『인의 장막에 대한 비판 노트』에서, 그리고 「존 루이스에 대한 답변」에서 스딸린주의에 대한 부르주아 평론가들의 우익적 비판과 뜨로츠키주의자들의 스딸린주의 비판을 뒤섞어 놓았다.[20] 이러한 혼합은 뜨로츠키의 저작과 좌익 반대파의 활동에 대한 무시에 의해, 그리고 스딸린주의 문제와 격투해 온 알뛰세 자신의 동시대인들의 작업에 대한 무시에 의해 성취되었다. 1975년에 그는 최초의 좌익적 비판에서 출발해야 한다고 주장하기도 했다. 그러나 이를 뒷받침하는 어떠한 분석도 나오지 않았다. 그는, 소련이 사회주의적 하부구조와 왜곡된 상부구조를 가진 사회라고 설명했다. 비록 그가 소련의 발전과정에 대한 역사적 분석을 제시한 바는 없지만 그는 국가기구와 국가권력을 구별하였다. 바로 이것은, 그가, 스딸린주의적 국가는 러시아의 절대주의적 과거로부터 물려받은 국가기구에 그 연원을 두고 있다고 주장할 수 있었음을 의미한다. 그는 스딸린의 실수들을 이론의 실수, 즉 '경제주의적 이론'

---

20) 같은 책, pp. 246~247.

이나 '제2인터내셔널의 사후적 복수'21) 등의 탓으로 돌렸다. 이것이 스딸린으로 하여금 생산력의 변형에 집중케 만들었다는 것이다. 이와는 대조적으로 중국 공산주의는 생산관계를 변형할 필요에 직면했다는 것이 알뛰세의 설명이다. 알뛰세는 실천상에서 스딸린주의에 대한 '구체적 비판'으로 중국에서의 발전에 기대를 걸었다. 그리고 그에게는 이것이 스딸린주의에 대한 좌익적 비판으로서는 유일한 것이었다.

알뛰세는 스딸린의 유산으로부터 자신을 완전히 분리시키기를 원치 않았다. 그는 스딸린그라드의 업적을 찬양했으며 "즉각적 '세계혁명'이라는 기적회구적 관념"을 포기하고서 "일국에서 '사회주의의 건설'에 착수한" 스딸린의 "또 다른 역사적 장점"을 찬양했다.22) 그는 심지어 스딸린의 '이론적' 저작들의 몇몇 측면들을 높이 평가하기도 했다.23) 다른 사람들이 스딸린주의적 유산으로부터 단절을 꾀하고 있었던 시기에 알뛰세가 드러낸 이 모든 모습들은 그가 스딸린주의와 상당한 정도의 타협을 하고 있었음을 의미한다. 그는 '일국에서의 사회주의'를 불가피한 것으로 보았고 소비에트 체제의 수호를 위해서, 그리고 레닌주의의 원리를 보존하기 위해서는 필연적인 것이라고 보았다. 혁명에 대한 그의 방어는 '마르크스-레닌주의'의 방어로 되었다. 세계혁명의 역사적 가능성에 대한 그의 부정은 그로 하여금 스딸린의 레닌주의로부터의 반혁명적 단절을 이해하지 못하도록 가로막았다.

친소련적인 프랑스 공산당의 당적을 계속 유지했음에도 불구하고 알뛰세는 마오주의의 영향을 강하게 받았다. 1960년대 초 중소분열의 시기에 그는, 자신이 마르크스-레닌주의의 참된 원리를 받들고 있는 것으로 간주했던 중국 공산당(CPC)을 공개적으로 지지했다. 그들은, 생산력과 기술에 인류 발전의 관건으로서의 중요성을 부여하고 있는 스딸린의 '경제주의·인간주의'적 오류와 대조적으로 생산관계와 계급투쟁에 합당한 우선권을

---

21) 같은 책, p. 248.
22) 같은 책, p. 250.
23) 특히 스딸린이 자신이 설정한 변증법의 '법칙들'로부터 '부정의 부정'의 법칙을 배제한 것.

부여하고 있었다. 1966년에 그는 '대(大)프롤레타리아트 문화혁명'에 바치는 『마르크스-레닌주의자 팜플렛』(Cahiers Marxistes-Leninistes)의 어떤 호에 익명으로 하나의 기사를 기고했는데 그것은 중국의 문화혁명을 '유례없는 역사적 사실'이라며 환호하는 것이었다.24) 1970년대에 씌어진 그의 자기비판은 마오주의의 영향을 받은 관념들을 발전시켰다. '대중이 역사를 만든다', 그리고 '이론에서의 계급투쟁'으로서의 철학 등이 그것이다. 1960년대에 스딸린주의적 관념의 영향을 재활성화한 급진적 대안으로서 마오주의의 출현과 그 마오주의 속에 들어 있었던 환상들은, 1970년대 말에 프랑스 좌익의 상당 부분이 캄보디아, 베트남, 그리고 중국 등의 체제들의 현실을 대면하면서 붕괴하게 되었다.25) 마르크스주의는 전체주의로 귀결된다는 비난과 더불어 프랑스의 지적 분위기가 마르크스주의로부터의 급격한 이탈을 보이고 있을 때 알뛰세는 설득력 있는 반격을 가할 수가 없었다. 왜냐하면 그 자신의 이론적·정치적 입장이 스딸린주의적 과거와의 완전한 단절을 이루지 못하고 그것과 타협하고 있었기 때문이다.

이에 대한 대안들이 없었던 것이 아니다. 스딸린이 죽은 해인 1953년 동독에서는 대규모의 노동자봉기가 있었다.26) 1956년의 헝가리혁명27)은 마르크스주의자들로 하여금 이러한 저항을 이해할 수 있는 사상을 찾기 위해 로자 룩셈부르크, 뜨로츠키, 레닌, 루카치 등의 스딸린주의 이전의 저작들뿐만 아니라 초기 마르크스의 저작들로 돌아가도록 고무했다. 특히 그들은 루카치로부터, 노동자계급은 역사의 주체가 될 수 있다는 사상을 받아들였다. 신좌익은 동과 서의 노동자투쟁을 환호했다. 그리고 그들 중의 일부는 스딸린주의에 반대하는 투쟁을 계속 해 왔던 소수의 뜨로츠키주의 집단에 합류했다. 그렇지만 알뛰세는 이를 거부하면서 이러한 신좌익과 흐루시쵸프 연설의 충격 하에서 서방 공산당들에 나타난 우향 이동

---

24) 같은 책, pp. 193~194.
25) C. Harman, 앞의 책.
26) C. Harman, *Bureaucracy and Revolution in Eastern Europe*, London, 1974[크리스 하먼, 『동유럽에서의 계급투쟁』, 갈무리, 1994].
27) 같은 책. 또한 P. Fryer, *Hungarian Tragedy*, London, 1986을 보라.

을 혼동하는 오류를 범했다. 알뛰세의 주요 적(敵)은 인간주의였다. 그는 이것을, 공산주의자들이 스딸린주의 비판을 위해 취하는 이데올로기적 형식이라고 보았다.

> 스딸린의 '교조주의'에 대한 비판은 일반적으로 공산주의 지식인들에 의해 '해방'으로서 '체험'되었다. 이러한 '해방'은 심대한 이론적 반응을 불러일으켰으며, '자유주의적'이고 '도덕적인' 경향을 불러일으켰다. 그리하여 그것은 자연히 '자유', '인간', '인간적인 사람', 그리고 '소외'라는 옛 철학적 테마들을 재발견하였다. 이런 이데올로기적 경향은 마르크스의 '청년기 저작'에서 이론적인 정당성을 찾았는데, 정말로 그 저작은 인간에 대한, 그리고 인간소외와 인간해방에 대한 철학이 가질 수 있는 모든 주장들을 포함하고 있다.28)

그 결과 그는, 모든 반스딸린주의적 입장들이 이와 같은 이론적 오류들에 의해 오염되어 있다고 보게 되었다. 그에 따르면 제2인터내셔널은 서구 마르크스주의의 전 역사에 자신의 긴 그림자를 드리우고 있으며 이 영향권 밖에 놓여 있는 것은 레닌과 마오뿐이었다. 경제주의와 휴머니즘은 같은 동전의 반대면에 지나지 않았으며 그것은 잘못된 역사적 목적론에 기초해 있는 헤겔주의적 일탈이었다. 역사는 바로 이 목적론에 따라 경제법칙의 결과로서 혹은 프롤레타리아트의 필연적 운명으로서 자동적으로 전개된다. 알뛰세는, 자신의 옳은 이론적 해석만이 이러한 오류들로부터 마르크스주의를 구출할 수 있을 것이라고 믿었다. 이를 위해 그는 마르크스주의를 초기 마르크스의 인간주의적 오류들로부터 구해 내야 했으며 자신의 과학적 작업과 루카치의 역사주의 사이에 분명한 분할선을 그어야만 했다.29)

---

28) L. Althusser, *For Marx*, 앞의 책, p. 10[알뛰세, 『마르크스를 위하여』, 백의, 1990, 14~15면 참조].
29) 여기에서 루카치를 완전하게 다루는 것은 가능하지 않다. 『인터내셔널 소셜리즘』(*International Socialism*) 지에 곧 실릴 루카치에 대한 존 리스의 논문을 보라.

역사적 유물론

알뛰세는 마르크스의 '재독해'에 기초하여 역사적 유물론에 대한 옳은 해석을 발견했다고 주장했다. 알뛰세에 따르면 마르크스는 사회주의를 단순한 총체성으로 파악하는 관념을 기각하였다. 그는, 대부분의 마르크스주의자들은 마르크스의 헤겔과의 단절을 오해해 왔으며 그 결과 마르크스의 사회구성체 개념이 헤겔의 '표현적 총체성' 개념과 아무런 공통점도 없음을 인식하지 못했다고 주장했다. 헤겔에게서 총체성은 하나의 미리 주어진 목표를 향한 본질의 자동적 전개과정에 다름 아니다. 즉 역사는 목적적 과정(teleology)인 것이다. 역사에 내재해 있는 이 본질적 동력은 일원적 시간 개념을 전제한다. 왜냐하면 모든 것은 동일한 기초 위에서 앞으로 전진해 나가기 때문이다. 알뛰세는, 루카치가 마르크스에 대한 헤겔적 해석을 발전시킨 것에 특별한 책임이 있다고 주장했다. 그는 루카치가, 노동자계급은 역사의 주체로서의 자신의 운명을 향해 굽힘 없이 나아간다고 보았다고 주장했다. 역사가 나아가는 궁극적 목표가 있다는 관념 역시 경제주의의 특징인데 여기에서는 노동자들의 의식 대신에 경제법칙이 추진력을 공급할 뿐이다. 알뛰세의 목표는 역사적 유물론을, 이전의 모든 마르크스주의를 실제로 망쳐 놓은 이 두 개의 쌍둥이 왜곡으로부터 구출하는 것이었다.

알뛰세의 추론 방식에서 일반적으로 나타나는 것은, 그가 서로 정반대되는 견해들을 묶어 놓고 이 양자에 동일한 오류의 원천이 작용하고 있다고 주장하는 것이다. 이런 식으로 그는 루카치를 희화에 가깝게 왜곡시켰다. 루카치는 제2인터내셔널의 경제적 결정론에 반대하였으며 노동자계급이 어떻게 하여 사회를 변혁시킬 자신의 잠재력에 대해 깨닫게 될 수 있는가에 대한 이론을 발전시키려 하였다. 자신의 정치적 저술이 좀더 분명한 형태를 띠게 되었을 때 그는 이 과정이 자동적 과정이라고는 생각하지 않았다. 그런데도 알뛰세는 이 사실을 무시한다. 그가 가상한 헤겔주의적 마르크스주의의 징후들은 '인간주의적 역사주의'나 '경제주의'의 모습으로 도처에서 탐지되는 것이다.

사회적 총체성에 대한 헤겔화된 개념 대신에 알뛰세는 각각 그 나름의 효과들을 갖는 분리된 '차원들' 혹은 '심급들'로 구성된 사회구성체의 모델을 제시했다. 사회구성체의 구조는 어떤 하나의 결정 집합들의 산물이 아니라 '중첩결정'(overdetermination)[30]된다. 이것은, 모든 차원들, 즉 경제적, 정치적, 이데올로기적 차원들이 동시적으로 작동한다는 것을 의미한다. 당황스럽게도 중첩결정의 산물은 과소결정(underdetermination)이다. 왜냐하면 이 다인과성(多因果性)이 우리들로 하여금, 사건들의 형성에서 어떤 과정이 결정적(determinant)인가를 분석하지 못하도록 가로막기 때문이다. 알뛰세에 의하면 각각의 차원은 그 자신의 시간 척도에 따라 작동하며 그 자신의 고유한 내적 동학(動學)을 갖고 있다. 그리고 상부구조도 '상대적 자율성을 갖고' 움직인다. 경제적인 것은 오직 '최종 심급'에서만 결정적이다. 그러나 '첫 순간부터 마지막 순간까지 최종 심급의 고독한 시간은 결코 오지 않는다.'[31] 이렇게 되는 이유는, 결정성이 '순수한' 경제적 계기의 개입으로 생각되고 있기 때문이다.

---

[30] 'overdetermination'은 알뛰세 소개의 초기 단계에서는 '중층결정'으로 번역되었으나 최근에 들어와서는 주로 '과잉결정'으로 번역되고 있다. 그러나 '과잉결정'이라는 용어는 영어 단어 'overdetermination'의 뜻과도 상이할 뿐만 아니라 경제적 심급, 정치적 심급, 이데올로기적 심급 등 다차원적 심급들의 결합을 의미하고자 한 알뛰세의 본래 의도와도 맞지 않는다. 그런 의미에서는 이전의 '중층결정'이 본래의 뜻에 더 가깝다. 그러나 '중층'이란 용어는 각 심급들이 '계층'적으로 결합되어 있음을 이미 함축하고 있어 'overdetermination'이라는 개념 속에는 본래 존재하지 않는 의미를 자의적으로 부과하는 일면이 있다. 따라서 이 책에서는 'overdetermination'을 단순히 '중첩결정'으로 번역한다. 이와 짝을 이루는 단어로 등장하는 'underdetermination'은 흔히 '과소결정'으로 번역된다. 그러나 이 단어는 필자에 따라 '아래로부터' 혹은 '다른 것의 영향을 받아' 결정된다는 의미로 이해하는 경우와 결정의 '과소성'으로 이해하는 경우로 나누어진다. 이 책에서는 필자의 이해방식에 따라 이 두 가지의 용어로 그때그때 문맥에 따라 적절하게 번역하였다. [역자주]

[31] L. Althusser, *For Marx*, 앞의 책, p. 113[알뛰세, 『마르크스를 위하여』, 백의, 1990].

...... 역사 속에서 이러한 심급들, 상부구조들 등이 자신들의 작업이 끝났다면서 공손하게 길을 비켜 주는 모습은 결코 찾아볼 수 없다. 이들이, 자신의 왕인 경제가 변증법의 왕도를 따라 뚜벅뚜벅 걸어옴에 따라 그 앞에서 산산이 흩어져 버리는 모습 역시 결코 찾아볼 수 없다.32)

사실이 그렇다. 그러나 이 주장이 극적 효과를 가질 수 있을지 모르지만 이것은 결정에 대한 마르크스주의적 의미에 대한 희화일 뿐이다. 예컨대 마르크스와 뜨로츠키의 역사적 서술은 언제나 역사적 사건들을 하나의 종합 국면으로 분석한다. 결정이란 결코 역사에 대한 단원인적(單原因的) 관점을 의미하지 않는다. 알뛰세는 마르크스와 레닌의 분석들 —— 물론 뜨로츠키의 분석들에 대해서는 그렇지 않았지만 —— 을 높이 평가했다. 그러나 그는, 이것이 역사적 유물론에 대해 갖는 완전한 함의는 적절하게 이론화되지 않았다고 주장했다. 이렇게 주장하게 되는 것은, 그가 마르크스의 변증법과 헤겔의 변증법 사이의 급진적 단절을 인식하지 못했기 때문이다. 알뛰세는, 헤겔의 변증법이 모든 것을 단순한 모순으로 환원하는 것에 기초하고 있다고 주장했다. 그리고 그는, 바로 이것이 마르크스주의 속으로 경제주의를 이입(移入)시킨다고 주장했다. 알뛰세에 따르면, 중첩결정에 기초하여 마르크스주의 변증법의 근본적으로 다른 함의를 사고하려 한 —— 마르크스와 레닌 이외의 —— 유일한 저자는 그람시였다. 이와 연루하여 여타의 마르크스주의는 유죄선고를 받게 된다.

알뛰세의 재정식화는 마르크스의 결정 개념에 대해 더 좋은 이해를 제공해 주지 않는다. 사실 그것은 그 개념의 특수한 의미를 박탈한다. '중첩결정'이라는 말을 해부해 보면 그것은 단순히, 모든 것은 그 밖의 다른 것에 영향을 미친다는 것을 의미할 뿐이다. 이것은 자명한 것이다. 그러나 이 개념은 그 도전이 변화의 크기, 방향, 원인 등을 이해해야 하는 역사적 설명의 문제를 감당할 수 없다. 복잡한 사회적 총체 속에서 작용하고 있는 관계들을 이해할 수 있기보다는 오히려 알뛰세는 기술적(記述的) 사회학의 다결정적 다원주의(pluralism)로 빠져든다. 이것은 마르크스 자

---

32) 같은 책.

신의 다음과 같은 정식과 대비된다.

> 역사에 대한 이러한 개념은 생활 그 자체의 물질적 생산에서 출발하여 실제의 생산과정을 설명할 수 있는 우리들의 능력에, 이것과 연관되어 있으며 모든 역사의 토대인 이러한 생산양식(즉 각각의 해당 단계의 시민사회)에 의해 창출된 교류의 형식을 이해할 수 있는 우리들의 능력에, 그리고 국가의 활동을 그것의 활동 속에서 보여줄 수 있는 능력에, 종교·철학·도덕 등 모든 상이한 이론적 생산물들과 의식 형태들을 이에 의해 설명할 수 있는 능력에 의존한다. 이에 의해 모든 것들은 그 총체성 속에서 (그리고 또 이들 다양한 측면들 상호간의 상호 반작용 속에서) 서술될 수 있다.33)

마르크스는 사회구성체의 상이한 측면들이 어떻게 상호연관되는지 그리고 그것들이 생산양식의 발전에 의해 어떻게 조형(造形)되는지, 그리고 그것들이 상호간에 어떻게 영향을 미치는지를 밝히기 위한 역사적 연구의 필요성을 깨닫고 있었다. 이것은 사회관계들의 총체성을 이해하는 데서 시작함으로써만 가능한 일이다. 알뛰세의 영향은 다음과 같은 것, 즉 마르크스주의는 조잡한 결정론이며 알뛰세의 '최종심에서의 결정'이라는 정식이 그것보다 더 우월하다고 주장하는 것이 이제 상식으로 되었음을 의미한다.

다원주의로의 붕괴에 대처하기 위해 알뛰세가 시도한 방식은 '지배 내 구조'라는 개념의 설정이다. 이 개념에 따르면 모든 사회구성체에서는 하나의 특별한 구조(예를 들면 봉건주의에서는 '정치적인 것')가 지배적이다. 경제적인 것은 이 구조들 중에서 어느 것이 지배적인가를 결정하는 역할을 한다. 그리하여 결정은 하나의 심급에서 작동한다. 그러나 문제를 한 걸음 뒤로 밀쳐 놓는 것이 그 문제를 푸는 것은 아니다. 경제적인 것은 순전히 형식적으로 불러내어진다. 그것은 더 이상 역사적 유물론을 판별짓는 설명적 우선권을 지니지 못한다.

알뛰세는 사회적 총체성이라는 개념을 지지할 수 없었다. 그가 보기에

---

33) K. Marx · F. Engels, *The German Ideology*, London, 1970, p. 58[마르크스·엥겔스, 『독일 이데올로기』, 청년사, 1988].

는 서로 상이한 차원들은 나머지의 차원들로부터 분리되어 독립적으로 발전할 수 있다. 그는 일원적 시간이라는 개념을 거부했다. 그 개념 대신에 그는 불연속적인 역사적 시간이라는 개념을 사용했다. 이것은, 정치적인 것이 경제적인 것으로부터 독립적으로 발전할 수 있었다는 것을 의미한다. 소련에 대한 분석에서 그는 스딸린주의가 불완전한 정치혁명의 결과, 즉 짜리즘이라는 전체주의적 정치문화의 유물이었다고 주장했다. 이 국가 형식은 국가권력이 변화한 이후에도 살아남았고 계속해서 자율적으로 발전했다는 것이다. 상부구조의 (상대적) 자율성이라는 그의 견해는 중국 문화혁명에 대한 그의 심취와 보조를 같이한다.

역사적 유물론은 세계에 대하여 알뛰세보다도 더 훌륭한 이해방식을 제공한다. 그리고 그것은 마르크스 이래로 역사 분석의 풍부한 전통을 이루어 왔다. 알뛰세의 재정식화는 이 전통에 특별히 더 나은 것을 덧붙이지 못했다. 알뛰세의 추종자들이 약속했던 위대한 역사적 재작업들이 실현되지 못했던 것은 놀라운 일이 아니다. 오히려 그들의 작업은 점점 몽매한 분석이 되었을 뿐이다. 난점은 다름 아니라 알뛰세의 출발점에 놓여 있었다. 조야한 경제적 결정론은 이론과 실천 양면에서 제2인터내셔널의 경제주의와 대결했던 고전적 마르크스주의 전통의 일부가 아니다. 스딸린주의의 공포는 마르크스주의의 단순한 이론적 실수가 아니라 후진국의 경제적 발전을 재촉한 지배계급의 물질적 실천이었다. 경제주의와 기술적 결정론은 동과 서 사이의 수렴을 주목하고 그것을 기술의 승리로, 그리고 자본주의적 사회관계의 필연성으로 환원시켰던 '산업사회' 사회학자들의 특징이었다.

'[경제적] 생산양식에 의한 최종심에서의 결정'과 '상부구조의 상대적 자율성'34) —— 특히 후자 —— 이라는 알뛰세의 대구(對句)가 가져온 영향을 과대평가하기란 어려울 것이다. 이것은 마르크스주의에 대한 보다 현학적인 관점을 제시하는 것이었으며 상부구조에 대한 비환원적인 분석에 여지를 만들어 내는 것이었다. 힌데스와 허스트는, 알뛰세의 사상이 갖는

---

34) L. Althusser, *For Marx*, 앞의 책, p. 111[알뛰세, 『마르크스를 위하여』, 백의, 1990].

함축을 그것의 논리적 결론에까지 밀어붙이고 종합의 이론을 위하여 결정 일체를 포기함에 있어서 영향력을 발휘한 것으로 입증되었다. 상대적 자율성이라는 언어와 마르크스주의란 경제주의와 동일하다는 가정이 사회과학적 민담 속으로 스며들게 된 것은 이제 더 이상 어떤 특정한 저자들만의 문제가 아니다.

청년 마르크스, 노년 마르크스

마르크스주의를 스딸린주의의 왜곡으로부터 구출해 내고자 한 알뛰세의 시도는 '마르크스로의 복귀'를 내포하고 있다. 스딸린주의의 후견 하에서 이론은 교조의 단순한 반복으로 되었고 알뛰세의 기획은 당 지식인들의 독립성을 주장함으로써 프랑스 공산당 내부로부터 마르크스주의를 다시 활성화하려는 것이었다. 그렇지만 그의 기획은 마르크스에 대한 평범한 재독해는 아니었다. 스딸린주의에 대한 이른바 '우익' 인간주의적 비판가들로부터 자기 자신을 구별짓기 위하여 알뛰세는 두 사람의 마르크스가 있었다고 결론지었다. 청년 마르크스는 '윤리적'이고 '자유주의적'인 수정주의를 위한 기반을 제공한 한편 성숙한 마르크스는 마르크스-레닌주의의 재활성화를 위한 과학적 기반을 제공했다는 것이다. 알뛰세에 따르면 초기 텍스트들의 근본적인 오류는, 그것들이 과학으로서의 마르크스주의와 양립할 수 없는 초기의 헤겔주의적 관념들의 잔해들을 포함하고 있다는 것이었다.35) 알뛰세는, 후기의 과학적 텍스트들로부터 초기의 전(前)과학적 저술들을 분리시키는 마르크스에 있어서의 '인식론적 단절'이 있었다고 주장했다.

알뛰세는 마르크스의 저술들을 다음과 같은 시기로 구분한다. 1840~44년의 저술들은 '초기 저작들'(1840~42년의 저작들은 '자유주의적 낭만주의', 1842~44년의 저작들은 '지방 자치주의적 합리주의')이 된다. 1845년에

---

35) 헤겔의 중요성에 대한 분석으로는 J. Rees, 'The Algebra of Revolution', *International Socialism* 2:43(1989년 여름)를 보라.

는 '단절의 저작들' 특히『독일 이데올로기』,『포이에르바하에 관한 테제』 등이 이어진다. 그리고 나서『철학의 빈곤』과『그룬트리세』라는 '이행기적 저작들'이 이어진다. 그리고 1857~1883년에야 우리는『자본론』과 더불어 성숙한 마르크스를 갖게 되는 것이다! 나중에 그는 그 시기 구분을 수정하여『고타강령 비판』과『바그너의 정치경제학 교과서에 관한 평주』만이 마르크스의 완전히 성숙한 저작을 대표한다고 보았다. 그것은 알뛰세주의적 기준에서 보더라도 기괴한 결론이었다. 알뛰세의 접근법은 그 텍스트들에 비추어 볼 때에 정당화될 수 없다.『그룬트리세』는 마르크스의 저작들 중에서 가장 헤겔주의적인 것 중의 하나이다. 그러나 알뛰세의 도식에서는 그것은 하나의 과도적 작품이다. 이 작품에서 마르크스는 초기의 '전(前)과학적' 틀의 특징들을 지워 나가는 과정에 있었다.『자본론』도 그의 저작들 중 이른바 '헤겔주의적' 저작의 주제들을 상기시키는 소외에 대한 명백한 참조를 포함하고 있다. 소외가 개념화되는 방식 속에는 발전의 증거들은 있지만 결정적 단절의 증거는 없다. 즉『자본론』속에서도 초기 저작들의 용어법은 부정되지 않고 있는 것이다.

알뛰세는 '징후적 독해'라고 불리는 기법을 채택하였다. 그것은 텍스트들 속에 포함되어 있는 과학적 문제틀의 증거를 찾아내는 것을 의미한다.36) 알뛰세는 프랑스의 과학철학자인 바슐라르로부터 '문제틀'이라는 개념을 받아들였다. 이에 따르면 일관된 틀을 갖고 있지 않은 이데올로기와는 달리, 이론과학은 그것의 엄격함과 일관성에 의해 특징지워진다. 알뛰세는 마르크스의 저작들이 포함하고 있는 체계적 문제틀을 발견하기 위하여 마르크스를 '읽는다.' 이것은, 마르크스 자신이 자기 자신의 문제틀을 충분히 인식하지 못하고 있었고 그래서 그의 저작이 비과학적·이데올로기적 사고의 사례들을 포함하고 있기 때문에 그것들의 비일관성들을 제거하는 것을 의미한다. 마르크스의 문제틀에 대한 그 나름의 정의로 무장하고서 알뛰세는 그것에 들어맞지 않는 개념들을 거부하였다. 이러한 '독해'는 그로 하여금, 소외가『자본론』의 문제틀 외부에 있는 전(前)과학

---

36) L. Althusser · E. Balibar, 앞의 책[알뛰세 · 발리바르,『자본론을 읽는다』, 두레, 1991].

적 개념이었다고 결론내리게 하였다. 알뛰세주의자들에게는, 소외가 마르크스에게 중요한 개념으로 남아 있다고 주장해도 그것은 전혀 마르크스에 대한 방어가 되지 못한다. 왜냐하면 이것은, 마르크스가 그 자신의 이론의 의미들을 충분히 자각하지 못하고 있었다는 것을 증명할 뿐이기 때문이다. 과학적 마르크스주의라는 알뛰세의 명명(命名)에 상응하지 못하는 마르크스의 여러 부분들은 기각되어졌다. 그 주장은 순환적이다. 알뛰세는 마르크스의 문제틀이라는 그 자신의 정의를 사용하여 알뛰세 자신의 주장들과 모순될 수 있는 마르크스 저작의 여러 부분들을 제거하였다.

알뛰세는 과학의 특수 이론을 이론적 실천으로 발전시켰다. 그는, 과학이 여타의 모든 사회적 실천과 유사하다고 주장했다. 그것은 그 나름의 원료, 변형과정 그리고 특수한 생산물을 갖는다는 것이다. 과학적인 것을 여타의 이론적 실천들로부터 구별짓는 것은 과학이, 현상태를 유지하는 실천적 기능을 갖고 있는 이데올로기적 실천들과는 달리 자기의식적으로 지식을 추구한다는 것이다. 과학의 이론적 기능은 분명하며 과학의 과정에 내재적이다. 과학의 원료는 그 이전의 개념들이며 과학적 작업과정은 자기의식적인 문제틀의 작동이고 그것의 결과물은 개념들의 엄격한 체계이다.[37] 이것은 '이론적 실천의 이론'이라고 명명되었으며 그에게 마르크스주의가 하나의 과학이라고 주장할 수 있는 정당성을 제공하였다. 알뛰세는, 자신의 이론이 마르크스가 결코 발전시킬 수 없었던 변증법적 유물론이라고 믿었다.

알뛰세의 변증법적 유물론(diamat)은 마르크스주의를 관념론으로 바꾸어 놓는다. 마르크스주의를 포함하여 그가 말하는 과학은 지식에 실재적인 것을 공급해 주는 것이 아니라 실재적인 것에 대한 관념만을 공급해 준다. 왜냐하면 과학의 원료와 최종생산물은 개념들이기 때문이다. 알뛰세 자신은 우리들의 개념과 실재세계 사이의 관계라는 질문을 제기한다. 그러나 그 질문은 완전히 부적합한 대답을 가져올 뿐이다. 그는 세계에 대한 과학의 관계가, 그가 '지식효과'라고 부르는 것에 의해 주어진다고 주장한다. 그의 주장에 의하면 이 '지식효과'는, '사유 내 구체'의 지식(즉

---

[37] 소위 일반성 I, II, III.

그의 체계적 이론들)이 우리들에게 '현실적 구체'에 대한 지식을 줄 수 있도록 보장해 주는 것이다. 이것은 하나의 책임 회피이다. 왜냐하면 그는 이론적인 것을 실재적인 것과 연결지을 수 있는 어떠한 메커니즘도 제공해 주지 못하기 때문이다. 알뛰세는 실재론을 지향하는 듯한 자세를 취하지만 결국은 이론의 정당성을 과학성의 협약들에 의존하게 만드는 협약론으로 주저앉고 만다. 그는, 체계적 이론이 과학에 내재적인 기준 이외의 다른 기준에 의해 실재적 세계에 대한 지식을 어떻게 보장해 줄 수 있는가에 대한 어떠한 설명도 제시할 수 없었다. 왜냐하면 그는, 과학에 외재적인 실재적 대상들과 어떤 관계를 맺는 것이 결국은 경험주의로 빠지고 말 것이라고 믿었기 때문이다. 이렇게 해서 진리는 체계의 기능으로 간주되었고 또 그것의 진리는 체계의 정합성에 의해서만 판단될 수 있게 된 것이다. 이러한 기준들은 합리주의적인 것으로서 인간 의식에서 독립적으로 존재하는 실재세계와의 관계가 아니라 사유의 구조만을 문제삼는 것이다. 이러한 접근법이 갖는 하나의 문제점 —— 실제로 그것은 그러한 모든 이론들에 공통적인 것이다 —— 은 그것이, 세계에 대해 내적으로 일관된 하나의 이론과 또 다른 이론 중에서 어느 것을 선택할 것인가 하는 문제에 대해 어떠한 근거도 제시하지 못한다는 것이다. 실재적인 것은 환기되어지지만 그러나 어떠한 능동적 역할도 수행하지 못한다. 이런 접근법에서는 실천과 경험이 이론을 구성하거나 확인하는 것에서 어떠한 역할도 수행하지 못한다.

알뛰세는 과학에 대한 완전히 지식인주의적인 설명을 산출했다. 이데올로기는 그것이 갖는 '실천적·사회적' 효과들에 의해 사회와 연관된다. 그러나 과학은 단지 그것의 '이론적 관심'에 의해서만 지배된다. 이것은 과학을 역사로부터 분리시킨다. 과학적 실천은 단지 상대적으로 자율적인 것에 그치지 않고 완전히 자율적인 것으로 된다. 그것은 오직 이론적 실천이라는 내적 작동에 의해서만 인도된다. 이것은 과학의 발전과 마르크스주의의 발전을 생산력의 발전 및 노동자운동의 발전으로부터 절연시킨다. 과학 그 자체는 하나의 주체 없는 과정이다. 그 과정에 저자는 부재한다. 과학의 역사는 이데올로기에 대한 연구로 격하된다.[38] 이러한 결론들은 과학을 하나의 사회적 실천으로 간주하고자 한 알뛰세 자신의 주장과 모순된다. 과학의 '이론적 관심'은 순수한 관념론에 기초하고 있다. 알뛰세의 과학 이론은 인간 존재가 어떻게 자신으로부터 독립적으로 존재하는 현실세계에 대한 지식을 산출할 수 있는가 하는 문제를 다루는 데 실패할 뿐만 아니라 그 지식 자체의 존재 조건을 설명하는 데에도 실패하게 된다. 이 두 가지 문제 모두는 그가, 인간은 사회적 생산을 통해 세계를 능동적으로 변형시키며 그 과정 속에서 세계와 자기 자신을 동시에 변형시킨다는 실천 개념을 거부하고 있는 데서 기인한다. 그가 사용하는 과학적 실천이라는 용어는 그의 관념론을 위장하기 위해 사용될 뿐이다.

알뛰세가 과학에 대한 합리주의적 접근법을 채택한 이유는, 우리가 실재적인 것에 직접 감각적으로 접근할 수 있다고 보는 관점, 즉 경험주의에 대한 두려움 때문이었다. 모든 지식은 인간적인 것이며 우리들의 감각과 세계 사이의 단순하고 직접적인 연관이 있을 수 없다는 것은 물론 사실이다. 만약 우리들의 감각과 세계 사이에 이러한 직접적 연관이 있다면 우리에게는 과학이 필요없을 것이다. 과학은 우리가 이해하고자 하고 또 변형하고자 하는 자연적·사회적 환경과 우리 자신과의 상호작용에 의해 가능해진다. 알뛰세는 이러한 사실을 받아들일 수 없었다. 왜냐하면 그는 자신들의 실천을 통해 지식을 갖기에 이르는 인간 주체의 가능성을 배제하고 싶었기 때문이다. 또 왜냐하면 이러한 생각은 스딸린주의에 대한 신좌파적 대안과 너무나 밀접히 연관되어 있었기 때문이다. 알뛰세는 실재세계의 존재를 부정하지는 않았다. 그러나 그는, 우리가 그 실재세계에 접근할 수 있다고 믿는 것은 이데올로기의 술수에 지나지 않는다고 주장했다.

오래지 않아서 알뛰세의 추종자들은 '지식효과'라는 개념이 관념론적 지식 이론을 은폐하기 위한 하나의 단순한 무화과 나뭇잎에 지나지 않는다는 것을 인정하게 되었다. 힌데스와 허스트는 이 점에서 특히 영향력 있는 인물들이었다. 그들은 알뛰세가 지식효과라는 개념을 통해 실재론의

---

38) L. Althusser, *Lenin, Philosophy and Other Essays*, 앞의 책, p. 171[『레닌과 철학』, 백의, 1991].

퇴화 흔적을 유지하고 있다면서 그를 비판했다. 그리고 그들은 전(前)자본주의 생산양식에 대한 자신들의 분석은 그러한 오점을 전혀 갖고 있지 않다고 자랑했다. 하나의 정당한 개념은 개념들의 체계 내에서 비로소 가능해진다는 것이었다. 이들에 따르면 하나의 정당한 개념은 실제의 생산양식이 존재했느냐 않았느냐 여부와는 아무런 관계도 갖지 않는다.

> 구체적 조건들이 개념들을 정당화해 주는 것이 아니다. 구체적인 것에 대한 분석을 가능하게 하고 또 정당화해 주는 것은 바로 개념 자체이다. 그러므로 AMP(아시아적 생산양식 - 슈 클레그)의 존재 여부의 문제는 구체적 사회구성체에 대한 참조에 의해 해결될 수는 없다. 그것은 엄밀하게 이론적인 문제이다.[39]

물론 알뛰세 자신은 관념론이라는 비난을 피하기를 원했다. 하지만 사실상 그는, 과학들은 "그들이 생산한 지식이 '참임'을, 즉 지식들임을 밝히기 위해 외부적 실천들에 의해 입증될 필요가 전혀 없다"[40]고 주장할 만큼 단호했다. 그러므로 주저 없이 일관된, 일종의 낯두꺼운 관념론을 생산하기 위해서 망설임을 좀더 버리고 좀더 큰 일관성을 보이고자 했던 사람들이 알뛰세의 생각을 크게 왜곡시킬 필요는 없었다. 알뛰세는 이처럼, 지식을 담론에 국한시키며— 덧붙이자면— 실재적인 것을 손닿을 수 없는 곳에, 즉 인간 의식이 영원히 접근할 수 없는 것으로 포기해 버린 포스트구조주의에 이르는 길을 앞서 닦아 놓았던 것이다.[41]

알뛰세의 이론은 또 마르크스가 변화를 일으키는 행위자(agent)로서 노동자계급에게 중심적 초점을 두었던 것과는 정반대의 방향으로 나아갔다. 알뛰세는 지식의 생산자로서 지식인을 특권화하였다. 그에게서는 이론적 실천이 여타의 인간적 실천과는 아무런 관계도 갖지 않으며 그 자

---

39) B. Hindess · P. Q. Hirst, 앞의 책, p. 180.
40) L. Althusser · E. Balibar, 앞의 책, p. 59[알뛰세 · 발리바르, 『자본론을 읽는다』, 두레, 1991].
41) 예를 들어 E. Laclau · C. Mouffe, *Hegemony and Socialist Strategy*, London, 1985[라클라우 · 무페, 『사회변혁과 헤게모니』, 터, 1990]를 보라. 이 책은 이러한 종류의 분석이 도달하는 정치적 결론이 무엇인지를 잘 보여준다.

체로서 하나의 정치적 행위이다. 1970년대 영국의 학술가 세대들에게 있어서 그의 주장은 정치적 개입을 전혀 하고 있지 않은 데 대한 면죄부를 제공하였다. 폴 허스트와 같은 영향력 있는 알뛰세주의자들은 『이론적 실천』이라는 정기간행물을 발간하면서 아카데믹한 출판활동에 자신의 노력을 쏟아 부었다. 그들은, 자신들의 입장이 '이론의 실천과 이론의 발전이 계급투쟁으로부터 분리되어 있다는 이론주의를 뜻하지 않는다. ……'42) 고 항변하였다. 그러나 그레고리 엘리어트가 허스트의 우익적 궤적을 서술한 그의 탁월한 저작에서 언급하였듯이 '적어도 영국에서는 이론은 정치였다.'43)

노동자계급은 아무런 역할도 가질 수 없다. 왜냐하면 이론은 이전의 이론들에 대한 변형을 포함하는 고도로 전문적인 활동이었기 때문이다. 그러나 노동자들의 실천은 '실천적·사회적' 관심에 의해 통제되며 이데올로기적인 것으로 남아 있다. 알뛰세는 이 주제에 대해 변명적 태도를 보이고 있다. '나는 모든 마르크스주의자들은, 그들의 노동과 고통과 투쟁이 우리들의 현재와 미래를 지탱하고 있는 바로 그 사람들의 경험과 희생에 빚지고 있음을 깊은 경의를 가지고 말한 바 있다.'44) 그러나 이론적 실천이라는 그의 개념은 지식의 생산 속으로 들어가면서 이 경험을 배제해 버린다. 지식은 노동자들에 대해 엘리트적이고 교사적인 역할을 수행하는 입장에 서 있는 알뛰세와 같은 지식인들에 의해 생산된다. 그렇지만 이론적 실천은 직접적인 정치적 행동을 결코 의미하지 않는다. 이론과 실천의 이러한 분열은 프랑스 공산당의 현실 정치가 문제로 되었을 때에 당노선에 대한 알뛰세의 묵종을 정당화해 주었다.

알뛰세에 대한 비판가들은, 알뛰세가 이론적 실천 및 그것의 관념론적 함축들에게 여타의 활동들을 유린하는 역할을 부여한 것을 들어 그를 공

---

42) Elliot, 'The Odyssey of Paul Hirst', *New Left Review* 159, 1986, p. 82에서 인용.
43) 같은 책, p. 83.
44) L. Althusser · E. Balibar, 앞의 책, p. 58[알뛰세·발리바르, 『자본론을 읽는다』, 두레, 1991].

격하였다. 1970년대에 그는 자기 자신이 '이론주의'에 대하여 책임이 있다고 선언한 후 자신이 계급투쟁에 주의를 충분히 돌리지 못한 점을 시인한 자기비판을 제출하였다.45) 그는, 철학이 과학성의 중재자로서 결정적 역할을 수행하기보다는 '이론에서의 계급투쟁'으로 간주되어야만 한다고 제안했다. 그러나 '계급투쟁'이라는 용어를 그가 불러낸 것은 마르크스보다는 마오주의에 더 많은 것을 빚지고 있다. 알뛰세의 반(反)인간주의는 아무런 상처도 입지 않은 채 그대로 남아 있었다. 비록 그가 자신의 '이론적 실천의 이론'을 포기하였지만 그는 초기 마르크스와 후기 마르크스 사이의 구별을 여전히 유지했고 또 소외 개념에 대한 그의 적대감 역시 그대로 유지했다. 알뛰세가 도입한 수정들은 영국에 거의 아무런 영향도 미치지 못했다. 이곳에서 그것들은 알뛰세 사상의 내부에 있는 해결 불가능한 긴장의 면전에 놓여 있는 점증하는 비일관성의 증거로 받아들여졌다. 알뛰세주의의 절정은 지나갔고 그의 추종자들 대부분은 중도에 구조주의로부터 포스트구조주의로 나아갔다. 알뛰세가 처한 딜레마를 푸는 유일한 길은 청년 마르크스와 노년 마르크스를 가르는 구분선을, 그리고 지식의 능력 이론과 그것을 지지하고 있는 정치학 전체를 포기하는 것뿐이었을 것이다. 이를 위해서는 알뛰세의 방식과는 상이한 '마르크스로의 복귀 방식'이 필요할 것이다. 그리고 또 이를 위해서는 알뛰세도 또 그에게서 환멸을 느끼게 된 그의 추종자들도 받아들이지 않으려 했던 혁명적 정치학이 필요할 것이다.

이론적 반(反)인간주의

알뛰세의 이론적 작업 중 가장 광범위한 영향을 미친 측면들 중의 하나는 그의 반(反)인간주의였다. 알뛰세의 영향력이 희미해졌음에도 불구하고 이 관념은 오늘날에도 널리 통용되고 있다. 이것은 놀라운 일이 아니다. 왜냐하면 그것은, 인간 존재는 의식적인 정치적 활동에 참여하여

---

45) L. Althusser, *Essays in Self-Criticism*, London, 1976.

사회적 관계들을 변형할 수 있다는 혁명적 마르크스주의적 관점에 대항하고 있기 때문이다.46)

알뛰세는 자신의 반인간주의를 과학적 작업과 역사적 유물론이라는 쌍생(雙生)의 이해로부터 도출한다. 실재적 대상들은 연구의 주제가 아니며 이론적 작업의 개념들이 연구의 주제로 된다. 알뛰세에 따르면 마르크스주의의 이론적 주제는 사람들(people)이 아니라 생산관계이다. 알뛰세는 사회관계의 '담지자'로서의 인간 기능 개념을 표현하기 위해, 그리고 실제의 인간 존재를 과학의 주제로 생각하는 것이 경험주의적 오류라고 주장하기 위해 트래거(Träger)라는 독일어를 사용했다. 그는, 인간들이 자신들의 세계를 만들 수 있다는 견해를 루카치의 옷을 입은 헤겔적 낭만주의라고 하여 기각했다.

알뛰세는 마르크스에 충실하지도 않았고 또 인간 행위자에 대한 유일한 비경험주의적 사고 방식을 대표하지도 않는다.47) 마르크스는 인간에 대한 부르주아 개인주의적 관점을 거부하였다. 또 그는 사회에는 개인적 합리성에 따라 (즉 이기적으로) 동기화된 결정들의 집합이 존재할 뿐이라는 관념도 거부하였다. 또 마르크스는 어떤 고정된 보편적 인간 본성도 존재하지 않는다고 분명히 주장했다. 부르주아적 인간에게 귀속된 특징들은 역사적일 뿐 보편적이 아닌 인간적 특징일 뿐이다. 이것은 물론 어떠한 인간적 본성도 부정하는 것이 아니다. 왜냐하면 인간 존재는 그들을 인간으로 만드는 종(種)으로서의 특징을 갖고 있기 때문이다. 포이에르바하에 대한 마르크스의 여섯 번째 테제는 이렇게 말하고 있다.

> 포이에르바하는 종교의 본질을 인간적 본질로 환원시킨다. 그러나 인간적 본질은 각각의 개별 인간에게 내재해 있는 추상물이 아니다. 실제로 그것은 사회적 관계의 총체이다.48)

---

46) 인간해방의 가능성을 거부하는 예로서는 J-F. Lyotard, *Defining the Post-Modern*, ICA 4, 1986을 보라.
47) A. Callinicos, *Making History*, Cambridge, 1989[캘리니코스, 『역사와 행위』, 교보문고, 1991].
48) K. Marx · F. Engels, 앞의 책, p. 122[마르크스 · 엥겔스, 『독일 이데올로기』, 청년사,

알뛰세는 이 테제가 보여주는 것은 다음의 것, 즉 마르크스가 역사적 유물론이라는 과학의 주제는 '사회적 관계의 총체'라고 믿고 있었다는 사실이라고 주장했다. 이것은 그 나름의 과학 이론을 통해 마르크스를 읽는 알뛰세적 방식의 또 하나의 사례일 뿐이다. 노만 제라스가 보여주는 바에 따르면 이것은, 마르크스가 의미한 것에 대한 충실한 해석이 아니다.49) 인간들은 자연을 변형시키기 위해 의식적으로 그것에 작용을 가하는 특수한 생물학적 종(種)이다. 그렇게 하는 과정에서 그들은 자신들의 사회적 관계를 변형시킨다. 그리고 이것이 '인간관계의 특수한 총체' 속에서 발견되는 특수한 인간 본성을 결정한다. 인간 존재에 대한 이러한 견해는 인간들을 단순히 트래거들, 즉 사회적 관계의 담지자들로 환원시키지 않는다. 마르크스주의는 인간이 자신들의 환경에 의해 형성되지만 그것은 그들에게 사회관계의 특수한 집합들을 유지시키거나 또 변형시킬 수 있는 능력을 갖게 하는 방식 속에서라고 주장한다.

> 인간은 그들 자신의 역사를 만든다. 하지만 그들 자신의 자유 의지에 따라서 그렇게 하는 것은 아니다. 그들은 자신들이 선택한 환경 하에서가 아니라 그들에게 주어지고, 그들에게 상속되어 그들이 직접적으로 대면하게 되는 환경 하에서 그렇게 한다. 죽은 세대들의 전통이 악몽처럼 산 자들의 가슴을 짓누른다. 그리고 그들은 자신들이 그들 자신과 자신들의 물질적 환경에 대한 혁명적 변형에 참여하고 있는 것으로 보이는 바로 그때에, 즉 지금까지 존재하지 않았던 무엇인가를 창조하고 있는 것으로 보이는 바로 그때에, 다시 정확하게 말해 혁명적 위기의 시대에 소심하게도 그들은 과거의 영혼을 불러내어 도움을 청한다. 그들은 과거의 이름들, 슬로건들, 그리고 관습들을 빌어 와서 이 새로운 세계사적 장면을 고색창연한 가식과 빌어 온 언어로 상연하는 것이다.50)

이것은 미완성 상태에 있는 인간 행위의 이론이다. 물론 그것은 불완전하다. 그리고 레닌과 뜨로츠키도 인간 존재가 어떻게 역사 속에서 의식

1988].
49) N. Geras, *Marx and Human Nature Refutation of a Legend*, London, 1983.
50) K. Marx, *Surveys From Exile*, Middlesex, 1973, p. 146.

적인 행위자로 발동하게 되는지에 대해 우리가 이해할 수 있도록 덧붙였다. 혁명적 이론은 노동자계급의 잠재력에 대한 이해에 기초한다. 그리고 모든 위대한 마르크스주의자들은 이 점을 이해해 왔다. 권력을 장악하여 사회를 변형시키기 위하여 노동자들은 그들 자신의 이해관계와 잠재력을 인식할 필요가 있다. 그와 반대로 알뛰세는 이러한 가능성을 부정한다. '계급투쟁'으로서의 이론이라는 그의 후기의 자기비판적 재정식화조차도 이 문제를 제기하지 않는다. '대중들'은 행동할지 모르지만 그들은 이데올로기 속에서 행동하는 것이며 그들의 활동성을 올바르게 개념화하기 위해서는 그들의 실천 외부에 있는 이론에 의지하여야만 한다.

알뛰세에 대한 비판가들은 알뛰세주의자들에 의하여 이론적 반(反)인간주의의 중요성을 오해하였다는 이유로 간단히 처리되어졌다. 특히 톰슨의 반(反)알뛰세주의적 비판은 그들에게 경멸스럽게 받아들여졌다.51) 알뛰세주의자들은 재빠르게, 알뛰세가 인간의 존재를 부정하지 않았다고 지적했다. 즉 그들은 알뛰세에 대한 비판가들이야말로 실제의 인간과 과학의 이론적 주체로서의 인간 사이에 명확한 구별을 하지 못한 그 세련성의 부족에 대하여 책임이 있다고 지적했다. 그러나 마르크스주의자들의 반대는 개인들에 대한 낭만적 특권화에 의존하는 것이 아니다. 그것은, 알뛰세의 분석이 역사 속에서 인간 행위자의 역할을 설명할 수 없었다는 점을 보여주는 데 있다. 그의 이론은 역사적 변화에 대한 이해를 제공할 수 없었으며 사회의 구조에 대한 정태적 윤곽만을 제시하였을 뿐이다. 다른 모든 구조주의자들과 마찬가지로 알뛰세는 구조 자체에서의 변화를 설명할 수 없었다. 우리가 인간 행위자의 이론을 필요로 하는 것은 이러한 변화들을 설명하기 위해서이다. 이러한 필요를 알뛰세는 환상적인 것이라고 믿었다. 알뛰세는 그 대안들을 조야한 경험주의 혹은 낭만적 헤겔주의라고 허구적으로 극단화시킴으로써 이론적 반인간주의를 확산시키려 하였다. 알뛰세의 반인간주의의 또 다른 요소는 '이데올로기 일반'에 관한 그의 이론이었다. 라깡주의로부터 영향을 받은 프로이트에 대한 해석으로

---

51) 이러한 경멸적 태도에도 불구하고 알뛰세주의자들은 결코 그에 대한 상세한 반박문을 출간하지 않았다.

부터 알뛰세는 이데올로기가 영원한 것이라는 견해를 제시한다.52) 인간 존재는 이데올로기로부터 도피할 수 없다. 왜냐하면 인간이 주체로서 생산되게 하는 것이 바로 다름 아닌 이데올로기이기 때문이다. 인간들이 자기 자신을 실재세계에 접근할 수 있는 주체로서 생각하는 그들의 허위적 관념은, 그들이 늘 세계에 대한 하나의 '상상적' 관계 속에 살고 있음을 의미한다. 이러한 입장은 경험주의에 대한 알뛰세의 공격으로부터 직접적으로 흘러나오며 또 그것은, 사람들이 자신의 환경을 의식적으로 전유할 수 있다는 주장에 대한 거부를 의미한다.

> 그래서 이데올로기는 인간과 그들의 세계 사이의 살아 있는 관계의 문제이다. 이 관계는, 그것이 무의식적이라는 조건 하에서만 비로소 의식적인 것으로 나타난다. …… 이데올로기 속에서 인간은 그들과 자신의 존재 조건 사이의 관계를 표현하는 것이 아니라 그들과 자기 자신의 존재 조건 사이의 관계를 그들이 살아가는 그 방식을 표현한다. 이것은 하나의 관계뿐만 아니라 하나의 상상적이고 살아 있는 관계를 전제한다.53)

알뛰세에 따르면 인간은 '본성상 이데올로기적인 동물'이다. 왜냐하면 인간은 오직 이데올로기를 통해서만 자기 자신을 주체로서 이해하게 되기 때문이다.

이러한 생각들은 문화 연구들에서 영향력을 행사하였다.54) 과학이 주체 없는 담론이라는 알뛰세의 주장은, 인식하는 주체로서 하나의 텍스트를 창조하는 '작가' 혹은 그것을 읽고 있는 한 사람의 '독자'라는 관념이 이데올로기의 효과임을 의미한다. 텍스트들을 전유하는 그의 '과학적' 양식은 '작가의 죽음'이라는 생각과 조응한다. 그것은 텍스트들을 생산하는 맥락을 참조하지 않고서 담론에 대한 연구를 하도록 허용한다. '상상적'이

---

52) L. Althusser, *Lenin, Philosophy and Other Essays*, 앞의 책, p. 159[『레닌과 철학』, 백의, 1991].
53) L. Althusser, *For Marx*, 앞의 책, p. 233[알뛰세, 『마르크스를 위하여』, 백의, 1990].
54) 예들 들어, 『스크린』(*Screen*)과 『스크린 에듀케이션』(*Screen Education*)을 보라.

라는 알뛰세의 문구는 '상상'(그림들)과 '상상적인 것'(비실재적) 양자를 마음 속에 그려낸다. 그리고 개인들이 어떻게 해서 영화, 소설 그리고 다른 문화적 예술품들에 의해 그들 자신에게 주체들로서 허구적으로 나타나게 되는가 하는 문제를 탐구하는 것이 이데올로기 분석의 주춧돌이 된다. 문화 연구들, 페미니즘 그리고 학술계에서는 일반적으로 이것이 구조주의에서 포스트구조주의로 나아가는 길을 닦았다. 분열된 주체는 다원적 세계의 거울상이었다.55)

알뛰세에게서 이데올로기는 '물질'이며 인간을 주체로서 창조해 내는 실천은 물질적 실천들이다. 이 물질적 실천들은 의식(儀式)들이나 이데올로기적 국가기구들의 작용을 포함한다. 개인들은 이러한 실천들에 의해 주체로서 '호명'되거나 '질문을 요구받는다.' 이러한 실천들은 비추론적이면서 동시에 추론적이다. 여기에는 말해지는 것뿐만 아니라 제도들도 포함된다. 그렇지만 '물질'이라는 용어를 사용한다는 것이 알뛰세 사상의 전반적 관념론을 부정하는 것이 아니다. 이러한 '물질적' 실천들에 대한 지식은 이론적 실천의 구조들에 종속된 채로 남아 있으면서 역사적 유물론이라는 과학으로부터 실재세계를 전유할 수 있는 그것의 권리를 박탈한다.

알뛰세의 이론은, 공산주의 사회에서도 인간 존재는 이데올로기 속에서 계속 살게 되리라는 것을 의미한다. 왜냐하면 오직 주체 없는 과학만이 개인적 창조자들의 자기환상 없이 지닐 수 있기 때문이다. 그러한 견해는 인간해방에 대한 일체의 이해(理解)를 극적으로 변형시킨다. 인간들이 역사를 만들지도 않으며 역사는 그들의 등뒤에서 진행될 뿐만 아니라 비록 '대중들'이 역사를 만든다고 해도 그들은 역사의 앞잡이일 뿐이다. 그들은 획일적 주체성의 허구적 보장 속에서 계속 살게 될 것이다. 이것은, 인간해방은 환상이라는 견해로 급속히 타락한다. 스딸린주의에 대해 절망적으로 타협한 채 알뛰세는 자신의 이론 속에 사회주의 관점을 해방적인 것으로 옹호할 기반을 전혀 갖고 있지 못하다. 그래서 포스트모더

---

55) 이에 대한 논의로는, A. Callinicos, *Is There a Future for Marxism*, London, 1982[캘리니코스, 『마르크시즘의 미래는 있는가』, 열음사, 1987]를 보라.

니즘이 마르크스주의를 전체주의라고 비판하게 될 때에도 그것은 하나의 연성(軟性)의 목표물을 갖게 되는 것이다.56)

포스트구조주의 이론들에서 반인간주의는 널리 수용된다.57) 알뛰세주의적 반인간주의의 유산은, 획일적인 (남성적) 정체성이라는 전(前)프로이트적 환상의 수용인가 아니면 이데올로기의 불운한 담지자로서 활동하는 완전히 탈중심화된 주체들인가로, 허구적으로 양극화되었다. 이중 어느 것도 설득력이 있거나 정치적으로 정당하지 않다. 물론 마르크스주의의 범주들을 인성(human personality) 이론과 연관짓는 데에는 난점들이 있다. 그리고 프로이트를 경유하는 것이 옳은 길인가에 대해서도 논쟁이 벌어지고 있다. 그렇지만 알뛰세의 이론적 반인간주의는 역사를 공허한 것으로 만드는 대가를 치르는 방식으로 행위자의 문제를 해결하였다.

이데올로기적 국가기구들

알뛰세의 이론 가운데에서 가장 재미가 없으면서도 가장 많은 칭송을 받고 있는 것 중의 하나는 이데올로기의 '범역'(regional) 이론이다. 이것은 위에서 다룬 '이데올로기 일반'의 이론과는 구별된다. 이것은 상부/하부구조 관계를 이해함에 있어 하나의 단절을 꾀하는 것을 의도하고 있다. 우리는 앞에서, 알뛰세가 경제적인 것과 상부구조들의 문제를 다루면서 사회구성체의 상이한 수준들 혹은 심급들 각각이 그 나름의 고유한 효과성을 가지고 있는 것으로, 그리고 경제적인 것이 '최종심에서만' 결정적인 것으로 규정했다는 것을 이미 살펴보았다. 이런 관점에 따라 그는 토대/상부구조의 은유를 제한적인 것이며 단지 서술적인 것이라고 하여 거부하였다. 알뛰세는 생산관계들의 재생산이라는 기초 위에서 상부구조의 '존재와 성질'을 다시 생각해야 한다고 주장했다. 이러한 관계들은 자동적

---

56) J-F. Lyotard, 앞의 책.
57) A. Callinicos, *Is There a Future for Marxism*, 앞의 책[캘리니코스, 『마르크시즘의 미래는 있는가』, 열음사, 1987].

으로 재생산되는 것이 아니라 국가의 작용을 통해 재생산된다. 그는 억압적 국가기구(RSA)와 이데올로기적 국가기구들(ISAs), 즉 이데올로기를 통해 작동하는 종교적, 교육적, 가족적, 법적 기구들을 구분했다. 그는, 지배계급이 노동자계급의 지속적 복종을 확보하는 방법으로서 ISAs에 일차적 중요성을 부여했다. 억압은 오히려 이차적인 것이다.

생산관계들의 재생산과 이데올로기의 관계에 대한 이러한 구조주의적 견해에 따르는 문제점은, 그것이 문제를 기능주의적 형식 속에서 제기한다는 것이다. 체제가 자신을 재생산하려면 그것은 충족을 요구하는 특정의 필요들을 가지고 있는 것으로 보인다. 그리고 이러한 필요들은 이러한 기능들을 수행하는 제도들을 설명해 주는 것으로 가정된다. 여느 사회학에서나 찾아볼 수 있는 진부한 기능주의적 사례에서처럼 알뛰세는 이렇게 주장한다. '내가 알기로는 어떠한 계급도 이데올로기적 국가기구들 속에서 헤게모니를 행사하지 못하면서 장기간에 걸쳐 국가권력을 장악하는 것은 불가능하다.'58) 이것은 물론 사실이다. 그러나 그것은 체제의 기능적 필요들과 특정한 제도적 형식들이나 헤게모니적 전략들을 낳는 역사적 조건들을 혼동한다. 알뛰세는 이 문제를 풀 수 없었다. 왜냐하면 역사적 분석은 그의 구조주의적 문제틀 외부에 놓여 있었기 때문이다.

알뛰세의 이론은 또 노동조합들과 같은 명백히 비국가적인 기구들과 국가를 모두 국가라는 하나의 개념 속으로 용해시켜 버리는 결점을 갖고 있다. 그는 국가와 비국가적 기구들 사이의 구별은 공적인 것과 사적인 것 사이의 부르주아 법률적 구별에 기초한 신화이며 마르크스주의와는 아무런 관련도 없는 것이라고 하여 폐기해 버렸다. 그렇지만 그러한 구별의 침식은 초좌익주의로 귀결될 수 있다. 노동조합들과 같은 기구들이 국가기구들로 정의되었기 때문에 그것들의 국가로부터의 독립은 중요하지 않게 된다. 이것은 부르주아 지배의 여러 형식들, 예컨대 민주주의와 파시즘 사이의 실질적 차이를 흐리게 된다. 영국에서는 국가와 비국가에 대한 알뛰세의 혼동의 영향이 가족, 교육, 매체 등에서 벌어지는 일체의 투

---

58) L. Althusser, *Lenin, Philosophy and Other Essays*, 앞의 책, p. 146[『레닌과 철학』, 백의, 1991].

쟁들을 국가에 대항하는 투쟁으로 보는 경향을 낳았다. 이것은 직접 국가에 대항하거나 그렇지 않건간에 많은 투쟁들이 동등한 중요성과 정당성을 갖는다고 주장하고 싶어하는 신사회운동의 평론가들이 다루는 정치적 주제이다. 상이한 투쟁들의 서로 상이한 사회적 중요성을 이렇게 평준화하는 것은 제도들을 그것들의 기능들로 환원하는 것에 의해 암시된 분석적 평준화를 반영하는 것이다.

> 1. 모든 이데올로기적 국가기구들은 ─ 그것들이 무엇이건간에 ─ 다음과 같은 동일한 결과로 귀속된다. 그것은 생산관계의 재생산, 즉 자본주의적 착취관계의 재생산이다.
> 2. 그들 각각은 자신에게 적합한 방식에 따라 이 단일한 결과에 복무한다. 정치적 기구들은 개인들을 정치적 국가 이데올로기, 즉 '간접적'(의회적인)이거나 '직접적'(직접투표를 통하거나 파시즘적)인 '민주주의적' 이데올로기에 종속시킴으로써 ......59)

국가의 개념을 이데올로기적 국가기구들뿐만 아니라 억압적 국가기구들을 모두 포함하는 것으로 애매하게 흐리는 것은 그와 병행하는 효과를 낳는다. 즉 정치투쟁을 이데올로기적 투쟁으로 대체하는 것이다. 이데올로기적 투쟁은 스튜어트 홀의 영향 하에서 발간된 『맑시즘 투데이』(*Marxism Today*)의 행간들 속에서 특히 '국가에 대항하는' 것으로 보여졌다. 이데올로기적 공격들은, 마치 그것들이 계급세력들의 균형의 변화만큼 중요성을 갖는 것으로 분석되었다. 자신의 행위가 언론에 기사화되는 것에 대한 도덕적 공포와 같은 현상들이 노동자계급의 행동보다도 더 큰 주의를 끌게 되었다.60) 범죄나 상이한 생활양식과 같은 형식 속에서 벌어지는 비조직적 저항은 이데올로기적 투쟁의 징후로 읽혀졌고 따라서 정치적인 것으로 간주되었다. 이것은 페미니즘의 생활양식 정치학으로의 표류와 잘 어울리는 것이다. 또 이것은 후일 『맑시즘 투데이』의 소비주

---

59) 같은 책, p. 154.
60) S. Hall(외), *Policing the Crisis*, London, 1978을 보라. 아마도 이 책은 그 시기에 씌어진, 가장 영향력 있는 사회학 서적 중의 하나일 것이다.

에 대한 집착과도 잘 어울리는 것이다. 알뛰세주의가 '포스트모더니즘'에 대한 찬양으로 미끄러져 간 속도는 매우 빨랐다.

그럼에도 불구하고 이데올로기적 국가기구들이라는 개념의 영향력은 계속 살아남았다. 알뛰세는 교육을 지배적인 이데올로기적 국가기구(ISA)라고 강조했는데 이것은 교육사회학에서 그의 인기를 보장했다. 가족을 생산관계들의 재생산의 일부로 위치지운 것(그래서 마르크스주의 이론의 중핵에 있는 것처럼 보이게 만든 것)은 알뛰세 이론의 이 측면이 페미니스트들에 의해 광범위하게 받아들여졌음을 의미한다. 1990년 최근까지 알뛰세에 대한 탁월한 비평들이 있었음에도 불구하고 앨리슨 애시터는 여성억압을 이해함에 있어서 영감을 얻는 원천으로 이데올로기적 국가기구를 다룬 알뛰세의 논문으로 돌아갔다.61) 알뛰세주의의 다른 용어들과 마찬가지로 이데올로기적 국가기구들이라는 문구는 보편적으로 통용되고 있는 것이다.62)

결론

알뛰세가 매우— 때로는 간접적인 방식으로— 영향력이 있었다는 것은 의심할 수 없는 사실이다. 학생들을 가르치고 있는 학자 세대에게 미친 그의 영향을 고려해 보면 우리는 학생들에게 전수된 마르크스주의관이 알뛰세에게 기초하고 있음을 알 수 있다. 물론 이들 지도교사들 중 오늘날 스스로를 마르크스주의자로 자처하는 사람들은 거의 없지만 말이다. 교육에서 간접적 관념들이 전파되는 것은 새로운 것이 아니며 마르크스주의가 왜곡되는 것도 새로운 것이 아니다. 그러나 우리가 혁명적 마르크스주의 전통과 스딸린주의를 명확히 구분하는 것은 중요하다. 지식인들이

---

61) A. Assiter, *Althusser & Feminism*, London, 1990.
62) 예를 들어, M. O'Donnell, *A New Introduction to Sociology*, Surrey, 1987. 폴리테크닉 도서관 사본의 대출 날짜인(印)과 누더기가 다 된 이 책의 상태를 보면, 이 책이 여전히 학생들이 많이 애용하는 자료임을 확실히 알 수 있다!

마르크스주의의 재활성화를 궁리하고 있었던 1970년대 초에 많은 사람들은 알뛰세의 거대한 체계로 이끌려 갔다. 몇몇 사람들에게는 프로그램 전체를 수용함이 없이도 그의 개인적 통찰력을 이용하는 것은 가능한 것으로 보였다. 우리는 이것을 거부한다. 그의 작업은, 그가 이전의 마르크스주의 전체를 포위하고 있다고 주장하는 문제들에 의해 형성된, 하나의 총체로서 짜여져 있다. 그는 스딸린주의가 경제주의라는 이론적 오류에 기초하고 있고 또 이것은 루카치의 역사주의에 반영되어 있다고 본다. 이러한 그의 견해로 말미암아 그는 경험주의를 피하려고 하다가 관념론의 형식 속으로 빠져들었고 초기 마르크스로부터 해방되려고 하다가 구조주의적 반(反)인간주의로 빠져들었다. 우리는, 알뛰세가 시도한 마르크스의 재활성화 작업이 어떠한 진보도 표현하지 않으며 스딸린주의에 대한 좌익적 비판을 제시함에 있어 그가 완전히 실패했다고 주장한다. 오히려 그는 역사적 유물론의 중심 교의를 침식하는 일단의 연구들을 생산했을 뿐이다.

스딸린주의 체제의 붕괴는 스딸린주의와 마르크스주의를 잇는 매듭을 잘라 냈다. 1990년대에 테드 벤튼과 그레고리 엘리어트는 알뛰세를 대안으로 제시함으로써 마르크스주의의 발전에 복무하지 못했다. 알뛰세의 사상은 모든 차원에 걸쳐서 마르크스주의 사상의 발전과 혁명적 실천의 발전을 이간시켰다. 이론주의는 그 자신의 자기비판의 한 요소였을 뿐만 아니라 그의 유산이기도 하다.

존 리스의 『역사와 행위』 서평에 대한 답변*

알렉스 캘리니코스

구조와 행위의 문제

나는 나의 책, 『역사와 행위』에 대한 존 리스의 서평에 대부분 동의한다.[1] 그의 논문은 나의 책에 대한 비판을 의도하고 있기 때문에 그의 글을 직접 읽는 것은 곤혹스러운 일이었다. 우리 사이에 약간의 진정한 불일치가 있는 것은 사실이다. 그리고 그의 비판들 대부분은 어느 정도 설득력을 갖고 있다. 하지만 그것들은 나의 주장들에 대한 오해를 포함하고 있다. 분명 이러한 오해는 내가 나 자신을 분명하게 표현하는 데 실패한 결과일 것이다. 그러므로 여기서 나의 주요한 주장들 중의 몇 가지를 다시 서술하는 것도 얼마간의 가치를 가질 수 있을 것이다.

리스의 서평은 그것이 논의한 것에 있어서뿐만 아니라 그것이 논의하지 않은 것에 있어서도 그릇된 인상을 주고 있다. 그는 '이데올로기와 권력의 문제가 …… 이 책의 핵심을 이루고 있다'[2]고 쓰고 있다. 그러나 사실상 오직 한 장(章) — 제4장 — 만이 '이데올로기와 권력'이라는 이름

---

* Alex Callinicos, 'Making History : A reply to John Rees', International Socialism 2 : 39, 1988년 여름, pp. 162~171에 처음 수록. 본문의 소제목은 편역자 삽입.
1) 'On Making History', International Socialism 2 : 38, 1988 봄[본서의 제2부 제3장에 수록된 「『역사와 행위』에 대한 서평」]. 나는 이제부터는 이 글에서 이 논문을 JR로, 나의 『역사와 행위』(Making History, Cambridge, 1987)는 MH로 표기할 것이다.
2) JR, p. 89[본서 224면].

을 달고 있을 뿐이다. 리스는 그의 서평의 대부분을 20쪽도 채 안되는 그 장의 두 절(節)을 논하는 데 할애하고 있다. 더욱 이상한 것은, 그 장에 이어 계속되는—마지막—장이 동일한 주제를 다루고 있음에도 불구하고 그는 거기서 언급된 것은 실질적으로 무시해 버린다. 이것은 리스가—친절하게도 그가 집중하는 영역의 외부에 있는 구절들에 대해서는 칭찬을 아끼지 않고 있지만—이 책의 대부분이 토론할 가치가 없는 것이라고 믿기 때문일 것이다. 어쨌든 독자들은 『역사와 행위』가 마르크스주의 이데올로기 이론을 폐기하는 데 전력을 다하고 있다는 인상을 받을 것이다. 그러나 그것은 애석한 일이다. 왜냐하면 나는 그런 일을 전혀 하지 않았고 또 이 책의 중심 주제는 이데올로기에 관한 것이 아니기 때문이다.

그러면 『역사와 행위』는 무엇에 관한 것인가? 유명한 말이지만 마르크스는 이렇게 쓴 바 있다. '인간은 역사를 만들지만, 그들은 그것을 그들이 원하는 대로 만드는 것이 아니다. 그들은 그것을 그들 스스로가 선택한 환경 속에서 만들어 나가는 것이 아니라 그들이 직접적으로 대면하는 환경 하에서, 즉 그들이 과거로부터 물려받은 환경 하에서 그것을 만들어 나간다.'[3] 그러나 마르크스주의 전통은 제2인터내셔널의 숙명론에서 상세히 드러나듯이, '인간'과 '환경', 또 이론과 실천 사이에 적절한 관계를 수립함에 있어서 언제나 곤란을 겪어 왔다. 최근의 이론적 논쟁들 속에서, 토론은 두 개의 양극으로 분화되는 경향이 있었다. 하나는, 알뛰세에 의해 대표되는 것으로, 인간들을 자동적 사회구조의 '담지자들'로 환원하고 이렇게 함으로써 세계를 변혁시키는 개인적 또는 집단적 행위의 영역을 조금도 인정하지 않는 것이다. 또 다른 하나는—이것은 '분석적 마르크스주의'라는 최근 유행하는 학파(G. A. 코헨, 존 엘스터 등)와 연관되어 있다—구조들 그 자체를 해체시켜서 그것들을 의도하지 않은 개인 행위들의 결과물로 간주하는 경향이다.

이 두 입장들 모두가 마르크스, 레닌 그리고 뜨로츠키 등의 고전적 마

---

3) Marx · Engels, *Collected Works*, 50 vols., published or in preparation, London, 1975, vol. XI, pp. 103~104.

르크스주의에 헌신적인 사람들의 구미에 맞지 않았다는 것만은 너무나 분명하다. 또한 분석적 마르크스주의가 대두된 것에 일정한 정치적 함의가 있다는 것 역시 명약관화한 것이다. 리스가 이러한 시류를 '대처주의의 아카데믹한 반영물'4)로 서술하는 것은 사태를 다소간 과장하고 있는 것이다. 분석적 마르크스주의의 출현은 특정한 지적 조건들을 갖고 있는데 그중에서도 특히 알뛰세주의의 성장과 몰락이 그것이다.5) 인간 주체에게 이데올로기적 구성물로서의 지위 이외의 어떤 다른 지위를 부여하는 것을 부정하였던 마르크스주의의 한 변종은 방법론적 개인주의가 때로는 사회 이론의 궁극적인 진리로 여겨지는 마르크스주의의 또 다른 변종의 발전을 자극해 왔는지도 모른다. 그럼에도 불구하고 분석적 마르크스주의는 시장이 상당수의 좌익에게도 지배력을 행사하는 정치적, 이데올로기적 환경에서 번창해 왔다. 바로 그 이유 때문에라도 그것에 도전하는 것은 중요할 것이다.

루카치 계급의식론의 한계

그렇지만 여기에는 또 다른 보다 엄격한 철학적 이유가 있다. 알뛰세에 대한 마르크스주의적 대응은 인간 행위자의 옹호라는 깃발 아래에 정렬되었다. 이러한 경향은 특히 에드워드 톰슨의 『이론의 빈곤』에서 잘 나타난다. 그러나 리스 자신이 주목했듯이, 톰슨의 '사회주의적 인간주의'에서는 '근로 인민이 그들 자신의 역사를 만드는 객관적인 경제적, 사회적 한계들이(의심스럽지만 원문 그대로 둔다 – 캘리니코스) 적어도 부분적으로는 소홀히 취급되어졌다.'6) 다른 사람들 —— 리스도 그들 중의 한사람이다

---

4) JR, p. 102[본서 246면].
5) 나는 내가 편집한 책, A. Callinicos(편), *Marxist Theory*, Oxford, 1989의 서문에서 분석적 마르크스주의의 지적 맥락과 본질에 대하여 논의했다.
6) J. Rees, 'Revolution Denied', *Socialist Worker Review* 103, 1987년 11월, p. 23. 또한 P. Anderson, *Arguments within English Marxism*, London, 1980을 보라.

―― 은 어떻게 '인간'과 '환경', 주체들과 구조들이 상호연관되는가 하는 문제의 해결은 루카치의 『역사와 계급의식』에서 발견될 수 있다고 믿는다.

나는 이러한 믿음을 의심한다. 그러나 나는 이곳에서 그 믿음에 대한 나의 거부 이유를 상세히 서술하고 싶지는 않다. 그 이유는 내가 몇 년 전에 이미 이 잡지[『인터내셔널 소셜리즘』을 말한다 - 역자]에서 그 문제에 대해 쓴 바 있고 지금 그때 말했던 것을 바꿀 만한 아무런 이유도 없기 때문이다.7) 그러나 루카치를 깔끔하게 요약하는 문제로 넘어가기 전에, 나는 루카치냐 알뛰세냐 하는 선택의 문제로 끊임없이 되돌아가지 않고서도 마르크스주의 철학에 대해 토론할 수 있다면 그것은 멋진 일이 될 것이라고 주장하고 싶다. 리스는 몇 가지 매우 지루한 반알뛰세주의적 주제를 되풀이하여 주장한다.8) 몇 가지 문제에서 드러나는 심각한 오류들은 차치하고라도 ―― 예컨대 '알뛰세의 계획은 스딸린주의를 보존하고 구출하는 것이었다'9)라는 주장은 그레고리 엘리어트가 최근에 수행한 꼼꼼한 연구가 보여주듯이,10) 명백히 잘못된 것이다 ―― 리스가 제시한 논쟁적 구절들은 이 토론에 아무 것도 보태 주지 못했으며 알뛰세를 하나의

---

7) A. Callinicos, 'Marxism and Philosophy : A Reply to Peter Binns', *International Socialism* 2 : 19, 1983년 봄, pp. 118~123.
8) JR, pp. 83~87[본서 215~221면].
9) JR, p. 84[본서 217면].
10) G. Elliott, *Althusser : the Detour of Theory*, London, 1987[『알튀세르 : 이론의 우회』, 새길, 1992]. 부수적으로 엘리어트는 '알뛰세는 금세기의 가장 주요한 사상가들 중의 하나이다'라는 그 자신의 주장에 나를 잘못 연관시키고 있다(같은 책, p. 10). 엘리어트는 아마도 내가 루카치, 아도르노, 알뛰세를 '20세기의 가장 중요한 세 사람의 마르크스주의 철학가들'이라고 썼던 구절을 잘못 이해했던 모양이다(*Marxism and Philosophy*, Oxford, 1983, p. 7[『현대철학의 두 가지 전통과 마르크스주의』, 갈무리, 1995]). 이 주장은 내가 기꺼이 옹호하는 것이기는 하다. 하지만 그것은 내가, (루카치의 경우에 명백한 것처럼) 세 사람 중 어느 누구와도 이론적으로 일치한다는 것을 의미하지 않는다. 그리고 또 그것은 내가 그들을 레닌, 뜨로츠키, 룩셈부르크, 그람시와 동일한 범주에 놓으려 한다는 것을 의미하지도 않는다.

심술궂은 요정으로 이용하여 고분고분하지 않은 아이들을 놀라게 하려는 하나의 방어적 경향을 표현하고 있다. 나는 리스의 글에서 이러한 점을 발견했으며 그래서 그것은 내게 다소간 지루하였다. 왜 우리는 그러한 목발에 의지하지 않고서는 마르크스주의의 문제점들을 토론할 수 없는가? 알뛰세에 대한 리스의 망상이 가져온 해로운 결과들은 아래에서 제시될 것이다.

어쨌든 이제 루카치에게로 돌아가 보자. 리스가 인용한 한 구절을 다시 인용함으로써 『역사와 계급의식』 속에 들어 있는 문제점을 설명해 보기로 하겠다.11)

> 역사적 유물론의 출현과 더불어 사회진화의 총체적 과정으로 이해되어진 현실의 논리와 '프롤레타리아 해방의 조건'의 이론이 생성되었다. 이것은 오직 다음과 같은 이유들 때문에 가능하였다. 우선 프롤레타리아트에게 자신이 처한 계급적 상황에 대한 총체적 이해가 반드시 필요했으며 그것이 사활의 문제였기 때문이고 또 그들의 계급적 상황은 오직 전체 사회가 이해되어야만 이해될 수 있기 때문이며 그리고 이러한 이해가 자신들이 행동함에 있어 불가결한 전제조건이기 때문이다. 이처럼 이론과 실천의 통일은 프롤레타리아트의 역사적 지위의 이면일 뿐이다.(강조는 인용자)

리스는, 그 자신이 가장 잘 알고 있는 이유들을 들어, 나는 '이것을 …… 거부한다'라고 말한다. 사실상 내가 동의하지 않는 유일한 부분은 위에서 강조체로 되어 있는 구절이다. 여기에서 루카치가 말하고 있는 것은, 마르크스주의란 '자신이 처한 계급적 상황에 대한 프롤레타리아트의 총체적 지식'으로서, '그들의 행위의 불가피한 전제조건'이라는 것이다. 그러나 이것은 분명히 잘못된 것이다. 노동자들은 언제나, 자신들의 행동을 정당화할 수 있다면 그것이 어떤 종류의 관념이든 개의치 않고 그것들을 이용하여 싸워 나간다. 루카치는, 노동자들이 마르크스주의의 도움을 통해 승리할 수 있다는 것 즉 자본주의를 전복할 수 있다는 것을 의미했을지 모른다. 그것은 사실이지만 그러나 그가 그 책에서 말하고 있는 바는

---

11) JR, p. 100[본서 241~242면].

그것이 아니다. 그 구절은, 그들이 처한 상황의 논리, 즉 '그들의 상황에 대한 총체적 지식'이 '필수불가결'하다는 사실이 노동자들을 이러한 지식을 갖도록 강요할 것임을 의미한다. 그래서 혁명적 계급의식의 발전은 '필수불가결'하다. 그러나 마르크스주의적 지식이 아무리 '사활이 걸린 문제'라 할지라도, 그것이 대중을 사로잡지 못하는 곳에서 벌어진 수많은 투쟁의 경험들이 보여주듯이, 이는 사실과 다르다.

이 구절은 『역사와 계급의식』의 한계를 증명해 보여준다. 루카치는 사실상 '혁명적 행위와 계급의식을 강조하고 노동자들이 단지 역사의 수동적 대상이 아니라 역사의 적극적 창조자임을 주장하는 이론'12)을 발전시켰다. 제2인터내셔널의 마르크스주의와 비교할 때, 이것은 하나의 역사적 업적이었다. 그럼에도 불구하고 루카치는 노동자계급이 역사의 혁명적 주체로 형성되는 것을 이미 완료된 결과로서 취급하는 경향이 있다. '노동자계급은 의식적으로 역사를 형성하는 주체가 될 수 있지만, 이것은 필연적인 것은 아니다. 루카치는 프롤레타리아트를 주체라고 가정함으로써, 그들이 주체로 형성되는 데 필요한 역사적 투쟁들을 무시한다.'13)

집단적 행위자 형성의 가능성

『역사와 행위』가 주장하는 문제는 정확히 다음과 같은 것이다. 어떻게 생산관계 내에서 그들이 점하는 객관적 위치에 의해 정의된 계급들이 의식적으로 공통의 정체감에 대한 자각의 기초 위에서 사회를 변혁시키려 하면서, 집단적 행위자들로 될 수 있는가? 그리고 바로 여기에 이 책이 분석적 마르크스주의와 만나는 지점이 있다. 리스는 내가 '그들 이론의 가장 중요한 요소 — 개인이 분석의 기본 단위란 생각 — 와 고전적 마르크스주의 전통을 결합'시키려 하고 있다고 비난한다.14) 사실 나는 1, 2

---

12) JR, p. 84[본서 216면].
13) Callinicos, *Marxism and Philosophy*, p. 121[『현대철학의 두 가지 전통과 마르크스주의』, 갈무리, 1995].

장에서, '개인이 분석의 기본 단위'라는 생각에 대해 어느 정도 상세히 비판하였다. 그럼에도 불구하고 나는 개별 행위자라는 문제를 논의하는 데 얼마간의 지면을 할애하였다. 왜 그랬는가?

이 질문에 대한 대답은 내가 『역사와 계급의식』에 관한 논의 속에서 이미 지적한 바 있는 바로 그 어려움 속에 들어 있다. 만약 우리가 계급들이 집합적 행위자들이라는 사실을 당연한 것으로 받아들이기를 중지한다면 그리하여 그러한 집합체들이 형성되어야만 한다는 것을 승인한다면, 우리는 계급을 구성하는 개별 행위자들을 무시할 수 없다. 각각의 사람은 행동에 이유를 제공하는 일단의 신념들과 욕구들에 의해 구성된 그 혹은 그녀 자신의 세계관을 가지고 있다. 이제 이 관점의 근저에 놓여 있는 것은 생산관계 내부에서 그 사람이 차지하는 객관적인 사회적 위치이다. 그러나 그 관점은 그 위치로 환원될 수 없다. 달리 말하면 그것은 사람들을, 지배 이데올로기를 '내면화'할 뿐인 '문화적 마약 중독자'로 간주하는 것을 버림으로서만 획득될 수 있는 것이다. 사람들을 일종의 이데올로기적 마약중독자로 간주하는 그러한 관점은 부르주아 사회학자인 탈코트 파슨스의 부르주아 사회학에서 중심적으로 작용하고 있다. 알뛰세의 이데올로기 이론은 그것의 변종 중의 하나이다. 그러나 그러한 견해는 인간 행위자에 대한 진지한 관심과는 거의 일치하지 않는다. 만약 우리가 계급을 외부로부터 그들의 세계관을 수동적으로 받아들이는 개인으로 구성된 것으로 생각한다면, 어떻게 우리가 역사적 변화의 혁명적 행위자로서의 프롤레타리아트라는 관점을 옹호할 수 있겠는가?

따라서 개별 행위자에 관한 진지한 설명은 역사적 유물론의 필수적 구성요소이다. 나는 『역사와 행위』에서 그런 설명의 중요한 요소들을 일부 스케치하려고 애썼다. 그 과정에서 나는, 내가 보기에 이 문제들에 대해 우리들보다도 더 앞선 이해를 가지고 있는 것으로 보이는 분석철학자들의 최근 저작에 의존하였다. 그러한 설명에도 불구하고 여전히 남아 있는 것은 훨씬 더 폭넓은 논쟁거리들 중의 일부이다. 실로 그것은 인간 행위 속에서 사회적 구조가 차지하는 중요성을 강조한다. 1~3장은 이러한 주

---

14) JR, p. 89[본서 224면].

장을 설명하는 데 할애되었다. 이 주장은 개별 행위자들에 의해 실행되는 권력들은 주로 그들의 생산관계 내의 위치에 의해 결정되어진다는 주장에 강조점을 둔다. 이 구조적 능력들(capacities) — 나는 이것들을 분석적 마르크스주의로 전향하기 전의 에릭 올린 라이트의 일부 작품들에서 사용되었던 용어법에 따라 이렇게 불렀다 — 은 현존하고 있을 뿐만 아니라, 대부분의 개인들의 행위를 이해가능한 것으로 만들어 준다. 이 생각은 매우 분명한 것이다. 그러나 나는 그것이 엘스터나 다른 분석적 마르크스주의자들에 의해 수행된 방법론적 개인주의에 대한 반론을 제공할 뿐만 아니라 또한 여러 특수한 문제들 — 예를 들어 '객관적인' 계급이익이라는 문제15) — 을 해결하는 수단을 제공한다는 것을 보여주려 한다.

구조적 능력들이라는 이론은 인간 행위자들이 생산관계 내의 객관적 위치에 의해 갖게 되는 힘들에 대하여 설명해 준다. 그러나 권력을 소유하는 것은 그것을 실행하는 것과 동일한 것은 아니다. 노동자계급은 자본주의를 전복할 수 있지만 불행히도 (아직) 그것을 전복하지 못했다. 『역사와 행위』의 4, 5장은 계급들, 즉 구조적 능력들을 공유하는 인간집단들이 집합적 행위자로 형성되는 과정에 원인을 제공하거나 혹은 그것을 방해하는 과정들에 대하여 어느 정도의 설명을 제시한다. 이 때문에 여기에서는 이데올로기의 문제가 자연스럽게 부각된다. 리스가 자신의 비판을 집중시키는 곳은 제4장에서 취급된 이 문제들에 관한 나의 논의에 대해서이다.16) 대부분의 독자는 여기에서 길을 잃어버린다. 왜냐하면 그가 나의 주장을 오해하였기 때문이다. 그러므로 나에 대한 그의 비판을 취급하는 최상의 방법은 나의 접근법을 다시 한번 진술하는 것이다.

행위자와 이데올로기, 그리고 상품 물신성론

내가 그 책에서 중심적으로 다루었던 주제는 크게 세 가지이다. 첫째,

---

15) *MH*, pp. 118~133을 보라.
16) *MH*, pp. 138~157.

나는 특히 전자본주의적 사회들에 있어서 직접 생산자들——노예들, 농민들, 노동자들—— 이 그들이 살고 있는 사회적 관계들에 대하여 본질적으로 신비한 방식으로 이해하고 있다는 관념에 이의를 제기한다. 그렇게 함에 있어서, 나는 니콜라스 애버크롬비, 브라이언 힐, 스테판 터너 등이 그들의 중요한 저작 『지배 이데올로기 테제』(*The Dominant Ideology Thesis*) 속에서 제시했던 주요한 주장들을 따른다. 그러나 이 책이 이 문제들에 관한 나의 사고에 중요한 영향을 주었음에도 불구하고 나는, 나의 관심사가 까를로 긴즈버그, 크리스토퍼 힐, 케이스 토마스, 에드워드 톰슨 등에 의해 이루어진 많은 역사적 연구들에 의해 열어 젖혀졌음을 고백하지 않을 수 없다. 그 연구들은 근대 초기의 유럽에서는 분명히 지배 이데올로기가 대중에 의해 저항을 받거나(contested) 무시되어졌던 그 정도를 보여주었다. 이 연구들은 마르크스가 이미 강조한 바 있는 전자본주의적 계급사회들의 특징을 강조하고 있다. 즉 그것들은 이러한 사회들이, '경제외적 강제'—— 즉 현재 지배적인 질서가 유일하고 정의로운 것이라는 신념을 대중들의 머리 속으로 주입하는 과정을 뭔가 사치스러운 것으로 취급하는 메커니즘——에 의해 잉여노동이 추출되는 그러한 사회구성체임을 강조한다.17)

이 논쟁의 당연한 결론은, 일단 착취가 자유로운 임금노동에 기초하게 되면, 대중들이 무엇을 믿는가 하는 것이 중요한 것으로 된다는 것이다. 리스는 또한 내가 '노동자들이 부르주아 이데올로기를 거부하는 정도를 과장했다'18)고 주장한다. 실제로 내가 주장하는 것은, 많은 연구들에 기초해서 보았을 때, '많은 영국 노동자들이 그들과 경영자 사이에 생생한 적대감을 가지고 있다'19)는 것이다. 나는 이것이 중요한 주장이라고 생각한다. 왜냐하면 아카데믹한 좌파의 지배적 가정에 따르면 노동자들은 자본주의적 가치들에 완전히 통합된 사실상의 좀비들(zombies)에 불과하기

---

17) A. Callinicos, 'A Note on Racism in Ancient Society', *International Socialism* 2 : 37, 1987년 겨울을 보라.
18) JR, p. 94[본서 233면].
19) *MH*, p. 149.

때문이다. 그렇지만 리스가, 노동자들이 지배 이데올로기로부터 단절하는 데에는 일정한 정도의 제한이 있음을 지적한 것은 옳다. 그러나 그 이데올로기 — 특히 민족주의 — 의 핵심적인 요소들은 매우 실질적이다. 왜냐하면, 내가 지적하였듯이 그것은 법률적인 사회적 갈등의 수준을 제시하는 한편 계급적 적대를 '그들의 계급적 지위가 무엇이든 모든 시민들이 공유하는 정체성과 비교할 때에 부차적인 것'[20]으로 간주하기 때문이다. 내가 보기에 이것은, 그람시가 모순적 의식이라는 개념을 통해 지시했던 바로 그것이다.

리스는 내가 모순적 의식의 '기원'을 설명하는 데 실패한다고 항의한다.[21] 아마도 리스는, 내가 자본주의에 대한 노동자들의 거부가 부분적으로 되는 경향이 있으며 또 지배 이데올로기 내에 갇히는 경향이 있는 이유를 설명하지 못한다고 생각하는 것 같다. 여기에서 우리는 이데올로기에 대한 나의 논의의 두 번째 주제에 이르게 된다.

나는 이데올로기를 허위의식과 단순히 동일시하는 것을 거부한다. 나는 부분적으로는, 착취자들과 피착취자들 모두가 때로는 지배적 사회관계들의 본질에 관한 — 비록 그것이 부분적인 것에 불과할지라도 — 매우 명확한 통찰력을 갖는 것으로 보인다는 일종의 경험적 지반 위에서 그렇게 하는 것이며 다른 한편에서는 이데올로기에 대한 지배적 마르크스주의 이론들을 내가 믿지 못하기 때문에 그렇게 하는 것이다. 여기에서 이제, 리스가 가장 큰 역점을 두고 있는 나의 비판들 중의 하나 즉 상품 물신성론에 대한 나의 비판에 대해 살펴보기로 하자.[22]

마르크스의 『자본론』에서 발전되어진 이 이론에 따르면, 자본주의적 생산양식의 경제적 작동과 특히 그 가운데서도 시장의 작동은 대중들로 하여금 그것이 마치 하나의 자연적 현상인 것처럼, 즉 인간의 통제력을

---

20) *MH*, p. 154
21) *JR*, p. 95[본서 235면].
22) 나는 이러한 비판을 *Marxism and Philosophy*, pp. 129~134[『현대철학의 두 가지 전통과 마르크스주의』, 갈무리, 1995]에서 처음으로 행했다. 리스가 자신의 논문의 91쪽에서 인용한 처음 세 구절은 이 책에서 나온 것이지, 각주에서 설명되듯이 『역사와 행위』에서 나온 것이 아니다.

벗어나 있으며 집단적 변형과정을 넘어서 있는 것으로 보도록 만든다. 이 이론은 매우 창조적인 개념이다. 그리고 이것은, 자본주의에 대한 사람들의 경험이 파편화되고 소외된 세계—사람들은 이 세계와 오직 수동적이고 고립된 개인들로서만 관계 맺을 수 있을 뿐이다—에 대한 경험인 이유를 설명하는 데 결정적인 것이다. 상품 물신성론은 현대 자본주의에 대한 마르크스주의적 문화비판—예를 들면 루카치뿐만 아니라 전간기 (戰間期)의 발터 벤야민과 지그프리드 크라카우어에 의한—에서 핵심적인 것으로 되어 왔다.23) 분명히 나는 그 이론에 대하여 조금도 거부할 의사를 갖고 있지 않다. 심지어 내가 그 이론을 비판하고 있을 때조차 나는 '만약 자본주의적 관계들이 자연화되고 물신화된 방식으로 자신들을 표현한다면 마르크스는 몇 가지 이유에서 그것들이 그러하다고 주장할 것이다'24)라고 썼었다. 제5장의 도입부에서 내가 논한 문제는—리스가 그것을 간과한 것이 의아스럽다—'상품 물신성에 의해 유발된 경험의 보편적 파편화'와 집합적 행위자의 역사 속으로의 돌진으로서의 혁명 사이의 대조에 관한 것이다.25) 그러한 구절들을 보면, 내가 상품 물신성론을 포기한 것이 아님을 알 수 있다.

그렇다면 이 이론의 문제점은 무엇인가? 아주 간단하게 이야기하면, 그 자체의 논리에 입각할 때 그 이론은, 노동자들에 의한 부르주아 이데올로기의 수용은 자본주의 경제의 작동에 의해 자동적으로 발생한다는 믿음으로 나아갈 수 있다는 것이다. 이것은 단지 추상적 가능성에 국한되는 것이 아니다. 상품 물신성론에 대한 가장 발전된 알뛰세주의적 설명도 이데올로기적 신념에 대한 고착을 자본주의적 관계 자체에 대한 경험의 자동적 결과로 간주하는 함정에 빠진다.26) 더욱더 중요한 것으로, 초기 프랑크푸르트 학파의 이론가들 중에서 아도르노, 호르크하이머, 마르쿠제

---

23) D. Frisby, *Fragments of Modernity*, Cambridge, 1985를 보라.
24) *MH*, p. 140. 강조는 인용자.
25) *MH*, p. 182. 일반적인 것은 같은 책, pp. 178~184를 보라.
26) J. Ranciére, 'Le Concept de critique et la critique de l'économie politique des Manuscrits de 1844 au *Capital*'. L. Althusser(외), *Lire le Capital*, 4 vols., Paris, 1973에 실려 있다.

등의 지도적 이론가들은 상품 물신성론에 대한 그들의 치밀하고 탁월한 연구들을, 이데올로기적으로 그로부터 빠져나오는 것이 불가능한 하나의 '총체적으로 관리되는 사회'로서의 자본주의에 대한 일반적 설명으로 짜 맞춘다.27)

내가 내리는 결론은 우리가 상품 물신성론을 거부해야 한다는 것이 아니라 그것이, 어떻게 해서 노동자들이 자본주의에 대한 수용이나 혹은 그에 대한 도전으로 나아가게 되는지에 대한 보다 광범위한 설명 속으로 통합되어야만 한다는 것이다. 이 점에서 리스가 말한 것의 상당 부분은 매우 일반적인 것이다28)(비록 그가 상품 물신성이나 소외와 같은 개념들에 대해 내가 별로 열광하지 않는 것을 알뛰세의 영향 탓으로 돌리려고 하면서, 이단사냥을 하지 않을 수 없다고 느껴야 한다는 것이 견딜 수 없긴 하지만 말이다).29) 내가 나의 견해를 약간 과장하여 표현한 점에 대해서 그가 비판하는 것은 옳다. 언젠가 나는 『자본론』으로부터 '상품 물신성론의 삭제'에 대하여 쓴 적이 있었다.30) 상품 물신성론에 대한 대타적 의존에 도전하려는 나의 의도 때문에, 마치 내가 그것을 거부하는 듯한 인상—명백히 그와 반대되는 구절들임에도 불구하고—을 강화시켰는지도 모른다. 그리고 나는 나로 하여금 이 문제를 정리해 볼 수 있도록 환기시켜 준 리스에게 감사한다.

이것은 상품 물신성론과 같은 특수한 통찰들을 삽입해 넣을 더욱 일반적인 작업틀이라는 문제를 남겨 준다. 여기에서 우리는 이데올로기에 대

---

27) 특히 M. Horkheimer · T. W. Adorno, *Dialectic of Enlightenment*, London, 1973 와 T. W. Adorno, *Minima Moralia*, London, 1974를 보라. 마르쿠제의 *One Dimensional Man*, London, 1964[『일차원적 인간』, 한마음사, 1986]은 대체로 이러한 작업들의 대중화이다.
28) JR, pp. 97~98[본서 237~238면].
29) 어쨌든, 알뛰세주의와 상품 물신성론 사이에는 아무런 이론적 모순이 존재하지 않는다. 위 각주 26)에서 인용된 랑시에르의 논문 외에, 알뛰세의 '주체 없는 과정'으로서의 역사 개념을 지원하기 위해 그 이론을 원용한 나의 첫 책, *Althusser's Marxism*, London, 1976[『알뛰세의 맑스주의』, 녹두, 1992]을 보라.
30) A. Callinicos, *Marxism and Philosophy*, p. 132[『현대철학의 두 가지 전통과 마르크스주의』, 갈무리, 1995].

한 내 논의의 세 번째 요소를 만나게 된다. 여기에서 나는 우리들이 이데올로기들을 '이해관계들의 명확한 표현'으로 보아야만 한다고 주장한다. 즉 '그것들은 생산관계 내에서 특별한 지위를 차지하고 있는 행위자들의 필요에 의식적인 표현을 제공하려는 시도들이다.'31) 이데올로기에 대한 이러한 개념은, 내가 지적하였듯이, 주로 그람시로부터 연유하는 것이다.32) 그것은 그람시가 명확히 하는 견해, 즉 노동자계급의 자기해방의 과학적 이론으로서 마르크스주의는 이러한 의미에서 이데올로기이다라는 견해의 함의이다. 그러므로 이데올로기는 (필연적으로) 허위의식일 수 없다. 바로 이것이 내가 내리는 결론이다.33)

이 주장은 리스로 하여금 일련의 거칠고, 전체적으로 보아 부정확한 주장을 하도록 이끈다. 바로 이것의 결과로서, 리스는 내가 이데올로기들이 사회적 원인을 갖고 있다는 것을 부정하였다고 주장하게 된다. 예를 들어, 그는 '자본주의 이데올로기의 구조적 측면에 대한 체계적 침식'34)에 대해 언급한다. 그러나 내가 마지막 문단에서 인용한 계급적 이해관계의 명확한 표현으로서의 이데올로기 규정은 결코 사회적 인과성을 거부하는 것을 의미하지 않는다. 실제로 나는 허위의식으로서의 이데올로기라는 규정을 거부하는 것이, 그것들이 사회적 인과성을 갖지 않는다는 것을 의미하지는 않음을 명백하게 보여주려고 했다.35) 여기에서 나의 주장들은 물론 충분치 않을지 모른다. 그리고 나 스스로도 그것에 전적으로 만족하고 있지는 않다. 그러나 내 주장들은 이미 제출되어 있다. 그러므로 마치 그것들이 없는 것처럼 가장하는 것도 매우 잘못된 태도일 것이다.

'노동자계급이 이데올로기의 안개를 꿰뚫어 보게 되는 어떤 특권적 출발점을 차지하는 것은 아니다'36)는 믿음을 내 탓으로 돌리려는 리스의 시도는 이보다 훨씬 더 위험한 것이다. 그는 이러한 책임전가에 대해 아

---

31) *MH*, p. 152.
32) *MH*, p. 153
33) *MH*, p. 148.
34) JR, p. 100[본서 243면].
35) *MH*, p. 150~153.
36) JR, p. 99[본서 241면].

무런 증거도 제시하지 않는다. 그러나 이것은 놀라운 일이 아니다. 왜냐하면 거기에는 아무런 증거도 없기 때문이다. 예를 들어 나는, 훨씬 더 발전된 부르주아 사상의 형태들조차도 자본주의적 전망을 채택하는 것에 의해 한계지워진다는 주장을 지지하기 위해 『역사와 계급의식』을 인용하였다.37) 부르주아 혁명들이 자신들의 실질적 본질을 신비화하여 그것들이 마치 과거와의 단절의 행동이 아니라 전통을 부활시키는 행동인 것처럼 제시해야 하는 필요성은 나의 책 5장에서 사회주의 혁명과 다른 부르주아 혁명의 주요한 차이점들 중의 하나로 취급되어 있다.38) 리스는 이 모든 것을 완전히 무시한다.

집합적 주체로서의 노동자계급

심술궂게도 그는 나에게 '노동자계급을 역사의 집합적 주체로 보는 것을 거부'39)한 책임을 묻는다. 그러나 제5장 전체는 노동자계급을 역사의 집단적 주체로 보는 관점을 중심으로 삼는 사회주의 혁명의 개념을 옹호하는 데 할애되고 있다. 아마도 그가 그렇게 지나친 주장을 하는 까닭은 (만약 내가, 프롤레타리아트가 '역사의 집합적 주체'라는 것을 믿지 않는다면, 도대체 왜 내가 SWP에서 시간을 낭비하고 있겠는가?) 아마도 다음과 같은 것, 즉 내가 '자본주의의 객관적 구조에 노동자들로 하여금 ─ 상황에 따라서 ─ 진실된 세계관이나 그릇된 세계관을 받아들이거나 혹은 거부하도록 만드는 요인이 전혀 없다면 도덕적 문제들이 의식을 구성하는 훨씬 더 중요한 요소가 될 것'40)이라고 믿는다고 그가 생각하기 때문일 것이다. 이러한 생각은 리스로 하여금 매우 기묘한 억측을 하게 만든다. 그것은 내가 노동자들이 집단적 행동에 참여하게 되는 이유를 설명하기

---

37) *MH*, pp. 152~153.
38) 특히 *MH*, pp. 205~233을 보라.
39) JR, p. 100[본서 243면].
40) JR, p. 101[본서 243면].

위해 객관적인 과정을 포기하면서 '정박지로부터 벗어나 떠돌게 되는 …… 도덕 개념'에 호소한다는 것이다.41) 그러나 이것은, 자본주의 내에서 노동자들이 차지하는 객관적인 위치가 어떻게 그들에게 혁명적 잠재력을 부여하는가에 대한 나의 지루할 정도로 (그것을 쓸 때 나는 이렇게 생각했다) 전통적인 설명에는 너무나 어울리지 않는 것이다.42) 예를 들어, 바로 다음에 이어지는 구절을 보자. '그러므로 벤야민의 혁명 이론의 핵심적인 약점은 그것에 마르크스의 프롤레타리아트에 관한 분석이 결여되어 있다는 데 있다. …… 노동자들로 하여금 그것에 대항하여 조직하게 하고, 노동과 자본 사이의 적대성에 대한 의식을 발전시키게 하며 그들의 "현실적인 강력함"에 대한 인식을 발전시키도록 이끄는 것은 착취에 대한 노동자들의 집합적 경험이다.'43)

마르크스주의의 윤리적 차원

나는 분명히 마르크스주의에, 예컨대 그것의 착취 이론 속에 명백히 하나의 도덕적 차원이 있다고 주장한다.44) 내가 논의하는 일종의 도덕적 헌신은, '자유롭게 떠다니는 것'이기는커녕 하나의 계급에 본래적인 것으로서 용기, 자기희생, 연대 등 — 파리꼬뮌에서 마르크스가 높이 평가한 미덕들45) — 과 같은 덕목들의 발전을 고무하는 것이다. 루카치나 마르쿠제를 따라 나는, 마르크스의 아리스토텔레스와의 친화성을 강조했다. 왜냐하면 아리스토텔레스는 부르주아적 도덕 철학의 주요 학파들 속에서 발견되는 것 — 궁극적으로 그것은 칸트나 벤담으로부터 유래하는 것으로, 윤리적 행동을 의무나 효용성으로 평가절하한다 — 과는 근본적으로 이질적인 윤리학 개념을 발전시켰기 때문이다. 인간적 행복의 구체적 조

---

41) JR, pp. 101~102[본서 245면].
42) MH, pp. 184~187.
43) MH, pp. 184~187.
44) MH, pp. 29~35.
45) MH, pp. 193~201.

건들을 확립하려는 아리스토텔레스의 노력은 엥겔스에 의해 옹호된 도덕에 대한 계급론적 접근과 갈등을 일으키지 않으면서,46) 쉽게 그것과 일치될 수 있다.47)

마르크스주의의 윤리적 차원에 관한 나의 논의에 어떤 장점이 있다 하더라도 그것이 오독(誤讀)을 통해 도출될 리는 만무하다. 『역사와 행위』의 결론에 해당하는 장에 대한 리스의 기묘하고 선택적인 독해는 앞에서 언급된 마르크스주의적 이론 논쟁에 대한 일종의 방어적 접근들이 갖는 위험들을 보여주는 하나의 실례(實例)이다. 그는 나에게서 알뛰세주의적 퇴보를 탐색해 내는 일에 지나치게 열중한 나머지, 명백히 실제로 내가 쓴 것과 불일치하는 어떤 정교한 이론을 날조하여 그것을 내 탓으로 돌린다. 그 결과 몇 가지 격려의 말과 유익한 비판에도 불구하고, 그는 많은 기회를 놓치게 되었다. 내 주장에는 토론이 필요한 많은 실질적 쟁점들이 존재했으며 또 규명되어야 할 실로 엄청나게 많은 진정한 약점들이 존재했었다. 리스가 그토록 많은 지면들을 풍차를 향해 돌진하는 데 낭비해 버린 것은 참으로 안타까운 일이다.

---

46) JR, pp. 101~102[본서 244~245면]를 보라.
47) 특히 R. W. Miller, 'Marx and Aristotle', in K. Nielsen · S. C. Patten, *Marx and Morality, Canadian Journal of Philosophy* supp. vol. VII, 1981, 그리고 N. Geras, 'The Controversy about Marx and Justice', *New Left Review* 150, 1985를 보라. 두 논문 모두 Callinicos(편), *Marxist Theory*, Oxford, 1989에 실릴 것이다.

알뛰세의 철학에서 산 것과 죽은 것[*]

알렉스 캘리니코스

오늘날의 알뛰세

이제 누가 알뛰세를 읽는가? 개인적 비극이 그를 침묵시키기 이전부터 이미 알뛰세는 처음에는 사르뜨르와 메를로 뽕띠, 다음에는 레비스트로스와 라깡, 보다 최근에는 데리다와 푸꼬, 이제는 료따르와 보드리야르를 더 이상 매료시키지 못하게 되었다. [알뛰세에 대한] 가장 극단적인 혹평은 럭 페리와 알랭 르노가 1960년대 및 1970년대 프랑스 반인간주의에 대한 그들의 연구인 『68년의 사상』(*La Pensée 68*)에서 자신들이 왜 알뛰세를 대체로 무시했는지를 설명하는 가운데서 나왔다. '알뛰세주의는 …… 매우 시대에 뒤떨어진 것으로 보인다. 그것은 비틀즈의 음악이나 고다르의 첫 영화처럼, 가깝지만 그러나 이미 사라지고 없는 과거를 강하게 환기시킨다.'[1]

이 글은, 최소한 영국에서 1960년대 전체, 특히 그중에서도 1968년을 쓸어 내버리는 것이 신우익이 가장 애호하는 주제들 중의 하나 — 그리고 실로 계급투쟁을 사회주의와 분리시켜 서술하기에 바쁜 일부 좌파들이 가장 애호하는 주제들 중의 하나 — 라는 것에서 자신의 길을 찾고자 하는 사람들에게 권고하고 싶은 주장은 아니다. 이것은 어떤 철학자들이,

---

* Allex Callincicos, 'What is Living and What Is Dead in the Philosophy of Althusser', M. Sprinker·E. Ann Kaplan(편), *The Althusserian Legacy*, London, 1993, pp. 39~49. 본문의 소제목은 편역자 삽입.
1) L. Ferry·A. Renaut, *La Pensée 68*, Paris, 1985, p. 200.

니체적 비합리주의의 파괴 —— 이것은 페리와 르노가 성취하기 위해 애쓰고 있는 것이다 —— 이후 지적 표준의 복구에 기여하도록 계산된 연구를 할 가치가 있는지를 결정하려는 시류적 호소도 아니다. 알뛰세를 역사의 쓰레기통으로 보내 버리는 것은 [오히려] 그의 장점을 강조하려는 하나의 강력한 유혹이며 그것은 또 내가 아래에서 굴복하게 되는 유혹이기도 하다.

마르크스와 니체의 동맹?

하지만 페리와 르노의 책은 잠시 멈추어 검토해 볼 만한 가치가 있다. 그 책은 위에서 인용된 개탄할 만한 문장이 주장하는 것보다는 훨씬 진지하고 내실 있는 책이다. 그들은 『68년의 사상』에서 하나의 특징적인 동요를 예리하게 지적한다. 예를 들면 그들은 푸꼬에 대해 이렇게 말한다.

> 『광기의 역사』의 중심적 명제는 배제 과정의 동력을 구성하는 것의 정체성과 관련하여 주의깊게 통제된 모호성으로 인해 고통을 겪는다. 때때로, 푸꼬에 의해 수용된 철학적 권위들(하이데거와 니체)에 조응하여, 광기 배제의 역사는 이성 그 자체의 전개 —— 그것의 고전적인 탄생에서부터 기술지배 시대에 있어서의 그것의 현대적인 완성에 이르기까지 —— 에 의해 이루어져 온 것처럼 보인다. …… 때때로 푸꼬는 이러한 니체・하이데거적인 언어용법(register)을 포기하면서, 광기에 대한 이러한 배제의 동력이 다름 아닌 생산력의 발전, 달리 말해 자본주의의 성장에 다름 아니라고 주장한다.[2]

첫번째 '언어용법'은 『광기의 역사』 말미에 있는 푸꼬의 '비합리성에 대한 변론'에서 뚜렷이 나타나는 반면, 두 번째 것은 '부르주아 사회에서 추구되는 기술적, 경제적 합리화에 대한 비판'에서 뚜렷이 나타난다. '이 경우에서의 문제는, 진정으로 해방적인 것으로 간주되는 보다 발전된 합리성의 이름으로 사이비 합리성을 비난하는 것이다.'[3] 페리와 르노는, '이

---

2) 같은 책, pp. 113~114.

러한 두 개의 지평——그 하나는 "무이성"(無理性 ; sans-raison) 즉 비합리성의 명목으로 이성을 비판하는 니체·하이데거적 비판의 지평이며, 다른 하나는 비록 암묵적일 뿐이라 해도 다른 합리성의 이름으로 부르주아 합리성을 비판하는 지평이다——위에서 항상 작동함으로써, 푸꼬와 부르디외 사이, 혹은 데리다와 알뛰세 사이에 그들간에 벌어진 표면상의 논쟁을 넘어서는 "객관적 동맹"의 가능성이 남아 있다'고 주장한다. '그러나 매우 이질적이며, 최종 심급에서는 양립불가능한 경향들의 이러한 규합이야말로, 그들간의 상호분열에도 불구하고, 『68년의 사상』의 출현과 생존을 가능하게 한 것이다.'4)

페리와 르노가 프랑스 반(反)인간주의로부터 구성해 내는 이념형에 대해——그리고 그들이 프랑스 반인간주의를 대신해 내놓는 것으로 보이는 자유민주주의적 대안에 대해서는 말할 것도 없이——우리가 어떤 유보조항을 달든(예컨대 푸꼬를 비합리주의자라고 부르는 것은 너무나 단순하다), 그들은——나의 견해로는——1960년대 말이나 1970년대 초 몇몇 프랑스 철학자들이——확신의 정도는 다르다 할지라도——추구했던 마르크스와 니체 사이의 '동맹'을 정확하게 인식했다. 이는 데리다와 푸꼬가 1970년대 초 인터뷰에서 마르크스주의에 대해 무릎을 꿇고 공경을 표시한 것에서, 그리고 들뢰즈와 가따리가『앙띠 오이디푸스』(L'Anti-Oedipe)에서 마르크스를 (비록 편파적이긴 하지만) 광범위하게 이용한 것에서, 그리고 알뛰세 자신의 저작에서——그가 예컨대 데리다에 대해 행한 우호적인 언급5)에서뿐만 아니라, 보다 내용적으로는 서구의 형이상학에 대한 니체와 하이데거의 비판이 그의 사상에 미친 영향에서——명백하다. 예컨대 도미니크 르꾸르는『자본론을 읽는다』6)의 첫번째 논문——그것의 첫 페이지는 '의심의 거인들'로서 마르크스뿐만 아니라, 니체와 프로이트도 환기시키고

---

3) 같은 책, pp. 115~116.
4) 같은 책, p. 118.
5) L. Althusser, 'Marx's Relation to Hegel', *Poltics and History*, London, 1972, p. 184.
6) L. Althusser·E. Balibar, *Reading Capital*, London, 1970[알뛰세·발리바르,『자본론을 읽는다』, 두레, 1991].

있다 — 을 '명백하게 하이데거로부터 영감을 받은 것'으로 묘사했다.7) 니체로부터 연유하는 전통과 마르크스주의 사이에 그어져 있었던 경계의 이와 같은 해체는 1968년에 의해 급진화되었으며 지배문화의 비판적 분석을 위한 정교한 도구를 개발하려 했던 서구 지식인들에게 — 알뛰세를 포함한 — 프랑스 반인간주의가 광범위하게 수용된 이유 중의 하나이다.

이에 이어지는 파리 식의 '마르크스주의의 위기'에 관한 이야기는 — 1969년대 말 많은 사람들이 품었던 임박한 혁명의 전망을 더 이상 제공하지 않는 것으로 보이는 정치적 분위기 속에서 — 마르크스와 니체가 진실로 양립불가능하다는 사실이 명백하게 되는 방식에 관한 이야기이다. 합리성과 주체성을 곧바로 사회적 세계와 자연적 세계를 가로지르는 권력 지향의 심급으로 환원하는 담론은 역사적 유물론과 결합될 수 없다. 왜냐하면 역사적 유물론은 물리과학에 의해 형성된 이론적 연구의 방법을 사회변혁의 과정을 분석하기 위해 사용하며, 이러한 방법의 적용에 의해 갈수록 더 촉진되는 생산력의 발전을 실질적으로 파괴적이지만 그러면서도 인간해방의 가능성들을 확대하는 것으로 간주하기 때문이다. 에띠엔느 발리바르가 주장하는 바와 같이,8) 마르크스주의가 합리주의는 아닐지 몰라도, 비합리주의는 단연코 아니다.

마르크스주의는 그럼에도 불구하고 1970년대 말에 니체주의와의 경쟁에서 패했다. 이는 근본적으로 정치적인 이유들 때문이었다. 다양한 요인들 — 1968~1976년 대고양 이후 서방에서 계급투쟁의 퇴조, '현존 사회주의'와 재활성화된 사회민주주의 사이에서 궁지에 몰린 공산당들의 위기, 마오주의의 붕괴9) — 이 아직 마르크스주의자로 남아 있던 많은 사람들의 사회주의적 프로젝트의 존립 가능성에 대한 믿음을 약화시켰다. 그레고리 엘리어트는 1970년대 후반 알뛰세의 저작에서 그와 같은 의기

---

7) D. Lecourt, *La Philosophie sans Feinte*, Paris, 1982, p. 63.
8) E. Balibar, 'Irrationalism and Marxism', *New Left Review*, no. 107, 1978.
9) 이에 대해서는 C. Harman, *The Fire Last Time : 1968 and After*, Bookmarks, 1988[크리스 하먼, 『최근의 불꽃 : 1968 혁명과 그 유산』, 갈무리, 근간], 특히 제16장을 보라.

소침의 징후들을 발견했다.10) 프랑스의 주요한 니체주의자들 —— 푸꼬, 데리다와 들뢰즈 —— 의 저작들은 '포스트구조주의'라는 탈정치화된 형태로 재포장되어 미국 시장에서 단지 최신의 지적 스타일로 소비될 수 있게 되었다. 그런데 이와 같은 사태 전개의 전조는 예일 대학의 해체주의자들에 의한 데리다 전유에 의해 제시된 바 있었다. 그리고 그것이 가장 최근에 들어 보이는 타락한 양상은 오늘날 유행하는 '포스트모더니스트' 열광에서 찾아볼 수 있다. 그것은 이제 료따르와 보드리야르와 같은 아류들로 하여금 그들의 지적인 장점을 훨씬 벗어나도록 조장하고 있다.

하지만 알뛰세의 실추는 정치적 상황과 아카데믹한 시장에서의 변화의 탓만은 아니다. 거기에는 개념내적인 이유들도 있다. 이는 앞서 이루어진 일련의 비판들에서 강조된 바 있다.11) 흥미있는 것은 알뛰세 체계의 유명한 아포리아들(aporias)이 매우 자주 그의 독특한 시도, 즉 페리와 르노가 '니체적·하이데거적' 주제라고 부른 것을 마르크스주의를 재구성하기 위해 사용하려 한 그의 시도로부터 연유한다는 것이다. 예컨대 중첩결정과 같은 개념들에 의해, 하이데거와 파리의 니체주의자들에게 핵심적인 개념인 차이(difference)를 마르크스주의 변증법 속에 포함시킨 것은 그를 다원주의로 주저앉게 만들었다. 그리고 주체성을 이데올로기적 관계들에 의해 개별 행위자들에게 부과되는 '형태'로 개념화한 것은 —— 알뛰세도

---

10) G. Elliott, *Althusser : the Detour of Theory*, London, 1987, 제6장[엘리어트, 『알뛰세르 : 이론의 우회』, 새길, 1992].
11) A. Glucksman, 'A ventriloquist structualism', *New Left Review*, no. 72, 1972 ; N. Geras, 'Althusser's Marxism', *New Left Review*, no. 71, 1972 ; A. Callinicos, *Althusser's Marxism*, London, 1976[캘리니코스, 『알튀세의 맑스주의』, 녹두, 1992] ; A. Callinicos, *Is there a Future for Marxism*, London, 1982[캘리니코스, 『마르크시즘의 미래는 있는가』, 열음사, 1987] ; Hindess·Hirst, *Mode of Production and Social Formation*, London, 1977 ; E. P. Thompson, *The Poverty fo Theory and Other Essays*, London, 1978 ; P. Anderson, *Arguments within English Marxism*, London, 1980 ; T. Benton, *The Rise and Fall of Structural Marxism*, London, 1984 ; G. Elliott, *Althusser : the Detour of Theory*, London, 1987[엘리어트, 『알튀세르 : 이론의 우회』, 새길, 1992].

주장했듯이 — 어떻게 '대중이 역사를 만드는지'를 신비화했으며, 기능주의적 이데올로기 이론의 수용을 조장했다. 또 개별적인 이론적 담론들은 그들 자신의 타당성의 기준을 갖고 있다고 주장함으로써 과학과 비과학 사이의 그 어떠한 일반적 구분의 가능성도 부정하는 방식으로 과학에 대한 설명을 전개함으로써 모든 지식을 권력의지의 한 형태로 보는 니체적 환원을 통해 과학과 이데올로기 사이의 널리 알려진 구별을 방어하려는 그 어떠한 시도도 약화시켰다. 한때 악명 높은 짝이었던 배리 힌데스와 폴 허스트는 적어도 — 자신들이 페비안주의로 가는 도정에서 — 알뛰세 자신의 이론적 원리들의 비일관성을 무자비하게 폭로했다는 장점을 갖고 있다.

근대성 논쟁과 알뛰세

이러한 에피소드를 근대성에 대한 오늘날의 논쟁의 관점에서 조망해 보는 일은 흥미있는 일이다. 하버마스는 이러한 논쟁이, 개별 주체를 포섭하고 있는 절대이성의 작용이라는 맥락에서 근대성에 대한 자기이해를 제공하려 한 헤겔의 시도에 대해 세 가지의 분명한 반응을 나타냈던 청년 헤겔주의자들의 시대 이래, 실제로는 한걸음도 앞으로 더 나아가지 못한 것이라고 주장한다. 마르크스와 좌파 헤겔주의자들은 '혁명을 주창했다. 그들은 혁명의 손상에 대항하여, 그리고 부르주아 세계의 일면적인 합리화에 대항하여 (분출되기를 기다리고 있는) 역사적으로 축적된 이성의 잠재력을 동원하는 것을 목적으로 했다.'12) 우파 헤겔주의자들은 현존하는 사회를 이성의 가능성을 최대한 구현한 것이라고 만족해 했다.13)

---

12) J. Habermas, *The Philosophical Discourse of Modernity*, Cambridge, 1987, p. 56[하버마스,『현대성의 철학적 담론』, 문예출판사, 1994].
13) 하버마스가 언급하고 있지는 않지만, 파슨스와 그가 대표하고 있는 근대성의 개념 유형은 하버마스가 검토하고 있는 독일 신보수주의자들보다 이러한 반응에 대한 보다 좋은 사례를 제공하는 것으로 보인다.

니체는 '주체에 집중되고 목적적 합리성으로 찌그러든 이성에 대한 비판으로부터 변증법적 가시(thorn)를 제거했다. 그리고 그는 이성에 대해 전반적으로 청년 헤겔주의자들이 이성의 승화(昇華)에 대해 취한 것과 동일한 태도를 취했다. 이성은 다름 아닌 권력, 즉 그것이 그토록 찬연하게 은폐하는 권력에의 의지이다.'14)

이러한 관점에서 볼 때, 알뛰세의 오류는 페리와 르노가 '진정으로 해방적인 것으로 간주되는, 부르주아적 목적합리성(Zweckrationalität)보다 발전된 합리성'이라고 부른 것을 포함하는 마르크스주의를, 이성에 대한 니체적 비판으로부터 곧바로 유도된 명제들을 끌어옴으로써 재구성하려고 시도한 데에 있다. 이와는 대조적으로 하버마스는 — 정당하게도 — 마르크스가 '인간해방'이라고 부른 것에 헌신하려는 프로젝트라면 그것은 모두 '급진화된 계몽주의'의 전통에 입각해야만 한다고 주장한다.15) 그럼에도 불구하고 그는, 그 자신이 역사적 유물론의 불후의 직관이라고 간주한 것을 의사소통 행동(communicative action) 개념의 기초 위에서 재구성하려고 시도하는데, 그것은 나에게는 매우 문제가 많은 것으로 보인다.16) 동시에 반계몽주의의 니체적 변종에 대한 그의 잘못된 양보에도 불구하고, 알뛰세의 사상은 역사적 유물론을 마르크스주의적 전통을 계속 이어나가려는 그 어떠한 시도들도 갖추어야 할 필수불가결한 부분으로 삼게 만드는 일정하게 영속적인 강점을 갖고 있다. 나는 이러한 강점들을, 부분적으로는 하버마스가 이 주제들에 대해 말해야만 했던 것들과 비교하면서, 제시해 보도록 하겠다.

첫째로, 역사적 유물론을 헤겔적 사상의 개념 구조 위에 기초지우려는 그 모든 시도에 대한 알뛰세의 비판은 — 나의 생각으로는 — 절대적으로 결정적인 것이다. 「모순과 중첩결정」, 「『자본론』의 대상」, 그리고 어떤 점에서는 가장 정곡을 찌른 글인 「마르크스의 헤겔에 대한 관계」는 헤겔의 변증법적 방법이 그의 관념론적 체계로부터 분리될 수 있다는 생각을

---

14) 앞의 책의 인용문 중에서.
15) J. Habermas, *Autonomy and Solidarity*, London, 1986, p. 158.
16) Callinicos, *"Postmodernity" and Revolution*, Cambridge, 1989, 제4장을 보라.

분쇄했다. 물론 헤겔에 대한 여타의 마르크스주의적 반대자들도 있었지만, 그 어느 누구도 헤겔의 변증법과 마르크스주의적 변증법간의 차이를 알뛰세와 같은 정도의 명확성과 형이상학적 직관을 갖고 정식화해 내지는 못했다. 그렇게 하는 데 있어 알뛰세에 가장 가까이 접근한 사람이라고 할 수 있는 아도르노조차도 헤겔적 개념들의 원환(圓環)을 완전히 탈피하지는 못했다. 왜냐하면, 자본주의에 대한 아도르노 자신의 설명이 [루카치의] 헤겔주의적 마르크스주의 걸작인 『역사와 계급의식』에 크게 의존했기 때문이다.

역사에 대한 진정으로 유물론적인 이론은 부정의 부정과 같은 헤겔적 개념들을 사용할 수 없음을 밝혀 낸 알뛰세의 논증은 알뛰세 학파의 실추 뒤에도 계속 영향을 미치고 있다. 마르크스주의 사상 중 철학적으로 가장 비옥한 현대적 사조는 의심할 바 없이 코헨, 존 엘스터, 존 로머, 에릭 올린 라이트 등등의 분석적 마르크스주의이다. 그러나 그들이 추구하는 종류의 문제들은 일단 헤겔적 문제설정이 포기되어야만 절박하게 되는 문제들이다. 그리하여 역사적 과정에 대한 설명에 있어 기능적 및 합리적 선택 설명의 상대적 중요성에 대한 논쟁은 마르크스주의가 — 그것이 변증법적 유물론(Diamat)이라는 객관주의적 형태를 취하든, 아니면 1917년 이후의 '역사주의'(루카치, 그람시, 코르쉬)라는 주관적 형태를 취하든 — 더 이상 어떠한 헤겔주의적 변종에도 의존할 수 없음을 전제로 하는 것이다. 이와 마찬가지로 분석적 마르크스주의자들이, 마르크스의 착취 이론은 정의의 원리를 수반하는가 혹은 요청하는가의 문제에 골몰하게 되는 것은 사실과 가치를 하나의 이음매 없는 옷으로 짜 넣은 헤겔적 목적론에 우리가 더 이상 의존할 수 없게 될 때 발생하는 문제들의 징후이다. 그렇기 때문에 분석적 마르크스주의가 포스트알뛰세주의적 마르크스주의라는 데에는 하나의 강력한 의미가 존재하게 된다.[17]

헤겔적 마르크스주의에 대한 알뛰세의 비판은 근대성에 관한 오늘날의 논쟁에 대해 일정한 함의를 갖는다. 우선 알뛰세의 주장에 주요하게 수반되는 표현적 총체성과 복합적 총체성의 구분은 '총체화하는' 사고에 대한

---

17) A. Callinicos(편), *Marxist Theory*, Oxford, 1989, 서문을 보라.

공격에 의해 제기된 주장들에 직접적인 관련을 갖고 있다. 이러한 공격들 중 다수는 흔히 근본적으로는 니체적 영감을 받은 것들이다. 이것들은 모든 형태의 일반 이론에 대한 혼란되고 일관되지 못한 거부일 뿐이다.18) 그러나 알뛰세의 복합적 총체성의 계보, 그리고 최상의 마르크스주의 사상은 사회구성체들을 구체적 전체들인 동시에 규정들의 다양성으로 이해하려 한다는 그의 논증은 그 어떠한 총체화도 필연적으로 차이의 박멸을 수반한다는 주장에 대한 주요한 논박을 제공하고 있다. 나는 전에 중첩결정과 구조적 인과 등과 같은 개념들을 통해 전개되는 알뛰세 자신의 복합적 총체성에 대한 설명이 만족스럽지 못함을 지적한 바 있다. 하지만 내가 다른 곳에서 입증하려 했던 것처럼, 일단 우리가 사회구성체를 하나의 다양성으로 간주한다는 것이 유물론적 설명이 존중하고자 노력하는 규정의 위계를 인정하는 것과 양립불가능한 것이 아니라는 점을 우리가 알게 되면 그와 같은 결함은 교정될 수 있는 것이다.19) 나는 오늘날 위계들에 대해 이야기하면 사악한 정치적 성향이 있는 사람이라고 매도된다는 점을 알고 있다. 하지만 상이한 실천들, 제도들 그리고 행위자들의 상대적인 인과적 비중에 대해 관심을 갖지 않는 사회 이론은 전략적으로 무가치하며 개념적으로 공허하다.

헤겔주의에 대한 알뛰세의 비판은 또 다른 측면에서도 근대성에 관한 논쟁에 대해 유의미하다. 그는 마르크스와 헤겔간의 결정적 차이는 후자가 역사를 목적론적으로, 즉 절대이념의 자기실현과정으로 개념화한 것이라고 주장한다. 역설은 이 과정의 주체──절대적인 것──가 변증법의 원환구조와 동일하다는 점이다. 바로 이것이야말로 헤겔에게서 방법과 체계가 분리될 수 없는 이유이다. 즉 그에게서 방법이 곧 체계인 것이다. 이것은 분명 하버마스에게 있어서는 근대성의 담론에서 중심적인 문제인 역사와 이성의 관계 문제와 관련을 갖는다. 일단 우리가 목적론적인 헤겔

---

18) 예컨대, P. Patton, 'Marxism and Beyond?', in C. Nelson · L. Grossberg(편), *Marxism and the Interpretation of Culture*, Houndmills, 1988을 보라.

19) A. Callinicos, *Is there a Future for Marxism*, London, 1982, 제5~7장을 보라 [캘리니코스, 『마르크시즘의 미래는 있는가』, 열음사, 1987].

적 변증법을 포기한 후라면, 도대체 어떠한 의미에서 역사가 이성의 구현이라고 할 수 있는가? 하버마스의 대답은 부분적으로는—베버와 파슨스를 따라—구별되는 '준체계들'(경제, 정치 등)로의 차별화를 비록 일면적이기는 하지만 진정한 합리화의 형태로 간주하는 데에 있다. 또 그의 대답은 부분적으로는 소통적 합리화의 보다 폭넓은 형태의 발전을 추적하는 것에 놓여 있다. 그리하여 '근대적이고 대체로 분권적인 사회들조차도 그들의 일상적인 소통행동 속에서 진정한 자기이해의 중심을 유지한다.'20) 이와 같은 문장들은 하버마스가, '의식의 철학'에 대한 그의 빈번한 공격에도 불구하고, 사회를 하나의 거시적 주체(macro-subject)로 간주하는 경향이 있음을 보여 주는 것이다. 그리고 이와 같은 해석은 사회발전을 개별적인 학습과정 속으로 동질화하는 하버마스의 경향에 의해 더욱 강하게 고무된다.21) 알뛰세의 헤겔 거부는 그로 하여금, '니체적·하이데거적' 전통의 영향 하에, 역사를 '주체 없는 과정'으로 간주하는 정반대 극단으로 나아가게 해서, 개별적 혹은 집단적 행위자를 신비화시켜 버렸다. 그럼에도 불구하고 이러한 접근이 포함하고 있는 합리적 핵심은 다음과 같은 것, 즉 사회 이론은—하버마스가 그렇듯이—의사소통적 행동의 자기차별화를 추적하는 것이 아니라 변화를 가능하게 하거나 저지하는 객관적 구조들을 드러내는 것에 집중해야 한다는 주장 속에 놓여 있다.

이렇게 말하는 것은 결국, 알뛰세는 매우 정통적인 마르크스주의자로 남아 있는 반면, 하버마스는 그렇지 않다고 말하는 것의 한 방법일 뿐이다. 여기에 알뛰세의 두 번째 주요한 성취가 놓여 있다. 특히 『자본론을 읽는다』는—페리 앤더슨의 말에 따르면—'역사적 유물론의 근본 원리에 대한 정밀한 이론적 조사의 효시'22)이다. 생산양식이라는 개념 속에

---

20) J. Habermas, *The Philosophical Discourse of Modernity*, Cambridge, 1985, p. 359[하버마스, 『현대성의 철학적 담론』, 문예출판사, 1994].
21) J. Habermas, *Communication and the Evolution of Society*, London, 1979[하버마스, 『커뮤니케이션과 사회진화』, 청하, 1987]를 보라.
22) P. Anderson, *Arguments within English Marxism*, London, 1980, p. 65.

비늘 모양으로 겹쳐져 있는 개념들에 대한 알뛰세와 발리바르의 논의를 초기 마르크스주의 철학자들의 가장 정교한 기여들 ── 예컨대 루카치, 시드니 후크 등 ── 과 비교해 보면, 개념적 정확성과 세부적인 관심의 수준에 있어 일대 비약이 있음을 알 수 있을 것이다. 「노동과 상호작용」에서 『현대성의 철학적 담론』에 이르기까지 마르크스주의의 '생산 패러다임'에 대한 하버마스의 모든 비판적 검토에 있어 하나의 근본적인 취약점은 ── 알뛰세와 발리바르가 초점을 맞추는 ── 생산관계 개념에 대한 그의 전적인 몰이해에, 그리고 생산력들을 효과적으로 통제하는 사회적 관계와 착취형태 및 그들이 야기하는 계급투쟁에 대해 역사적 유물론이 부여하고 있는 본질적인 개념 역할에 대해 전혀 이해함이 없이, 그것에 도구적 및 의사소통적 행동을 대치시키는 것이다.

알뛰세 철학의 기여와 한계

역사적 유물론의 기본 개념들에 대한 알뛰세와 발리바르의 분석들의 중요성을 강조하는 것은 물론 그들이 아무런 문제가 없음을 주장하기 위한 것은 아니다. 가장 분명한 것으로는, 알뛰세와 그의 동료들이 ── 의심할 바 없이 부분적으로는 그들에 대한 마오주의의 영향 때문에 ── 인과상의 우위를 생산관계에 부여하고 생산력을 그것의 단순한 효과들로 환원하는 경향이 있다는 것이다. 이와 같은 이론적 운신의 파멸적 결과는 찰즈 베틀레헴의 『소련에서의 계급투쟁』(Class Struggles in the USSR)의 첫 두 권에서 충분히 보여진 바 있다. 이러한 점을 고려해 보면 코헨의 저서 『칼 마르크스의 역사 이론』(Karl Marx's Theory of History)은, 그것이 생산력의 발전에 설명적 우위를 부여한다는 점에서 『자본론을 읽는다』에 대한 필수적인 균형추이다. 코헨은 그의 책 서문에서 자신이 알뛰세의 책 『마르크스를 위하여』에서 영향을 받은 것을 인정하고, 또 『자본론을 읽는다』에서 발리바르가 이룬 공헌을 칭찬하지만, 다른 한편에서 그는 알뛰세주의자들의 독특한 어법의 모호함을 비판하고 '지적인 작업의 정밀성을 강조하는' 논리적 실증주의를 선호한다.23) 그러나 만약 분석적 마르크스주의가 — 그 이름이 시사하듯이 — 자신을 20세기 영어권 철학의 지배적인 형태들로부터 도출된 어휘들로 자신을 표현하는 것을 선택했다면, 그것은 알뛰세가 시작한 프로젝트, 즉 라이트 — 이전에 그는 알뛰세주의자였다 — 의 말로 표현하면, '기본 개념에 대한 체계적 질문과 명료화 및 그것들의 보다 정합적인 이론 구조로의 재구성'24)이라는 프로젝트를 계속하는 것이라고 할 수 있다. 이러한 의미에서도 분석적 마르크스주의는 포스트알뛰세주의적 마르크스주의이며, 헤겔주의의 파괴로 생겨난 이론적 공간을 탐구하고 있는 것이다.

이것은 철학적 어법뿐만 아니라 내용의 문제와도 관련된 알뛰세와 분석적 마르크스주의자들간의 진정한 차이를 지나치기 위한 것이 아니다. 나는 단지 한 가지 문제만을 언급하고자 하는데, 이 문제에서 장점은 분석적 마르크스주의자들보다는 알뛰세에 더 많이 있는 것으로 보인다. 전자가 분석철학으로부터 그리고 주류 사회과학(예컨대 합리적 선택 이론)으로부터 도출한 개념들과 절차들을 기꺼이 이용하려 하는 하나의 이유는, 그들이 공유하려는 경향이 있는 믿음, 즉 독자적인 마르크스주의적 방법이란 존재하지 않는다는 믿음이다.25) 그 가장 극단적인 사례는 『역사와 계급의식』에서 제시된 방법과 마르크스주의의 동일시 — 그것은 한편에서는 과장된 것이고 궁극적으로는 형식주의적인 것이다 — 에 대한 거부이다. 그러나 그것은 알뛰세주의의 전성기에도 매우 일반화되어 있었던 것이다. 그 고전적 사례는 힌데스와 허스트의 『전자본주의적 생산양식들』(*Pre-capitalist Modes of Production*)인데, 그것의 수명은 다른 무엇보다도 일종의 방법론적 순수성의 광란을 반영하는 자기비판에 의해 급속히 끝나고 말았다. 이러한 절충주의가 이해되지 못할 바도 아니다. 그러나 그것은, 엘스터와 로머의 저작에서 가장 완전하게 실현되었듯이, 마

---

23) G. A. Cohen, *Karl Marx's Theory of History - a Defence*, Oxford, 1978, p. x.
24) E. O. Wright, *Classes*, London, 1985, p. 2.
25) 예를 들어, A. E. Levine, 'Review of J. Elster, *Making Sense of Marx*', in *Journal of Philosophy* 83, 1986을 보라.

르크스주의를 파편화하여 그것으로부터 어떠한 독자적인 실체도 박탈해 버리는 위험을 수반한다. 그 결과는 분석적 마르크스주의가 전반적으로 사회민주주의의 변종으로 타락하는 것에서 분명히 드러난다. 이러한 점에서 마르크스주의란 하나의 특정한 체계적 성질로 특징지워지는 이론적 담론으로서, 그것의 체계적 성질을 제거하면 마르크스주의 그 자체가 해체되는 결과를 가져온다는 알뛰세의 주장—이것은 문제틀 개념과 인식론적 단절이라는 개념에서 가장 분명히 드러난다—은 여전히 중요성을 갖는다.

이러한 개념들은 알뛰세의 제3의 주요한 기여, 즉 마르크스주의 이론을 일반적이고 반경험주의적이며 반실증주의적인 과학철학 속에 위치지우려는 그의 시도에서 자신의 위치를 발견한다. 그는 마르크스의 과학성을 확립하려고 노력하는 과정에서, 바슐라르, 까바이예스, 깡길렘과 같은 프랑스의 '인식론적' 전통을 끌어올 수 있었다. 그들의 의의는 꽁트가 설정한 과학들의 단일한 역사라는 프로그램을 계속 밀고 나가려는 그들의 프로젝트 속에 놓여 있었다. 그 프로젝트에서 우위는 (현상학적으로 환원될 때조차도) 감각경험과 과학적 담론들의 직접적 조응보다는 과학적 담론들의 개념적 정교화에 주어진다. 알뛰세는 과학은 상식과 단절함으로써 자신을 형성한다는 바슐라르의 생각을 과학과 이데올로기간의 인식론적 단절이라는 개념으로 전치(轉置)시키는 등, 바슐라르의 다양한 명제들을 차용했다. 그 자신의 인식론은 물론 나름대로 강점과 약점을 갖고 있다. 그리하여 흔히 조롱거리가 되곤 하는 현실대상(real object)과 사고대상(thought object)간의 구별은 과학에 대한 모든 현실주의적 설명을 위한 하나의 요건, 즉 과학에 특정적인 이론적 개념은 즉각적 경험에 직접적으로 조응하는 개념들과 날카롭게 구별되곤 한다는 요건을 충족시킨다. 하지만 이론적 담론의 자기비준적(self-validating) 성격에 대한 알뛰세의 강조는 그로 하여금 과학에 대한 현실주의적 설명을 위한 또 하나의 요건, 즉 사고대상과 현실대상간의 조응을—최소한 대략적으로라도—확립할 수 있게 하는 어떤 기준에 대한 필요에 적절한 비중을 두는 것을 방해한다. 임례 라카토스의 과학적 리서치 프로그램의 방법론은, 나에게는,

두 가지 요건이 모두 어떻게 적절하게 충족될 수 있는지에 대해 이용가능한 최상의 설명인 것으로 보인다.

우리가 알뛰세의 인식론의 한계에 대해 어떻게 느끼든, 그것은 하버마스의 과학에 대한 논의와는 판이한 부류에 속하는 것이다. 하버마스의 과학에 대한 논의는 신칸트주의의 유해한 영향, 그리고 계몽주의와 도구적 이성을 동일시하는 초기 프랑크푸르트 학파의 유해한 영향으로부터 자신을 해방시키는 데 결코 성공하지 못했다. 그 결과는 물리과학을 자연지배적이고 목적합리적인 행동의 구성요소로 도구주의적으로 설명하는 것이며, 과학의 방법론적 통일성을 거부하는 것이다. 이러한 잘못된 입장들이 정식화되는 용어들은, 지식구성적인 이해관계(knowledge-constituting interests)라는 매우 의심스러운 개념으로부터 오늘날 하버마스가 의사소통적 행동이라는 그의 이론의 기초 위에서 상이한 종류의 합리성들 사이에 긋는 구별선에 이르기까지 시간에 따라 변해 왔다. 그러나 이 모두에서 결여되어 있는 것은 알뛰세가 분명히 표현해 낼 수 있었던 통찰이다. 그것은 모든 이론적 담론을 특정의 함축적(implicit) 질문들(예컨대 알뛰세주의자의 문제설정 혹은 라카토스의 발견장치)에 의해 구성하는 것이다. 이것은, 올바른 조건 하에서는, 그 어떤 외부적 명령이 아니라 콜링우드가 질문과 답변의 논리라고 부른 것에 의해 지배되는 '내적 역사'를 전개한다. 그리고 그것의 동학에 대한 이해는 물리과학이든 사회과학이든 **모든 과학의 객관성에 대한 어떠한 설명에 대해서도 필수적이다.** 하버마스의 저작들에 과학적 담론이 가져야 할 이러한 일반적 특징들에 대한 감각이 전적으로 부재한 것은, 낭만주의에 의해 독일철학이 입은 손상에 대한 슬픈 반영이다. 그리고 이것은 근대적 이성에 대한 철학적 방어를 제공하려는 그의 시도를 약화시킨다.

바로 이것들이, 내가 보기에, 알뛰세가 영속적인 기여를 한 세 가지 측면 — 헤겔주의적 마르크스주의에 대한 비판, 역사적 유물론의 개념적 명확화, 그리고 현실주의적 과학철학의 정교화 — 이다. 이러한 성취들을 강조하는 것이 다른 성취들도 존재한다는 것을 부정하기 위한 것은 아니다. 그러나 여타의 성취들 — 예컨대 그의 이데올로기 이론 — 은, 그 신비적 껍질을 벗기고 보면, 그것의 합리적 핵심이 보잘것없는 것으로 판명되는 경우가 허다하다. 결론적으로 알뛰세의 개입의 효과가 마르크스주의 철학 자체를 다소간 불확실한 지위에 놓이게 했다는 점도 유의해 둘 가치가 있다. 헤겔의『논리학』으로부터 추출된 유물론적 방법이라는 종별적 개념이 존속했던 한에서, 마르크스주의 철학은 변증법의 수호자로서의 확고한 지위를 가질 수 있었다. 그러나 알뛰세가 헤겔을 추방한 후에는, 마르크스주의 철학이라는 담론의 합리적 핵심은 무엇인가? 변증법적 유물론을 다시 부흥시키려는 알뛰세의 두 가지 시도—첫째는 이론적 실천의 이론으로서 그 다음에는 이론에서의 프롤레타리아트적 계급투쟁으로서—는 커다란 성공을 거두지 못했다. 철학에 대한 두 번째 정의에서 하나의 문제점은, 그것의 이론적 내용이 실재론—즉 실재는 사고보다 선행하지만 사고에 의해 인식될 수 있다는 명제—의 방어로 귀착된다는 것이다. 이는 의심할 나위 없이 가치있는 과제이기는 하지만, 맹렬한 반마르크스주의자인 라카토스의 저작에 대한 나의 환기가 보여주듯이, 마르크스주의자들을 위해서만 배타적으로 예약되어 있는 과제는 아니다. 아마도 마르크스주의 철학자들에게는 역사적 유물론의 이론적 틀을 해명하고 명료화하는 로크적 하급노동자의 역할이 남겨져 있는 것 같다. 지난 10년간 분석적 마르크스주의가 보여준 기록은 이러한 활동이 비옥한 것이 될 수 있음을 말해 준다. 하지만 이러한 조류가 밟아 나간 정치적 궤적은 개념적 분석이 순진무구한 실천만은 아니라는 것을 분명히 보여준다. 이것은 결코 놀라운 발견은 아니다. 따지고 보면 그것은 알뛰세가 우리들로 하여금 예상할 수 있도록 가르쳐 준 것이다. 그래서 아마도 이론에서의 계급투쟁을 위한 전망은 아직도 존재하는 것 같다. 여하튼 우리는 알뛰세를, 20세기 말의 지적 생활이 드러내는 매우 놀라운 특징인 철학의 일반적 수축(deflation) 현상에 기여하고 있는 사람으로 보아야만 할 것처럼 보인다.

제 4 부

구조주의, 포스트구조주의의 철학

포스트구조주의란 무엇인가? / 리차드 브래드베리

포스트구조주의란 무엇인가?*

리차드 브래드베리

지난 10년에서 15년 사이에 계급투쟁의 수준이 하락함에 따라 일련의 다소간 명백하게 반(反)마르크스주의적인 이론들이 나타나서, 마르크스주의는 세계를 설명하기에 매우 불충분하다고 주장하고 있다. 이들 가운데에서 구조주의와 포스트구조주의는 자기 자신을 마르크스주의에 대한 하나의 진지한 지적·정치적 도전으로 제시한다. 그들의 변호자들에 따르면, 포스트구조주의는 마르크스주의가 답하지 못했던 몇 가지 결정적인 문제들에 대해 해답을 주었다는 것이다.

만약 우리가 포스트구조주의자들의 교의를 받아들인다면 우리는 우리가 혁명적 사회주의의 전통으로 간주하고 있는 이론과 실천 중에서 많은 것을 포기해야만 할 것이다. 다름 아니라 바로 이런 이유 때문에 우리는 이 주장들을 진지하게 고려해야만 하고 그것들과 투쟁해야만 한다. 나는

---

* Richard Bradbury, 'What is post-structuralism?', *International Socialism* 2 : 41, 1988년 겨울, pp. 147~162에 처음 수록.

* 나는 가능한 한 접근을 쉽게 하기 위해, 이 논문에서는 '아카데믹한' 각주를 달거나 인용을 대량으로 하는 것은 최소한도로 줄이려고 했다. 거친 공식화나 과도한 단순화가 있었다면 사과한다. 인내심을 가지고 기다려 준 피터 빈스, 계속 다그쳐 준 존 리스(그런 그의 재촉이 없었다면 이 논문은 영영 씌어지지 못했을 것이다), 초고를 읽고 비판을 아끼지 않은 알렉스 캘리니코스, 밤낮으로 많은 독창적인 공식화들에 귀 기울여 준 모린 케이시, 그리고 마지막으로 이 논문을 다양한 형태로 보아주고 또 포스트구조주의 사상의 모호한 측면들에 대해 논쟁하는 자리를 만들어 준 모든 동지들께 감사를 드린다. 그러나 이 논문에 포함되었을 지도 모르는 오류와 실수들은 전적으로 필자의 책임이다.

모든 포스트구조주의자들의 저작들 속에 들어 있는 새로운 방식과 전환을 모조리 다룰 마음을 갖고 있지는 않다. 그러나 나는 그들의 사상적 교의들을 스케치하려 하며 그리고 나서 보다 중요하고 반복적인 주제들에 대한 비판을 제시할 것이다. 그러나 포스트구조주의를 다루기 전에 먼저 그것의 선구자인 구조주의에 대해 약간 이해해 두는 것이 필요할 것이다.

소쉬르의 언어학

구조주의는 뻬르디낭 드 소쉬르의 저작에 기초를 두고 있다. 그는 이전의 모든 언어철학은 틀렸거나 혹은 잘못된 언어 영역을 다루고 있다고 주장했다. 가장 중요한 것으로 그는, 자신의 주저인 『일반 언어학 강의』에서 당시에 지배적이었던 관념, 즉 단어와 그 단어가 상응하는 대상 사이에 어떤 필연적 연관이 있다는 관념과 결별하였다. 이것의 직접적 결과로 언어는 하나의 사회적 구성물이 되었다. 하나의 언어적 공동체로서 우리는, [몸뚱아리의] 각 모퉁이에 하나씩의 다리를 가지고 있고 어떤 특별한 소리를 내는 동물을 개(a dog)라고 부를 수 있다는 데 동의한다. 그 단어와 동물 사이의 연관 속에는 내재적이고 자연적인 것은 전혀 없다. 그것은 개라고도 불릴 수 있겠지만— 우리의 사회집단이 단어와 대상 사이의 사회적으로 확정된 연관만을 인식한다면— 이와 마찬가지로 앵셩[un chien ; 개라는 뜻의 불어 - 역자], 다스 훈트[das hund ; 개라는 뜻의 독일어 - 역자]라고 불릴 수 있을 것이고 혹은 나무(a tree)라고도 불릴 수 있을 것이다.

그 후 소쉬르는, 언어 연구가 역사적 기초를 필요로 한다는 가정을 공격하였다. 그는, 언어 연구는 시간 속의 단일한 계기로서의 언어의 상태에 관심을 가져야만 한다고 주장했다. 이렇게 함에 있어서 그가 가졌던 주요한 목표가 언어 발전의 역사적 성질을 부정하는 것은 아니었다. 그러나 나중에 구조주의자들은 다른 모든 것들을 배제하는 정도로까지 언어라는 단일한 계기에 대한 분석에 강조점을 두곤 했다. 비록 소쉬르는, 총체적 체계의 도식을 만들어 내는 것이 불가능함을 인정하였지만 그는 자신의 작업 기반으로서 완전히 고립된 언어체계를 채택하였다.

그렇게 함에 있어서 소쉬르는 결과적으로 역사적 변화와 발전을 현재 통용되는 언어의 시간적 편린으로부터 분리시킨 후 자신의 노력을 후자에 집중시켰다. 그가 언어의 공시적 측면이라고 부른 것에 대한 이러한 강조는 구조주의의 발전에 결정적이다. 그것은 역사라는 관념 그 자체에 대해서 깊이 회의하는 사상적 학파를 이루게 되었다.

그 다음 단계는, 언어가 하나의 사회적 형식으로 존재한다고 주장하면서 우리들이 어느 정도는 다소간 그 속으로 통합된다고 주장하는 것이다. 어떤 공동체의 성원들로서 우리가 성공할 수 있는가 없는가는, 우리가 그 공동체의 기존 규율들을 얼마나 잘 이해하고 있는가에 의하여 판단되어진다. 이렇게 말하면서 소쉬르는, 개인들이 자신이 살고 있는 세계를 변화시킬 수 있다는 어떤 관념과 완전히 결별하고 있다.

이러한 방법론적 규칙이 일단 확정되게 되면 소쉬르는 그 총체적 체계를 분열시킬 수 있는 어떤 요소도 배제하는 그러한 이론을 향해 나아간다. 언어는 총체적 언어체계를 의미하는 랑그(langue)와 그 체계 내에서 발생하는 개별적인 언어행위를 의미하는 빠롤(parole)로 나뉘어진다. 소쉬르의 작업 속에서는 랑그가 선호된다. 이제 주의는 체계와 그것이 포함하는 요소들간의 상호관계보다는 총체 그 자체, 그리고 그 총체가 부분들을 이해하는 방식에 돌려지게 된다. 애초에 그 이론의 힘으로 보였던 것이 — 그것이 경험적 연구로부터 이탈하여 일반 이론 속으로 사실적 정보들을 통합하는 방향으로 나아감에 따라 — 이제 그것의 주요한 약점이 된다. 체계는 그것이 포함하는 요소들보다도 훨씬 더 중요한 것으로 된다. 체계를 구성하는 요소들에 의해 그 체계가 변화될 수 있는 가능성은 배제된다.

여기에서 두 가지의 또 다른 반대들이 직접적으로 제기될 수 있다. 첫째로 언어적 공동체를, 언어를 하나의 사회적 사실로 구성하는 힘으로 제시함으로써 소쉬르는 언어적 공동체 내에서 분열이 있을 가능성을 인정하지 못한다. 둘째로 역사적 언어학을 무시함으로써 소쉬르는 계급분할이 어떤 체계 속에 각인되는 방식을 고려하지 못한다. 하나의 사례를 들어보자. 맨션(mansion)과 하우스(house)는 건축이라는 면에서는 동일한 사물을 의미하지만 사회적으로는 다른 사물을 의미한다. 왜인가? 왜냐하면 이들간의 차이는 1066년 이후에야 영어 속에 기호화되었기 때문이다. 맨션(노르망 프랑스의 maison에서 나온 말)은 새로운 지배계급이 살았던 곳인 반면 하우스(앵글로색슨의 hut에서 나온 말)는 농민들이 살았던 곳이었다. 사회적 현실들이 언어의 구조 속으로 기호화되는 수많은 사례들이 레이몬드 윌리엄즈의 책 『키워드들』(Keywords) 속에 들어 있다. 그러나 이들 중 그 어느 것도 소쉬르와 구조주의자들의 관심을 끌지는 못했을 것이다. 소쉬르는, 역사적인 것, 즉 통시적인 것(diachronic)이 언어의 중요한 구성 부분이라는 사실에 대한 인정을 잔재적 형태로 지니고 있었을지 모른다. 물론 이것은 그가 자신의 작업 속에서 관심을 갖고 검토하려 한 것은 아니었다. 그러나 그를 뒤이은 사람들은 그 역사적 차원을 제거해 버린다.

다음으로 소쉬르는, 언어가 하나의 판별적 문제틀에 의해 구성되어 있는 것으로 보았다. 그가 의미한 것은, 가장 단순한 차원에서도, 모든 단어는 그들의 음성적 차이들에 의해 다른 단어들로부터 구별될 수 있다는 것이다. dog과 frog는 서로 다르다. 그리고 이 차이는 가장 초보적이고 미발육적인 형식 속에서 의미를 발생시키기 시작한다. 체계가 더욱더 복잡해짐에 따라서 차이의 유형들도 차이들의 거대한 복합체계가 산출될 때까지 그렇게 복잡해진다.

이것의 중요성은, 그것이 의미의 어떤 긍정적 감각에 의존하는 것이 아니라 그 용어들 사이의 차이들에 즉, 가장 단순한 차원에서도 우리가 상이한 단어들을 말할 때에 만들어 내는 소리들 사이의 차이에 의존한다는 것이다.[1] 중요한 것은 체계를 구성하는 요소들의 상호연관성이다. 이

---

1) 음소 —— 단어들을 구성할 때 사용하는 어음(語音)들 —— 가 소쉬르의 연구에서 중요한 위치를 차지하는 것은 바로 이 때문이다. 단어를 만들어 내는 성분 어음(語音)들간의 물리적 차이들에서 시작함으로써 소쉬르의 작업은 물리적(physical) 현실이라는 객관적 세계에 뿌리박게 되었다. 그 대가로 그는 사회적(social) 현실이라는 객관적 세계를 지향하지 못했다. 비록 그가 언어의 사회적

것은 분명히 공시적 언어 연구와 상호보완적이다. 왜냐하면 무역사적 상태 속에 얼어붙어 있는 체계 속에서 차이들의 유형들을 확인하기란 매우 쉽기 때문이다.

마지막으로 언어에 대한 소쉬르의 강조는, 언어와 사유가 기호작용(signification)이라고 불리는 하나의 연속적 과정 속에서 실재와 연결되어 있다는 그의 믿음으로부터 나온다. 구조주의의 핵심 용어인 기호작용은 소리·이미지에 의해서 개념과 대상을 연결짓는다. 우리는 사회적 의미를 획득하고 있는 여타의 소리들의 조합과 비교될 때에 특정한 사회적 의미를 띠는 소리들의 조합을 생산한다. 이처럼 소쉬르는 단순히 언어에 대해서 논의하고 있는 것이 아니다. 그의 궁극적인 초점은 우리가 세계를 이해하게 되는 그 메커니즘이다. 그것은 단순히 언어에 대한 이론일 뿐만 아니라 의식에 대한 이론이기도 하다.

구조주의

소쉬르는 1913년에 의혹 속에 죽었다. 『일반 언어학 강의』는 그가 죽은 후에 그의 학생들의 노트로부터 취합해서 발간한 것이다. 그 책은 1950년대와 60년대에 이르기까지는 부르주아지의 지적 세계에 별다른 영향력을 미치지 못했다. 그렇지만 소쉬르의 언어학이 구조주의로 발전되는 방식은 검토해 볼 만한 가치가 있다. 왜냐하면 1960년대 말경에 그것이 매우 인기있게 되었기 때문이다. 그것은 학술 진영을 넘어서 사회 전체에 파급되기 시작했다. 간단히 말해 이 생각들이 이제 하나의 이데올로기적 힘으로 되었던 것이다.

이러한 발전에서 중심적인 역할을 한 것은 자유주의적 인류학자였던 끌로드 레비스트로스였다. 그는 언어가 하나의 사회적 구성물인 것과 마찬가지로 우리들의 여타의 관습들이나 습관들 중의 상당 부분도 사회적 구성물이라고 주장했다. 레비스트로스에게 있어서 소쉬르의 방법론이 갖

성질에 대해 말하고 있긴 하지만 말이다.

는 중요성은 의미가, 체계를 구성하는 요인들 각각으로 하여금 개별적 기호들로서 기능하게 할 수 있는, 저변에 깔린 관습들의 체계의 존재에 의해 만들어질 수 있다는 소쉬르의 가정이었다. 그것은, 기호작용을 하는 각각의 체계의 근저에 깔려 있는, 관습들을 분석하는 방법이다. 레비스트로스가 여기로부터 여타의 사회적 현상에 이와 동일한 방법을 적용하는 것으로 나아가기 위해서는 반걸음만 내딛으면 되었다. '비록 서로 다른 질서의 현실에 속하는 것들이지만 친족 현상은 언어 현상과 동일한 유형의 것이다.'

레비스트로스는 주로 신화와 사회적 행동의 구성에서 신화가 수행하는 역할에 관심을 갖게 되었다. 그는 상징들은, 종종 그것들이 의미화하는 것보다 더욱 실재적이라고 주장하기 시작했다. 사회적이고 물질적인 현실의 분석에서 그 현실들이 표현되는 방식에 대한 분석으로의 이러한 이동은 구조주의자들과 포스트구조주의자들 양자 모두의 특징이다. 그러나 레비스트로스의 작업은, 두 가지 의미에서, 제한된 진보였다.

첫째, 그것은 경험주의적 접근법들을 해체하는 데 긍정적인 기여를 하였다. 인류학에서 그의 직접적인 선배들은, 자신들의 작업이 단순히 그들이 관찰하고 있는 사회들을 서술하기만 해야 한다고 주장했다. 물론 이것은, 그 사회들을 이해하기 위한 어떠한 이론적 작업들도 지금까지 개발된 적이 없다는 것을 의미한다. 물론 이들 인류학자들이 그들의 세계관의 일부로서 수반했던 이론적 작업들은 제외하고 말이다. 둘째로 그의 작업은 사회가 위계적 유형으로 질서지워져 있으며 서유럽이나 북아메리카적인 규준들로부터의 어떠한 이탈도 문명으로부터 야만으로의 일보일 뿐이라고 주장했던 인종주의적 인류학으로부터의 이동이었다. 레비스트로스의 주장은, 사회구성체들은 단순히 서로가 다를 뿐이라는 것이었다. 즉, 더 나쁜 사회구성체도 더 좋은 사회구성체도 없으며 단지 서로 다르다는 것이었다.

소쉬르에 기초한 레비스트로스의 방법은 사회들을 완전한 구성체들로 간주하였다. 그 속에서 행위의 개별적 요소들은 기호작용의 전(全) 체계의 일부로 이해될 수 있을 뿐이었다. 상이한 체계들은 분리되어 있다고 주장되었다. 왜냐하면 이 방법은 기호작용을 하는 체계가 자신이 속한 어떤 사회적 총체성을 설정할 수 없었기 때문이다. 이러한 방법이 일단 설정되고 나면 그러한 연구를 모든 방향으로 확장하는 것이 가능해진다. 이리하여 구조주의는 하나의 학술적 원리로 개화하기 시작하였다. 왜 우리는 어떤 특정한 방식으로 옷을 입는가, 왜 우리는 특정한 순서로 식사를 하는가 등등. 이 질문에 대한 대답은 한결같이 우리가 기호작용의 양식들에 따르고 있기 때문이라는 것이었다. 결국 연구는 이러한 체계들이 공통적으로 가지고 있는 것이 무엇인가 하는 데로 향했다. 레비스트로스는, 모든 현상을 설명할 수 있는 하나의 총괄적 방법론을 구성할 수 있다고 주장하기 시작했다. 이것은 그로 하여금, 모든 인간이 공통적으로 가지고 있는 것이 무엇인가를 발견하고자 시도하도록 이끌었다. 분명한 문제는, 그가, 사회적 존재가 사회적 의식을 규정한다는 일체의 생각을 포기하였다는 것이다. 장 폴 사르뜨르와의 교류 속에서 레비스트로스는, 인간 주체는 역사를 만드는 데에서 어떠한 능동적 역할도 수행하지 않는다고 주장했다. 그것은 이미 결정된 구조 속으로 삽입되거나 혹은 기껏해야 스스로를 그 속으로 삽입할 수 있을 뿐이라는 것이었다.

이러한 주장은 레비스트로스의 자유주의의 분명한 한계를 보여준다. 왜냐하면 그것은 사회 변화의 불가능성이라는 주장으로 귀결되기 때문이다. 이것은 최근에 레비스트로스가 '비극적 조건'에 점점 더 큰 관심을 갖는 이유를 설명해 준다. 그의 말에 따르면 우리는 기존 생활양식에 감금되어 있다. 이러한 관점으로부터 그의 인류학적 작업들은, 제국주의에 의해 일소되기 전에 자신들의 삶을 꾸려가고 있는 제국주의의 희생물들에 대한 매우 음울한 관찰로서 나타난다. 『슬픈 열대』(Tristes Tropiques)와 같은 그의 초기 작품들에서 보였던 분노는 사라지고 없다. 여기에 결정적으로 결여되어 있는 것은, '야만인'의 영역 속으로 행군해 들어오는 자본에 도전할 효과적인 방식에 관한 것이다.

소쉬르의 방법들을 일반화하는 것과 연관되어 있는 또 다른 이론은, 기호 및 그것이 우리들의 세계에서 수행하는 역할에 관한 과학, 즉 기호학이다. 기호에 대한 연구에서 중요한 인물은 롤랑 바르뜨였다. 문학평론가이자 문화평론가였던 바르뜨는 상이한 사회적 현상들에 의해 기호체계들이 창출되는 방식을 분석하였다. 그의 활동의 가장 초기에 이루어졌으면서 가장 훌륭한 연구들 중의 하나는 일군의 프랑스 병사들의 사진에 대한 연구이다. 그 사진 속에서 각 인물들이 취하고 있는 자세와 입지점, 그리고 프랑스 국기와 같은 다른 대상들에 대한 그들의 물리적 관계는 사진에 의해 암시된 이데올로기적 구조들에 대한 분석의 출발점으로 작용한다. 그러나 그의 작업으로부터 '마르크스주의적 색채'는 점차 사라져 갔다. 즉 그의 사상의 물질적·이데올로기적 지주(支柱)는 문화 현상들의 영역을 넘어서는 것에 관한 독창적인 의견 개진으로부터 더욱 멀어져 갔던 것이다.

바르뜨의 글쓰기의 특징은 언어학을, 기호학을 떠받쳐 주는 하나의 총괄 과학이라고 주장하는 것이었다. 언어학의 방법들과 통찰들은 여타의 문화적 현상들에 대한 통찰들의 기초가 되었다. 언어 연구는 더 폭 넓은 세계에 적용될 수 있는 방법으로 제시된다. 나중에 우리는 이 주제에 관한 보다 많은 변형태들을 살펴보게 될 것이다.

여기에서 문제가 되고 있는 것은 세계를 바라보는 상이한 방식들의 정확성에 관한 것만이 아니고 이 이론들이 세계를 변화시키는 기초로서 발휘할 수 있는 능력에 관한 것이기도 하다. 이러한 쟁점은 분명 프랑스에서 1968년에 절정에 이르렀다. 구조주의자들에게 있어서 그 해는 그들이 자신들의 저작들에서 가급적 회피하고자 했던 문제들이 출현함으로써 그에 대한 그들의 당혹감을 표현하고 있다. 그것은 그들의 전기작가들과 비판가들에 의해 반복적으로 재생산되었던 침묵이다. 이것은 결코 놀랄 일이 못된다. 구조주의자들이 1968년에 대해 말할 때 그들은 벽에 스프레이로 적은 초현실주의자의 슬로건을, 자신들의 공장 이름의 철자를 재배열하여 'liberté' 즉 자유라고 적었던 베리에(Berliet)에 있는 르노 공장의 노동자들과 비교했다. 구조주의자들은 이들 양자가 기존 체계에 대한 도전과 '의미'(sense)를 제조해 내는 메커니즘이라고 주장한다. 초현실주의적 슬로건이 의미를 형성하는 전 과정을 근본적으로 분열시키고 있는 방식에 대하여 많은 논쟁이 있었다. 한편 베리에의 노동자들은 'liberté, 즉 자유'가 중심적인 요구라는 부르주아 혁명적 개념뿐만 아니라 의미가 어떻게 형성되는가에 관한 '부르주아적' 개념들도 받아들이고 있었다. 그리고 그들은 후자가 전자보다도 덜 중요하다는 것을 받아들이고 있었다.

물론 여기에 결여되어 있는 것은, 자신들의 공장을 점거하고서 자본주의의 구조들에 도전하고 있는 노동자계급이 중요하다는 생각이다. 마르크스가, '인간은 그들 자신의 역사를 만든다. 그러나 그들은 그것을 자기 자신의 자유의지에 따라 만드는 것이 아니며 그들 자신이 선택한 환경 하에서 그렇게 하는 것도 아니다. 오히려 그들은 자신들이 직접 대면하게 되는 어떤 주어진, 상속된 환경 하에서 그렇게 하는 것이다'라고 지적했을 때 그는 주로 역사를 형성하는 행동에 관심을 갖고 있었다. 원형(原形)론적 구조주의는 이 행동들이 표현되는 언어적이고 개념적인 형식에 대한 비판을 발전시키는 데에 더욱 관심을 갖고 있을 뿐이다.

포스트구조주의

물론 좀더 통찰력이 있는 구조주의자들은 자신들의 이론적 작업이 이러한 '동기'를 어떻게든 고려하지 않고서는 지속될 수 없다는 사실을 인정하였다. 그들은, 구조주의가 ─ 자신들이 보고 있는 바와 같은 ─ 개별 주체의 이러한 돌진을 설명할 수 없다는 점에 대해 비판하였다. 그들은 인간 주체와 그것의 사회구조와의 관계에 대한 구조주의의 불충분한 이론을 거듭해서 강조했다. 그들은, 지금 필요한 것은 이 중심적 문제를 취급할 수 있는 하나의 새로운 이론이라고 주장했다. 그들은 또 자동비평 이론(a theory of auto-criticism)을 개발하기 시작했다. 즉 그들은 모든 이론들이 의거하는 방법론적 교의를 개발하는 데 집중했던 것이다. 그들은 이론적 입장들의 '해체'에 열중하였다. 그들이 말하는 해체란 어떤 이론의 근저에 깔려 있는 관념들을 폭로하며 이 뿌리를 엄격한 질문에 회부하는 비판적 분석을 의미한다.

쟈끄 데리다

해체의 가장 유명한 사례는 '이성중심주의'에 대한 데리다의 공격이었다. 이 이성중심주의란 서구 철학이, 씌어진 것보다도 말해진 단어를 더욱 중시하는 것을 의미한다. 그는 또 이것을 현존(現存)의 형이상학, 즉 글쓰기에 비한 말하기의 특권의 형이상학이라고 부른다. 이것은 특권적 위계질서가 우리들의 사고방식에 어떻게 영향을 미치는가를 밝히는 것으로 확장되어진다. 데리다는, 개별 주체들이 의미의 원천이라는 관념을 거부한다. 그는 서구 철학에서 말하기가 글쓰기보다도 더 중요하다고 주장한다. 왜냐하면 말하기는 현존을 전제하기 때문이다. 그리고 그는, 현존은 의미의 개별적 원천을 전제한다고 주장한다. 그러나 소쉬르의 발걸음을 따라가면서 데리다는, 의미는 언어체계의 요소들 사이의 차이의 체계에 의해 발생한다고 말한다.

그러나 그는 이어, 문제가 그렇게 단순한 것이 아니라고 주장하기에 이른다. 만약 의미가 자신을 그것의 한 부분으로 포함하는 기호체계의 구조 속에 이미 기입되어 있다면 그 체계가 전진하고 발전하는 것은 불가능하다. 그래서 우리는, 각각의 새로운 기호작용은 기존 체계에서의 진보이며 그것에 대한 하나의 변이임을 자각하고 있어야만 한다. 그렇지만 이것은 우리가 소쉬르로부터 배운 것, 즉 각각의 개별적 기호작용은 기존 체계에 의존하며 각각의 빠롤은 랑그에 의존한다는 것과는 모순된다. 그렇다면 우리가 필요로 하는 것은 두 개의 관점이다. 하나는 의미의 생산을 가능하게 하는 구조들에 집중하는 하나의 관점이며 또 하나는 의미의 생산이 기존 체계와 달라지는 방식에 집중하는 관점이다.

푸꼬

광기, 임상의학의 발전, 형벌제도의 변화와 발전, 성의 발전 등에 대한 푸꼬의 역사적 연구들은 이 이론이 사회에 적용되어진 방식 가운데서 가장 대표적인 사례들이다. 그리고 자신의 일생에 걸친 연구에서 푸꼬는 위와 같이 분명한 목표물들을 탐구하는 데 머물지만은 않았다. 그는, 개별 인간이 철학적·사회적 범주로 구성되는 문제에까지 탐구를 확장했다. 그러나 이러한 작업에는 세 가지의 중요한 문제점이 있다. 첫째 그는 회의주의의 덕목을 받아들여 그것을, 방법의 비일관성이 하나의 원리가 되는 지점으로까지 밀고 나간다. 그의 작업은 그 자신의 방법들과 이전의 결론들에 대한 항구적인 심문과정 속에 휘말리게 되었다. 둘째로 그가 각각의 제도적 발전을 검토함에 따라 그 제도는 하나의 담론으로 된다. 그것은 그것 자체에 고유한 언어를 산출한다. 예를 들어 실제로 성에 관한 모든 현대적 교과서와 참고서에서 남성의 사정(射精)과 오르가즘은 이 두 가지를 서술하기 위해 동일한 동사('나오다')가 사용될 정도로 이들은 서로 등치된다. 가장 보편적인 욕설의 형식 중 하나는 어떤 사람을 수음자(手淫者)라고 지칭하는 것이다. 그러나 이것은 남성적 성욕의 필연적 현실인가 아니면 단순히 성적 쾌락을 생식과 등치시키는 문화의 산물인가? 푸꼬는 이러한 담론들이 구성되는 방식에 대한 탐구에 자신의 노력을 집중시킨다. 자신의 진술을 쉽게 풀어쓰는 가운데 그는, 담론들이 특권화되는 메커니즘에 관심을 기울인다. 이를 통해 그가 말하고자 한 것은, 언어가, 자신을 다른 사회적 생산물들과 동등한 가치를 갖는 것으로 만드는 하나의 물질성을 갖고 있다는 것이다. 그는 두 가지의 주장을 내놓고 있다. 그 하나는, 언어가 탐구의 방법을 제공한다는 주장이다. 두 번째의 것은 모든 현상들은 서로 같은 종류, 같은 등급의 것이라는 주장이다. 즉 모든 현상들은 동일한 물질성을 갖고 있다는 것이다. 따라서 형벌학의 담론들은 감옥마당을 둘러싸고 있는 벽들만큼이나 구체적이다. 셋째로 힘없는 사람들 즉 사회 내에서 사악하게 특권을 나눠 갖고 있는 사람들에 의해 수탈당하고 있는 사람들에 대한 푸꼬의 칭찬받을 만한 헌신도 그것의 지향이라는 측면에서 보면 무정부적인 것이다. 앞서 이미 채택된 입장들에 대한 그의 부단한 평가절하와 모든 현상들은 동일한 등급을 갖는다는 믿음은 하나의 입장과 다른 입장 사이에서 어느 것을 선택할 것인가 하는 문제를 해결함에 있어 어떠한 **긍정적 수단**도 제공하지 못한다.

이것들은 포스트구조주의자들이, 일반적으로 받아들여지는 관념이나 방법들을 공격하고 그것을 비판적 시험에 노출시키는 방식들에 대한 몇 개의 사례들이다. 이 철저한 회의주의는 어떤 의미에서는 좋은 것일 수도 있다(칼 마르크스도 언젠가 '모든 것을 회의하라'고 말했었다). 때때로 그것은 우리들 모두가 너무나 친숙한 제도들에 대한 매우 흥미있는 설명과 조사를 낳는다. 그러나 하나의 방법으로서 여기에는 몇 가지 문제들이 있다. 첫째로 포스트구조주의자들에게 있어서 비판은 끝이 없는 것이다. 하나의 개념적 작업틀을 설정하고자 하는 모든 시도들은 가장 철저한 회의(懷疑)에 부쳐진다. 물론 어떤 문구들을 단순히 기계적으로 암송하는 것보다도 특정한 주장들을 의문에 부치는 것이 분명 더 나은 것이다. 마르크스주의는 독단적 교조가 아니다. 그러나 노동자계급의 중심성 등과 같은 긍정적 지식의 기초는 있어야만 한다. 그러나 이러저러한 주장에서 마르크스주의가 옳은가 어떤가 하는 것에 관해 끝없는 논쟁을 벌이는 것은 비생산적이다. 이것은 데리다에 의해 채택된 방법들의 패러디, 그러나 단지 가벼운 패러디이다. 이를 강조해야 하는 또 다른 이유는, 포스트구조주의가 언어와 사유를 등치시킨다는 점에 있다. (특히) 언어에 대한 데리다적인 불안정화는 언제나 지식에 도달하는 것이 불가능하다는 것을 받아들이는 길로 첫걸음을 내딛는 것이다.

둘째로, 데리다의 비판적 실천은 쉬르 라쉬르(sur rasure)라는 개념에 의거하고 있다. 이 개념에 따르면 하나의 관념은 비판되지만 다른 대안에 의해 대체되지는 않는다. 이것은 하나의 텍스트 속에 있는 단어들을 지움으로써 그것들의 동시적 비판과 지속적 존재를 입증하는 것으로 표현된다. 이것은 두 가지의 결과를 가져온다. 하나는, 부르주아적 관념의 영역에서 도피할 수 있는 가능성이 전혀 없다는 결론이다. 해체는 부르주아적 사상에 대해 불만을 품고 있긴 하지만 어쩔 수 없이 그것에 묶여 있는 환경 속에 존재한다. 이러한 도식은 기존 조건으로부터의 철학적 도피의 가능성마저도 거부한다. 최악의 경우에 포스트구조주의는 변화의 가능성에 대한 냉소주의로 타락한다. 우리는 여기서 다시, 레비스트로스가 미혹되었던 인간성의 비극적 운명 속으로 되돌려 보내지게 된다.

이 포스트구조주의는 구조주의와 몇 가지 교의를 공유한다. 로버트 영의 다음과 같은 주장에도 불구하고 이것은 사실이다.

> '포스트구조주의'라는 이름은, 주로 구조주의에 대한 시간적·공간적 관계에 의해서만 자신을 정의하는 하나의 포괄적 단어인 한에서는 유용하다. 이것은 발전이라는 유기체론적 허구를 암시할 필요가 없다. 왜냐하면 그것은 오히려 하나의 전위(轉位)를 의미하기 때문이다. 그것은 오히려 구조주의의 방법들과 가정들을 의문에 부치는 하나의 질문이며 구조주의의 개념들을 서로에게 대립시킴으로써 변형시키는 하나의 질문이다. 그러나 '포스트구조주의'라는 이름은, 만약 그것이 전락이라는 또 다른 공간적·시간적 메타포를 상기시킨다면 유용하지 못하다. 왜냐하면 전락이라는 개념과 그것의 보완물(기원이라는 개념)은 포스트구조주의가 거부하는 것이기 때문이다. 하나의 기원으로서의 구조주의는 전락 이전의 순수성이나 존재론적 충만 속에서 존재한 적이 결코 없다. 포스트구조주의는 그 자신과 구조주의의 차이의 흔적을 추적할 뿐이다.[2]

이 인용구는 포스트구조주의적 글쓰기의 가장 분명한 특징들 중의 일부를 포함하고 있다. 그리고 그것은, 포스트구조주의자들이 자신들의 사상을 포장하는 난해한 — 다분히 자의적이고 필연성도 없는 — 언어를 보여주는 하나의 매우 좋은 사례이기도 하다. 이 인용구는 약간 상세하게 분석해 볼 가치가 있는데 그 이유는 그것이 포스트구조주의에 함축되어 있는 매우 많은 관념들을 포함하고 있기 때문이다. 구조주의가 포스트구조주의와 다른 이유는 그것이 포스트구조주의 이전에 나왔기 때문이 아니다. 오히려 그 이유는, 구조주의가 포스트구조주의와 동일한 전통에 속하는 입장에 서 있으면서도 그것을 떠받치는 철학적 원리들을 탐구했다는 점 때문이다. 하나의 입장에서 다른 입장으로의 역사적 발전이라는 바로 그 관념은 허구이다. 실제로 역사적 발전에 대한 일체의 관념은 포스트구조주의에 의해 분쇄되어야만 할 신화들 중의 하나이다. 선형(線形)적 발전의 모든 형식은 폐기되어야만 한다. 변화는 다소간 복잡한 이원적 대립의 패턴에 따라 표시된다. 그리고 이 모든 것들은 동일한 개념적 작업

---

2) R. Young(편), *Untying the text*, p. 1.

틀 내에 존재한다.

따라서 그들의 강조점은 현상들을 통일시키려 하는 총괄 계획들, 모델들, 패턴들을 수립하는 것에서 벗어나 '차이'의 발견을 지향했다. 그들은, 현상들이 서로로부터 분리되는 방식을 강조했다. 이렇게 하여 이 분리는 긍정적 가치를 획득한다. 이러한 이동의 첨예함은『에스제트』(S/Z)의 첫 부분에서 롤랑 바르뜨에 의해 상세히 설명된 바 있다.

> 금욕적 실천을 통해 하나의 콩 속에서 총체적 전망을 볼 수 있는 어떤 불교도들이 있다고 한다. 단 하나의 구조 속에서 …… 전 세계의 이야기를 보는 것, 바로 이것이야말로 담화에 대한 최초의 분석가들이 시도했던 것이다. 그들은, 우리가 각각의 거대한 이야기로부터 그것의 모델을 추출하고 그리고 나서 이 모델들로부터 하나의 거대한 담화적 구조를 만들어 내며 다시 우리가 이것을 또 다른 담화에 …… 적용할 것이라고 생각하였다. 이것은 궁극적으로 바람직하지 못했을 뿐만 아니라 …… 그만큼 소모적인 과제이기도 했다. 왜냐하면 이렇게 해서 그 텍스트는 자신의 차이를 잃어버릴 것이기 때문이다.[3]

마지막 문장에 등장하는 말인 차이는 포스트구조주의적 어휘 가운데서 결정적인 용어로 되었다. 바르뜨와 데리다에게 있어서 그것은 소쉬르적 언어학에서 받아들인 용어였다. 소쉬르는, 능기(能記; signifiers)와 소기(所記; signifieds)가 두 개의 병렬적 연속체라는 점을 강조했다. 그러나 포스트구조주의자들에게서는 능기가 우선적인 관심의 대상이 되었다. 그들에게서 의미는 능기가 소기를 지시함으로써 생성되는 것이 아니라 다른 능기에 대한 한 능기의 관계 속에서 생성된다. 언어와 사유는, 그 내부에서 각각의 단어, 각각의 개념이 또 다른 단어가 아님으로써, 그리고 또 다른 개념이 아님으로써 자신을 정의하는 이원적 대립들의 무한한 과정이 된다. 이것은 분명히 소쉬르 고유의 의미 구성 이론으로부터의 방법론적·철학적 연속이다. 이와 동시에 언어와 실재는 강제로 분리된다.

포스트구조주의자들 중에서 보다 명민한 사람들은, 이러한 분리가 한 가지 심각한 결과를 가져온다는 사실을 인정한다. 그것은 언어가 사회적

---

3) R. Barthes, *S/Z*, p. 3.

・물질적 현실로부터 단절된다는 것이다. 여기서 언어의 사회적 성질에 대한 소쉬르의 주요한 기여는 상실되고 있는 것이다. 그들의 이에 대한 반응은 이중적이다. 첫번째의 것은 내가 받아들일 수 있는 입장인데, 이 입장에 따르면 단어들은, 우리가 여러 가지의 이데올로기적 함축을 담지 하지 않고서 세계를 바라다보는 단순하고 중립적인 창문들이 아닙니다(파업행동 때문에 시간을 '잃었다', 키녹이 국가비상대책심의회(NEC)에서 '다수'를 차지한 반면 밀리턴트 그룹이 리버풀의 노동당에서 '당 활동을 저해했다' 등등). 두 번째의 것은 내가 거부하는 입장인데 이 입장에 따르면 언어 그 자체가 하나의 물질적 실재라는 것이다. 만약 우리가 이 후자의 입장을 받아들인다면 우리는 담론을 변화시키려는 시도들이 하나의 정치적 행동, 즉 물질적 구조들에 대한 공격을 구성한다는 주장을 받아들여야만 할 것이다.

물론 나는 여기서 언어에 대한 이러한 검토가, 우리가 무시해야만 할 것이라고 주장하고 있는 것은 아니다. 그러나 나는 언어와 담론의 정치에만 집중하는 것이 계급투쟁의 물질적 현실을 강조하는 것에 대한 대체물로서는 너무나 취약한 것이며 받아들일 수 없는 것이라고 주장하고 있는 것이다. 실제로, 언어의 이데올로기적 용법을 이해하는 방법은, 어떤 용어들을 고찰함에 있어, 그것들이 '차이의 이미지들'을 만들어 냄으로써 우리 계급을 분할시키려는 지배계급의 생산물이라고 주장하는 것일 수는 없다. 이와는 달리 우리는 '담론'의 물질적 뿌리들을 깊이있게 이해할 필요가 있다. 예를 들어 노예무역의 발흥 속에서 인종주의 '담론'의 기원을 이해함으로써 우리는 'babarian'(야만인)이라는 단어의 용법의 변화를 설명할 수 있다. 고대에는 이 단어는 단지 그리스어 이외의 언어를 말하는 사람들을 의미했을 뿐이다. 1549년에서 1709년 사이에 이 단어는 지금의 현대적 의미를 획득했다. 이 시기에 그것은 분명 바바리(Babary) 해안과 연관되어 있었다. 즉 그것은 노예무역의 발흥기 동안에 인종주의적 공격의 용어로 된 것이다. 그것은 1550년에 있었던 밸러댈리드(Vallodalid) 논쟁 — 이 논쟁에서 스페인 식민지의 원주민들은 인간 이하의 존재로서 노예 경제라는 기계의 필수적 부품일 뿐이라고 선언되었다 — 이후에 발전된 이데올로기적 기구들과 보조를 같이한다. 이것은 언어와 물질적 현실 사이의 직접적 연관을 보여주는 것으로는 좀 거친 사례일지 모르겠다. 하지만 나는 이것이 포스트구조주의자들에 의한 언어와 물질적 현실 사이의 분리 시도를 교정함에 있어서 반드시 필요한 교정 수단이라고 믿는다.

니체와 차이의 철학

'차이의 철학'의 기초는 '적대적 힘들의 무한한 투쟁'이라는 니체의 사상에 놓여 있다. 포스트구조주의의 특징들 중의 하나는 그것이 니체를 추종하면서 일관되게 헤겔(그리고 마르크스)을 주요한 철학적 적대자로 규정하는 것이다. 푸꼬는 ― 그가 다른 때보다 더 냉소적인 태도를 보였던 시기들 중의 어느 때인가에 ― '1960년대에 마르크스주의자였던 사람들은 니체를 경유하여 마르크스주의를 벗어났다'[4]고 주장했다. 그리고 니체의 영향은 그들의 작품들에 널리 침투해 있다. 니체와 포스트구조주의자들 사이의 공통 지반은 역사의 주체에 대한 일체의 부정, 합리성의 억압적 성격에 대한 승인, 그리고 표현 방식의 유사성 등이다. 이론은 강압적이고 구속적인 것이라 하여 경멸된다. 일관된 설명을 수행하려는 일체의 시도들은 실제로는 혼란되고 무목적적인 세계에 대한 단순한 투사(投射)로 간주될 뿐이다. 이러한 견해로 말미암아 니체는 지식을 객관 세계에 대한 이미지들의 재생산으로 보지 않고 그것을 다양한 권력들이나 이해관계들을 가진 사람들의 수중에서 활용되는 도구로 보게 되었다. 이것은 지식에 대한 '사심없는'(disinterested) 탐구라는 관념을 폐기했다. 이리하여 특정의 관념들은 다른 관념들 위에 군림하는 것으로 설명되었다. 그러나 니체와 그의 추종자들은 권력을 도처에 퍼져 있어서 피할 수 없는 것으로 간주한다. 지식의 어떠한 형식도 인간적 이해관계에 의해 소유되는 것을 넘어서 있지 않고 따라서 모든 과학적 탐구는 무가치한 것이다. 이에 대해

---

[4] 'Structualism and post-structuralism : an interview with Michel Foucault', *Telos* 55.

피터 듀스는 다음과 같이 주장한다.

> 니체의 형이상학 비판과 인식론적 기준의 설정 가능성에 대한 그의 부정은 그를 일종의 관념론으로, 즉 지식의 구조들이 전적으로 대상을 구성한다고 주장하는 관념론으로 몰아넣는다.5)

이것은 담론의 중심성에 대한 푸꼬의 주장과 매우 가깝다. 그것은 또, 현실은 형식이 부과되기 전에는 어떤 일관된 형식도 갖지 않는다고 주장하는 관념론과 매우 가깝다.

이와는 반대로 우리는, 마르크스주의 즉 노동자계급 해방의 이론은 일단의 인간적 이해관계에 관심을 가지면서도 이와 동시에 또한 그것이 세계에 대한 과학적으로 올바른 분석이라는 점을 명심할 필요가 있다. 우리는 자본주의가 계급착취의 체계라고 주장하는데 우리가 그렇게 하는 이유가 그러한 주장이 우리 계급에게 이익이 되기 때문만은 아니다. 우리는 그러한 주장이 세계에 대한 올바른 견해이기 때문에 그렇게 주장한다. 그러나 니체와 포스트구조주의자들에게 있어서 올바른 이론 혹은 심지어 과학의 지위를 욕심내는 어떤 이론이라는 관념은 1) 불가능하며 2) 상상력의 자유로운 유희를 억압하는 것이다.

헤겔주의적 모순 및 마르크스주의적 모순들과 니체주의적 차이들 사이의 결정적 차이는, 니체에게서는 모든 차이들이 동일한 등급에 놓임에 반해 마르크스주의자들에게는 모순들이 중요성의 등차를 갖고 있다는 것이다. 우리는 노동자계급과 부르주아지 사이의 투쟁을 자본주의의 중심적 모순으로 규정한다. 그 중심적 모순을 해결하는 것은 여타의 모순들을 해결하는 것을 더 쉽게 만든다. 중심적 모순을 해결하는 것이 여타의 모순들의 해결을 반드시 가져오는 것이 아니라 이렇게 될 가능성을 창출하는 것이다. 니체주의자들에게서는 모든 차이들이 동일한 등급에 놓여 있기 때문에 그들은 무한히 계속해서 작동한다. 이러한 체계 속에서도 특정 범

---

5) P. Dews, 'Adorno, post-structuralism and the critique of identity', *New Left Review* 157.

주들은 사실상 초월적 지위를 획득한다. 일반적으로 권력과 지식이라는 범주가 그러하다. 권력은 모든 사회들과 일체의 사회적 관계들에 침투해 있는 무역사적(ahistorical) 힘으로 된다. 억압의 이론에 대해 이것이 갖는 중요성은 명백하다. 그것은 억압의 물질적 뿌리에 대한 계급분석으로 '환원될' 수 없는 일단의 범주들을 생산한다. '차이'의 개념은, 어린이가 사회적 의식에 도달하는 발전과정에 대한 라깡의 분석에서부터 '차이들의 무한한 행진'에 기초하여 다른 텍스트들에 대한 무한히 기이한 독해를 산출해 내는 데리다의 독해법에 이르기까지, 포스트구조주의적 사유 전체에 퍼져 있다. 그들 모두가 공통적으로 갖고 있는 것은, 의미가 — 역사적 특수성을 넘어 보편적 메커니즘으로 되는 — 차이들의 무한한 과정에 의해 구성된다는 관념이다. 그중 어떤 요소들은 의미의 초월적 뿌리로 된다. 이것은, 사유가 그 자신의 철학적 작업틀 내부에 묶여서 그로부터 벗어날 어떤 출구도 볼 수 없다는 것을 의미한다. 여기에는 역사적 변화에 대한 어떠한 이론도 없다. 과거와 미래 양자의 흔적에 의해 침투된 무한한 현재라는 데리다의 개념이 어쩌면 마르크스의 변증법과 매우 비슷한 것으로 보일지 모르지만 그것에 결여되어 있는 것은, 현재가 발생중에 있는 미래에 의해 축출되는 메커니즘의 개념이다.

이것은 레비스트로스가 취했던 기본 입장과 동일한 것이다. 그것은 상식에 대항하는 급진적 도전으로 보이기도 하지만 실제로는 그러한 상식적 관념들을 세계를 이해하는 유일한 방식으로 받아들인다. (남성에 대립되는 것으로서의) 여성의 '이타성'(異他性)에 대한 부단한 주장은, 우리가 지금 가지고 있는 것과는 다른 '여성다움'(feminity)의 개념을 구성할 방법을 찾을 수 없게 만든다. 물론 요점은, '여성다움'과 '남성다움'(masculinity)이 사회적 구성물임에 반해 '여성'과 '남성'은 생물학적 차이에 기초하고 있다는 것이다. 아마도 후자는 혁명 이후 사회에서도 계속 존재하게 되겠지만 전자는 사회 내의 노동의 성적 분업의 물적 기초가 파괴됨에 따라 붕괴되기 시작할 것이다.

'차이의 무한한 유희'에 대한 이러한 주장은 두 가지의 결론에 이른다. 한편에서 그것은 자본주의 내의 모든 모순들을 동등한 중요성을 갖는 것으로 보면서 '무지개 연합'의 방식을 추구하는 명백히 탈중심적인 정치적 실천을 낳는다. 다른 한편에서 그것은 혁명의 해방적 잠재력에 대한 극단적 냉소주의를 낳는다. 자본주의의 혁명적 전복이 현존하는 모순들 모두의 즉각적 해체를 의미하지는 않는다는 이유로, 그것은 추구할 가치가 없는 공상적 목표로 간주된다. 이러한 요소들은 많은 수의 포스트구조주의자들의 정치적 퇴각을 낳았다. 나는 수많은 가엾은 이야기들 중에 단 하나의 사례만을 들고자 한다. 1960년대 말에 프랑스에서 마오주의 조직의 멤버였던 쥴리아 크리스테바는 미국과 중국 양국에 대한 '재평가'로 나아갔다. 이 재평가에서 미국은 만족스러운 평가를 얻었으며 중국은 여성을 해방시킬 혁명의 잠재력을 제거해 버린 나라로 평가되었다. 왜냐하면 1947년에 이루어진 국가자본주의적 접수가 여성의 지위에 의미있는 영향을 전혀 미치지 못했기 때문이다. 그 후 그녀는 최근에 다음과 같이, 즉 '오늘날 인간해방의 유일한 실질적 현장은 정신분석학자들의 침상에 있을 뿐이다'라고 요약하기에 이르렀다. 그리고 이것은 일련의 중요한 우향 시도들에서 뽑아 낸 단지 하나의 슬픈 이야기 이상이다. 왜냐하면 그것은 포스트구조주의의 궤적이 갖는 일련의 중요한 보편적 경향들을 보여주기 때문이다. 혹자는 그것이 스딸린주의와 1960년 말의 봉기들에 대한 혼란된 반응으로부터 태어난, 환멸에 빠진 초좌익주의의 아이(child)라고 말할 수 있을지 모른다. 그러한 의미에서 그것은 1905년의 혁명의 패배 이후의 반동기에 신비주의로 빠져든 탈볼셰비키 보그다노프의 반응과 유사하다. 실제로 보그다노프의 지지자들에 대해 레닌이 묘사한 특징들은 포스트구조주의자들에게도 두드러지게 나타난다.

> 자본주의의 공포에 의해 광란으로 내몰린 쁘띠부르주아지는, 무정부주의와 마찬가지로, 모든 자본주의 국가들에 특징적인 하나의 사회적 현상이다. 그러한 혁명주의의 불안정성, 그것의 불모성, 그리고 신속히 항복으로 향하는 그것의 경향, 무관심, 환상들, 그리고 이러저러한 부르주아적 변덕에 대한 열광적 심취 등, 이 모든 것들은 누구나 알고 있는 상식이다.6)

---

6) V. I. Lenin, *Collected Works* vol. 38, pp. 520~521. 'The Part Played by Labour

나는 포스트구조주의를 찬양하기 위해 만들어진 핵심적 주장들 중의 하나를 논박하는 것으로 이 글의 종결을 짓고 싶다. 그것은 마르크스주의가 대답하지 못한 질문에 포스트구조주의가 해답을 주었다는 주장이다.

의미의 원천으로서의 개인적 주체라는 관념을 전치시킨 것— 이것은 소쉬르 언어학의 기초이다— 은 포스트구조주의에 의해 받아들여졌다. 푸꼬는, 포스트구조주의의 뿌리에 대한 자신의 분석에서, 포스트구조주의는 마르크스주의와 현상학을 통일시키려 한— 오랜, 그리고 끝내 아무런 결실 없이 끝난— 1950년대의 여러 프랑스 사상가들의 시도의 마지막 산물이라고 주장했다. 이 노력의 실패는 두 가지의 뿌리를 갖고 있다. 첫째로는 현상학이— 메를로 뽕띠가 자신의 총체적 계획 속에서 언어의 중심성을 입증한 이후에도— 날이 갈수록 언어 문제를 취급할 수 없는 무능력 상태에 처해 있다는 것을 발견한 것이다. 둘째로는, 그것이 갖고 있는 인간 주체에 대한 이론이 불충분했다는 것이다. 실제로 푸꼬의 전체 작업은, 인간적 주체가 어떻게 해서 자기 자신 및 지식 대상으로서의 자신의 역할을 탐구하는 하나의 철학적 범주로서, 예컨대 정신분석학이라거나 인간주의 등으로 성립될 수 있는가를 검토하려는 시도로 볼 수 있다.

가장 끈기있고 개인적으로는 창조적인 포스트구조주의자들인 데리다와 라깡도 이것을 받아들였다. 개념들을 받아들이면서 동시에 거부하는 데리다의 쉬르 라쉬르(sur rasure)라는 개념은 사유양식으로부터 단절하는 것의 불가능성에 대한 주장이다. 그는 서구 철학에 일련의 도전장들을 던지지만 그러나 그것들은 언제나 기존 철학에 포위되어 있는 도전들이다. 그러므로 그의 성공은 부르주아적 사상의 혁명적 전복에 기초하고 있는 것이 아니라 그 사상과의 극히 세련된 친교에 기초하고 있다. 이와 비슷하게 라깡은— 그의 가장 유명한 말은 '무의식적인 것은 언어처럼 구조화된다'라는 말이다— 정신분석적 능력은 언어적 능력과 유사하다고 주장한다. 이에 따르면 주체는 체계를 창조하는 것이 아니라 기존 체계에 어

---

in the Transition from Ape to Man', in F. Engels, *The Origins of the Family, Private Property and the State*, p. 173[엥겔스, 『가족의 기원』, 아침, 1985].

떤 형태로건 철저하게 통합되어진다.

결론

 사실아 이러함에도 불구하고 포스트구조주의를 '마르크스주의의 위기'에 대한 하나의 해결책으로 보려는 일군의 탈마르크스주의자들이 있다. 이들은 이 사상들과의 생산적 대화를 위해 자신의 입장을 양보할 준비가 되어 있다고 주장한다. 그들에 따르면 마르크스주의는 '인간역사와 인간 사회에서의 구조와 주체의 관계의 성격'이라는 문제를 지금까지 결코 만족스럽게 설명하지 못했다. 잠시 덧붙이자면 이러한 주장은 새로운 주장이 아니다. 이것은 실제로는 1962년에 레비스트로스가 『야만적 정신』(Savage mind)에서 처음으로 했던 말이다.

 그 주장은 다음과 같다. 1859년에 『정치경제학비판 서설』에서 마르크스는, '역사적 변화의 일차적 동인은 생산력과 생산관계 사이의 모순이다'라고 말했다. 그러나 1848년에 『공산주의자 선언』에서 그는, 계급투쟁이 역사의 동인이라고 주장하였다. 그들은, 이 두 가지의 주장이 하나의 모순되고 비일관적인 입장을 표현한다고 말한다. 게다가 그것은, 포스트구조주의로 하여금 마르크스주의의 지위를 빼앗도록 허용한 마르크스주의 내부에 있는 치명적 약점의 뿌리라고 이야기되기도 한다. 그러나 마르크스는 노동자계급이 '자본에 반대하는' 계급이 되어야 할 뿐만 아니라 대자적인 즉 '자기 자신을 위한' 계급이 되어야만 한다고 주장했다. 다시 말하면 계급투쟁은 경제적 필연성의 수준으로부터 의식적인 목적의 수준으로 고양되어야만 한다는 것이다. 그러므로 마르크스는 철학적으로 혼란되어 있기는커녕, 자본주의의 객관적이고 경제적인 사실들이 어떻게 정치의 영역 속에서 재생산될 수 있는지를 훌륭하게 설명할 수 있다. 위의 두 가지를 분리시키려는 욕망은 부르주아 사회 내에서의 경제와 정치의 분리에 대한 왜곡된 반영일 뿐이다. 우리에게 있어서 정치는 — 레닌이 말했듯이 — 집중된 경제이다. 주체와 구조의 상호관계라는 문제에 대한 우리들의 실천적 해답은 노동자계급이 스스로를 역사의 주체로 형성해감에 따라 노동자계급에 뿌리박은 혁명정당을 건설하는 것이다.

우리들의 철학적 해답은 저 유명한 문장 즉 '인간은 그들 자신의 역사를 만든다. 그러나 그들은 그것을 자기 자신의 자유의지에 따라 만드는 것이 아니며 그들 자신이 선택한 환경 하에서 그렇게 하는 것도 아니다. 오히려 그들은 자신들이 직접 대면하게 되는 어떤 주어진, 상속된 환경 하에서 그렇게 하는 것이다'라는 문장에 기초할 수 있다. 이것은 주체와 구조 사이의 변증법적 관계에 대한 고전적 설명이다. 그리고 이것은 어떤 역사적 순간에 개인이 차지하는 지위에 대한 우리들의 일체의 분석의 근간을 이루는 것이다. 예를 들면 그것은 레닌과 러시아혁명의 상호연관성에 대해, 또 짜르 러시아의 객관적 환경과 세계자본주의의 발전 속에서 그것이 놓여진 특수한 위치에 대해 그리고 볼셰비키당의 '주체적' 건설과 그 당의 건설에서 레닌이 차지한 위치 등에 대해서 설명해 준다. 러시아혁명을 가능케 한 것은 이러한 여러 요인들과 또 다른 수많은 요인들의 결합이었다. 이러한 이해의 중요성은, 존 리스가 이 저널[『인터내셔널 소셜리즘』을 말한다 - 역자] 38호에서 설명했듯이 그것이 **유물론적 의식 이론**을 가능케 한다는 점이다. 이 이론 속에서 주체는 자기 자신이 처해 있는 객관적 환경에 대해 모순적 관계를 맺는다. 여기에서는 의식에 선행하는 의식의 물질적 뿌리가 존재한다. 자본의 법칙들은, 개별 주체가 그것들을 인식하든 인식하지 못하든 계속해서 작동한다. 물론 우리는 우리가 처해 있는 환경이 우리에게 부여한 구조들 내부에서 작동하는 법칙들을 이해하기 위하여 투쟁한다. 그러나 이와 동시에 즉 객관적 현실들은 또한 그들 자신의 해체를 위한 필연적인 기초를 생산한다. 자본주의는 그 자신의 전복의 씨앗들을 포함하고 있다. 그러나 포스트구조주의는 우리가 처해 있는 새장에서 빠져나갈 길은 전혀 없다고 가정하는 하나의 이론을 떠받들기 위해 이러한 주·객관적 변화의 이론을 거부한다. 이에 대해 콜린 썸너는 몇 년 전에 이렇게 쓴 바 있다.

구조주의는 현상들에 대한 변증법적 유물론의 분석과 마르크스주의에 전면적으로 대립한다. 구조주의는 근본적으로 운동을 배제하며 그것을 물신적이고 정태적인 형식 속에서 다룬다. 그 자체로서 그것은 마르크스주의에 근본적으로 대립하는 것이다.[7]

나는, 포스트구조주의라는 정교한 깃발 아래에 모여든 구조주의의 제자들에게도 위와 동일한 이야기가 적용될 수 있다고 주장하고 싶다.

그러면 마르크스주의가 이 질문들에 대답할 수 없었다는 생각은 도대체 어디에서 온 것일까? 내가 보기에 그 대답은 간단하다. 그것은 마르크스주의와 스딸린주의를 혼동한 데서 온다. 다시 말하면 '비판적 마르크스주의자들'이 '마르크스주의의 문제들'을 풀기 위해 이질적인 전통들로부터 여러 관념들을 보충할 필요에 대해 언급할 때, 그들이 언급하고 있는 그 문제들이란 마르크스주의의 문제가 아니라 스딸린주의의 문제들이었던 것이다.

포스트구조주의자들에게 남아 있는 마지막 지반은, 그것의 언어 이론이—비록 틀렸다 할지라도—최소한 언어에 관한 소박한 실재론적 모델에 비하면 일보진전이라는 것이다. 그러나 나는 이것조차도 사실이 아니라고 주장하고 싶다. 능기(能記)의 영역에 집중하고 언어구조의 공시적 차원에 배타적으로 집중하였기 때문에 포스트구조주의는 관념론적 심리학의 언어로밖에는 언어의 뿌리에 관한 질문에 대답할 수가 없었다. 그러나 역사적 유물론은 이 성가신 문제에 대한 하나의 해답을 가지고 있다. 그것은 다음과 같다.

> 노동의 발전은 필연적으로 상호지원, 공동행동의 경우들이 늘어남으로써, 그리고 이 공동행동의 이점을 각 개인들에게 분명히 이해시킴으로써 사회의 성원들을 보다 더 가깝게 밀착시켰다. 간단히 말하면 인간은 자신의 형성과정에서, 그들이 서로서로에게 무엇인가를 말해야만 하는 그러한 지점에 도달했던 것이다. 그러한 충동이 그 기관들을 창출했다. 항상 더욱 발전된 조음을 만들어 내기 위한 조음에 의해 원숭이의 미발달된 후두는 서서히 그러나 확실히 변형되었다. 그리고 입의 기관들은 점차로 한 음절 한 음절을 차례로 발음하는 법을 배워 나갔다.

---

7) C. Sumner, *Reading Ideologies*, p. 147.

노동은 언어와 의식의 뿌리에 놓여 있다. 그리고 생산력과 생산관계가 발전하고 또 복잡해짐에 따라 언어도 그렇게 되었다. 사회조직의 점증하는 기술적 정교화는 점점 더 높은 차원의 언어적 정교화를 요구했다. 한편에서 이것은 서로 경쟁하는 기술언어들의 발전을 의미한다(이것을 보여주는 가장 분명한 최근의 사례는, 컴퓨터회사들이 상호배타적인 다양한 기호화의 체계들을 만들어 내고 있다는 것이다). 다른 한편에서 자본주의가 점차 세계체제로 됨에 따라 국제어의 필요성이 나타났다(앵글로·아메리카어를 구사할 수 있는 능력을 가진 사람들은 최소한 세계인구의 30퍼센트를 차지하는 것으로 추산된다. 에스페란토어는 극소수의 사람들에 의해서만 사용될 뿐이다. 여기에서 차이점이 있다면, 앵글로·아메리카어를 사용하는 자본의 지배가 그 언어에 국제어로서의 분명한 물적 기반을 제공하고 있다는 것이다). 마르크스주의 언어학이 관심을 쏟아야만 하는 것은 바로 이런 종류의 물질적인 것에 관해서이다. 이 분야와 포스트구조주의의 관심사 사이에는 차이의 세계가 놓여 있다.

우리는 구조주의와 다음과 같은 두 가지의 가르침을 공유한다. 첫번째는 언어가 하나의 사회적 구성물이라는 것이다. 즉 언어의 재료가 사회적 교류에 의해 발생하며 그것의 변화는 역사적 변화의 각인을 지니고 있다는 것이다. 두 번째로는 의식, 사유 그리고 언어는 불가분리하게 서로 얽혀 있다는 것이다. 이것은, 러시아 마르크스주의자 볼로쉬노프가 마르크스주의 언어 이론의 단초를 구성해 낸 바로 그 지반이다. 그의 출발점은, 언어철학이 이데올로기 이론에 결정적이라는 것이다. 즉 이데올로기들의 표현으로서의 언어는 그 이데올로기들의 표식을 지니고 있다는 것이다. 또 그는, 의식이 언어행위에 의해 형성된다고 주장했다. 왜냐하면 언어적 기호는 일차로 물질적 현실의 반영이며 두 번째로는 사회적 교류의 산물이기 때문이다.

여기에 볼로쉬노프는 두 가지의 명제를 덧붙인다. 첫째로 언어는 사회정치적인 것과 이데올로기적인 것을 연결짓는 메커니즘이기 때문에 그것은 계급투쟁에 의해 각인된다. 이것은 부분적으로는, 서로 다른 계급들이 동일한 언어를 사용한다는 점에 의해 은폐되지만 특수한 단어들의 의미를 둘러싸고 이 언어 공동체 내부에서 본질적으로 정치적인 논쟁들이 벌어짐으로써 바로 그만큼 뚜렷하게 드러나기도 한다.

두 번째로 볼로쉬노프는 언어 이론들을 두 그룹으로 나눈다. 개인을 언어의 원천으로 보는 개인주의적 주관주의와 저변에 놓인 구조를 언어의 원천으로 보는 추상적 객관주의가 그것이다. 이 두 개의 개념들은, 언어적 창조성과 언어적 규준이 상호작용하는 변증법적 모델을 위하여 거부되어진다. 이 변증법적 모델 속에서 사람들은 그들 나름의 언어행위를 생산하지만 그들 자신이 만들어 낸 언어 속에서 그렇게 하는 것은 아니다. 이 언어 이론이 제공하는 주요한 이점들은 그것이 유물론적이라는 것이다. 이 유물론적 언어 이론은 언어가 언어의 영역을 넘어서는 비언어적 실재들의 발전 속에 뿌리를 박고 있다고 본다. 그리고 그것은 역사적 유행 속에서 이루어지는 언어적 변화를 설명해 낼 수 있다. 이 사실을 적절히 밝혀 낸 것이 볼로쉬노프가 역사 속에서 이룬 업적이다. 우리는 그의 이론이 소쉬르 언어학의 엄격하게 정치화되고 역사화된 수정본이라고 말할 수 있다. 이 이론은 언어와 기호화 과정이 계급투쟁에 의해 각인된 것으로, 그리고 역사의 작용에 의해 규정되고 제한된 것으로 제시한다. 이것은, 스딸린주의가 하나의 계급사회를 재창출하기 시작하면서, 그리고 언어를 반혁명을 위한 전동벨트로 사용하기 시작하면서 스딸린주의에게는 받아들일 수 없는 입장이 되었다. 볼로쉬노프의 운명은 오늘날까지도 하나의 미스테리이다. 그러나 그의 영향력의 해체는 쉽게 동일시되는 두 가지의 효과를 가져왔다. 그 하나는 스딸린의 『마르크스주의와 언어학』을 마르크스주의 언어 이론으로 제시하는 것, 즉 단어와 그 단어가 지시하는 대상이 어떤 자연적 연관을 갖고 있다는 소박한 실재론으로의 복귀이다. 그리하여 스딸린주의자들이 1934년의 러시아를 사회주의적이라고 부르면 사회주의는 1934년의 러시아를 의미하게 된 것이다. 두 번째로 소쉬르적 언어학의 발전들이 일반적인 마르크스주의적 세계관으로부터 분리되어 부르주아 언어학자들의 수중으로 넘겨지게 된 것이다. 이들 부르주아 언어학자들의 손아귀에서 그들은 처음에는 구조주의로, 나중에는 포스트구조주의로 타락하게 되었다. 포스트구조주의는, 마르크스주의에 대한 하나의 도전이긴 하지만 그것은, 볼로쉬노프의 작품에 기초하여 철저히 유물론적이고 마르크스주의적인 언어학 이론을 발전시키기 위해 우리가 거부해야만 할 어떤 것이다.

■ 참 고 문 헌

Adorno, T. W., *Minima Moralia*(London, 1974).
Althursser, L., *For Marx*(London, 1969)[알뛰세, 『마르크스를 위하여』, 백의, 1990].
―――, *Essays in Self-Criticism*(London, 1976).
―――, *Lenin, Philosophy and Other Essays*(London, 1971)[알뛰세, 『레닌과 철학』, 백의, 1991].
―――, 'Marx's Relation to Hegel', *Poltics and History*(London, 1972).
Althusser, L.・Balibar, E., *Reading Capital*(NLB : London, 1970)[알뛰세・발리바르, 『자본론을 읽는다』, 두레, 1991].
Anderson, P., *Arguments within English Marxism*(London, 1980).
Assiter, A., *Althusser and Feminism*(London, 1990).
Balibar, E., 'Irrationalism and Marxism', *New Left Review* 107(1978)
Barthes, R., *S/Z*(London, 1975)
Bell, D., 'Ideology, The Intellectuals and the Working Class : Althusser and Gramsci on Science and the Class Struggle', *Understanding Ideology*(London, 1982).
Benton, T., *The Rise and Fall of Structural Marxism*(London, 1984).
Binns, P., 'Marxism and Materialism', *Capital and Class* 9(1979).
―――, 'The Marxist Theory of Truth', *Radical Philosophy* 4(1973).
―――, 'The Supposed Asymmetry between Falsification and Verification', in *Dialectica*, vol. 32, no. 1(1978).
―――, 'The Triviality of Althusser', *Radical Philosophy* 7(1974).
Birchall, I., *Workers Against the Monolith*(London, 1974).
Callinicos, A.(편), *Marxist Theory*(Oxford, 1989).
―――, *Against Postmodernism*(Cambridge, 1989)[알렉스 캘리니코스, 『포스트모더니즘 비판』, 성림, 1994].

Callinicos, A., *Against Postmodernism*(London, 1989)[알렉스 캘리니코스, 『포스트모더니즘 비판』, 성림, 1994]
―――, *Althusser's Marxism*(London, 1976)[알렉스 캘리니코스, 『알튀세의 맑스주의』, 녹두, 1992].
―――, *Is There a Future for Marxism*(Macmillan, 1982)[알렉스 캘리니코스, 『마르크시즘의 미래는 있는가』, 열음사, 1987].
―――, *Making History*(Polity Press, 1987)[알렉스, 캘리니코스, 『역사와 행위』, 교보문고, 1991].
―――, *Marxism and Philosophy*(London, 1983)[알렉스, 캘리니코스, 『현대 철학의 두 가지 전통과 마르크스주의』, 갈무리, 1995]
―――, *"Postmodernity" and Revolution*(Cambridge, 1989).
―――, 'A Note on Racism in Ancient Society', *International Socialism* 2:37(1987년 겨울호).
―――, 'Maoism, Stalinism and the Soviet Union', *International Socialism* 2:5(1979년 여름호).
―――, 'Marxism and Philosophy: A Reply to Peter Binns', *International Socialism* 2:19(1983년 봄호).
Carlin, N., 'Is the family part of the superstructure?', *International Socialism* 2:26(1985년 봄호).
Carlo, A., 'Lenin on the Party', *Telos* 17(1973).
Carrillo, S., *Eurocommunism and the State*(London, 1977)[산티아고 까리요, 『유로코뮤니즘과 국가』, 새길, 1994].
Centre for Contempoary Cultural Studies, *On Ideology*(London, 1978).
Childe, V. G., *What Happened in History*(Harmondsworth, 1948).
Clarke, S.(외), *One Dimensional Marxism*(London, 1980).
Cohen, G. A., *Karl Marx's Theory of History: a Defence*(Oxford, 1978).
Colletti, L., 'Bernstein and the Marxism of the Second International', *From Rousseau to Lenin*(London, 1972).
Cutler, A.·Hindess, B.·Hirst, P.·Hussain, A., *Marx's 'Capital' and Capitalism Today I & II*(London, 1977, 1978).

Elliot, G., 'The Odyssey of Paul Hirst', *New Left Review* 159(1986).
─────, *Althusser: the Detour of Theory*(London, 1987)[『알튀세르: 이론의 우회』, 새길, 1992].
Engels, F., *Anti-Duhring*, in *MECW*(London, 1987)[엥겔스, 『반듀링론』, 새길, 1987].
─────, 'The Part Played by Labour in the Transition from Ape to Man', in F. Engels, *The Origins of the Family, Private Property and the State*, p. 173[엥겔스, 『가족의 기원』, 아침, 1985].
Ferry, L. · Renaut, A., *La Pensée 68*(Paris, 1985).
Feyerabend, P., *Against Method*(London, 1975)[폴 페이어아벤트, 『방법에의 도전』, 한겨레, 1987].
Foucault, M., 'Structuralism and post-structuralism: an interview with Michel Foucault', *Telos* 55.
Frisby, D., *Fragments of Modernity*(Cambridge, 1985).
Fryer, P., *Hungarian Tragedy*(London, 1986).
Geras, N., *Marx and Human Nature Refutation of a Legend*(London, 1983).
─────, 'Althusser's Marxism: An Account and Assessment', *New Left Review* 71(1972).
─────, 'Althusser's Marxism', *New Left Review* 71(1972).
─────, 'The Controversy about Marx and Justice', *New Left Review* 150(1985).
Glucksman, A., 'A ventriloquist structuralism', *New Left Review* 72(1972).
Gramsci, A., *Selections from the Prison Natebooks*(London, 1971)[그람시, 『옥중 수고 I · II』, 거름, 1986, 1993].
─────, 'A vriamento allo studio, della filosofia del materialismo storico', in *Materilaismo Storico*(Turin, 1948). 영역판 *The Modern Prince*(London, 1957).
Habermas, J., *Autonomy and Solidarity*(London, 1986).

―――, *Communication and the Evolution of Society*(London, 1979)[하버마스, 『커뮤니케이션과 사회진화』, 청하, 1987].
―――, *The Philosophical Discourse of Modernity*(Cambridge, 1987)[하버마스, 『현대성의 철학적 담론』, 문예출판사, 1994].
Hall, S.(외), *Policing the Crisis*(London, 1978).
Harman, C., *Bureaucracy and Revolution in Eastern Europe*(London, 1974)[크리스 하먼, 『동유럽에서의 계급투쟁』, 갈무리, 1994].
―――, *Explaing the Crisis*(London, 1984).
―――, *The Fire Last Time, 1968 and After*(London, 1988)[크리스 하먼, 『최근의 불꽃: 1968년 혁명과 그 유산』, 갈무리, 근간].
―――, 'Crisis of the European Revolutionary Left', *International Socialism* 2:4(1979년 봄호).
―――, 'Party and Class', *International Socialism* 1:35.[존 몰리뉴, 『마르크스주의와 당』, 책갈피, 1993에 부록으로 수록].
―――, 'Philosophy and Revolution', *International Socialism* 2:21(1983년 가을호).
Hiferding, R., *Finance Capital*(London, 1981)[힐퍼딩, 『금융자본』, 새날, 1994].
Hindess, B. · Hirst, P., *Letter Economy and Society* 4:2(1975).
―――, *Pre-capitalist Modes of Production*(London, 1975).
―――, *Mode of Production and Social Formation*(London, 1977).
Hoffman, J., *Marxism and the Philosophy of Praxis*(London, 1975)
Horkheimer, M. · Adorno, T. W., *Dialectic of Enlightenment*(London, 1973).
Jones, G. S., 'Rethinking Chartism', *Language of Class*(Cambridge, 1983)
Kautsky, K., *Ethics and the Materialistic Conception of History*(London, 1906)
―――, *The Economic Doctrines of Karl Marx*(London, 1925)
―――, *Vorlaufer der neuren Sozialismus, Erster Band: Kommunistische Bewegungen in Mittelalter*(Berlin, 1923)

Labriola, A., *Socialism and Philosophy*(Chicago, 1918)
Lacatos, I., *Conjectures and Refutations*(London, 1963).
――, *The Methodology of Scientific Research Programmes*(Cambridge, 1978).
Laclau, E.·Mouffe, C., *Hegemony and Socialist Strategy*(London, 1985)[라클라우·무페, 『사회변혁과 헤게모니』, 터, 1990].
Lecourt, D., *La Philosophie sans Feinte*(Paris, 1982).
Levine, A. E., 'Review of J. Elster, Making Sense of Marx', in *Journal of Philosophy* 83(1986).
Levi-Strauss, C., *Structural Anthropology*(Harmondsworth, 1972)[레비스트로스, 『구조인류학』, 종로서적, 1983].
――, 'The concept of archaism in anthropology', in *Structural Anthropology*(Harmondsworth, 1968)
Locke, J., *An Essay Concerning Human Understanding*, Book 3, chapter 2, section 1[존 로크, 『인간지성론』, 대양서적, 1970].
Lukács, G., *History and Class Consciousness*(London, 1971)[루카치, 『역사와 계급의식』, 거름, 1986].
Lyotard, J-F., *Defining the Post-Modern*(ICA 4, 1986).
MacIntyre, A., 'Breaking the Chains fo Reason', Thompson, E. P.(편), *Out of Apathy*(London, 1960).
Marcuse, H., *One Dimensional Man*(London, 1964)[『일차원적 인간』, 한마음사, 1986].
Marx, K., *A Contribution to the Critique of Political Economy*(London, 1971)[마르크스, 『정치경제학 비판을 위하여』, 중원문화, 1989].
――, *Capital*(Penguin, London, 1976)[마르크스, 『자본론』, 비봉출판사, 1989].
――, *Economic and Philosophical Manuscripts*, in *Early Writings*(Penguin, London, 1975)[『경제학 철학 수고』, 중원문화, 1988].
――, *Grundrisse*(Penguin, London, 1973).
――, *Precapitalist Economic Formations*(London, 1964)[마르크스, 『자본

주의적 생산에 선행하는 제형태』, 지평, 1988].
——, *Surveys From Exile*(Middlesex, 1973)
——, *The Eighteenth Brumaire of Louis Bonaparte*, in *Collected Works*, vol. 11[『프랑스혁명 연구(III): 루이 보나빠르뜨의 브뤼메르 18일』, 태백, 1988].
——, *Theories of Surplus Value*(Moscow, nd)[마르크스,『잉여가치학설사, 아침, 1989].
——, *The Poverty of Philosophy*[마르크스,『철학의 빈곤』, 아침, 1988].
Marx, K.·Engels, F., *Collected Works*(50 vols., published or in preparation, London, 1975).
——, *The Communist Menifesto*, in *Selected Works*, vol. 1(Moscow, 1962)[마르크스·엥겔스,『공산당 선언』, 백산서당, 1989].
——, *The German Ideology*, in *Collected Works*, vol. 5[마르크스·엥겔스,『독일 이데올로기』, 청년사, 1988].
——, *Communist Manifesto*, Marx·Engels·Lenin, *The Essential Left*(London, 1960)[마르크스·엥겔스,『공산당 선언』, 백산서당, 1989].
Miller, R. W., 'Marx and Aristotle', in Nielsen, K.·Patten, S. C., *Marx and Morality, Canadian Journal of Philosophy* supp. vol. VII(1981).
Molyneux, J., *Marxism and the Party*(London, 1978)[존 몰리뉴,『마르크스주의와 당』, 책갈피, 1993].
O'Donnell, M., *A New Introduction to Sociology*(Surrey, 1987).
Patton, P., 'Marxism and Beyond?', in Nelson, C.·Grossberg, L.(편), *Marxism and the Interpretation of Culture*(Houndmills, 1988).
Plekhanov, G., *Fundamental Problems of Marxism*(Moscow, nd)[플레하노프,『맑스주의의 근본 문제』, 거름, 1987]
——, *The Role of the Individual in History*, in *Essays in Historical Materialism*(New York, 1940)[플레하노프,「역사에 있어서 개인의 역할」,『맑스주의의 근본문제』, 거름, 1987]
Popper, K., *The Open Society and its Enemies*[칼 포퍼,『열린 사회와 그 적들 I·II』, 민음사, 1987]

──, *The Poverty of Historicism*[칼 포퍼, 『역사주의의 빈곤』, 청하, 1983]

Ranciére, J., 'Le Concept de critique et la critique de l'économie politique des Manuscrits de 1844 au Capital'. Althusser, L.(외), *Lire le Capital*(4 vols., Paris, 1973).

Rees, J., 'Revolution Denied', *Socialist Worker Review* 103(1987년 11월호).

──, 'The Algebra of Revolution', *International Socialism* 2 : 43(1989년 여름호).

Ruben, D-H., *Marxism and Materialism*(London, 1978).

Sartre, J. P., *The Roads to Freedom*[사르트르, 『자유의 길』, 고려원, 1991].

Serman, L., 'Theories of Patriarchy', *International Socialism* 2 : 12(1981년 봄호).

Stalin, J. V., *Concerning Marxism in Linguistics*(London, 1950)[스딸린, 「마르크스주의와 언어학」, 『사적 유물론과 변증법적 유물론』, 두레, 1989].

Thompson, E. P.(편), *Out of Apathy*(London, 1960)

──, *The Poverty fo Theory and Other Essays*(London, 1978).

Trotsky, L., *The History of the Russian Revolution*, Preface to vol. 1(London, 1965).

Turnbull, C., *The Mountain People*(London, 1974)

Voloshinov, V. N., *Marxism and the Philosophy of Language*(Seminar Press, 1973)[바흐찐·볼로쉬노프, 『마르크스주의와 언어철학』, 한겨레, 1988].

Walton, P.·Gamble, A., *From Alienation to Surplus Value*(London, 1972).

Wright, E. O., *Classes*(London, 1985).

인·명·찾·아·보·기

【ㄱ】

가따리(Guattari, Félix) 11, 20, 49, 71, 72, 82, 89, 299
갬블(Gamble, A.) 239
그람시(Gramsci, Antonio) 11, 33, 44, 65, 84, 103, 132, 144, 147, 176, 184, 188, 198, 235, 253, 260, 284, 290, 293, 304
긴즈버그(Ginzburg, Carlo) 289
까바이예스(Cavaillés, Jean) 309
깡길램(Canguilheim, Georges) 309

【ㄴ】

네그리(Negri, Antonio) 9, 12, 20, 46, 53, 59, 72, 82, 85, 87, 89
뉴튼(Newton, Issac) 205, 206, 209
니체(Nietzsche, Friedrich) 7~9, 49, 65, 69, 72~75, 77, 298~301

【ㄷ】

데리다(Derrida, Jacques) 11, 49, 72, 77, 78, 164, 200, 297, 299, 301, 324, 326, 328, 332, 334

데카르트(Descartes, René) 161, 165
듀스(Dews, Peter) 331
드골(de Gaulle, Charles) 195
들뢰즈(Deleuze, Gilles) 7, 11, 12, 20, 49, 64, 65, 68~72, 74, 76~84, 86~89, 299, 301
뜨로츠키(Trotsky, Leon) 11, 17, 37, 103, 149, 151, 176, 254, 256, 260, 272, 282, 284

【ㄹ】

라깡(Lacan, Jacques) 163, 183, 273, 297, 332, 334
라브리올라(Labriola, A.) 102, 105
라이트(Write, Eric Olin) 223, 288, 304, 308
라이프니츠(Leibniz, G. W.) 79
라카토스(Lakatos, Imre) 21, 29, 30, 39, 44, 77, 158, 181, 201~205, 212, 213, 309~311
레닌(Lenin, V. I.) 11, 23, 24, 27, 30, 37, 77, 84, 85, 95, 102, 112, 148, 151, 164, 167, 176, 251, 256, 257, 260, 272, 282, 284, 333, 335, 336
레비스트로스(Lévi-Straus, C.) 162, 163, 166, 217, 297, 319, 320, 321,

326, 332, 335
로머(Roemer, John) 220, 304, 308
로베스삐에로(Robespierre) 95, 98
로크(Locke, John) 161, 162, 165, 167
료따르(Lyotard, J.-F.) 297, 301
루카치(Lukács, George) 11, 21~23, 36, 37, 42, 44, 49, 73, 79, 103, 122, 131, 164, 183~189, 213, 216, 239, 241, 245, 256~258, 271, 280, 283~286, 291, 295, 304, 307
루터(Luther, Martin) 144
룩셈부르크(Luxemburg, Rosa) 37, 256, 284
르꾸르(Lecourt, Dominique) 299
르노(Renaut, A.) 297~299, 301, 303
리카아도(Ricardo, D.) 48, 135, 241

【ㅁ】

마르쿠제(Marcuse, H.) 291, 292, 295
마르크스(Marx, Karl) 8~13, 17, 23, 26, 37, 41, 47~49, 52~54, 57~61, 63, 64, 73~77, 88, 94~96, 99, 102, 103, 105~108, 110~117, 120~122, 124~126, 128~141, 144, 145, 164~167, 173, 174, 176, 184~186, 188, 193, 200, 212, 214, 216, 218, 219, 221, 224~227, 235~238, 240, 241, 243, 245~249, 252, 253, 256~258, 260~265, 268, 270~272, 280, 281, 283, 290~292, 296, 299~301, 303~306, 308, 311, 323, 326, 330, 332, 335

매킨타이어(MacIntyre, Alasdair) 243
맨(Mann, Michael) 226, 229, 230
메를로 뽕띠(Merleau-Paunty, M.) 298, 334

【ㅂ】

바르뜨(Barthes, Roland) 321, 322, 328
바슐라르(Bachelard, Gaston) 25, 177, 264, 309
발리바르(Balibar, Etiénne) 300, 307
발자크(Balzac, Honoré de) 141
베버(Weber, Max) 114, 143, 306
베르그송(Bergson, H.) 68, 69, 73, 83
베틀레헴(Bettelheim, C.) 173, 307
벤담(Bentham, Jeremy) 295
벤야민(Benjamin, Walter) 291, 295
벤튼(Benton, Ted) 250, 280
벨(Bell, Daniel) 56, 57, 62
보그다노프(Bogdanov, A. A.) 333
보드리야르(Baudrillard, Jean) 9, 57~60, 297, 301
볼로쉬노프(Voloshinov, V. N.) 167
부르디외(Bourdeu) 299
브레히트(Brecht, Bertolt) 79, 253
비트겐슈타인(Wittgenstein, L.) 132

【ㅅ】

사르뜨르(Sartre, Jean-Paul) 65, 196, 297, 321

사빌레(Saville, John)　216
소쉬르(Saussure, Ferdinand de)　24, 161~165, 217, 252, 316~321, 324, 328, 329, 334, 339
스딸린(Stalin, J. V.)　12, 21, 23, 44, 98~100, 167, 173, 190~192, 215, 254~257, 339
스미드(Smith, Adam)　135, 136
스코트(Scott, Walter)　141
스피노자(Spinoza, Baruch)　9, 20, 49, 70, 71, 75, 79~81, 83
썸너(Sumner, Colin)　336

【 ㅇ 】

아도르노(Adorno, Theodor W.)　79, 284, 291, 304
아리스토텔레스(Aristotle)　209, 210, 243, 295, 296
알뛰세(Althusser, Louis)　10, 11, 17 ~32, 34~40, 42~45, 49, 64, 76, 77, 87, 100~102, 158~160, 164, 165, 168~171, 173~183, 188~ 194, 197~199, 203, 212, 213, 217 ~222, 237, 238, 247~277, 279, 280, 282~285, 287, 292, 297~ 311
애버크롬비(Abercrombie, N.)　228, 289
애시터(Assiter, Alison)　279
앤더슨(Anderson, Perry)　35, 306
엘리어트(Eliot, Gregore)　250, 251, 269, 280, 284, 300
엘스터(Elster, Jon)　220, 221, 227, 282, 288, 304, 308
엥겔스(Engels, Friedrich)　11, 21, 23, 26, 30, 77, 94, 99, 102, 112, 113, 117, 145, 176, 193, 218, 244, 296
영(Young, Robert)　327
오브리앙(O'Brien, Bronteree)　145
왈튼(Walton, P.)　239
월러스틴(Wallerstein, Immanuel)　228
윌리엄즈(Williams, Raymond)　318

【 ㅈ 】

제라스(Geras, N.)　247, 272
제임슨(Jameson, Fredric)　50
존스(Jones, Ernest)　145
존스(Jones, Gareth-Stedman)　101, 144

【 ㅋ 】

카우츠키(Kautsky, K.)　23, 96~98, 102, 115, 129, 152, 167
칸트(Kant, I.)　83, 84, 295, 310
코르쉬(Korsch, Karl)　103, 304
코워드(Coward, Ros)　249
코헨(Cohen, G. A.)　102, 115, 120, 282, 304, 307
콜라코브스키(Kolakowski, L.)　247
콜링우드(Collingwood, R. G.)　114, 310
크라카우어(Kracauer, Siegfried)　291
크리스테바(Kristeva, Julia)　333
클리프(Cliff, Tony)　212

【 ㅌ 】

터너(Turner, Stephen) 228, 289
토마스(Thomas, Keith) 228, 289
톰슨(Thompson, E. P.) 100~102, 132, 216, 217, 247, 273, 283, 289

【 ㅍ 】

파슨스(Parsons, Talcott) 287, 306
페리(Ferry, Luc) 297~299, 301, 303, 306
포이에르바하(Feuerbach, L.) 105, 128, 129, 132, 208, 264, 271
포퍼(Popper, K.) 132, 201~205, 212
푸꼬(Foucault, Michel) 11, 12, 20, 32, 64~69, 72, 74~78, 83, 86~89, 164, 166, 249, 297~299, 301, 324, 325, 330, 331, 334
프루동(Proudhon, P. J.) 74, 113, 146
프로이트(Freud, S.) 273, 276, 299
플레하노프(Plekhanov, G. V.) 23, 97, 98, 102, 103, 115, 176

【 ㅎ 】

하버마스(Habermas, Jürgen) 49, 58, 302, 303 305~307, 310
하비(Harvey, Julian) 145
하이데거(Heidegger, Martin) 49, 73, 298~301, 306
허스트(Hirst, Paul) 199, 248~250, 262, 267, 269, 302, 308
헤겔(Hegel, G. W. F.) 7, 9, 11, 22~25, 48, 49, 58, 59, 64~66, 68~72, 76~78, 83, 86~88, 102, 114, 131, 141, 200, 201, 217, 222, 241, 258, 260, 263, 271, 302~306, 311 330
호르크하이머(Horkheimer, Max) 291
호이겐스(Huygens) 205, 206
홀(Hall, Stuart) 249, 250, 253, 278
홉스봄(Habsbawm, Eric) 166, 222
후크(Hook, Sidney) 307
흐루시쵸프(Khrushchev, N. S.) 21, 215, 253, 254, 256
힌데스(Hindess, Barry) 199, 248~250, 262, 267, 302, 308
힐(Hill, Bryan) 289
힐(Hill, Christopher) 222, 228, 289

사·항·찾·아·보·기

【ㄱ】

개인적 합리성 271
개인주의적 주관주의 339
객관적 지식 29, 74, 199~201
객관적 진리(론) 38~40, 87, 129, 201, 205
거대주체(Subjekt) 86
결정론 22, 23, 96, 99, 214~217, 258, 261, 262
경제법칙 257, 258
경제적 필연성 99, 335
경제적 환원주의 171, 175, 194
경제주의 193, 230, 249, 252, 254, 255, 257, 258, 260, 262, 263, 280
경제주의적 영원주의 25
경험주의 21, 26, 30, 133, 174, 182, 199, 203, 248, 252, 266, 267, 271, 273, 274, 280, 309, 320
계급투쟁 18, 19, 27, 28, 30, 31, 34, 35, 38, 44, 50, 54, 55, 60, 62, 63, 84, 99, 112, 141, 146, 158, 167, 176, 177, 179, 180, 184, 193, 197, 219, 255, 256, 269, 270, 273, 297, 300, 307, 311, 315, 329, 335, 338, 339
계몽주의(자) 58, 64, 303, 310
계보학 67, 69, 78, 88

고고학 66, 67, 69, 88
고전적 마르크스주의 35, 49, 224, 262, 282, 286
공동체 108, 166, 316, 317, 339
공산주의(자) 9, 20, 36, 98, 187, 192, 215, 251, 253, 255, 257, 275
과소결정 227, 259
과잉결정 259
과학(자) 10, 11, 25~33, 38~42, 44, 45, 48, 67, 114, 135, 136, 138, 139, 141, 166, 169, 176, 177, 180, 181, 198~208, 210~213, 218, 241, 248, 257, 263~268, 270~275, 293, 300, 302, 309, 310, 321, 322 330, 331
과학철학(자) 87, 157, 177, 201~203, 213, 264, 309, 310
관념(론) 20, 21, 23, 27, 30, 32, 39, 42, 44, 55, 56, 79~81, ˙85, 86, 101, 102, 114, 126, 128, 131, 135, 138, 139, 141, 142, 145~148, 150, 152, 162, 167, 184, 198, 200, 208, 214, 218, 222, 236, 246, 247, 249, 252, 254~256, 258, 263, 265, 267 ~271, 274, 275, 279, 280, 285, 289, 303, 316, 317, 323, 324, 326, 327, 330~332, 334, 337
관료화된 노동조합 191

사항 찾아보기 · 353

교류형태 106, 126
구조적 총체 24, 25
구조주의(자) 157, 161~163, 166, 167, 182, 198, 203, 217, 218, 220, 221, 270, 273, 275, 277, 280, 315~323, 327, 336~339
국가(론) 20, 31, 35, 57, 59, 69, 83, 85, 95, 98, 106, 121, 122, 136, 174, 193, 196, 197, 219, 252, 254, 261, 262, 277, 278, 333
국가권력 254, 262, 277
국가기구 192, 197, 219, 247, 249, 252, 254, 275~279
국가주의 82, 83
권력 32, 33, 40, 67, 68, 72, 73, 76, 78, 87, 89, 110, 112, 150, 167, 171, 178, 186, 187, 224, 237, 245, 273, 281, 288, 300, 302, 303, 330, 332
근대성 47~52, 56, 58, 63~65, 76, 302, 304, 305
긍정의 윤리학 69
긍정적 발견법 29
기계적 유물론(자) 95, 102, 129, 143, 152, 208
기호 70, 162, 163, 167, 220, 318~322, 324, 338, 339
기호작용 319~321, 324

【ㄴ】

낭만성 73, 86
낭만적 반자본주의 73
노동 7~10, 12, 20, 26, 45, 46, 48, 50, 53~64, 68, 106~109, 114, 116, 121, 125, 133, 136, 144, 185, 186, 230, 234, 235, 238~240, 269, 295, 307, 332, 337, 338
노동강제 20, 46
노동과정 114, 136, 231
노동력 9, 53, 122, 123, 125, 219, 225, 229, 239
노동의 자본에의 실질적 포섭 20, 45, 46
노동자 8, 19~22, 37, 41, 42, 48, 55, 61~63, 75, 85, 96, 144~146, 148, 150, 151, 174, 177, 181, 184~188, 192, 194, 195, 197, 216, 218, 219, 222, 225~227, 229~236, 238~240, 243~245, 251, 258, 269, 273, 285, 286, 289~292, 294, 295, 322
노동자계급 19, 21, 35, 37, 44, 45, 55, 57, 60, 62, 75, 85, 122, 139, 145, 148, 150, 160, 161, 167, 178, 179, 182, 183, 185~189, 195, 196, 211~213, 219, 222, 224, 229, 231, 232, 241, 243, 245, 252, 256, 258, 268, 269, 273, 277, 278, 286, 288, 293, 294, 323, 326, 331, 335, 336
노동자국가 98, 174
노동자권력 83, 167, 197
노동자평의회 167, 174, 239
노동조합 27, 231, 234, 277
노동조합주의 230
논리적 실증주의 308
능기(能記) 162, 163, 164, 328, 337

【ㄷ】

다결정적 다원주의 37, 260
다원주의 37, 77, 250, 260, 261, 301
담론 7, 19, 30, 31, 33, 40, 47, 48, 50
～52, 55, 66, 67, 78, 81, 199～
201, 268, 274, 300, 302, 305, 307,
309～311, 325, 329, 331
담론에 의한 사회구성 19
담지자 22, 32, 76, 178, 181, 182, 221,
271, 272, 276, 282
당(黨) 19～21, 27, 44, 45, 56, 83, 84
～87, 98, 101, 148～153, 167,
191, 193, 194, 195, 216, 263, 334
대중 8, 13, 18, 31, 45, 47, 48, 50, 55,
72, 83～85, 87, 89, 140, 144, 145,
147～151, 167, 180, 181, 184, 186,
194, 216, 225, 228, 230, 256, 273,
275, 286, 289, 290, 302
대중적 권위주의 230
도구적 이성 310
도덕 이론 242～245
뜨로츠키주의(자) 17, 254, 256

【ㄹ】

라깡주의 273
라쌀레주의 146
랑그(langue) 317, 324
레닌주의 255
로고스주의 67

【ㅁ】

마르크스-레닌주의 13, 18, 248, 255,
263
마르크스주의(자) 10～13, 17～19, 21
～23 26～30, 32, 34～37, 42, 44,
45, 48, 49, 51, 52, 55, 62, 64, 65,
72, 77, 85, 87, 94～99, 102 112,
117, 125, 129, 139, 141, 143, 144
145, 149, 152, 153, 157～161, 164,
165, 166～169, 172～178, 180,
182～188, 193, 195～198, 200～
201, 211～224, 238, 243, 245～
258, 260～263, 265, 266, 269, 271
～273, 276, 277, 279, 280, 282～
286, 288, 290, 291, 293, 295, 296,
299～301 303～311, 315, 322,
326, 330, 331, 334, 335～340
마르크스주의의 위기 18, 36, 45, 52,
160, 161, 167, 197, 198, 300, 335
마르크스주의의 전화 18, 19, 51, 52,
55
마오주의 99, 100, 176, 254～256, 270,
300, 307, 333
모순 22～24, 28, 31, 34, 37, 41, 42,
48, 63, 76, 86, 88, 94, 123, 125,
126, 129, 134, 138, 140, 141, 145,
150, 153, 174, 176, 178, 181, 190,
193, 199, 202, 213, 233, 234, 254,
260, 265, 267, 290, 292, 303, 324,
331～333, 335, 336
몰적(molar) 72
무정부주의 74, 76, 78, 82～84, 86,
333

사항 찾아보기 · 355

문제틀 22, 25, 26, 30, 33, 38, 41, 43,
    51, 63, 66, 76, 264, 265, 277, 309,
    318
문화혁명 28, 256, 262
물신주의 42, 44
미시정치학 72
민족주의 146, 196, 290
민주주의 193

【ㅂ】

반(反)인간주의 270, 271, 273, 276,
    280, 297, 299, 300
반(反)계몽주의 303
반(反)근대 19, 51, 55
반(反)노동 46
반(反)리얼리즘론 77, 78, 81
반(反)마르크스주의 176, 182, 189,
    250, 251, 254, 315
반박가능한 변형들 29
반(反)철학 7
반(反)헤겔주의 10~13, 17, 22, 37,
    43~45, 49, 50, 64, 65, 68, 72, 77,
    83, 86, 88
방법론적 개인주의 220, 283, 288
배치(assemblage) 66, 89
변증법 8, 18, 23, 24, 49, 53, 54, 58,
    60, 65, 68~70, 72, 77, 78, 85, 86,
    88, 102, 113, 151, 183, 255, 260,
    301, 303~306, 311, 332, 336, 339
변증법적 유물론 28, 39, 42, 49, 77,
    151, 245
복수주의 89

본래적 충만함 73
봉건주의 96
부르주아적 목적 합리성 87, 303
부르주아지 48, 52, 62, 73, 119, 124,
    136, 194~196, 211, 231, 236, 241,
    244, 319, 331
부르주아 혁명 294, 323
부르주아 휴머니즘 254
부정적 발견법 29
분석적 마르크스주의 220, 224, 246,
    282, 283, 286, 288, 304, 308, 309,
    311
분석철학(자) 287, 308
분열증적 주체 71
불확정적 유물론 19
비변증법적 철학 11, 49, 65, 70
비판이성 83, 84
비합리성(irrationality) 73, 83, 84,
    298, 299
빠롤(parole) 317, 324
뿌리줄기(rhizome) 72
쁘띠부르주아지 238, 333

【ㅅ】

사변철학 24
사유 내 구체 39, 265
사회과학 215, 223, 252, 263, 308, 310
사회구성체 18, 24, 26, 51, 52, 63, 94,
    170, 172, 182, 258, 259, 261, 268,
    276, 289, 305, 320
사회민주주의 146, 148, 191, 254, 300,
    309

사회적 관계의 총체 271, 272
사회적 의식 93, 101, 126, 321, 332
사회적 존재 93, 101, 126, 321
사회주의(자) 19, 20, 21, 46, 61, 85, 96, 98, 144~146, 148, 158, 167, 173, 174, 176, 181, 185, 187, 189, 193, 219, 223, 225, 246, 254, 255, 258, 275, 297, 300, 315, 339
사회주의적 인간주의 22, 283
사회주의 페미니즘 249, 250
사회주의 혁명 82, 87, 158, 188, 211, 294
사회혁명 93
상대적 자율성 33
상부구조 10, 35, 93~95, 97, 99, 100, 102, 109, 110~113, 117, 118, 120~126, 129, 134, 135, 137~139, 141, 148, 149, 164, 172, 214, 218, 236, 249, 252, 254, 259, 260, 262, 276
상품 물신성 34, 41, 225~227, 230, 231, 233~236, 240, 242, 288, 290~292
생산관계 34, 42, 63, 76, 93, 94, 102, 108, 110, 111, 113, 117~124, 129, 133~135, 138, 139, 141, 148, 173, 219, 255, 271, 276~279, 286~288, 293, 307, 335, 338
생산력 9, 60, 61, 63, 76, 93~95, 97, 98, 102, 109~112, 115~126, 129, 133~135, 141, 142, 148, 230, 255, 266, 298, 300, 307, 335, 338
생산수단 62, 97, 110, 124, 173, 174, 219, 225, 226, 238, 239

생산양식 52, 64, 94~96, 104, 110, 115, 126, 142, 170, 193, 261, 262, 268, 290, 306, 308
생산 패러다임 57, 59, 60, 307
세계관 24, 34, 66, 73, 134, 140, 143, 146, 148, 160, 167, 177, 197, 241, 243, 287, 294, 320, 339
세계정신 114
세계혁명 255
소기(所記) 162, 163, 200, 328
소비에뜨 254, 255
소외 73, 185, 193, 225, 226, 230, 231, 233~240, 257, 264, 265, 270, 291, 292
소통(communication) 87
수정주의 17, 246, 263
숙명론 99, 151, 152, 215, 282
쉬르 라쉬르(sur rasure) 326, 334
스콜라주의 38, 158, 179, 180, 182, 190, 212
신고전경제학 220
신비주의 132, 134, 135, 237, 333
신좌파 99~102, 216, 217, 221, 267
신중간계급 152, 223
신칸트주의 310
실재(론) 23, 26, 30, 38~40, 77~82, 84, 93, 105, 108, 128, 131, 136, 162, 163, 165, 186, 200, 201, 209~211, 265, 266~268, 271, 274, 275, 311, 319, 320, 328, 329, 337, 339
실존주의 196
실천 8, 10, 11, 18~20, 25~28, 32, 34, 35, 37~40, 43~45, 51, 58,

59, 63, 65, 67, 70~72, 76, 81, 87, 88, 127, 129, 130, 132, 133, 135, 137~139, 143~148, 177~179, 191, 192, 194, 195, 199, 208, 211, 212, 218, 242, 245, 248, 250, 251, 255, 262, 265~270, 273, 275, 280, 282, 285, 305, 311, 315, 326, 328, 333, 336
실체 18, 62, 65, 66, 68~70, 80~83, 159, 210, 309

【ㅇ】

아우토노미아 12, 22
알뛰세주의(자) 10, 28, 100~102, 169, 174, 180, 183, 190, 193, 195, 197, 213, 215, 220, 224, 230, 242, 248~250, 252, 253, 264, 265, 269, 270, 273, 276, 279, 283, 284, 291, 292, 296, 297, 307, 308, 310
억압적 국가기구 277, 278
언어 59, 60, 78, 81, 100, 114, 126~128, 131, 136, 138, 144, 145, 157, 160~163, 165~167, 181, 200, 210, 217, 220, 252, 263, 272, 316~320, 322~330, 334, 337~340
언어철학 77, 132, 160, 212, 213, 316
언어혁명 164, 165, 168, 183, 199
엘리트주의 178~180, 182, 247
역사적 유물론 13, 26, 28, 42, 47, 48, 60, 63, 64, 76, 82, 84, 86, 88, 99, 100, 103, 120, 129, 167, 177, 179, 184, 224, 241, 245, 248, 258, 260~262, 271, 272, 275, 280, 285, 287, 300, 303, 306, 307, 310, 311, 337
역사주의 21, 25, 132, 184, 201, 257, 258, 280, 304
욕구하는 생산 71, 73
유능적 차이 69, 71, 76, 88
유능적 힘 69, 71, 76, 88
유로코뮤니즘 19, 20, 160, 174, 176, 190, 192, 193
유물론 27, 29, 59, 71, 77~79, 99, 102, 103, 128, 148, 149, 164, 199, 200, 208, 214, 218, 241, 304, 305, 311, 336, 339, 340
윤리학 67, 69, 72, 88, 295
의식 10, 22, 34, 38, 40~42, 59, 66, 70, 77, 80, 81, 84, 85, 87, 93, 94, 101, 104, 105, 109, 126~131, 137, 144, 145, 150, 152, 153, 161, 163, 185~187, 218, 219, 230, 234, 235, 243, 258, 261, 266, 268, 270, 272, 274, 286, 290, 293~295, 306, 319, 321, 332, 335, 336, 338
이데올로기 10~12, 19, 20, 25, 26, 28, 30~34, 37, 38, 40~45, 48, 59, 93, 95, 97, 100, 101, 110~112, 121, 123, 125~127, 130, 131, 133, 135, 137~140, 142~148, 150, 153, 161, 169~174, 176, 177, 180, 181, 189, 190, 192, 197~199, 212, 218, 219, 224~234, 237, 240~245, 247, 249, 252, 257, 259, 264~267, 269, 273~279, 281~283, 287~293, 301, 302, 309, 310,

319, 322, 329, 338
이데올로기적 국가기구　192, 197, 219, 249, 252, 275~279
이론의 자율성　20, 30, 34, 42, 87, 192
이론적 실천　18, 19, 25~27, 37~40, 44, 45, 87, 179, 192, 194, 218, 251, 265, 266, 268~270, 275, 311
이론주의　18, 28, 87, 208, 212, 252, 269, 270 280
이성중심주의　72, 324
인간주의　21, 255, 257, 263, 334
인간해방　184, 257, 271, 275, 300, 303, 333
인식론적 단절　263, 309
임금노동(자)　59, 63, 235, 238, 289
잉여가치　62, 63, 111, 125, 136, 186
1968년　19~21, 27, 47, 177, 178, 196, 251, 297, 300

【 ㅈ 】

자기원인　82, 83
자기의식적 활동　222
자기해방　37, 75, 158, 160 178, 180~185, 187, 188, 193, 197, 212, 213, 293
자본가계급　122, 125, 226
자본주의　9, 20, 21, 31, 34, 35, 41, 42, 44, 46, 48, 50~53, 59~64, 71, 73, 96, 98, 116, 117, 120~125, 136, 138, 143~145, 147, 152, 164, 171, 185, 196, 201, 208, 219, 223, 225~230, 233~235, 237~241, 243, 244, 262, 268, 278, 285, 288~295, 298, 304, 308, 323, 331 ~333, 335, 336, 338
자생성　84, 184
자연법칙　52, 226
자유주의　174, 191~194, 196, 254, 257, 263, 319, 321
자율성　20, 21, 26, 28, 30, 33, 34, 42, 54, 71, 87, 171, 173, 174, 177, 179, 191, 192, 194, 198, 249, 252, 259, 262, 263
재생산　99, 104, 111, 113, 120, 122, 123, 137, 138, 173, 218, 219, 227, 228, 276~279, 322, 330, 335
재영토화　71
적대　9, 11, 47, 50~52, 54, 55, 60~64, 69, 70, 72, 85, 86, 88, 100, 129, 167, 191, 208, 224, 241, 270, 289, 290, 295, 330
전체주의　256, 262, 276
절대주의　254
정부주의　82
정신분석학　71, 250, 333, 334
정치경제학　35, 48, 52, 57, 58, 71, 135, 138, 139
정치경제학 비판　51, 52, 54, 55, 57, 59, 60, 88
정치경제학의 관점　52, 55
정치적 관점　50, 54, 55, 67
정치적 실천　25, 27, 65, 178, 179, 250, 333
정치혁명　262
제국주의　20, 21, 73, 321

존재 7, 24, 27, 29, 30, 58, 61, 63, 67, 68~71, 79, 80, 82, 86, 87, 93~95, 101, 104, 126, 128, 129, 166, 174, 180, 181, 185, 186, 208, 218, 221, 229, 246, 267, 270~276, 320, 321, 326, 329
존재의 윤리학 88
좌익주의 251
주의주의 21, 76, 100~113, 124, 152, 214
주체 10, 11, 19~23, 32~34, 37, 38, 42~46, 48, 53, 54, 59, 61, 63, 65, 66, 71, 75, 108, 163, 164, 169, 173, 182, 183, 186~188, 199, 219, 224, 227, 241, 243, 245, 256, 258, 267, 274~276, 283, 284, 286, 294, 302, 303, 305, 321, 323, 324, 330, 334~336
주체-객체 동일성 22
주체성(Subjectivität) 51, 58, 186, 216, 275, 300, 301
주체 없는 과정 19, 22, 32, 76, 181, 183, 266, 292, 306
주체철학 58, 59, 67
중첩결정 18, 19, 23, 24, 26, 37, 38, 45, 174, 259, 260, 301, 305
지배계급 22, 50, 62, 110~112, 121, 137~140, 142, 211, 225, 228, 229, 232, 242, 262, 277, 318, 329
지배 이데올로기 14, 34, 41, 140, 219, 228~230, 287, 289, 290
지상의 권력 87
지식인 38, 45, 137, 147, 152, 157, 176, 179, 191, 192, 196, 250~253,
257, 263, 268, 269, 279, 300
지식인주의 266
지식효과 18, 39, 44, 265, 267
진리 29, 38~40, 65, 67, 77, 78, 87, 129, 130, 134, 138, 139, 141, 176, 177, 199~203, 205, 206, 218, 242, 266, 283
징계의 권력 87
징후적 독해 26, 264

【 ㅊ 】

차이(difference) 24, 68, 69, 74, 76~78, 81~83, 88, 89
차이화(differentiation) 76
창조적 긍정 70
청년 헤겔주의자 58, 222, 302, 303
초좌익주의 277, 333
총체성 53, 54, 60, 63, 162, 258, 259, 261, 304, 305, 321
최종 심급 101, 259, 299
최종심에서의 결정 95, 100, 170~174, 218, 261, 262, 276
추상적 객관주의 339

【 ㅋ 】

코뮤니즘 8
코뮤니즘적(communist) 주체 46
코민테른 192

【ㅌ】

타재성(他在性) 65
탈근대(성) 50, 51, 56, 57
탈영토화 71, 89
탈주선 71, 83, 89
탈중심화 163, 164, 181~183
텍스트 25, 252, 263, 264, 274, 326, 328, 332
텍스트주의(자) 72, 77, 78
통일성 24, 27, 39, 199, 212, 310
통제의 권력 87
통합된 세계자본주의 20
트래거(Träger) 271, 272

【ㅍ】

파리꼬뮌 295
파시즘 277, 278
평의회 85, 167, 174, 239
포스트구조주의(자) 10~12, 24, 43, 47, 49, 50, 64, 72~74, 76, 78, 81, 82, 86, 88, 89, 218, 220, 222, 246, 250, 252, 268, 270, 275, 276, 301, 315, 316, 320, 323, 326~328, 330~339
포스트마르크스주의 19
포스트모더니즘 19, 24, 43, 50, 51, 55
포스트알뛰세주의자 101, 144, 199
표현성(expressivity) 80
표현적 총체성 258, 304
표현주의 71, 79
프랑크푸르트 학파 22, 291, 310
프롤레타리아트 8~11, 28, 42, 44, 48, 52, 53, 55~57, 63, 84, 131, 150, 158, 160, 164, 184, 186~188, 241, 242, 244, 245, 256, 257, 285~287, 294, 295, 311
프롤레타리아 혁명 184
피억압계급 135

【ㅎ】

합리성 39, 66, 73, 84, 86, 87, 271, 298, 299, 300, 303, 310, 330
합리적 사고 114
허위의식 130, 139, 242, 290, 293
헤게모니 229, 277
헤겔적 낭만주의 271
헤겔주의적 마르크스주의 13, 21~23, 37, 42, 64, 216, 217, 224, 248, 258, 304, 310
혁명적 계급의식 229, 233, 286
혁명적 사회주의(자) 19, 21, 96, 144, 158, 246, 315
혁명정당 44, 82, 84, 191, 194, 197, 336
현실대상 217, 309
형식주의 308
형이상학 58, 299, 304, 324, 331
호명(呼名) 19, 275
환경 95, 104, 105, 108, 114, 127, 166, 167, 195, 210, 267, 272, 274, 282, 283, 284, 323, 326, 336

[갈무리]에서 나온 책들

1. 오늘의 세계경제 : 위기와 전망
크리스 하먼 지음 / 이원영 편역

2. 동유럽에서의 계급투쟁 : 1945~1983
크리스 하먼 지음 / 김형주 옮김
1945~1983년에 걸쳐 스딸린주의 관료정권에 대항하는 동유럽 노동자계급의 투쟁이 어떻게 전개되어 왔는가를 실증적으로 분석한 역사서. 1989년 이후 동유럽을 휩쓴 혁명적 물결과 스딸린주의 정권들의 붕괴가 결코 우연이 아니며 면면히 이어져 온 노동자투쟁의 산물임을 설득력 있게 밝혀 준다.

3. 오늘날의 노동자계급
알렉스 캘리니코스·크리스 하먼 지음 / 이원영 옮김
현대 자본주의 사회에서 노동자계급의 구성과 역할, 그리고 성격이 어떻게 변화하고 있는가를 실증적으로 분석한 책. 노동자계급 구성상의 현상적 변화들로부터 자본주의 사회의 질적 전환이라는 결론을 도출하는 포스트마르크스주의적 계급분석이 갖는 개량주의적 허구성이 여러 각도에서 폭로된다.

5. 서유럽 사회주의의 역사 : 1944~1985
이안 버첼 지음 / 배일룡·서창현 옮김
유럽 사회민주주의 정당들과 공산당들의 역사를 실제 행동을 중심으로 분석한 책. 유럽의 사회민주당뿐만 아니라 공산당까지도, 부르주아지가 처한 지배의 위기를 극복하도록 도와주는 체제 구출의 역할을 해 왔음이 설득력 있게 제시된다.

6. 현대자본주의와 민족문제
알렉스 캘리니코스 외 지음 / 배일룡 편역

7. 소련의 해체와 그 이후의 동유럽
크리스 하먼·마이크 헤인즈 지음 / 이원영 편역
소련 해체 과정의 저변에서 작용하고 있는 사회적 동력을 분석하고 그 이후 동유럽 사회가 처해 있는 심각한 위기와 그 성격을 해부한 역사 분석서. 필자들은 이미 실패로 끝난 뻬레스트로이카와 글라스노스트를 국가자본주의 소련의 기저에 흐르고 있던 사회적 모순의 폭발과 그에 대한 관료 지배계급의 대응방식으로 설명한 후, 소련 해체 이후 동유럽 사회들에 지속되고 있는 사회·경제적 위기를 국가자본주의 모순이 심화된 결과로 분석한다. 다른 한편 그들은 이 위기를, 사회를 재편하여 통제하려는 사회 상층부의 움직임과 아래로부터의 대중운동이라는 두 갈래 흐름의 화해할 수 없는 충돌로 설명한다. 『동유럽에서의 계급투쟁 : 1945~1983』이 다룬 이후의 시기를 중심적으로 분석하고 있다.

8. 현대 철학의 두 가지 전통과 마르크스주의
알렉스 캘리니코스 지음 / 정남영 옮김
현대 철학의 역사에 대한 비판적 분석을 통해 철학에서 마르크스주의의 역할은 무엇인가를 집중적으로 탐구한 철학개론서. 철학에서 정치경제학 비판과 프롤레타리아트 혁명의 정치학으로 발전해 나간 고전적 마르크스주의의 역사, 제2인터내셔널의 철학적 수정, 알뛰세·루카치·아도르노 등에 의한 철학적 발전, 포스트마르크스주의의 담론이론, 마르크스주의 이데올로기론 등이 치밀하게 고찰된다.

9. 현대 프랑스 철학의 성격 논쟁
알렉스 캘리니코스 외 지음 / 이원영 편역·해제

10. 자유의 새로운 공간
펠릭스 가따리·안토니오 네그리 지음 / 이원영 옮김
1968년 이후 등장한 새로운 집단적 주체와 전복적 정치 그리고 연합의 새로운 노선을 제시한 철학·정치학 입문서. 필자들은 계급구성의 현단계, 즉 생산 및 재생산 전 과정의 자본주의에의 포섭과 노동의 정보화, 컴퓨터화 등 포스트모던적 특징을 혁명정치의 중심요소로 끌어 안으면서도 적대적 긴장감 없이 개별성 속에 뿔뿔이 흩어지는 기존의 포스트모더니즘의 관점과 확연히 구별되는 희망적이고 능동적인 정치학을 제시한다.